数据科学与大数据管理丛书
安徽省规划教材

管理信息系统

MANAGEMENT INFORMATION SYSTEMS

主　编 ⦿ 胡笑梅　张子振
副主编 ⦿ 李会　张玮　李敬明

机械工业出版社
CHINA MACHINE PRESS

图书在版编目（CIP）数据

管理信息系统 / 胡笑梅，张子振主编． -- 北京：机械工业出版社，2021.3（2025.7 重印）
（数据科学与大数据管理丛书）
ISBN 978-7-111-67847-2

I. ①管… II. ①胡… ②张… III. ①管理信息系统 IV. ① C931.6

中国版本图书馆 CIP 数据核字（2021）第 052540 号

持续的信息技术创新潮流正在改变着传统商业模式。面对指数级增长的海量信息，企业需要管理信息系统来更准确及时地掌握经营状况，更快速高效地归集大量动态数据和信息，提升整体管理和决策水平。本书分为四部分：第一部分是管理信息系统理论，主要介绍管理信息系统产生的背景、应用现状与发展趋势，其基本理论以及信息系统、组织与战略；第二部分是管理信息系统技术，主要介绍数据库技术、计算机网络技术以及新兴信息技术；第三部分是管理信息系统开发，主要介绍管理信息系统的战略规划、开发过程及开发方法；第四部分是管理信息系统应用，主要介绍协同办公系统、ERP、供应链管理系统和客户关系管理系统。

本书适合信息管理、企业管理、信息工程等专业的本科生和研究生学习，也可供相关从业人士参考。

出版发行：机械工业出版社（北京市西城区百万庄大街 22 号 邮政编码：100037）
责任编辑：程天祥　　　　　　　　　　　　　责任校对：殷　虹
印　　刷：北京铭成印刷有限公司　　　　　　版　　次：2025 年 7 月第 1 版第 9 次印刷
开　　本：185mm×260mm　1/16　　　　　　印　　张：24.75
书　　号：ISBN 978-7-111-67847-2　　　　　定　　价：65.00 元

客服电话：（010）88361066　68326294

版权所有 · 侵权必究
封底无防伪标均为盗版

推荐序一

管理信息系统是在管理学、系统科学、计算机科学和信息科学等学科的基础上形成的综合性交叉学科。随着大数据、物联网、人工智能等新一代信息技术的飞速发展，以及国内外企业在信息化和数字化进程中形成的创新性实践，该学科的研究内容和成果也在不断丰富和完善。教科书往往远远落后于前沿技术和实践，亟须本学科的学者持续推出高质量教科书。

安徽财经大学的胡笑梅教授及其教学团队在长期的教学和科研实践中，不断总结和完善教学素材，建设课程网络资源，持续探索慕课、翻转课程等新的教学模式，据此编写了这本与时俱进的教材。该教材具有以下四个突出优点。

1. 结构合理。该教材的内容覆盖了管理信息系统理论、技术、系统开发和应用等四个方面。与同类教材相比，该教材是把管理信息系统的"用"和"造"紧密结合的较好尝试。这样的安排有利于学生对管理信息系统形成一个全面的认知。

2. 课程思政。课程思政的主要形式是将思想政治教育元素，包括相关理论、价值理念以及精神追求等融入课程中去，潜移默化地对学生的思想意识、行为举止产生影响。该教材注重把一些课程思政的元素落实在教学内容当中，通过选择国内有代表性的知名企业的案例，突出管理信息系统的本土化应用。

3. 案例导向。正如德鲁克所说，"管理是一种实践"，信息化与数字化本质也是实践，因此案例教学是必不可少的。该教材提供大量翔实的案例，密切联系实际，系统性介绍和分析我国企业信息化的实践。课后案例与各章的开篇案例相结合，展现了各个章节的知识点，有利于授课教师开展互动性案例教学，也有利于学生通过案例进行深度分析和研讨。

4. 应用导向。大部分学习管理信息系统课程的学生，在走上工作岗位之后，需要对管理信息系统知识进行切实应用。该教材通过管理信息系统在不同行业、不同岗位中的情景化应用，能够使学生提升适应能力。胡笑梅教授的教学团队在教学过程中探索了实验课内容，通过课程实验加深了学生对管理信息系统及其应用的理解。

总之，该教材的优点突出、特色鲜明，希望能对信息管理与信息系统等经济管理类专业本科生的培养提供有效的学习支持和帮助。

毛基业
2021 年 3 月 27 日
于中国人民大学商学院

FOREWORD
推荐序二

随着"云大物移智链"^㊀的广泛应用,技术与管理的结合有效地促进了社会的数字化创新,管理信息系统前所未有地被赋予了规范、引领和重塑企业竞争力的重任。2018年底,中央经济工作会议就已明确了5G、人工智能、工业互联网、物联网等"新型基础设施建设"的定位。随后,相关部门开始逐步深入部署"新基建"。2020年1月3日,国务院常务会议做出了"出台信息网络等新型基础设施投资支持政策"的决议。2020年5月13日下午,国家发展改革委官网发布"数字化转型伙伴行动"倡议。倡议提出,政府和社会各界联合起来,共同构建"政府引导—平台赋能—龙头引领—机构支撑—多元服务"的联合推进机制,以带动中小微企业数字化转型为重点,在更大范围、更深程度推行普惠性"上云用数赋智"^㊁服务,提升转型服务供给能力,加快打造数字化企业,构建数字化产业链,培育数字化生态,形成"数字引领、抗击疫情、携手创新、普惠共赢"的数字化生态共同体,支撑经济高质量发展。这些举措都为管理信息系统的发展带来了更大的挑战和机遇。

管理信息系统是管理学、计算机科学和行为科学等多学科交叉的领域。本教材以"信息技术革命是推动信息系统发展,引起社会、组织和管理变革的原动力"为脉络,从社会和技术系统的视角,全面介绍了管理信息系统的基本概念、管理信息系统的体系结构、管理信息技术的发展、管理信息系统开发方法及管理信息系统在企业中的应用。全书共分为四部分:第一部分为管理信息系统理论,介绍了管理信息系统及其基本理论、组织环境和信息系统战略;第二部分为管理信息系统技术,介绍了数据库与数据仓库、通信与网络、大数据等;第三部分为管理信息系统开发,介绍了信息系统发展的阶段论,信息系统开发概述、信息系统规划、信息系统分析、信息系统设计、信息系统实施;第四部分为管理信息系统

㊀ 云大物移智链,即"云计算、大数据、物联网、移动互联网、人工智能、区块链"的简称。

㊁ "上云"是指企业要完成数字化和网络化,企业通过"上云"才能将经营管理过程中的数据积累下来,这是"用数"和"赋智"的基础和前提条件。"用数"是指企业要通过数据分析、挖掘、建模,及时监测经营管理的运行状态和发现经营管理中的关键规律。"赋智"是指企业在掌握状态和发现规律之后,可以采取针对性的优化策略,最终实现降本增效。资料来源:中国网.李晓东:"上云用数赋智"是一次绝佳的发展机遇[EB/OL]. [2020-04-15]. http://digital.china.com.cn/2020-04/15/content_41123859.htm.

应用，介绍了协同办公系统的基本理论，企业 ERP 系统、供应链管理系统、客户关系管理系统。

本教材博采众家之长，融入了编者丰富的教学与科研实践经验与成果，内容翔实，深入浅出，具有知识体系结构新颖、科学严谨、图文并茂和较强的系统性、创新性与实用性等特点，在以下几方面特色更加鲜明。

1. 教材体现了课程的"课程思政内涵"。将习近平新时代中国特色社会主义思想有效融入教材编写过程。教材所选用的案例来自我国管理信息系统的应用实践，这些案例将思想政治教育元素有机融入管理信息系统教材的编写，在蕴含专业知识的基础上，承载着浓浓的家国情怀、公民素养教育情感，在发挥专业教育功能的同时，培养学生的民族自信心和自豪感。

2. 教材在内容组织上以学生为中心，尽量考虑学生的兴趣和学习特点，以提高学生对学习的兴趣和热爱；通过每一章节开篇案例、关键术语和课后案例的架构，拓展学生知识面，给学生留有思考的空间。

3. 教材内容体系新颖。全书共分为四个部分，分别阐述了管理信息系统的理论、技术、开发和应用，层次分明、重点突出，尤其是管理信息系统的应用内容，弥补了同类教材的不足。

4. 教材强调理论联系实际。教材通过每章设置的开篇案例和课后案例来加深对管理信息系统理论的理解，使理论联系实际。

5. 教材强调信息技术的先进性。教材充分体现信息技术领域的网络技术、云计算、大数据技术和人工智能、区块链、移动互联网等新技术的应用和未来发展趋势，充分体现管理信息系统在我国的最新应用。

本教材是胡笑梅教授的安徽省规划教材项目的最终成果。胡笑梅教授在安徽财经大学已经有近 30 年的课程教学实践。她主持的《管理信息系统》已经立项为安徽省精品资源共享课程、安徽省大规模在线开放课程示范项目、安徽省线上线下混合式和社会实践一流课程。全书由胡笑梅教授统筹，张玮、魏瑞斌撰写了第一部分；张子振、梁吉泰撰写了第二部分；胡笑梅、李会撰写了第三部分；李旭辉、李敬明、王晶撰写了第四部分。围绕本教材，课题组成员还建设了与材料配套的网络课程资源，在 2020 年上半年"疫情期间"向全社会开放。我们还以本课程为依托，举办了"第一届安徽财经大学管理流程设计与决策分析大赛"，以课程为依托，形成了课程、教材、实验课教学和学科竞赛的一体化建设。

安徽财经大学副校长　程刚
2021 年 2 月 23 日

前言

20世纪50年代，西蒙（Simon）提出管理依赖于信息和决策的思想。同时期的维纳（Wiener）发表了控制论，认为管理是一个过程。1958年，盖尔提出："管理将以较低的成本得到及时准确的信息，做到较好的控制。"这个时期，计算机开始用于会计工作。1985年，管理信息系统的创始人、明尼苏达大学的管理学教授戈登·戴维斯（Gordon Davis）这样定义管理信息系统，即"管理信息系统是一个利用计算机软硬件资源，手工作业，进行分析、计划、控制和决策的模型以及数据库人－机系统。它能提供信息支持企业或组织的运行管理和决策功能"。这个定义全面地说明了管理信息系统的目标、功能和组成，而且反映了管理信息系统在当时达到的水平。经过几十年的发展，管理信息系统已发展成为企业不可或缺的工具和手段，企业借助管理信息系统有效地提高了管理效率和沟通效率。

持续的信息技术创新潮流正在改变着传统商业模式，如云计算、大数据、物联网、区块链等新兴技术的兴起，基于手机的移动数据业务平台的崛起，平板电脑、智能手机的多种应用，特别是管理人员使用社会化网络去实现业务目标等。这些创新让管理信息系统在各行业、各领域快速拓展延伸。信息系统采集、处理、积累的数据越来越多，数据量增长得越来越快。从商业公司内部各种管理数据，到移动终端与消费电子产品的社会化数据，再到互联网产生的海量信息数据等，世界上每天产生的信息量正在以指数级的速度增长。面对海量的信息，企业建立管理信息系统能够帮助管理者更准确及时地掌握企业经营状况。管理信息系统的引入，使企业能够更快速、高效、准确地归集企业管理中的大量动态数据和信息。系统而统一的智能化信息管理具有即时性、准确性，能灵活应对突发状况，提高企业整体的管理和决策水平。一方面，管理信息系统通过科学而有效的生产计划、原材料供应计划、人力资源的合理使用、产品质量控制等降低业务成本，增强组织控制，改善经营决策；另一方面，管理信息系统通过管理体制的合理化、管理手段的科学化、员工综合素质的提高、员工整体意识的增强等无形的变化，为企业新产品和服务的开发、协作交流、商务智能应用以及商业模式的重构提供潜能和动力。

我们一直致力于企业信息化、管理信息系统等领域的研究和教学工作，并在研究和教学中不断归纳、总结管理信息系统的理论研究成果以及行业发展动态，本书就是在此基础上编写而成的。

本书分为四个部分，共13章内容。

第一部分是管理信息系统理论，包括第1章到第3章的内容。其中，第1章主要介绍管理信息系统产生的背景、应用现状与发展趋势，以使读者形成初步的认识；第2章主要介绍管理信息系统的基本理论，涉及概念、特点和类型等内容；第3章主要介绍信息系统、组织与战略，涉及信息系统和组织环境、信息系统组织与结构、信息系统与组织战略、信息系统与商业伦理等内容。

第二部分是管理信息系统技术，包括第4章到第6章的内容。其中，第4章主要介绍数据库技术，涉及数据库基本理论、数据库设计、数据仓库、数据挖掘和商务智能等相关内容；第5章主要介绍计算机网络技术，涉及计算机网络的基本概念、体系结构、通信技术以及互联网等技术；第6章主要介绍新兴信息技术，涉及大数据、云计算、人工智能、区块链等。

第三部分是管理信息系统开发，包括第7章到第9章的内容。其中，第7章主要介绍管理信息系统战略规划，涉及诺兰模型、管理信息系统战略规划的基本理论和常用方法以及企业业务流程重组等相关内容；第8章主要介绍管理信息系统开发过程，涉及系统开发概念、系统分析、系统设计、系统实施以及系统运行和维护各个阶段的主要任务；第9章主要介绍管理信息系统开发方法，重点介绍结构化系统开发方法、原型化系统开发方法、面向对象系统开发方法、计算机辅助软件工程以及面向服务架构的系统开发方法。

第四部分是管理信息系统应用，包括第10章到第13章的内容。其中，第10章主要介绍协同办公系统，涉及协同办公系统的基本理论、功能、构成要素、实施应用情况；第11章主要介绍ERP，涉及ERP概念、模块、发展及实施应用情况；第12章主要介绍供应链管理系统，涉及供应链管理系统的基本理论、功能模块及实施应用情况；第13章主要介绍客户关系管理系统，涉及客户关系管理系统的基本理论、功能模块及实施应用情况。

近年来，由于新兴技术不断兴起，管理信息系统的应用场景也在不断变化，书中难免有不当和疏漏之处。在此，恳请阅读本书的授课老师和学生不吝指正，把书中的错误或建议及时反馈给出版社或我们。同时，我们也期待与使用本书的老师和学生多交流、多沟通。让我们一起努力用好本书，教好和学好管理信息系统这门课程。

编者

2021年1月26日

目 录

推荐序一
推荐序二
前言

第一部分 管理信息系统理论

第1章 MIS产生背景、应用现状与发展趋势 / 2

开篇案例 无人银行来了！首家无人银行现身上海 / 2

1.1 当代管理环境的变化 / 4
　1.1.1 全球化的经济环境 / 5
　1.1.2 信息时代的到来 / 6
　1.1.3 组织结构的变化 / 6
　1.1.4 虚拟数字企业 / 7
1.2 管理信息系统发展历程及趋势 / 8
　1.2.1 20世纪60年代中期至70年代中期 / 8
　1.2.2 20世纪70年代中期至80年代中期 / 8
　1.2.3 20世纪80年代中期至90年代中后期 / 10
　1.2.4 20世纪90年代晚期至2010年 / 10
　1.2.5 四阶段之后的新发展 / 10
1.3 管理信息系统应用现状 / 12
　1.3.1 管理思想的信息化融合、集成 / 12
　1.3.2 管理信息系统的职能级应用 / 13
　1.3.3 管理信息系统的企业级平台化应用 / 13
　1.3.4 管理信息系统的网络化应用 / 14
　1.3.5 管理信息系统的应用新变化 / 14
1.4 管理信息系统学科与其他学科的关系 / 15
　1.4.1 管理信息系统学科的发展 / 15
　1.4.2 管理信息系统的研究方法 / 16

课后案例 海尔卡奥斯：构建自主创新的工业互联网智能制造云平台 / 18

第2章 管理信息系统的基本理论 / 20

开篇案例 冷链物流仓储信息化管理系统方案建设 / 20

2.1 信息和系统 / 21
　2.1.1 信息的定义 / 21
　2.1.2 信息的特点 / 22
　2.1.3 系统的定义 / 24
　2.1.4 系统的特点 / 24
2.2 信息系统 / 25
　2.2.1 信息系统的概念 / 25
　2.2.2 信息系统的类型 / 25
2.3 管理信息系统 / 26
　2.3.1 管理信息系统的定义 / 26

2.3.2 管理信息系统的特点 / 27

2.3.3 管理信息系统分类 / 27

课后案例 用友智能工厂助力大西洋集团
成为焊接行业智能制造典范 / 35

第3章 信息系统、组织与战略 / 42

开篇案例 海尔的组织结构演变 / 42

3.1 信息时代的组织 / 46

3.1.1 组织的定义 / 46

3.1.2 组织的特征 / 47

3.2 信息系统和组织环境 / 51

3.2.1 组织的产品生产过程 / 51

3.2.2 组织规模 / 54

3.2.3 管理的规范化程度 / 54

3.2.4 组织的系统性 / 55

3.2.5 信息处理与人的因素 / 55

3.3 信息系统组织与结构 / 57

3.3.1 传统的组织机构 / 57

3.3.2 扁平化组织的概念与特点 / 59

3.3.3 扁平化组织的模式类型 / 60

3.3.4 信息系统与组织扁平化 / 64

3.4 信息系统与组织战略 / 66

3.4.1 信息系统的战略意义 / 66

3.4.2 波特五力分析模型 / 67

3.4.3 信息系统战略分析 / 70

3.4.4 企业价值链模型 / 72

3.5 信息系统与商业伦理 / 75

3.5.1 商业伦理 / 75

3.5.2 信息系统道德维度 / 75

课后案例 小米的互联网营销 / 77

第二部分 管理信息系统技术

第4章 数据库技术 / 82

开篇案例 大鹏证券应用 Sybase 数据
仓库为客户关系管理提供决策
支持 / 82

4.1 数据的组织 / 85

4.1.1 数据的基本概念 / 85

4.1.2 文件管理方式的缺陷 / 86

4.2 数据库管理系统 / 87

4.2.1 数据库管理系统 / 87

4.2.2 数据模型 / 89

4.2.3 数据库设计 / 92

4.3 数据仓库与联机分析处理 / 97

4.3.1 数据仓库 / 97

4.3.2 联机分析处理 / 99

4.4 数据挖掘与商务智能 / 101

4.4.1 数据挖掘概述 / 101

4.4.2 数据挖掘方法 / 103

4.4.3 商务智能概述 / 106

4.4.4 商务智能的应用 / 109

课后案例 农夫山泉用大数据卖
矿泉水 / 112

第5章 计算机网络技术 / 115

开篇案例 5G 一年间你我的生活
如何改变 / 115

5.1 计算机网络的概念与分类 / 117

5.1.1 计算机网络的概念 / 117

5.1.2 计算机网络的分类 / 119

5.1.3 计算机网络的体系结构 / 123

5.2 网络通信技术基础 / 126

5.2.1 通信方式 / 126

5.2.2 传输介质 / 127

5.2.3 数字网络技术 / 130

5.2.4 无线通信技术 / 131

5.3 互联网 / 136

5.3.1 什么是互联网 / 136

5.3.2　互联网地址 / 137
　　5.3.3　互联网应用 / 140
课后案例　2019 中国在线直播行业：花椒、虎牙、KK 直播 / 148

第6章　新兴信息技术 / 150

开篇案例　神秘的比特币 / 150

6.1　大数据 / 151
　　6.1.1　大数据的概念 / 151
　　6.1.2　大数据的特点 / 154
　　6.1.3　大数据的应用 / 156

6.2　云计算 / 159
　　6.2.1　云计算的概念 / 159
　　6.2.2　云计算的特点 / 161
　　6.2.3　云计算的应用 / 162

6.3　人工智能 / 167
　　6.3.1　人工智能的概念 / 167
　　6.3.2　人工智能的特点 / 168
　　6.3.3　人工智能的应用 / 170

6.4　区块链 / 180
　　6.4.1　区块链的概念 / 180
　　6.4.2　区块链的特点 / 182
　　6.4.3　区块链的应用 / 182

课后案例　AlphaGo 和李世石之战 / 188

第三部分　管理信息系统开发

第7章　管理信息系统战略规划 / 192

开篇案例　网易业务中台助力德邦物流 / 192

7.1　信息系统发展的阶段论 / 194
7.2　MIS 战略规划的基本理论 / 196
　　7.2.1　MIS 战略规划的概念及主要任务 / 196
　　7.2.2　MIS 战略规划的特点及原则 / 197
　　7.2.3　MIS 战略规划的关键点 / 198

7.3　制定 MIS 战略规划的常用方法 / 199
　　7.3.1　企业系统规划法 / 199
　　7.3.2　关键成功因素法 / 202
　　7.3.3　价值链分析法 / 204

7.4　企业业务流程重组 / 205
　　7.4.1　企业业务流程重组的概念 / 205
　　7.4.2　企业业务流程重组的基本思想 / 206
　　7.4.3　企业业务流程重组的主要程序 / 207
　　7.4.4　从流程驱动到数据驱动 / 208

课后案例　招商银行：数据驱动智能获客系统建设 / 215

第8章　管理信息系统开发过程 / 222

开篇案例　12306 终成大器，变身"全球最大票务系统" / 222

8.1　系统开发概论 / 225
　　8.1.1　系统规划阶段 / 225
　　8.1.2　系统分析阶段 / 226
　　8.1.3　系统设计阶段 / 226
　　8.1.4　系统实施阶段 / 226
　　8.1.5　系统运行和维护阶段 / 226

8.2　系统分析阶段 / 227
　　8.2.1　系统分析的内容和步骤 / 227
　　8.2.2　组织结构调查 / 228
　　8.2.3　业务流程调查 / 229
　　8.2.4　数据流程调查 / 230

8.3　系统设计阶段 / 234
　　8.3.1　系统设计的主要内容和步骤 / 234
　　8.3.2　系统设计的基本原则 / 235
　　8.3.3　代码设计 / 236

8.3.4 系统物理配置方案设计 / 238
8.3.5 计算机处理过程设计 / 239
8.3.6 数据库设计 / 240
8.3.7 系统设计说明书 / 240
8.4 系统实施阶段 / 241
8.4.1 系统实施的主要内容和步骤 / 241
8.4.2 系统测试 / 242
8.4.3 系统切换的条件和方式 / 243
8.5 系统运行与维护阶段 / 244
8.5.1 系统维护的内容 / 245
8.5.2 系统维护的类型 / 246
课后案例 库存管理信息系统的分析与设计 / 247

第9章 管理信息系统开发方法 / 255

开篇案例 原型法在多媒体课件开发中的应用研究 / 255
9.1 结构化系统开发方法 / 258
9.1.1 结构化系统开发方法的由来及概念 / 258
9.1.2 结构化系统开发方法的基本思想 / 258
9.1.3 结构化系统开发方法的开发过程 / 259
9.1.4 结构化系统开发方法的优缺点 / 260
9.2 原型化系统开发方法 / 260
9.2.1 原型化系统开发方法的由来及概念 / 260
9.2.2 原型化系统开发方法的基本思想 / 261
9.2.3 原型化系统开发方法的开发过程 / 261
9.2.4 原型化系统开发方法的优缺点 / 262
9.3 面向对象系统开发方法 / 262
9.3.1 面向对象系统开发方法的由来及概念 / 262
9.3.2 面向对象系统开发方法的基本思想 / 263
9.3.3 面向对象系统开发方法的开发过程 / 264
9.3.4 面向对象系统开发方法的优缺点 / 265
9.4 计算机辅助软件工程 / 266
9.4.1 计算机辅助软件工程的由来及概念 / 266
9.4.2 计算机辅助软件工程的基本思想 / 266
9.4.3 计算机辅助软件工程的开发过程 / 267
9.4.4 计算机辅助软件工程的特点 / 268
9.5 面向服务架构的系统开发方法 / 268
9.5.1 面向服务架构的由来及概念 / 268
9.5.2 面向服务架构的基本思想 / 269
9.5.3 面向服务架构的开发过程 / 270
9.5.4 面向服务架构的优缺点 / 271
课后案例 基于SOA的数字化校园资源整合 / 271

第四部分 管理信息系统应用

第10章 协同办公系统 / 278

开篇案例 宁夏某企业集团协同办公系统实施案例 / 278
10.1 协同办公系统的基本理论 / 280
10.1.1 协同办公系统的概念 / 280
10.1.2 协同办公系统的发展 / 281

10.1.3 协同办公系统的商业价值 / 283

10.2 协同办公系统的功能与构成 / 284
 10.2.1 协同办公系统的功能 / 284
 10.2.2 协同办公系统的构成 / 287

10.3 协同办公系统的实施与应用 / 288
 10.3.1 协同办公系统的实施过程 / 288
 10.3.2 协同办公系统的应用 / 289

课后案例 大庆油田：以知识化协同门户提升企业核心竞争力 / 294

第11章 ERP / 296

开篇案例 两分钟让你明白什么是ERP：把专业的问题通俗化 / 296

11.1 企业资源计划（ERP） / 298
 11.1.1 ERP定义 / 298
 11.1.2 ERP的发展历程 / 299
 11.1.3 ERP的商业价值 / 302

11.2 传统ERP的主要模块 / 303
 11.2.1 生产管理 / 303
 11.2.2 物流管理 / 306
 11.2.3 财务管理 / 307
 11.2.4 人力资源管理 / 308

11.3 ERP的新发展 / 309
 11.3.1 云端ERP / 309
 11.3.2 移动端ERP / 310
 11.3.3 集成化ERP / 311

11.4 ERP的实施与应用 / 313
 11.4.1 ERP系统的实施 / 313
 11.4.2 ERP系统的应用 / 314

课后案例 "一把手"心痛：东阿阿胶 / 320

第12章 供应链管理系统 / 326

开篇案例 美的空调的供应商如何管理库存 / 326

12.1 供应链管理系统 / 329
 12.1.1 供应链管理系统的定义 / 329
 12.1.2 供应链管理系统的发展 / 332
 12.1.3 供应链管理系统的商业价值 / 336

12.2 供应链管理系统的功能 / 337
 12.2.1 供应链计划系统 / 337
 12.2.2 供应链执行系统 / 338

12.3 供应链管理系统的实施与应用 / 340
 12.3.1 供应链管理系统的实施 / 340
 12.3.2 供应链管理系统的应用 / 341

课后案例 百胜物流降低连锁餐饮企业运输成本之道 / 346

第13章 客户关系管理系统 / 350

开篇案例 Salesforce制造业解决方案 / 350

13.1 客户关系管理系统 / 353
 13.1.1 客户关系管理系统的概念 / 353
 13.1.2 客户关系管理系统的发展 / 354
 13.1.3 客户关系管理系统的商业价值 / 359

13.2 客户关系管理系统功能与构成 / 360
 13.2.1 客户关系管理系统的类型 / 360
 13.2.2 客户关系管理系统的功能模块 / 363
 13.2.3 B2B和B2C下客户关系管理系统 / 367

13.3 客户关系管理系统的实施与应用 / 369
 13.3.1 客户关系管理系统的实施 / 369
 13.3.2 客户关系管理系统的应用 / 370

课后案例 CRM之三国演义 / 376

术语表 / 379

参考文献 / 382

第一部分

管理信息系统理论

CHAPTER 1

第 1 章

MIS 产生背景、应用现状与发展趋势

学习目标

1. 理解企业管理环境的变化。
2. 掌握管理信息系统的发展历程。
3. 了解管理信息系统的现状。
4. 了解管理信息系统课程的特点。
5. 理解管理信息系统的研究方法。

开篇案例

无人银行来了！首家无人银行现身上海⊖

国内第一家无人银行在上海正式开业！与传统的银行不一样，无人银行没有一个柜员，没有一个保安，甚至没有一个大堂经理！

这个全程无须银行职员参与办理业务的高度"智能化"网点，充分运用生物识别、语音识别、数据挖掘等最新智能科技成果，整合并融入当前炙手可热的机器人、人脸识别、语音导航、全息投影等前沿科技元素，为客户呈现了一个以智慧、共享、体验、创新为特点的全自助智能服务平台。

踏进这家无人银行大门的一刻，你将被深深震撼：没有保安，取而代之的是精准的人脸识别系统和清晰的摄像头（见图 1-1）。

⊖ 资料来源：https://www.sohu.com/a/228241564_236505.

图 1-1 无人银行人脸识别系统

没有大堂经理,取而代之的是面带微笑、对你嘘寒问暖的机器人柜员(见图 1-2)。

图 1-2 无人银行机器人柜员

没有柜员,取而代之的是效率高、懂你所需的智能柜员机。

这里没有营业员,却能办理 90% 以上的现金及非现金业务。复杂的业务,只需戴上耳机和眼镜,就能享受远程一对一服务。国内第一家无人银行正式营业,全程智能系统操作,不需人工,简便高效。

1. 取号

不用取号,不用排队!进门后直接在机器人那里一点就行……

2. 刷脸验证身份

第一次需要刷身份证,并进行人脸识别绑定,以后每次来办事,直接刷脸就一步搞定!

3. 办理业务

无人银行没有人,但 90% 以上的现金及非现金业务都能办理。

刷脸取款，首次使用需要将手机号、银行卡和人脸识别进行绑定，以后取款只要输入手机号码，再刷脸就可以取款。

银行卡不用带！密码都不用输！本人到场就行！

复杂的业务，只需戴上耳机和眼镜，远程一对一。

银行巨变，从未像今天这般猛烈。

不仅网点没了营业员，网点业务的办理效率也得到了前所未有的提高！可以预见，未来一个城市可能只会保留几个传统人工网点。

截至目前，智能银行服务网点已达数万家，超过200项个人常用金融服务已可通过智能服务渠道办理。据测算，客户使用智能服务比在传统人工柜台节省70%～80%的时间。银行智能化已成必然趋势，仅占2平方米的智能柜员机取代了传统的7～9平方米的人工柜台，缩减了网点租赁面积，降低了银行网点运营成本。另外，服务的智能化也令银行的业务效率得到大幅提升，降低了客户业务的办理成本。

随着以计算机技术、通信网络技术、多媒体技术为代表的现代信息技术的飞速发展，人类社会正从工业时代阔步迈向信息化时代，人们也越来越重视信息技术对传统产业的改造以及对信息资源的开发和利用。信息化已成为一个国家经济和社会发展的关键环节，信息化水平的高低已经成为衡量一个国家和地区现代化水平和综合国力的重要标志。以现代信息技术、管理科学和系统科学为基础建立的各种管理信息系统（management information system，MIS），在现代社会经济生活特别是企业经营管理决策中，正发挥着日益重要的作用。

1.1 当代管理环境的变化

互联网和新市场正在改变传统企业的投入和收益结构，也加速了传统企业模式的消亡。企业的管理者不得不面对环境变化对企业的影响，也在思考着新的管理环境下企业如何适应变化以保持自身竞争优势。当代企业管理环境的变化如表1-1所示。

表1-1 当代企业管理环境变化的特点

外部环境的变化	当代企业管理环境变化的特点
全球化经济	1. 全球市场的管理和控制 2. 世界市场的竞争 3. 全球工作团队 4. 全球物流的发展
信息经济时代	1. 以信息和知识为基础的经济 2. 新的产品和服务 3. 知识成为核心的生产和战略资源 4. 产品生命周期缩短

(续)

外部环境的变化	当代企业管理环境变化的特点
企业组织机构的变化	1. 组织扁平化 2. 组织分散化 3. 协同工作
数字化管理的引入	1. 将客户、供应商和员工关系数字化 2. 利用网络支持企业核心过程 3. 企业核心资产的数字化管理

1.1.1 全球化的经济环境

经济全球化（economic globalization）是指世界经济活动超越国界，通过对外贸易、资金流动、技术转移、服务提供、各国相互依存与联系而形成了全球范围的有机经济整体。世界银行提供了20世纪60年代至今的全球商品与服务贸易数据。数据显示，自1960年以来，商品与服务贸易出口占全球国内生产总值（gross domestic product，GDP）的比重总体上呈现出曲折上升的趋势。经济全球化表现在以下几个方面。

1. 贸易全球化

经济全球化促进了世界多边贸易体制的形成，加快了国际贸易的增长速度，促进了全球贸易自由化的发展，也使得加入WTO组织的成员以统一的国际准则来规范自己的行为。世界各国开始跨越国界进行各种形式的贸易活动。销售活动克服了地域的限制，在全球范围进行，国际贸易的商品范围也在迅速扩大，从一般商品到高科技产品，从有形商品到无形服务等几乎无所不包。人们可以在世界各地享受可口可乐、麦当劳、丰田、海尔等企业的产品及相应的服务。

2. 生产全球化

生产力作为人类社会发展的根本动力，极大地推动着世界市场的扩大。以互联网为标志的科技革命，从时间和空间上缩小了各国之间的距离，促使世界贸易结构发生巨大变化，加速生产要素跨国流动，这不仅对生产超越国界提出了内在要求，也为全球化生产奠定了基础，是推动经济全球化的根本动力。例如，波音747飞机有几百万个零部件，由分布在65个国家的1 500个大企业和15 000多家中小企业协作生产。

3. 金融全球化

世界性的金融机构网络建立，大量的金融业务跨国界进行，跨国贷款、跨国证券发行和跨国并购体系已经形成。世界各主要金融市场在时间上相互接续，价格上相互联动，几分钟内就能实现上千万亿美元的交易，尤其是外汇市场已经成为世界上全天候的、最具流动性的市场。

4. 科技全球化

科技全球化是指各国科技资源在全球范围内的优化配置，这是经济全球化最新拓展且进展迅速的领域，表现为：先进技术和研发能力的大规模跨国界转移，跨国界联合研发广泛存在。跨国界联合研发广泛存在以信息技术产业为典型代表，各国的技术标准越来越趋向一致，跨国公司巨头通过垄断技术标准，控制了行业的发展，获取了大量的超额利润。

经济全球化给企业的管理者带来了很大的挑战，企业的管理者需要对分布在全球的工厂（办事处）、销售点以及员工进行组织和管理。首先，管理者的工作量及决策时所面对的数据大幅度增加；其次，在全球范围内管理及调控企业的经营情况使"身临其境"变得不现实；最后，全球范围内的分公司、销售点需要及时得到管理者的各种调控信息，如果不依靠管理信息系统，将耗费巨大的时间和资金成本。因此，没有管理信息系统的助力，就不可能加速实现经济全球化，企业也将无法在全球化背景下生存。

1.1.2 信息时代的到来

随着计算机的出现和逐步普及，信息对整个社会的影响逐步提高到一种极为重要的地步。信息量、信息传播速度、信息处理速度以及应用信息的程度等都以几何级数增长。正在全球展开的信息和信息技术革命，正以前所未有的方式对社会变革的方向起着决定作用，必定带来信息社会在全球的实现。具体表现为：首先，在生产活动范围广泛的工作中引入了信息处理技术，从而使这些工作的自动化达到一个新的水平；其次，网络通信和计算机系统合二为一，可以在几秒钟内将信息传递到世界的任何地方，从而使人类活动表现出信息活动的特征；最后，信息和信息机器成为一切活动的积极参与者，甚至能参与人类的知觉活动、概念活动和运动性活动。在此进程中，信息和知识正在以系统的方式被用于变革物质资源，替代劳动成为国民生产"附加值"的源泉。在当今社会，信息和知识成为社会的主要财富，信息和知识流成为社会发展的主要动力，信息和知识源成为新的权力源。

1.1.3 组织结构的变化

随着全球化和信息化的发展，企业自身也要进行相应的变化才能适应外界环境。网络计算机的发展使企业可以跨越国门在全球范围内开展经营活动，接触来自全球的客户与竞争者。环境的变化要求企业能够以低成本提供多品种、小批量的产品，并且快速满足客户的需求。只有这样，企业才能在激烈的竞争中立足。

传统型企业采用金字塔式的组织结构，权力集中、结构严谨、分工专业化。它通常基于一个固定的标准化运作程序来生产大量的产品或服务。而新的环境要求企业更多地采用扁平式结构，企业依赖于即时的信息来提供满足顾客需求的多品种、小批量的产品或服务，以专一的产品或服务去满足特殊市场或顾客的需求。这样的企业需要信息在企业内部各个部门间快速地传递和共享，使企业的采购、生产、销售能快速响应客户的需求；而企业的管理人员面对快速变化的市场，在进行决策时更需要信息或知识的支持，来提高决策质量，减少决策失误，以保证企业的高效运营。

1.1.4　虚拟数字企业

随着互联网和通信技术的发展，"数字化"企业将成为 21 世纪国际化企业发展的必然趋势。所谓数字化企业，是指那些由于使用数字技术，改变并极大地拓宽了自己的战略选择的企业。"数字化"企业中几乎所有的商业关系，诸如客户、供应商、雇员以及核心的业务流程，都是通过数字化的信息系统进行连接和沟通的；核心的企业资产如智力成果、财务和人力资源，也是以数字化信息系统的方式进行管理和运作的。"数字化"企业对外部环境的反应速度要比传统的企业快得多，使之能够在竞争激烈、变化无常的市场环境中生存并保持持续的竞争力。

现在有一些企业正在向数字化企业转型。例如，香港利丰集团本身并不生产制造产品，它通过网络技术接到客户订单后，通过信息系统对订单进行分解，在全球范围内寻找供应商、制造商和物流服务提供商，并按照客户需求及各企业的生产、供应能力制订采购计划、生产计划、物流计划等，再将这些计划通过网络传递给世界各地的合作厂商。厂商根据计划安排生产和运营，并把实际运营情况反馈给利丰集团，受其调节和控制。整个过程中，各个企业通过信息系统紧密地联系在一起。利丰集团通过信息系统对各个企业的活动进行统一的规划和设计，减少整个订单完成过程中的停工待料及资源浪费，降低整个过程的成本，提高运作效率，使企业在激烈的竞争环境中保持竞争力。虚拟的数字化企业通过网络信息技术的支持，利用通信与计算机技术的融合来改进业务流程，能够更有效地贴近客户需求，提高员工生产效率及企业运营效率。综上所述，随着数字化和信息化在全球的快速发展，世界对信息的需求快速增长，信息产品和信息服务对于各个国家、地区、企业、单位、家庭、个人都不可或缺，信息技术已成为支撑当今经济活动和社会生活的基石。在这种情况下，信息产业成为世界各国特别是发达国家竞相投资、重点发展的战略性产业。

为了在未来的竞争中占据有利位置，全球公司纷纷加大对信息技术的投资。目前许多大型跨国公司把对信息技术的投入放在公司的重要战略位置上，如福特汽车公司董事会主席小威廉·克莱·福特（William Clay Ford Jr.）所说："显而易见，在 21 世纪取得成功的公司和个人，必是互联网和相关技术使用上的领先者。"

推进新型信息化建设既是我国"新四化"的目标之一，又是实现新型工业化、城镇化和农业现代化的重要推动力。信息技术产业的发展对于我国经济结构的转型具有重要意义，作为我国经济发展中的朝阳产业，势将成为重要的新的经济增长点。2016 年 4

月，在中国电子信息行业联合会、中国电子学会主办的第十一届中国电子信息技术年会上，中国电子学会发布了"2016～2020年推动产业变革的十大信息技术"，网络信息技术等十大技术入选，被视为推动产业变革的主要技术。

1.2 管理信息系统发展历程及趋势

信息系统最早出现在20世纪60年代。美国路易斯安那州立大学鲁迪·赫希海姆（Rudy Hirschheim）和纽约州立大学的海因茨·K. 克莱因（Heinz K. Klein）将信息系统的发展划分为四个阶段，并对每个阶段的特点、技术、研究主题、研究方法、教育、基础（组织、会议和期刊）进行了系统的梳理（见表1-2）。

1.2.1 20世纪60年代中期至70年代中期

在第一台计算机问世之后，一些商业应用程序应运而生，如1951年的LEO（lyon's electronic office）以及各种物流系统，在组织中也出现了信息系统部门，这标志着信息系统应用的开始。美国和欧洲的大学中也出现了管理信息系统（MIS）或信息系统（IS）专业和系部，这意味着它开始成为一门学科。企业管理者产生了使用不兼容的硬件和软件来整合多种处理功能的需求。第三代计算机（特别是IBM的360系列计算机）的引入使人们意识到了对标准平台的需求。随后集成电路技术和微处理器的发展推动了信息技术的发展。在这个时代，组织的关注点从20世纪50年代和60年代初简单的自动化基本业务流程，逐渐转变为将控制整合到数据处理功能内。为了实现这一目标，组织将其信息系统功能集中到包括一些库存管理和交易处理系统的常规数据处理操作中。在大多数情况下，此职能由计算机运营经理负责，并向会计负责人报告。大多数用户集中在工程和会计部门。工程用户执行CPU密集型应用程序进行数字运算，而会计用户则进行I／O密集型操作，主要用于生成报告。银行和军队也是数据处理的早期采用者。几乎所有计算系统都是由公司编程人员在内部（通常在供应商人员的协助下）使用汇编语言或标准编程语言（如COBOL或FORTRAN）开发的。这些开发过程往往是高度技术性的，并且耗时长、花费大。

1.2.2 20世纪70年代中期至80年代中期

在这个阶段，信息技术快速发展，主要的进步是个人计算机（PC）的引入。随着PC的引入，组织开始在各个部门之间分配其计算处理能力，因为与大型机相比，PC的硬件成本要便宜得多。在这个时代，除会计和工程部门以外的其他业务部门也在争夺计算机资源。随着用户范围的扩大，组织对信息系统操作的传统以技术为导向的方法采取

表 1-2 信息系统演化阶段（1960～2010 年）

阶段	特点	技术	研究主题	研究方法	教育	基础
20世纪60年代中期至70年代中期（电算化应用阶段）	管理/治理集中化；财务控制下的信息系统（IS）报告	第三代主机（IBM360）；程序语言（Assembler、Fortran、COBOL）；数据库；以太网	决策支持系统；人机交互；早期框架；怀疑论；IS成长阶段；IS与组织部门；IS价值	没有实际意义上的研究方法论，只是思想流派	ACM graduate curriculum（1972）；ACM undergrad curriculum（1973）；IFIP TC3（1974）	组织（TIMS、AoM、ACM、DPMA、ASM、SMIS、AIDS、IFIP TC8）；研究中心（CISR、MISRC、ISRAM）
70年代中期至80年代中期[管理信息系统（狭义）开发应用阶段]	用户引导的IS开发项目	微机；中型计算机；PC	IS概念框架；IS成功因素；竞争优势；IT与组织变革；公共部门IS应用；系统设计方法	开始关注不同的研究方法	DPMA（1981）（实践导向）	会议（ICIS、HICSS、IRIS、IFIP TC8 WG8.2）；期刊（MISQ、I&M、IS、JMIS）
80年代中期至90年代中后期（企业信息套装软件化应用阶段）	部门工作计算化；分布式系统；首席信息官（CIO）出现	互联网诞生	IT生产力；IT价值；技术接受；GDSS；基于流程视角的IT实施；外包；IT战略与业务对应	哈佛商学院研究方法论研讨会；扩展研究方法哥本哈根会议（1990）	IFIP/BCS curriculum（1987）	组织[AIS、ISWorld（AISNet）]；会议（ECIS、PACIS、AMCIS、ICOIS）；期刊（ISR、CAIS、JAIS、JIT、EJIS、JIS、I&O、JSIS、IT&P、SJIS、AJIS、DSS、JGIM）
90年代晚期至2010年（互联网应用阶段）	管理分布式的技术和人员（包括离岸供应商）	互联网时代；无处不在的计算（膝上电脑、上网笔记本、平板电脑、智能手机等）；搜索引擎；社会化媒体	电子商务采纳；国际化和跨文化研究；发展中国家中的IT；虚拟团队；知识管理；IT人员；商务智能；IS研究生产力；设计科学；IS期刊评价；专业新的学科框架（本领域是否有未来；关联性与严谨性）	费城会议倡导定性研究（1997）；奥尔堡研讨会推进新的研究方法（2000）；MISQ特殊研讨会议题；第二届曼彻斯特专家组；扩展研究方法（2004）；IS定性研究方法图书	IS'97 Model Curriculum；IS 2010；我国：教学指导委员会给出专业教学目录	期刊（JECR、EJISDC、ISF、JITTA、JITCA、MISQ Executive，以及由AIS主办的期刊，例如 Pacific Asia Journal of the AIS、RELCASI、Non-Anglo-American Journals：Wirtschaftinformatik/Business & Information Systems Engineering）；特殊兴趣组（SIGPHIL、SIGOUT）；专家会议（Design Science）。我国：CNAIS，信息系统学报

资料来源：Hirschheim R，Klein H K．A Glorious and Not-So-Short History of the Information Systems Field[J]．*Journal of the Association for Information Systems*, 2012, 13 (4) :188-235.

了更强的管理取向。它们试图通过成立指导委员会满足用户需求。许多组织也开始让用户参与其系统开发项目，这些用户将在开发过程中帮助确定应用程序需求并监视信息系统的可交付性。后来，一些用户甚至成为信息系统项目的负责人，但是企业级信息系统的策略在此阶段还不够完善。

1.2.3　20世纪80年代中期至90年代中后期

在这个阶段，许多业务部门购买自己的硬件和软件以满足部门需求，也产生了部门计算（如分散化）。这种趋势导致各个职能部门之间出现数据不兼容、不连通、不完整的新问题。这也引起了对遗留系统及其处理方法的担忧，迫切需要为整个组织中的用户提供对公司数据资源的更好访问以及组织范围内的连接。这引起了独立的IS部门的急剧增长。该部门负责维护组织范围内的数据、应用程序和计算机体系结构，并开发新系统以满足未来需求。该部门的负责人被任命为首席信息官（CIO）。随着竞争的加剧和利润率的下降，组织开始向外部供应商寻求IS解决方案。同时，它们开始将其IS策略与公司策略进行协调统一。

1.2.4　20世纪90年代晚期至2010年

这个阶段信息系统技术和商业环境发生重大转变。互联网的商业化带来了前所未有的通信方法和开展业务的方式。互联网允许将知识传播到世界各地，而不受时间和空间的影响。由于这种不断变化的环境，组织开始调整其业务战略，以适应互联网提供的新技术。为了给客户提供更好的服务，组织转移了工作重点，开始定制服务和产品以满足个人需求。技术的普及对信息系统管理者意味着更多的问题，他们必须管理分布广泛的技术、信息系统人员和用户。开源社区的兴起挑战了传统的发展范式，重整了信息系统就业市场，并对信息系统的生存能力发起巨大挑战。

1.2.5　四阶段之后的新发展

2011年至今，以互联网为基础的信息系统成为或即将成为各行各业的基础设施。物联网、大数据、云计算、人工智能、5G、区块链等新一代信息技术迅猛发展，为信息系统的发展提供了更加广阔的发展空间。IT的发展从未像现在这样深刻地影响着企业、政府和组织的产出及其管理，影响到产业乃至社会、人类的生活。人类处理大数据的数量、质量和速度的能力不断增强，推动人类经济形态由工业经济向信息经济、知识经济、智慧经济的形态转化，极大地降低社会交易成本，提高资源配置效率，提高产品、企业、产业的附加值，推动社会生产力快速发展，同时为落后国家后来居上提供了技术基础。数字经济也称智能经济，是工业4.0或后工业经济的本质特征，是信息经济、知识经济、智慧经济的核心要素。正是得益于数字经济提供的历史机遇，我国得以在许多领域实现超越性发展（见图1-3）。

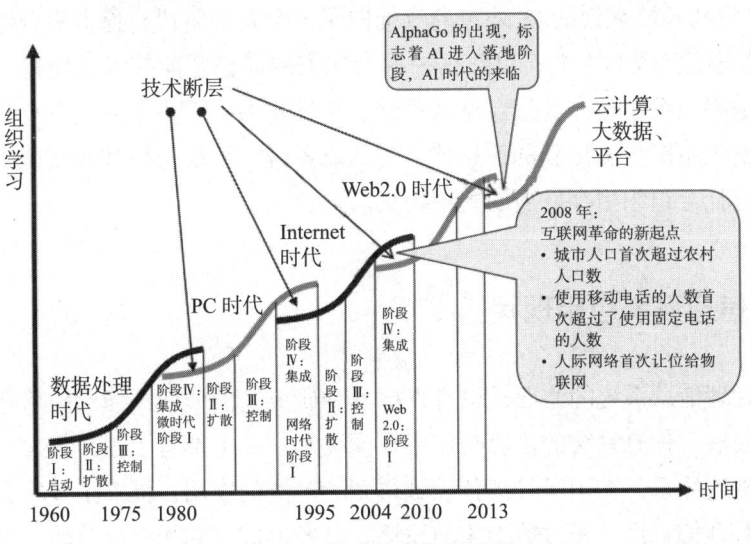

图1-3 信息技术发展过程

资料来源：黄丽华．从信息管理与信息系统专业发展看MIS课程的重构[R]. 2019年管理信息系统课程建设论坛．

2016年G20杭州峰会通过的《二十国集团数字经济发展与合作倡议》首次将"数字经济"列为创新增长蓝图的一项重要议题，认为数字经济是以使用数字化的知识和信息作为关键生产要素，以现代信息网络作为重要载体，以信息通信技术的有效使用作为效率提升和经济结构优化的重要推动力的一系列经济活动。2017年《政府工作报告》明确提出要推动"互联网+"深入发展，并首次明确促进数字经济加快成长的要求。数字经济的快速发展，将对信息系统的应用产生更加深远的影响。市场研究公司IDC认为，到2020年，在全球2 000强企业中，有一半以上的企业基于数字化产品与服务的营收增幅将是其他产品（或服务）的两倍。

从以上提到的五个阶段来看，影响信息系统发展的一个原因是信息技术本身的发展，另一原因则是由于信息技术与管理融合带来的需求。今后信息系统仍然会在这两方面的推动下发展。具体来说，集成化和智能化是当今信息系统发展的两大趋势。在集成化方面，从传统的物料需求计划系统（MRP）、制造资源计划系统（MRPⅡ）中发展出了企业资源计划系统（ERP），形成了整个组织范围内的集成化信息系统，同时电子商务及电子数据交换技术的发展也不断推动着企业间信息系统的集成。在智能化方面，决策支持系统与人工智能、网络技术、数据库、数据仓库技术等结合形成了智能决策支持系统和群体决策支持系统，为组织提供更具智能分析能力的信息支持。

近年来，信息技术领域的创新性成果和应用形式仍然在不断涌现。例如，以Web2.0为代表的社会性网络应用的发展深刻改变了人们的社会交往行为以及协作式知识创造的形式，进而被引入企业经营活动中，创造出内部Wiki（internal Wiki）、预测市场（prediction market）等被称为"Enterprise 2.0"的新型应用，为企业知识管理和决策分析提供了更为丰富且强大的手段；以"云计算"（cloud computing）为代表的虚拟化技术，将21世纪初开始兴起的IT外包潮流推向了一个新的阶段，像电力资源一样便捷易用的IT基础设施已成为可能；以数据挖掘为代表的商务智能技术，使得信息资源的开发与利用在战略决策、运作管理、精准营销、个性化服务等多个领域发挥出难以想象的巨大威力。对于不断推陈出新的信息技术与信息系统应用的把握和驾驭能力，已成为现代企业及其他社会组织生存发展的关键要素。

1.3 管理信息系统应用现状

我们从管理信息系统的演变过程可以探索和研究它的演变规律。随着计算机及相关技术的迅速发展，信息系统的内容与作用在深度和广度上都有了很大的发展，逐渐形成较为完整的理论体系，在国民经济各领域得到了广泛的应用，提高了全社会信息资源管理的水平。管理信息系统经过数十年的发展，已经形成一套相对成熟的，集技术、管理思想、系统等于一体的信息管理体系，并且成功地应用于各个领域。无论是在企业、政府、公共服务事业，还是在航空、交通等领域，管理信息系统都有不俗的表现。

随着各种新技术、新理论的不断涌现，管理信息系统也在随之发生改变。射频识别（RFID）技术、地理信息系统（GIS）、面向服务的架构（SOA），尤其是物联网、云计算、大数据的应用发展，给管理信息系统带来了新的发展点。例如，RFID技术与管理信息系统结合用于冷库的仓储管理，能够做到对冷库内货物进行实时跟踪和精确定位，使得冷库的管理走向透明化和自动化；将GIS与管理信息系统结合应用于城建部门的配电网建设，能满足配电网"安全、经济、优质"的要求；SOA与管理信息系统结合应用于社区管理信息，使得系统具备了适合基层工作业务流程要求的能力，具有更强大的生命力；物联网与管理信息系统结合应用于逆向物流管理方面，解决了逆向管理信息系统中数据采集更新以及共享的难题；云计算与管理信息系统结合应用于高校资源管理，有利于降低教育信息化成本，加强信息的整合与共享。大数据时代的到来在给人们的生活带来方方面面影响的同时，也影响着管理信息系统的发展。可以发现，管理信息系统与新理论、新技术的结合为其发展带来了新的推动力。随着技术更新和观念变革，企业需要管理信息系统能够随着环境的变化和应用领域的拓展而快速做出调整，不断地适应业务变化和扩展的需要。管理信息系统的建设有了崭新的视角，其发展现状主要表现在以下几个方面。

1.3.1 管理思想的信息化融合、集成

管理信息系统，其实质就是各种管理思想的信息化实现。因此，有不同的管理思

想，就有对应的管理信息系统。这就使各种类型的管理信息系统层出不穷。管理信息系统蕴含的思想可以归纳为三种：面向企业功能（如办公自动化 OA）、面向企业过程（如 MRP）、面向产品生命周期（如 SCM）。随着管理信息化基本理念的成熟，管理信息系统逐步发展成为融合各种管理思想、面向产品生命周期的集成系统。集成是未来管理信息系统的显著特征。集成包括总体优化和总体优化前提下的局部优化问题。集成不同于各子部分的简单线性叠加，它必须解决集成过程中引起的各种冲突，且新的整合系统要满足"$1+1>2$"的衡量准则。未来管理信息系统集成化趋势的另一个极为显著的特点是集成的内容无比丰富，并错综复杂、难分彼此地交融在一起。集成可大致分为应用子系统过程和功能上的集成，人、技术与管理的集成，甚至包括企业间的有关集成。

1.3.2　管理信息系统的职能级应用

管理信息系统的构成遍布企业的各个层面，渗透于企业的各类职能中。从管理层次来看，分布于战略层、战术层和作业层的各类管理信息系统，在战略目的和系统功能上有所不同。管理信息系统的战略目的是支持企业的战略性决策；系统功能具有全局性、方向性，能对关系到企业竞争的主要问题进行分析和决策。战术层和作业层的管理信息系统的主要目的分别是提高工作效用与工作效率。管理信息系统为战术层提供资源配置、运作绩效等经营状态的分析评估和计划落实的控制优化等功能，为作业层提供准确便捷的数据收集处理功能。管理信息系统的职能级应用，也就是任务级应用，通常支持单项复杂任务的应用，如计算机辅助设计（computer aided design，CAD）、仿真系统等；同时，它还支持单个职能部门的应用，如财务管理系统、人事管理系统、销售合同分析系统、订票系统、设备台账系统等。

1.3.3　管理信息系统的企业级平台化应用

建模思想的成熟，在面向企业功能、面向企业过程以及面向产品生命周期等方面必然积累起各种企业模型。对这些模型按照行业进行分类，然后按照行业大类、行业小企业逐步细化，最后就可以建立面向行业、面向行业大类、面向行业小企业的参考模型。在企业参考模型的基础上，再对每种模型所蕴含的管理思想进行自上而下的分解，随着各类模型库的丰富和面对特定对象（企业功能、过程及产品生命周期）构建的完善以及管理思想的日益成熟，就可以构建平台式的管理信息系统。它能够针对具体的企业，在参考模型的基础上，根据企业实际情况稍做修改，就能在大量的构件库中快速组装出个性化的企业管理信息系统。在企业组织内，跨部门的应用有企业资源计划、客户关系管理等；而跨组织的应用，则有供应链管理、电子商务等。

1.3.4 管理信息系统的网络化应用

网络技术尤其是互联网的发展，不仅为信息管理带来外在的技术形式的变化，更触发了管理思想上的根本变革。从数据通信的角度来看，信息处理向网络化方向发展使得网络环境下的数据库建设和计算机决策支持成为可能。基于这一发展视角，管理信息系统将向着网络管理信息系统的方向发展。网络管理信息系统将更加依赖计算机通信网络对各种信息进行管理，它要支持互联网环境下的应用，要支持信息系统间的"互联互访"，要实现不同数据库之间的数据交换和共享，甚至要考虑无线通信发展的革命性变化。网络管理信息系统还要具备处理海量数据以及为更多用户提供服务的能力，要提供对长期事务的有效支持，要提供对网络数据快速存取的有效支持。信息系统的网络化具有极为丰富的内涵，涉及管理过程、管理方法、管理范围、组织结构等，具体说来包括：组织结构由等级式的金字塔结构走向扁平化的网络结构；信息管理的对象范围由封闭走向开放；企业活动（包括管理过程）由完全的序列活动走向合理的并行，例如支持广泛的沟通和交流，如 E-mail、短消息、QQ 等；又如基于浏览器/服务器方面的应用、商户之间的网上交易和在线电子支付的电子商务功能、业务外包以及虚拟团队等。

1.3.5 管理信息系统的应用新变化

管理信息系统出现的新变化主要是由技术、信息管理以及组织的变化驱动的。在技术领域出现的三个相关变化是：云计算的发展、移动数字平台和大数据商业应用的出现。云计算的优势和移动数字平台的增长允许组织更多地依赖于电子工作、远程工作和决策。而随着移动端的发展，越来越多的商业计算从个人电脑转移到移动设备上，管理者越来越多地使用这些移动设备协调工作、沟通员工以及为决策提供信息。我们可以把这些设备叫作"新兴的移动数字平台"。在大数据的发展下，企业需要新的数据管理工具获取、存储和分析海量数据，并从中洞悉业务规律。在信息领域，大数据的出现对管理信息系统提出越来越高的要求，信息化规划、建设成为企业的战略选择。企业利用信息系统创建虚拟企业及知识创造型企业，由此大大提高自身的竞争力；对信息系统海量数据进行挖掘和运用的决策系统，能够为管理者解决大量非结构化和半结构化问题，提高了信息分析的效率。在管理领域，管理者采用在线协作技术和社会化网络软件改进协调、协作和知识共享；商务智能应用也使更强大的数据分析和交互界面能够提供实时的绩效信息给管理者，用于提高管理决策水平；同时虚拟会议猛增，管理者采用电话视频会议和网络会议技术，可减少出差的时间和成本，并改善合作与决策。在组织领域，企业利用社会化网络平台加强与员工、客户和供应商之间的联系，社会化商务增加；互联网、无线便携机、智能手机和平板电脑能够让更多的人远离传统的办公室工作，使远程办公更加普及。

1.4 管理信息系统学科与其他学科的关系

1.4.1 管理信息系统学科的发展

1967年,美国明尼苏达大学率先开设了管理信息系统课程。此后五十多年的时间里,各国纷纷推出了管理信息系统课程。我国自20世纪80年代中期陆续开展管理信息系统的教学和研究,现已有数百所高校开设此类课程。从国际上管理信息系统教学的发展趋势看,它已经逐渐从一门面向信息系统开发人员的课程变为面向管理人员的课程,从一门技术类课程变为讨论如何从管理者的角度认识、理解信息与信息技术的课程,从研究一个仅涉及管理信息系统的课程(狭义的MIS)变为讨论组织信息化进程中各种问题的课程。这些变化至今还在继续,并推动西方管理信息系统课程处在不断变化之中。

管理信息系统不仅是一个应用领域,而且是一门学科,它涉及社会和技术两大领域,是一个边缘性、综合性、系统性的交叉学科。管理信息系统是在管理科学的基础上发展起来的,即管理科学向它提出了要求,而现代技术尤其是计算机和数据通信技术则为它提供了最有力的支撑,同时数学和运筹学的方法与模型为它提供了预测及决策的功能。

管理信息系统运用管理科学的基本原理与经验,分析管理的逻辑功能以及各子系统之间逻辑功能的关系,以管理的逻辑功能作为出发点,提出管理信息的需求;它运用系统论、信息论、控制论及行为科学的基本思想与分析方法,研究管理信息系统中各子系统的划分及其相互关系,研究管理信息系统中的层次结构问题;它运用数学和运筹学的方法来研究管理信息系统中复杂的逻辑关系,并运用这些原理提出优化的、可供求解的模型;它运用计算机科学的原理和实践,设计出实现管理信息系统的一套软硬件配置,以及它们的通信设施;它还运用数据库技术与软件工程的原理来分析信息的结构。可见,管理信息系统综合运用这些学科的概念、方法,融合提炼组成一套新的体系和方法。由于它的开发在实际工作中的重要作用,管理信息系统成为信息管理与信息系统专业及其他管理类专业教学计划中的一门核心课程。

自1980年清华大学首次试办管理信息系统专业以来,该专业在中国已经发展了40年。后来管理信息系统又成为一门课程,在国内各大院校的管理专业、计算机专业等多个相关学科领域中均有开设。管理信息系统是全国工商管理类的核心专业课程,对此教育部已经制定了统一的教学大纲。商学院、经济管理学院的学生通过管理信息系统课程的学习,不仅能够掌握系统科学理论,还能具备利用信息技术对信息资源进行处理的能力,最终具备对某一行业技术和管理活动进行处理的能力。作为一门课程,管理信息系统是经济管理类专业的必修课。本课程的任务和教学目的是使学生掌握管理信息系统的概念、结构,掌握建立管理信息系统的基础、开发方法、开发过程各阶段的任务与技术、开发环境与工具等。通过本课程的学习，使学生了解管理信息系统在企业管理中的作用，并通过实践培养其综合运用知识和分析开发应用系统的初步能力。

1.4.2 管理信息系统的研究方法

管理信息系统是一个多学科领域，没有单一主导理论，也不存在唯一的研究视角。管理信息系统的研究方法可以分为技术和行为两大类（见图1-4）。管理信息系统虽然基于机器、设备等硬性的实体技术，但其效用的发挥离不开社会、组织和个人的大量投入。因此，我们说管理信息系统是一个社会—技术系统。

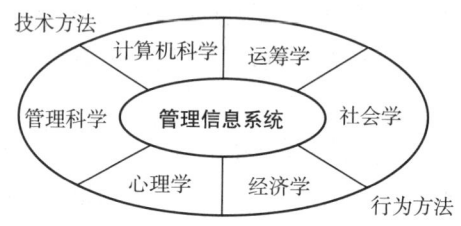

图 1-4 管理信息系统的研究方法

1. 技术方法

管理信息系统研究的技术方法主要强调数学模型的应用，侧重管理信息系统的实体技术及其理论功能的研究，涉及的学科包括计算机科学、管理科学和运筹学。其中，计算机科学关注如何为管理信息系统构建相关的可计算的理论和计算方法，发展高效的数据存储、数据访问方式；管理科学着眼于决策和管理模型的开发；运筹学则致力于应用数学模型来优化特定的组织（如运输、仓储控制、交易成本等）或用户行为。这些研究通常可以转换为计算机程序，满足不同用户的工作需求。

2. 行为方法

管理信息系统是由人来开发和使用的，所以常常会遇到一些行为方面的问题，如战略性业务的整合、设计、实施、应用和管理等。这些问题是管理信息系统研究的重要组成部分，而技术给出的研究模型却无法解答。行为科学在这个方面为管理信息系统的研究提供了重要的概念和方法，如社会科学关注团体与组织对管理信息系统开发的影响，以及管理信息系统应用对个人、团体或组织的作用；心理学家从决策者对形式信息的认知及应用行为入手研究；经济学家则着眼于理解数字产品的生产、数字市场的运行原理以及管理信息系统对企业控制与成本结构产生的影响。采用行为方法进行研究并不意味着对技术维度的忽略。实际上，与管理信息系统相关的行为问题都是由技术引发的。行为方法不过是将研究重心放在了由技术所带来的态度、行为及企业管理与组织政策的变化方面，而非仅仅着眼于技术层面的解决方案。

在大数据环境下，一方面，随着各种感应探测技术、智能终端以及移动互联的广泛应用，使得社会经济生活的方方面面以更细粒度的数据形式呈现，进而令整个社会的"像素"得到显著提升；另一方面，社会"像素"的提升促进了数字"成像"的发展，使得通过数据世界可以更清晰地描绘社会经济活动情境，进而使基于数据的商务分析正在成为创新的核心竞争力。在此背景下，传统的管理变成或正在变成对数据的管理，传统的决策变成或正在变成基于数据分析的决策。全景式 PAGE 框架（见图 1-5）刻画了在粒度缩放、跨界关联和全局视图特征视角映射下的理论范式、分析技术、资源治理、使能创新等重要研究方向。

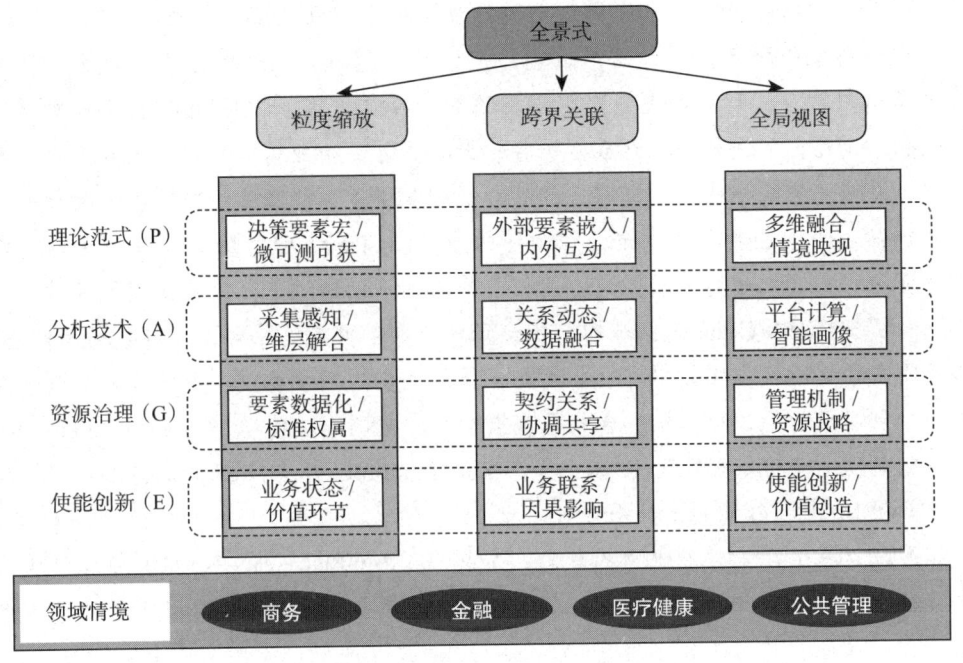

图 1-5　全景式 PAGE 框架

资料来源：陈国青，吴刚，顾远东，等. 管理决策情境下大数据驱动的研究和应用挑战——范式转变与研究方向 [J]. 管理科学学报，2018，21（7）：1-10.

● 思 考 题

1. 简述数字化企业的定义。
2. 简述企业管理环境的变化及其特点。
3. 简述管理信息系统发展历程。
4. 简述管理信息系统应用现状。
5. 简述管理信息系统研究方法。

● **课后案例**

海尔卡奥斯：构建自主创新的工业互联网智能制造云平台

在2017年4月汉诺威国际工业展上，海尔卡奥斯（COSMOPlat）智能制造云平台举行了全球启动仪式。这个由中国独立开发的全球领先的工业互联网平台，成为物联网时代大规模客户定制化工厂产线落地的解决方案，并致力于打造和展示全面创新融合的新工业生态。

海尔COSMOPlat应智能制造需求而生，是用户驱动的实现大规模定制的平台，追求的是高精度下的高效率，允许用户全流程参与产品交互、设计、采购、制造、物流、体验和迭代升级等环节，通过用户赋能，把用户的反馈精准地推送给制造方，让制造方更理解用户行为，最终满足用户需求。还有一点很关键，COSMOPlat不只对接了海尔的互联网工厂，它还是一个开放性平台，聚合了外部企业需求和第三方开发者、解决方案商，以快速聚合全球一流资源，构建知识智慧服务、共享集约服务、大数据服务等领域的产品，为企业转型提供全流程闭环的服务。COSMOPlat的另外一个目标是实现企业、资源、创客之间的互联互通，使每个需求都可以通过平台来快速配置资源，实现"产销合一"。COSMOPlat是一个向全社会开放、共创共赢的平台，可以共同面对用户，在满足用户的同时实现相关方利益最大化，帮助更多的企业更快、更准确地向大规模定制转型。到目前为止，海尔已联合菲尼克斯电气、德国赛威传动、FESTO、SSI、ABB、TOX、欧姆龙自动化、EBM、PAS、思爱普、Fraunhofer等多家企业及有关研究机构携手共建COSMOPlat智能制造云平台。

如果说互联工厂是智能制造的车间，那么COSMOPlat就是一个将互联工厂模式产品化、社会化的平台，特点有三个，即用户全流程参与大规模定制体验；全要素互联互通；开放、共创、共赢的诚信生态。COSMOPlat将互联工厂生态系统中的交互、定制、研发、采购、制造、物流、服务七个全流程节点，输出为七个可以社会化复制的系统应用，形成包括协同创新、众创众包、柔性制造、供应链协同、设备远程诊断维护、物流服务资源的分布式调度等全流程的应用解决方案，帮助企业实现全流程的业务模式革新，精准抓取用户需求、精准生产，实现高精度、高效率的大规模定制升级转型。很明显，由COSMOPlat主导的生产与传统的"先研发再预测市场需求，再大规模制造销售"的生产模式截然不同，这是一种由用户需求驱动的，也是顺应新的工业互联网需求而生的生产模式。

COSMOPlat搭建了一个集成化、数字化和智能化的服务平台，主要解决了当前中国制造智能化转型过程中存在的"标准不统一、方向不清晰、手段和模式混乱无序"等问题。作为行业首个自主研发的智能制造解决方案平台，相当于中国企业智能制造的指南和落地标准，海尔首次提出了中国智能制造的五大标准，即开放、互联、柔性、智能和可视。对此,在"2017工业互联网峰会"上,时任工业和信息化部部长苗圩在参观完COSMOPlat后点评道:"我非常认可COSMOPlat的三个特点:用户全流程参与大规模定制体验;全要素互联互通;开放、共创、共赢的诚信生态。"

目前,海尔智能制造云平台已经扩展到农业、服装、电子、船舶、纺织、装备、建筑、运输、化工等12个行业,服务全球20多个国家的3万多家企业。专家指出,海尔实现了用户全流程参与的大规模定制转型,实现了企业和用户的零距离,允许用户全流程、全生命周期地参与交互、设计、生产、物流等环节,实现产品持续迭代。这不仅让企业精准获取了用户需求,快速满足用户最佳体验,更重要的是实现了用户需求驱动企业全流程的变革,从原来以企业为中心的传统模式,转变为以用户为中心、并联协同的互联网模式。中国社科院信息化研究中心秘书长姜奇平说,海尔不仅注重满足用户的产品需求和服务需求,还注重满足用户对美好生活的体验需求,而且通过不断迭代,让用户体验越来越好,在这种模式下,不仅创造了企业价值,还创造了用户价值。

作为全球唯一的用户可以参与的工业互联网平台,海尔COSMOPlat可以让用户全流程参与产品的设计研发、生产制造、物流配送、迭代升级等环节,真正实现了人人定制。海尔COSMOPlat在"人单合一"模式的指导下,让每个人都"既是消费者也是设计者、生产者",每个人都可以根据自己的意愿和需求利用制造资源生产自己想要的产品。最后是否成功暂且两说,现在的海尔应该已经是全球第一个全面转向用户驱动和创客思维的大型制造业企业,这是一场以"智能制造""创业""生态""开放""人单合一"等关键词为核心的巨大变革,就企业变革本身来说,海尔正在走一条前人没有走过的路。

资料来源:https://www.cosmoplat.com。

案例思考题

1. 根据案例,说说海尔COSMOPlat是一个什么样的平台。
2. 根据案例谈谈,海尔COSMOPlat搭建的集成化、数字化和智能化的服务平台解决了生产环节的哪些痛点问题。

CHAPTER 2

第 2 章

管理信息系统的基本理论

学习目标

1. 理解信息的概念及其特点。
2. 理解系统的概念及其特点。
3. 理解信息系统的概念。
4. 理解管理信息系统的概念。
5. 掌握管理信息系统的分类。

开篇案例

冷链物流仓储信息化管理系统方案建设

随着人们对生鲜食品需求量的增加，冷链产品的品质和安全受到了极大关注，从而推动了冷链物流、冷链仓储管理系统等关联行业的发展，关于冷链领域新技术的开发和应用也逐渐进入了公众视野，推广全程温度监控设备与冷链仓储管理系统，已成为冷链产业创新升级的必然选择。

1. 降低商品损耗率：系统提供专用的追溯码打印系统，在装箱后直接打印、粘贴，配送中心收货采用同样打印标签并粘贴的模式。通过这种方式可以使配送拣货员明确拣货的商品是由哪个供应商提供的。送货到门店后，门店根据标签上架，做到先进先出，能够使商品损耗率下降 23%。

2. 实现商品追溯：应用现代化信息技术手段和配备标准化的设备，为用户提供来源可查、去向可追、质量可控、责任可究的完整方案，使商家对冷链海鲜、食品、农产品都可以实现从"源头"到"销售"的全程溯源，提升产品的新鲜度，以及经营者的安全保障能力。

3. 利于经营决策：通过冷链仓储管理系统，建立实时在线监控系统，提高了自动化程度和标准化水平。日常业务信息通过仓储管理系统连接到 ERP 系统中，通过 ERP 系统可以查询到生鲜产品的日常管理方式、大概产量、成熟期等信息，利于经营决策。

4. 异常情况报警：异常情况报警常见于数据异常、外部停电、设备故障、电池低电量、通信故障等。报警采用先进的统一网关报警，只要接收方的手机通畅就可以收到报警短信，并且系统可设置多个报警短信接收人和多等级报警模式，提高报警成功的可能性，并记录报警历史。

时代的节奏越来越快，信息化的管理方式才是未来冷链企业的制胜之道。标领坚持通过建造和运营现代化的冷链仓储管理系统，为客户提供更精准、高效的服务，有针对性地为客户提供量身定制的解决方案，为企业的发展带来巨大的竞争优势。

标领冷链仓储管理系统解决方案，可帮助企业规范冷链作业各环节，有效监控冷链仓储全过程（见图 2-1），提高冷链业务的管理水平和运营效率，降低供应链整体成本，提升资源使用效率，实现降本增效，目前已被众多冷链行业知名企业所采用。它帮助客户建立高效先进的冷链供应链一体化管理系统，助力客户实现精细化管理，提升客户冷链物流数据化运营的核心竞争力。

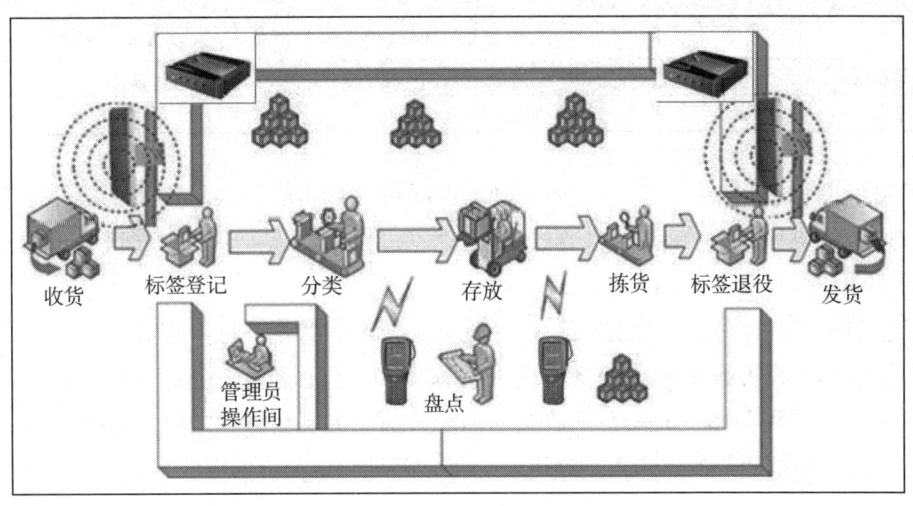

图 2-1　标领冷链仓储流程图

资料来源：摘引自 https://www.sohu.com/a/240125444_730776。

2.1　信息和系统

2.1.1　信息的定义

数据是管理信息系统处理的基本对象。数据是指对客观事件进行记录并可鉴别的符号，是对客观事物的性质、状态及相互关系等进行记载的物理符号或这些物理符号的组合。它是可识别的、抽象的符号，通常表示为文字、字母、数字符号的组合，图形、图像、视频、音频等形式。它仅是一个描述，需要经过解释才能识别。数据和关于数据的解释是不可分的，脱离了特定的背景，则起不到对事物的判断和解释作用。例如，数字888，如果不把它放在一定的环境中，我们并不知道它表示什么含义。

对于"信息"这个概念，不同学科有不同的解释，故对信息存在许多不同的定义。狭义的信息（information）被认为是可通信并有关联性和目的性的结构化、组织化的客观事实。信息论创始人香农（Shannon）则对信息给出了更广义的定义：凡是在一种情况下能减少不确定性的任何事物都可称为信息。我国国家标准《情报文献工作词汇基本术语》对信息的定义是："信息是物质存在的一种方式、形式或运动状态，也是事物的一种普遍属性，一般指数据、消息中所包含的意义，可以使消息所描述事件的不确定性减少。"

与信息这一概念相关的还有数据、知识以及智慧等概念，对它们的解释辨析如表2-1所示。

表 2-1　信息相关概念及其解释

概念	解释
数据	记录客观事件的可鉴别的符号
信息	可通信并具有关联性和目的性的结构化、组织化的客观事实
知识	对信息的进一步加工和应用，是对事物内在规律和原理的认识
智慧	人基于知识所做出的推理、判断和主张

信息可以从不同角度分类：按照管理的层次可以分为战略信息、战术信息和作业信息；按照应用领域可以分为管理信息、社会信息、科技信息等；按照反映形式可分为数字信息、图像信息和声音信息等。

信息是为了满足用户决策的需要而经过加工处理的数据，这个定义在管理信息系统中被广泛应用。在霍顿（Horton）对信息的定义中，信息被看作一种特殊的数据，数据是信息的表现形式和载体，而信息是数据的内涵，信息加载于数据之上，对数据做出具有含义的解释，根据用户的需求对数据进行加工，满足用户决策的需要，如图2-2所示。

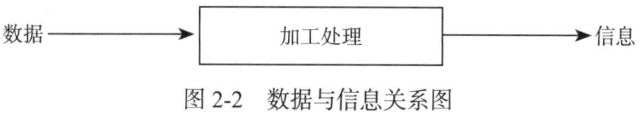

图 2-2　数据与信息关系图

2.1.2　信息的特点

1. 客观性

信息是对事物的特征和变化的客观反映。由于事物的特征和变化是不以人的意志为转移的客观存在，所有反映这种客观存在的信息，统一带有客观性。维护信息的事实性，也就是维护信息的真实性、准确性、精确性和客观性等，从而确保信息的可信性。

2. 时效性

信息的时效性是指从信息源发送信息，经过接收、加工、传递、利用的时间间隔及其效率。时间间隔愈短，使用信息愈及时，使用程度愈高，时效性则愈强。

3. 不完全性

关于客观事实的信息是不可能全部得到的，这与人们认识事物的程度有关。因此数据收集或信息转换要有主观思路，要运用已有的知识，还要进行分析和判断，只有舍弃无用和次要的信息，才能正确地使用信息。

4. 可传递性

传输是信息的一个要素，也是信息的明显特征。应高效地传递信息，通过传递，信息可以被多方、多次共享和使用。传递速度的快慢对信息的效用影响极大。

5. 可加工性

信息作为一种资源，不同于物质资源，它取之不尽用之不竭，可以不断探索和发掘。从信息所承载的内容来看，由于客观事物的复杂性和事物之间的相互关联性，反映事物本质和非本质的信息常常交织在一起，需要通过加工提取能够反映事物本质的信息，进而指导人们的行为和决策。

6. 价值性

管理信息是经过加工并对生产经营活动产生影响的数据，是一种资源，因而具有价值。索取一份经济情报或者利用大型数据库查阅文献所付的费用是信息价值的部分体现。信息的使用价值必须经过转换才能得到。

7. 等级性

管理系统是分等级的，处于不同级别的管理者有不同的职责，处理的决策类型不同，需要的信息也不同，因而信息也是分级的。通常管理信息分为以下三级。

（1）**战略级**。战略级信息是关系到上层决策的信息，是上层管理人员对从属部门要达到的目标，以及为达到这一目标所必需的资源等进行决策的信息，如产品投产、停产，选择新厂的厂址，开拓新市场等。制定战略要大量地获取来自外部的信息，管理部门往往把外部信息和内部信息结合起来进行预测。

（2）**战术级**。战术级信息是管理控制信息，是使管理人员能掌握资源利用情况，并将实际结果与计划相比较，从而了解是否达到预定目的，并指导其采取必要措施以更有效地利用资源的信息。例如，通过计划成本和实际成本之间的比较来调整施工进度。

(3)**作业级**。作业级信息用来解决经常性的问题,它与组织日常活动有关,用以保证切实地完成具体任务,如每天施工用料的统计,每天施工的工人数目。

2.1.3 系统的定义

系统是由处于一定的环境中相互联系和相互作用的若干组成部分结合而成的。所谓人造系统,是指人类为了达到某种目的而对一系列要素做出有规律的安排,使之成为一个相关联的整体,如计算机系统和生产系统等。实际上,大多数系统属于自然系统和人造系统相结合的复合系统,而且许多系统有人参加,是人机系统。例如,信息系统看起来是一个人造系统,但是它的建立、运行和发展往往不以设计者的意志为转移,而有其内在规律,特别是与开发者和使用者的行为有紧密的联系。了解自然系统的运行规律及人与自然系统的关系是建立和发展信息系统的关键。

系统的运行过程如图 2-3 所示,一般要经历输入、处理、输出和反馈四个步骤。系统要实现某个整体目标,需要输入一定的资源,经过系统各组成部分的处理,输出加工后的资源。输入和输出都是可以调整的,为了使系统各组成部分能够协调工作,使输入的资源得到更充分的利用,进而达到更好的输出效果,可以根据处理、输出的结果反馈,对输入、输出和处理进行控制。

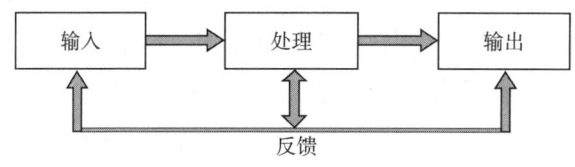

图 2-3 系统的运行过程

2.1.4 系统的特点

(1)**整体性**。一个系统至少要由两个或更多的可以相互区别的要素或子系统组成,它是这些要素和子系统的集合。作为集合的整体系统的功能要比所有子系统功能的总和还大。

(2)**目的性**。人造系统都具有明确的目的性。所谓目的就是系统运行要达到的预期目标,它表现为系统所要实现的各项功能。系统目的或功能决定着系统各要素的组成和结构。

(3)**相关性**。系统内的各要素既相互作用,又相互联系。这里所说的联系包括结构联系、功能联系、因果联系等。这些联系决定了整个系统的运行机制,分析这些联系是构筑系统的基础。

(4)**环境适应性**。系统在环境中运转,环境是一种更高层次的系统。系统与其环境相互交流、相互影响，进行物质、能量或信息的交换。不能适应环境变化的系统是没有生命力的。

2.2 信息系统

2.2.1 信息系统的概念

信息系统是一个人造系统，它由人、硬件、软件和数据资源组成，目的是及时、正确地收集、加工、存储、传递和提供信息，实现组织中各项活动的管理、调节和控制。

组织中各项活动表现为物流、资金流和信息流的流动。"物流"是事物的实际流动过程。物资的运输，产品从原材料产地采购、加工和销售都是物流的表现形式。"资金流"指的是伴随物流而发生的资金的流动过程。"信息流"伴随以上各种流的流动而流动，它既是其他各种流的表现和描述，又是用于掌握、指挥和控制其他流运行的软资源。一个组织的信息系统可以是企业的产、供、销、库存、计划、管理、预测、控制的综合系统，也可以是机关事务处理、战略规划、管理决策、信息服务等综合系统。

信息系统包括信息处理和信息传输两个系统。信息处理系统是对数据进行处理，使其获得新的结构与形态或产生新的数据。比如计算机系统就是一种信息处理系统，通过它对输入数据的处理可以获得不同形态的新数据。信息传输系统不改变信息本身的内容，作用是把信息从一处传到另一处。由于信息的作用只有在广泛交流中才能充分发挥出来，因此，通信技术的进步极大地促进了信息系统的发展。广义的信息系统概念已经延伸到与通信系统等同。这里的通信，已经超越了传统的人际交流和人际沟通，其中包括思想的沟通、价值观的沟通和文化的沟通。

2.2.2 信息系统的类型

按照系统处理的对象，可以把组织的信息系统分为作业信息系统和管理信息系统两大类。

1. 作业信息系统

作业信息系统的任务是处理组织业务、控制生产过程、支持办公事务和更新数据库。作业信息系统通常由以下两个部分组成。①业务处理系统：它的目的是迅速、及时、正确地处理大量信息，提高管理工作的效率和水平，如施工进度记录、施工成本的计划等。②过程控制系统：过程控制系统主要用计算机控制正在进行的生产过程，如施工进度控制系统。

2. 管理信息系统

管理信息系统是对一个组织的信息进行全面管理的人和计算机相结合的系统，它综合运用计算机技术、信息技术、管理技术和决策技术，与现代化的管理思想、方法和手段结合起来，辅助管理人员进行管理和决策。管理信息系统不仅是一个技术系统，同时还是一个社会系统。

2.3 管理信息系统

2.3.1 管理信息系统的定义

管理信息系统（management information system，MIS）是一个不断发展的新兴学科，它的定义随着计算机技术和通信技术的进步不断更新，而且从不同角度对管理信息系统的定义也不尽相同。

1. 系统角度

管理信息系统是一个人机系统，由人、硬件、软件、数据资源、网络通信等组成，目的是及时、正确地收集、加工、存储、输出和传输信息，实现组织中各项事务的运行和管理。

在这个定义中，管理信息系统包括数据处理和数据传输两个方面的功能，最终的目的是根据企业用户的需求，提供企业运作和管理过程中所需的信息。

2. 管理者角度

管理信息系统是在企业和管理者面临环境挑战时，提出的一套基于计算机的解决方案，这套解决方案是管理、组织和技术的结合体。

这个定义说明管理信息系统的使用离不开企业环境。管理信息系统与企业的管理方式、组织方式等多方面互相联系，互相影响，管理者不能忽略企业环境而孤立地谈管理信息系统，也不能忽略管理信息系统对企业管理和组织方式的改变。

3. 功能角度

管理信息系统通过对整个供应链上多个组织间（包括组织内）的信息流的管理，实现业务的整体优化，提高企业运行控制和外部交易过程的效率。

这是从管理信息系统的功能角度进行定义的。随着互联网技术和电子商务的发展，管理信息系统已经突破原有的界限，成为企业内部业务流程和外部商务流程集成的平台，即不仅支持企业内部信息处理和传递，还超越了企业的界限，成为跨组织信息交流的平台。

2.3.2 管理信息系统的特点

1. 管理决策支持

管理信息系统是管理学的思想方法、管理与决策的行为理论之后的一个重要发展，是一个为管理决策服务的信息系统，它必须能根据管理的需要，及时提供所需要的信息，帮助决策者做出决策。

2. 综合性、交叉性和边缘性

管理信息系统是对组织进行全面管理的综合系统，这体现在三个方面：多学科交叉，多种人才结合，软件和硬件的集成。

3. 有预测能力和控制能力

管理信息系统使用数学模型，如运筹学模型和数理统计模型来分析数据和信息，以便预测未来，提供决策支持。

4. 人机系统

在管理信息系统中，需要充分发挥人和计算机系统的长处。在企业里，信息加工计算可以由计算机来完成，但是采用什么方式加工计算，以及最终的决策还是需要人来确定并执行，因此管理信息系统是人和计算机系统结合的系统，共同完成企业对信息的使用。在管理信息系统开发过程中，要正确界定人和计算机在系统中的地位和作用，使系统得到整体优化。在现代的管理信息系统中，机器占据大部分，但人始终是管理信息系统建设的主体，还会涉及多方面的人员群体，所以管理信息系统也是一个人机结合的系统。

2.3.3 管理信息系统分类

管理信息系统的概念包含广泛，从不同的角度可以分为很多类别。例如，依据系统的功能和服务对象的不同，可以将管理信息系统分为国家经济信息系统、企业管理信息系统、事务型管理信息系统、办公型管理信息系统、专业型管理信息系统；依据其服务范围可以分为组织内管理信息系统和组织间管理信息系统等。在企业中，管理信息系统的应用可以按照纵向管理层次和横向组织功能进行分类。

1. 管理信息系统层次分类

管理信息系统是为了完成企业的组织管理和业务运行的信息需求而设立的。由于信息具有用户依赖性，根据企业纵向管理层次对信息的需求不同，管理信息系统可以分为事务处理系统、知识管理系统、办公自动化、管理信息系统、决策支持系统、经理信息系统等六种类型，如图 2-4 所示。

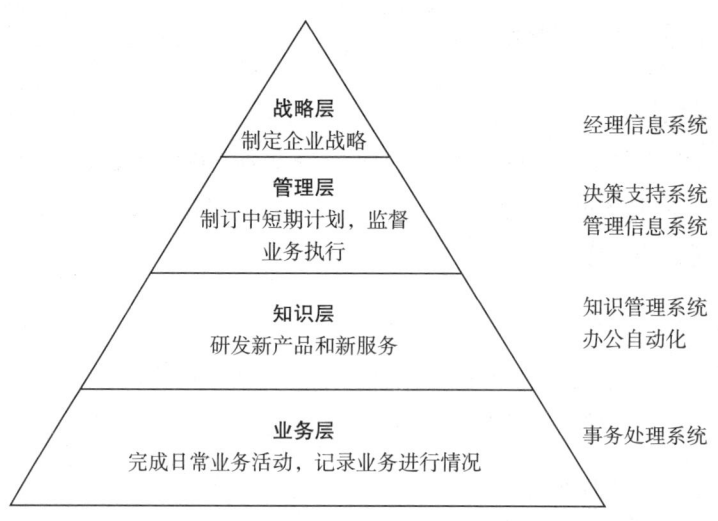

图 2-4 管理信息系统的纵向分类

（1）事务处理系统

事务处理系统（transaction processing system，TPS）是组织内最基本和最常用的一种信息系统。每个企业都有大量重复性的信息处理工作需要完成，如以下几种企业活动：
- 财务处每月都要进行工资结算；
- 销售部每天都进行订单登记；
- 材料进出仓库时，保管员要进行出库/入库登记；
- 客户购买了商品，销售部要开具发票。

以上这些活动称为事务活动。事务是指组织的基本业务活动。事务处理系统是指负责记录、处理并报告组织中重复性的日常活动，记录和更新企业业务数据的信息系统。它是为组织作业层服务的基本信息系统，也是信息系统早期在组织中的应用形式。事务处理系统获取、处理和存储由事务产生或者与事务相关的数据，以及企业例行活动的各种文档。企业例行活动的各种文档事务处理系统是一种面向数据的系统，其输出的数据如果不进一步加工，则不一定会形成对管理有用的信息。事务处理系统的特点如下。

- 事务处理系统支持的是每日的运作，面对的用户多，处理的事务重复性强，处理的数据量大。
- 处理的数据详细，精度要求高，但是逻辑关系简单，规律性和结构化程度高。
- 事务处理系统处理的信息多半来自企业内部的信息源。
- 服务对象主要是组织的作业层。

事务处理系统的服务目标是实现事务处理的自动化，提高组织处理事务的工作效率和工作质量，提高客户的满意度。企业通常能够从中获得以下几个方面收益。

① 提高准确度。在人工的事务处理系统中，由员工检查事务处理系统产生的文档和报告。由于人难免犯错误，因此经常需要消耗时间、精力和资源来加以修正。而采用

计算机技术的事务处理系统经过运行的检验,一般不会出错。

② 提高处理速度,及时生成文档和报告。人工的事务处理系统要花几天的时间才能生成事务报告,而采用计算机技术的事务处理系统则能够在几秒钟内完成。

③ 提高劳动效率。需要大量人力才能完成的事务工作,采用事务处理系统后需要的人力减少,成本降低。

④ 改善服务水平。事务处理系统可以帮助企业记录、处理和跟踪许多细节信息,更好地满足客户对产品和服务的要求。

⑤ 提供辅助决策的数据。事务处理系统产生的数据不仅反映了组织的基本活动,也是制定企业战术和战略决策时所需参考的原始资料。

(2)知识管理系统

随着信息时代的到来,企业中出现了专门的知识层。知识层员工由知识员工和数据员工组成,他们是信息和信息技术的使用者,负责帮助组织把知识用到管理或经营中去。知识员工是指能够创造新知识和信息的人,如工程师、程序员、科学家等专业人员,以及高级经理、部门主管等从事管理创新的人员。

知识管理系统(knowledge management system,KMS)是收集、处理、分享一个组织的全部知识的信息系统,它利用软件系统或其他工具,对组织中大量的有价值的方案、策划、成果、经验等知识进行分类存储和管理,积累知识资产避免流失,促进知识的学习、共享、培训、再利用和创新,有效降低组织运营成本,强化其核心竞争力。KMS 是一种能利用专业领域的知识对来自企业内外部的信息进行高效处理的信息系统。

(3)办公自动化

知识层的另一部分工作人员是数据员工,如秘书等,一般只处理而不创造信息。其主要工作是使用、处理和传播信息。办公自动化(office automation,OA)是将现代化办公和计算机技术结合起来的一种新型的办公方式。它是基于工作流的概念,以计算机为中心,采用一系列现代化的办公设备和先进的通信技术,广泛、全面、迅速地收集、整理、加工、存储和使用信息,使企业内部人员方便快捷地共享信息,高效地协同工作,改变过去复杂、低效的手工办公方式,为科学管理和决策服务,从而达到提高行政效率的目的。OA 的运行过程是将企业的行政文档进行存储、分类、检索,作为企业管理人员进行日程安排及企业人员行政沟通的一种先进的工具。

(4)管理信息系统

中层管理者在其工作中常常会遇到以下的问题。

- 某类产品的市场占有率是多少?哪些商品畅销?
- 企业本期收支情况与前一年的收支情况相比有何差异?
- 本月订单的完成情况如何?
- 当前企业员工年龄结构的分布情况如何?

借助管理信息系统（MIS），中层管理者可以轻松地得到答案，从而做出战术决策。狭义的管理信息系统是指那些能够从组织内部和外部收集数据，并对其进行加工处理，形成有用的信息，以预先设定的形式提供给以中层管理者为主的各级管理者使用的信息系统。在信息系统的应用体系结构中，狭义管理信息系统起着连接事务处理系统、决策支持系统和经理信息系统的作用。它通过对事务信息的汇总和分析，向管理者提供定期和预先设定的报告、报表和查询服务，支持管理者（以中层管理者为主）高效地组织、计划和控制企业的运行。

组织的战略目标是通过管理层的战术运作来实现的。管理信息系统的服务对象是组织的中层管理者。管理信息系统帮助中层管理者进行资源的分配、计划的制定和调整，使他们能够深入观察组织的日常运行状况，将现有运行结果与预定的目标进行对比，确定问题所在，寻找改善的途径和机会，从而有效地控制组织的运行。管理信息系统的有效运行能够对组织（企业）的成本、利润、客户服务、产品创新等方面产生积极的影响，帮助组织取得竞争优势。

管理信息系统的基本活动包括输入、处理和输出数据三个主要环节。管理信息系统的输入活动是指管理信息系统收集和输入数据的过程。管理信息系统的数据源有内部和外部之分。事务处理系统负责收集和存储业务活动的相关数据，其应用程序不断地对组织的基本数据进行更新，这些被实时更新的数据正是管理信息系统主要的内部数据源。外部数据源包括客户、供应商、竞争对手、投资者等的基本数据，可以通过互联网、调研等方式或者通过外部数据库获取。管理信息系统的处理和输出是指运用从事务处理系统和外部数据源获取的数据，按照预先设定的报表要求，通过分类、汇总、排序、计算及数据的析取和分析等工作，输出规定格式的报表，并满足中层管理者的查询要求。管理信息系统输出的报表主要有以下几种形式。

① 周期报表。周期报表是按周期或规定日程生成的报表。例如，生产部经理通过管理信息系统输出生产日报、周报或月报，有关人员根据报表信息进行生产调度。

② 定制报表。定制报表是指根据管理者对信息的要求而制作的报表。例如，某个管理者想知道某特定材料的库存情况，管理信息系统就为他设计专门的报表。定制报表中可以包含与实际值对比的企业运作关键指标。

③ 异常报表。异常报表是指反映企业异常情况的报表。异常报表的内容可以引起管理者的注意，从而及时采取措施。例如，企业的应收账款超过了规定的水平，财务部门必须采取加速回款的措施。

④ 详细报表。详细报表是指为管理者提供详细数据的报表。例如，从定制报表上看到企业的应收账款超过了规定的水平，为了寻找原因，财务部经理希望查看应收账款的详细列表，以便发现超过付款期的欠款大户，立即启动催款程序，一般来说这些详细信息可以从事务处理系统中获取。

（5）决策支持系统

组织运作过程中常常会遇到许多决策问题，下面所列为示例。
- 企业采购原材料时应该选择哪家供应商？
- 如何确定合理的库存量？
- 如何选择最佳的运输路径？
- 连锁门店选在什么位置比较合适？

人们常常把解决以上问题的过程称为决策过程。在管理活动中，管理者经常需要对以上问题做出决策。管理者虽然可以通过管理信息系统获得经过分类、比较、汇总和简单计算的信息，但这些信息对于制定特殊问题决策的支持力度是不够的，以至于只能靠直觉、经验进行决策。为了满足解决复杂决策问题的要求，决策支持系统（decision support system，DSS）应运而生。决策支持系统的概念经过了无数次扩充，成为一个融计算机技术、信息技术、人工智能、管理科学、决策科学、心理学、组织行为学等学科与技术于一体的技术集成系统。决策支持系统的目的在于提高决策的效能（effectiveness），而不是效率（efficiency）。目前，决策支持系统仍是一个发展中的概念。国内外学者尝试着给出了许多不同的定义。劳顿夫妇认为，决策支持系统是将数据、复杂的分析模型和用户友好的软件集成在一起，能够很好地支持半结构化和非结构化决策的系统，其目的是辅助管理决策。

决策支持系统的特征及其与管理信息系统的关系，可以通过对决策支持系统的特征描述来更进一步地理解其内涵。决策支持系统的一般特征如下。
- 用来解决半结构化和非结构化问题。
- 面向组织的所有管理者，特别是高层和中层的管理者。
- 辅助决策，而不是代替决策者决策。
- 支持决策制定的全过程（收集情报、设计方案、选择方案和实施方案四个阶段）。
- 着重于提高决策的效能，而不是效率。
- 强调由管理者以交互会话的方式方便地使用。
- 将模型、分析、人工智能与数据库、数据仓库和数据挖掘技术结合起来。
- 为个人、群体和团队的决策提供支持。

决策支持系统与管理信息系统有很大的差别，主要表现在以下四个方面。

① 管理信息系统面向组织的中层管理者，处理的是结构化决策；决策支持系统主要面向组织的高层和中层管理者。例如，结账管理信息系统从应收账款数据库中把过期未付的客户账单生成周报交给主管财务的经理，由其自行分析；而决策支持系统则通过"What-If"模型来决定这些未付的客户账单对现金流量、总收入、整体利润水平的影响，把模型分析的结果交给主管财务的经理。此外，决策支持系统也支持作业层的决策。例如，运输公司车辆优化调度决策支持系统、集装箱配载优化决策支持系统可以帮助调度员和配载工人决定车辆行驶路线和集装箱配载方案。

② 管理信息系统提供的报表和信息大多用于控制组织整体的运行，决策支持系统则支持个人、群体或整个组织的问题解答。决策支持系统可以支持特定的管理者做出特定的决策，从而解决特定的问题。例如，车辆优化调度决策支持系统可以帮助调度员安排车辆并确定最佳运输路线。

③ 管理信息系统主要采用数据驱动的分析技术确定信息需求，完成例行事务的信息分析；决策支持系统则根据决策问题确定并做出决策过程中要使用的分析模型和决策信息，主要采用模型驱动和人工智能等方法，使用图形输出。

④ 决策支持系统强调以交互方式允许终端用户控制数据、选择模型和对话。决策者针对同一个问题可以选取不同的模型，由此产生多个可供选择的行动方案。由此可见，决策支持系统的运行是由它的用户控制的。而管理信息系统主要是基于固定的信息需求，由系统开发人员按需求编程，用户最终获得的信息取决于这些程序的预定功能。

（6）经理信息系统

企业战略层由组织的高层管理者或资深管理者构成，他们负责确定组织的目标和发展方向，制定实现该目标的长远策略。经理信息系统（executive information system，EIS）也叫主管信息系统，是服务于组织的高层管理者的一类特殊的信息系统。EIS 能够使经理们得到更快更广泛的信息，能够迅速、方便、直观（用图形）地提供综合信息，并可以预警与控制"成功关键因素"遇到的问题。EIS 还是一个"人际沟通系统"，经理们可以通过网络下达命令，提出行动要求，与其他管理者讨论、协商、确定工作分配，进行工作控制和验收等。EIS 主要提供高层决策者进行决策时需要的内外部信息的综合，通过一定的图形工具或分析工具，将内外部信息以直观、清晰、综合的方式表现出来，便于高层决策者理解。

2. 管理信息系统的功能分类

组织根据功能在横向上可以分为不同的部门来实现组织目标。管理信息系统为了满足各组织部门的信息需求，专门设计了相应的具有专门功能的管理信息系统。对最常见的制造企业来说，管理信息系统在组织横向上可以分为销售管理信息系统、生产管理信息系统、采购管理信息系统、财务管理信息系统、人力资源管理信息系统等。

（1）销售管理信息系统

销售管理信息系统通常包括产品的销售、推销及售后服务的全部活动，是一个用来辅助企业销售活动、销售管理和销售决策的工具。管理销售信息系统的主要功能有管理销售信息、控制销售活动、处理销售业务、确定销售方针、分析销售环境及效果、规划销售策略、制作报表、制定预算等。同样，销售部门也可分为业务层、管理层及战略层，表2-2列举了销售管理信息系统各个层次的部分功能及相应的应用系统。

表 2-2 销售管理信息系统

功能	主要应用系统	组织层次
订单处理	航空公司订单处理系统	业务
定价分析	航空公司定价信息系统	管理
销售预测分析	航空客票预测信息系统	战略

（2）生产管理信息系统

生产管理信息系统的主要功能是满足组织生产部门的各项活动，包括产品的设计与制造、生产设备计划、生产工人录用与培训、质量控制等。通过生产管理信息系统，管理者能够随时了解生产情况、库存存货情况，自动生成生产配料单，跟踪整个生产过程，科学管理生产物料，同时还可以帮助企业管理者有效控制生产成本，及时了解产品产量及库存的业务细节，发现存在的问题，避免库存积压，做出快速的市场反应。表 2-3 列举了生产管理信息系统各个层次的部分功能及相应的应用系统。

表 2-3 生产管理信息系统

功能	主要应用系统	组织层次
机器控制	生产作业系统	业务
生产规划	ERP	管理
设施位置	选址决策支持系统	战略

（3）采购管理信息系统

采购管理信息系统是综合采购申请、采购订货、进料检验、仓库收料、采购退货、购货发票处理、供应商管理、价格及供货信息管理、订单管理及质量检验管理等功能的管理系统，对采购物流和资金流的全部过程进行有效的双向控制和跟踪，实现完善的企业物资供应信息管理。表 2-4 列举了采购管理信息系统的部分功能及相应的应用系统。

表 2-4 采购管理信息系统

功能	主要应用系统	组织层次
订单管理	订单管理信息系统	业务
订货批量	采购规划系统	管理
原材料趋势分析	进货预测系统	战略

（4）财务管理信息系统

财务管理信息系统分为企业财务和决策两个层次。企业财务以总账系统为核心，包括总账、应收应付、现金管理、项目管理、工资管理和固定资产管理等模块，为企业的会计核算和财务管理工作提供了全面、详细的解决方案。决策功能是利用信息技术，结合财务管理方法、管理理论，以计算机及网络为工具，建立各种预测、决策、预算与控制及分析模型，如财务预算、营运资金管理和控制、投资决策分析、筹资决策分析、销售和利润预测与管理、成本计算和控制、财务分析等。表 2-5 列举了财务管理信息系统的部分功能及相应的应用系统。

表 2-5 财务管理信息系统

功能	主要应用系统	组织层次
应收账款	会计电算化系统	业务
预算	预算信息系统	管理
利润分配	利润分配系统	战略

（5）人力资源管理信息系统

人力资源管理信息系统是管理信息系统在人力资源管理部门的应用。人力资源部门借助人力资源管理系统，可实施电子化人力资源管理，如招聘、培训、使用、考核、评价、激励、调整等。表 2-6 列举了人力资源管理信息系统的部分功能及相应的应用系统。

表 2-6 人力资源管理信息系统

功能	主要应用系统	组织层次
人力培训	员工培训系统	业务
薪资分析	薪资分析管理信息	管理
人力资源规划	人力资源规划系统	战略

3. 管理信息系统的集成结构

信息系统在组织中一般以模块的形式存在，每个模块具有不同的功能，满足不同层次、不同部门的工作人员的不同信息需求，如在纵向上分别支持业务、知识、管理和战略等不同层次对信息的需求，在横向上支持采购、生产、管理等多个职能部门对信息的不同需求。每个模块有各自的数据需求和数据存储。企业整体的管理信息系统是对这些模块或子系统的集成，对各个模块进行统一的规划与设计，合理设计各个模块的接口，使各个模块之间可以进行通信与共享。具体框架结构如图 2-5 所示。

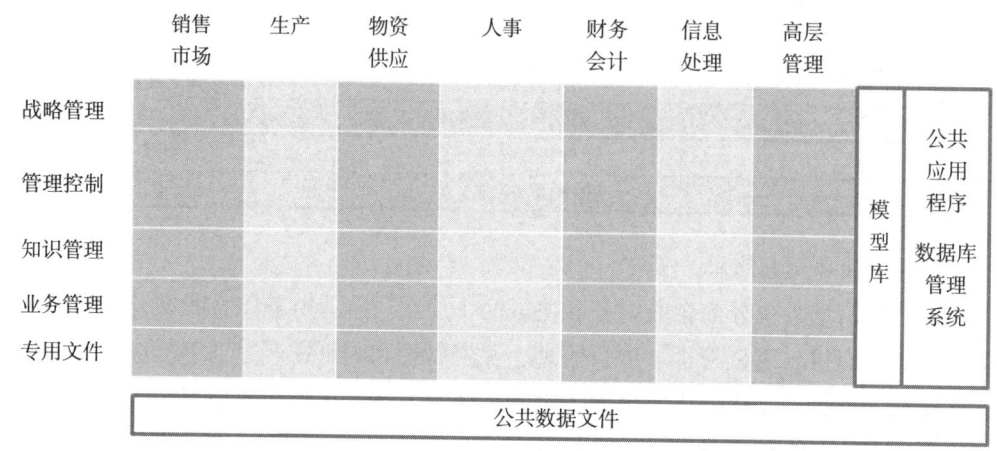

图 2-5 管理信息系统集成结构

管理信息系统通过组织内各管理信息子系统之间的数据联系和共享以及组织的流程进行集成，使各子系统之间能够有机地协调工作，以发挥整体效益。集成的管理信息系统在纵向上可以分成四个层次的子系统,在横向上可以分为满足各职能部门的子系统,这些子系统既能单独工作,实现各子系统的目标,也能通过各接口实现数据和信息共享,完成企业的整体目标。在各个子系统中有一些共同使用的数据或应用程序,这些数据和应用程序一般安装在公共数据库、公共应用程序服务器中,供各子系统共同使用,以节约资源,并保证数据的一致性。

● 思考题

1. 什么是信息?信息和数据有何区别?
2. 简述管理信息系统的内涵。
3. 以超市为例,说明发票凭证通过事务处理系统、管理信息系统和决策支持系统时可以进一步加工成哪些信息。
4. 简述管理信息系统的分类。

● 课后案例

用友智能工厂助力大西洋集团成为焊接行业智能制造典范

大西洋(股票代码600558)的前身是创建于1950年4月的上海斌诚焊接材料制造厂,同年8月正式使用中国第一个焊接材料商标——大西洋。1966年,它更名为中国电焊条厂。1969年,它由上海内迁到四川省自贡市,更名为自贡中国电焊条厂。1996年它整体改制为四川大西洋集团有限责任公司,1999年作为主发起人发起设立四川大西洋焊接材料股份有限公司,2001年在上海证券交易所上市,成为国内焊接材料行业唯一的国有控股上市公司。

在不少人的印象中,传统制造业意味着传统、落后,没有什么核心技术。而现在的大西洋,技术含量高,也很现代。大西洋拥有自主知识产权成果700多项,发明专利51项,获得国家、省部级科技奖项88个,多项产品填补我国焊接材料的生产空白。产品广泛应用于核电建设、航天军事、水利工程、石油化工、船舶制造、桥梁建设、铁道工程等重大装备制造业和重点工程中。根据大西洋发布的2017年财报,2017年实现营业收入21.1亿元,比2016年增长25.45%。这样的增长率在传统制造行业应属于前列(见图2-6)。

然而几年前,大西洋却遭遇了和其他多数传统制造企业一样的发展瓶颈——收入下滑。在外部环境和内部发展压力的驱动下,大西洋及时启动了转型升级战略,数字化、智能化转型成为重要手段。

如今的大西洋已由传统制造业蜕变为现代制造业。如果你走进大西洋的智能工厂,你会发现,这里已成为"现代化"的典范(见图 2-7)。

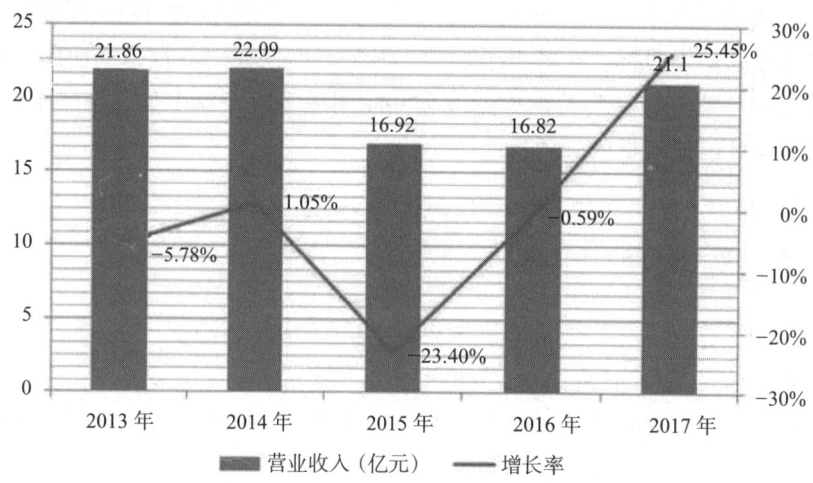

图 2-6 大西洋 2013～2017 年收入和增长情况

图 2-7 大西洋智能工厂

1. "不想等死"而被"倒逼"的转型

在过去的三十多年里,中国经济的发展很大程度上是在所谓的劳动力资源丰富和漠视乃至牺牲环境的前提下完成的。随着一些原本支持经济增长的基本性要素(如劳动力和土地成本优势、环境可持续的代价等)开始次第消失,中国 GDP 增速从 2012 年起开始回落,进入发展新常态。

大西洋曾是一家典型的劳动密集型、传统加工型的制造企业,对劳动力和资源的依赖性较高。早在五年前它就感知到外部和内部环境的剧烈变化。

大西洋最明显的变化体现在人力资源上。过去它采取劳动比较密集、劳动强度比较大、作业环境比较差的传统制造方式,后来不但劳动力价格在攀升,劳动力供给和需求结构也发生了改变——脑力劳动的能力在不断提高,但是体力劳动的能力在下降,过去更多依靠体力参与传统制造业的劳动力越来越稀缺。另外一个明显的变化体现在环境的约束和代价越来越大。改革开放初期，环境几乎是零成本，排些粉尘，有些噪声，排些废水，没什么成本。可随着排污量的大幅攀升，国家对环保的重视，企业的环保成本开始不断加大。

而且，像大西洋这样的传统制造业，噪声和粉尘也是两个环境污染源头。它们如果得不到有效治理，不仅仅是企业的环保成本会攀升，更重要的是，作业环境得不到根本改变，就招不到高素质的年轻员工。大西洋董事长李欣雨透露，近几年大西洋35岁以下的员工不到20%，这是无法逃避的现实。

2014年5月，中央政府提出"新常态"。面对外部环境和经营压力，大西洋认识到，企业生存发展必须主动适应经济增速放缓的"新常态"，为此，确定采取"积极主动的防御性策略"，提出了由"焊接材料专家"发展成为"焊接专家"，实现由"焊接材料制造商"到"提供焊接整体技术解决方案服务商"的战略转型。

中国传统制造业产品的同质化竞争严重，这让大西洋认识到，如果仅仅停留在产品层面参与市场竞争，产品本身的竞争力会受到很大的挑战，从制造商向服务商转型正是为了提升企业的综合竞争力。

围绕这个战略转型，大西洋提出两个能力的建设，第一是创新能力的建设，第二就是要从传统制造业向现代制造业的转型，打造焊接材料智能制造基地。

大西洋决定向智能制造转型，除了考虑外部要素环境的变化外，还有市场供需环境的变化：过去像大西洋这样的传统制造企业，生产什么产品，客户就选择什么产品。而现在市场竞争激烈，客户变得挑剔，对个性化定制化要求提高，客观上要求企业要提升制造的柔性，满足个性化的需求。"不转型只有等死，转型才有生的希望。"在李欣雨看来，是外部环境的倒逼让大西洋不得不选择了智能化转型。

2. 智能化转型带来哪些提升

2012年，大西洋启动"焊接产业园"新园区建设，定位于由劳动密集型的传统制造向自动化与信息化相融合的现代制造转型。实际上，大西洋拥有信息化积累，从1999年就开始使用金蝶公司的财务软件，2012年3月开始使用用友NC ERP的进销存和财务系统，2014年部署了用友NC生产计划、成本控制系统，完善了ERP信息系统的建设。

2016年初，大西洋正式启动智能制造项目建设，开始实施用友智能工厂。据李欣雨介绍，由于在智能化改造的实施过程中，找不到一个现成、完整的解决方案，整个建设过程基本是大西洋、用友和合作伙伴一起边建厂、边设计、边实施，经历了一个不断改进、演进的动态过程。

2017年9月，制造智能化项目开始投入试运行。基于用友精致工业互联网平台，实现了用友NC ERP系统、用友智能工厂系统与配粉系统、厘米实验室管理系统、

AGV、RGV、立体库、气力输送线、轨道车、子母穿梭车、包装机器人等软硬件系统的集成互联，实现了人、物、设备、信息系统的互联互通，实现了管控的精细化，提高了效率（见图2-8）。

图2-8　大西洋智能工厂广泛使用物联网技术，实现无线识别、智能防错

通过自动仓储、自动配粉、自动包装等诸多自动化系统的建设，大西洋推进了生产流程、生产工艺、生产装备、生产管理模式的大幅创新和改造，多工序实现无人值守，提高了劳动生产率。

制造智能化项目建成后，生产指挥调度中心随时可以掌握生产运营、计划执行、设备运行、能源消耗、资源配套、质量状态等实时数据，实现了生产过程数据实时采集、生产过程透明可视、动态监控，实现了高效协同、快速决策。

大西洋推进绿色制造，对焊接材料制造中产生的废水、废气、粉尘等，采用分类归集、集中处理、综合循环利用的方式，废水基本做到零排放，改善了员工的作业环境。

智能化转型后，企业的管理更加扁平化，过去烦琐的分析和统计等工作都由电脑完成，大西洋成立生产指挥调度中心，把企业的管理层级从高层到中层到执行层，转变成高层下面就是执行层，更加扁平，提高了内部管理沟通效率。

智能化转型让大西洋的方方面面都产生了巨大的变化（见图2-9）。经过大概半年多的运行，经过大西洋的测算，进行数字化、自动化、智能化的改造和企业运行模式的变化，使研发周期缩短了20%，库存降低了20%，质量水平提高了2～3个百分点，比较突出的是随着生产效率的提升，人员减少了30%～50%。

3. "一把手"工程

在李欣雨起初拍板向智能化转型的时候，高层开会99%的人都是反对。李欣雨深刻体会到，改革最大的障碍是人的行为定式和思维习惯。除了"一把手"，没有人能对抗这么多人的行为习惯或者思维定式。所以，在大西洋的制造智能化过程中，从起初的宏观决策到具体的微观实施，李欣雨都亲自参与。

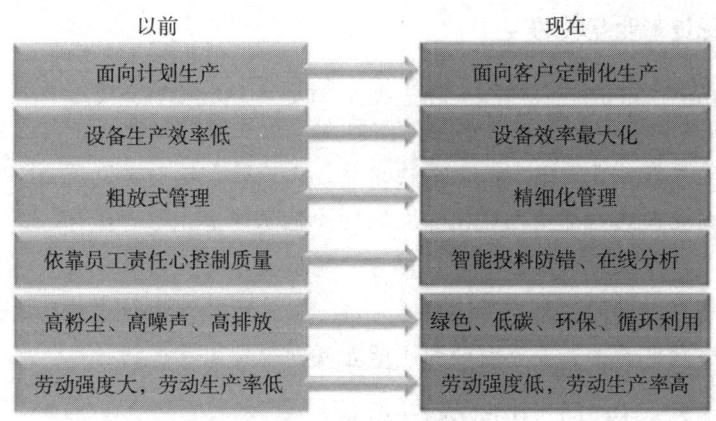

图 2-9　大西洋智能化转型前后的对比分析

有人把企业转型比喻成"一场没有退路的赌博""不转型是等死，转型可能是找死"。这个说法主要是为了说明转型过程中充满挑战，企业转型成功就会重生，但如果不能应对挑战就会陷入更大的困境，甚至倒闭。

回忆起转型过程中经历的挑战，李欣雨表情轻松，然而可以想象到他的经历并不轻松。转型的最大挑战体现在"人"上。一是机器换人后，多出来的人怎么办？二是人的结构和新的要求不匹配，给企业人力资源带来很大的挑战，裁员后留下来的人，可能适应不了新的工作。李欣雨深刻体会到，解决"人"的问题是推进智能制造、工业互联网面临的最大问题。"这既是企业的问题，也是社会的问题，处理不好会带来很大麻烦。"

大西洋的解决办法是：第一，公司大力发展生产型服务业，部分人员可以转岗到服务业；第二，加强培训，通过培训来提高员工面对新工作的适应能力；第三，对于无法转岗和适应新岗位的员工，给予补偿安置。

生于1964年的李欣雨，是学焊接专业的工科出身，他对每件事不但要"知其然"，还要"知其所以然"，这已经成为他与周围人不同的思维方式。也许正是这种"知其所以然"的思维方式，才使得他当初力排众议，拍板推动了大西洋的智能化转型。

李欣雨在2011年担任大西洋董事长时，像大西洋这样的传统制造企业已开始面临外部环境压力，出现下滑态势。率先感知外部环境变化的李欣雨，就产生一种信念，那就是：企业改变不了环境，就只能通过改变自己适应环境。那时，还没人提"德国工业4.0"，也没提出"中国制造2025"，他就决心从传统制造向现代制造转型。

李欣雨愿意尝试新鲜事物，有一个例子可以佐证：早在淘宝推出的十几年前，在国内多数人不知道网购是何物时，他就经常光顾美国 eBay 网站，"淘到"他喜欢的非常小众的物件。当初，在传统制造企业普遍没有思考智能化转型的时候，李欣雨率先思考布局大西洋的智能转型，似乎也体现了他的这种"尝鲜"特质。

4. 终极目标是工业互联网

自从2017年11月国务院印发了《深化"互联网＋先进制造业"发展工业互联网指导意见》，国内掀起了工业互联网热潮。然而，工业互联网是什么，怎么实现，存在各种解读，也缺乏可资参考的案例。李欣雨认为，无论是智能制造，还是工业互联网，真正改变制造业商业模式的都是互联网。互联网为信息传播、信息储存、信息采集带来一场革命，这场革命深深影响到制造业。因为，制造业本身就是开放式系统，要完成制造离不开信息，需要大量的信息交互、信息传输、信息收集，通过对信息的分析、处理进行决策。从这个角度看，工业互联网和生活互联网没有本质区别。

5. 大西洋基本建成软硬一体化的制造体系

经过多年的努力，大西洋软硬一体化的制造体系已经基本建成，如图2-10所示。

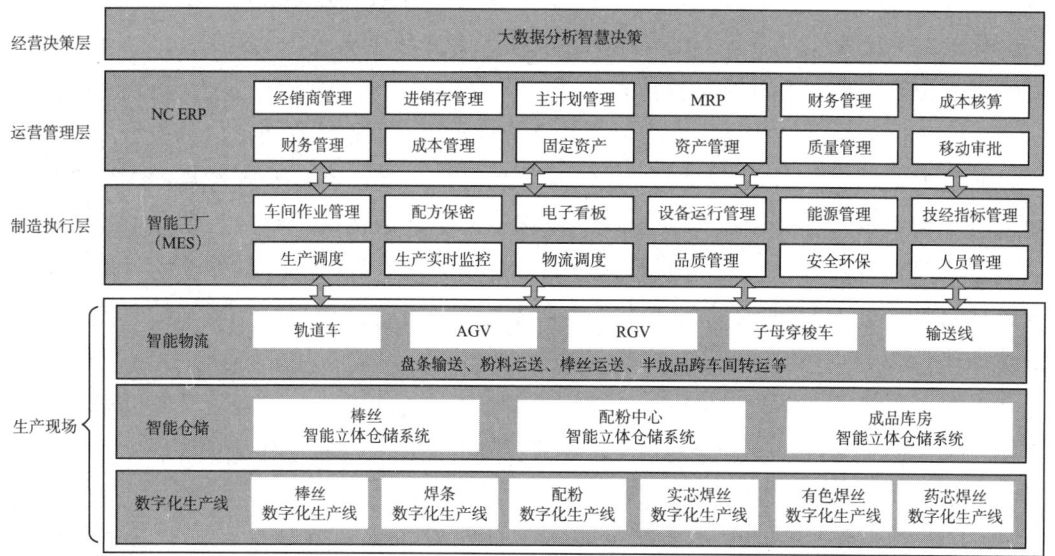

图2-10 大西洋基本建成软硬一体化的制造体系

无论智能制造还是工业互联网，李欣雨的看法是，就制造企业而言，不要炒作概念或赶技术潮流，而应该找到企业自身的痛点和问题，选择合适的智能化技术手段实现转型提升。

在李欣雨看来，工业互联网是一个庞大的系统工程。目前大西洋仅做到企业内部"内联"，刚实现了工业互联网的第一步。李欣雨的下一步计划是要推进企业的"外联"。他所指的外联，除了传统意义上的供应商和客户的互联以外，还要连接其他很多资源，如他非常关注的外部人员的互联与知识的互联。大西洋发展需要各方面的专家、工匠，但不可能付出高薪把所有专家和工匠都招进来成为企业的员工，而通过互联网，可以使这些专家牛人的知识、能力为企业所用。李欣雨认为，只有企业内联和外联都打通了，才能做到"企业＋互联网"的层级。而"企业＋互联网"是实现工业互联网的第二步。

最后一步则是企业与相关的服务产业实现互联，那时才可以说实现了工业互联网。

现实情况是，目前整个制造业实现"内联"的企业还少之又少，更别说外联。所以说，真正实现工业互联网需要一个漫长的过程，需要企业、产业和政府等各层面的推动。

资料来源：https://www.yonyoucloud.com/case.php?id=100.

案例思考题

1. 根据案例，谈谈对工业互联网的理解。
2. 根据案例的内容，说说事务处理系统的功能有哪些。

CHAPTER 3

第3章

信息系统、组织与战略

学习目标

1. 了解组织的概念和特征。
2. 掌握组织和信息系统的关系。
3. 了解扁平化组织的概念、特点及模式类型。
4. 掌握如何利用信息系统获得竞争优势。

开篇案例

海尔的组织结构演变[一]

海尔集团创立于1984年,2017年来以年均78%的增长速度持续稳定发展,已成为在海内外享有较高美誉度的大型国际化企业集团。产品线从1984年的单一冰箱发展到如今的拥有白色家电、黑色家电、米色家电在内的86大门类、13 000多个规格的产品群,并出口到世界160多个国家和地区。2001年,海尔实现全球营业额602亿元,出口创汇4.2亿美元,同比增长50%,是中国家电行业的第一名牌。海尔首席执行官张瑞敏曾先后登上美国的哈佛大学、沃顿商学院和哥伦比亚大学讲台,纵论"海尔圣经"。

在海尔的发展进程中,其组织结构也在不断调整,大的调整一年会有一两次,小的就更不必说了。张瑞敏认为,企业应建立一个有序的非平衡结构,如果是有序的平衡结构,这个企业就是稳定的结构,是没有活力的,但如果是无序的非平衡结构,企业肯定就是混乱的。在建立新的平衡时就要打破原有的平衡,在非平衡时再建立一个平衡。

[一] 资料来源:https://wenku.baidu.com/view/bbc483510540be1e650e52ea551810a6f424c848.html。

海尔最早的组织结构是直线职能式结构,后来是矩阵结构,第三阶段就是市场链结构,其组织结构变迁如图 3-1 所示。

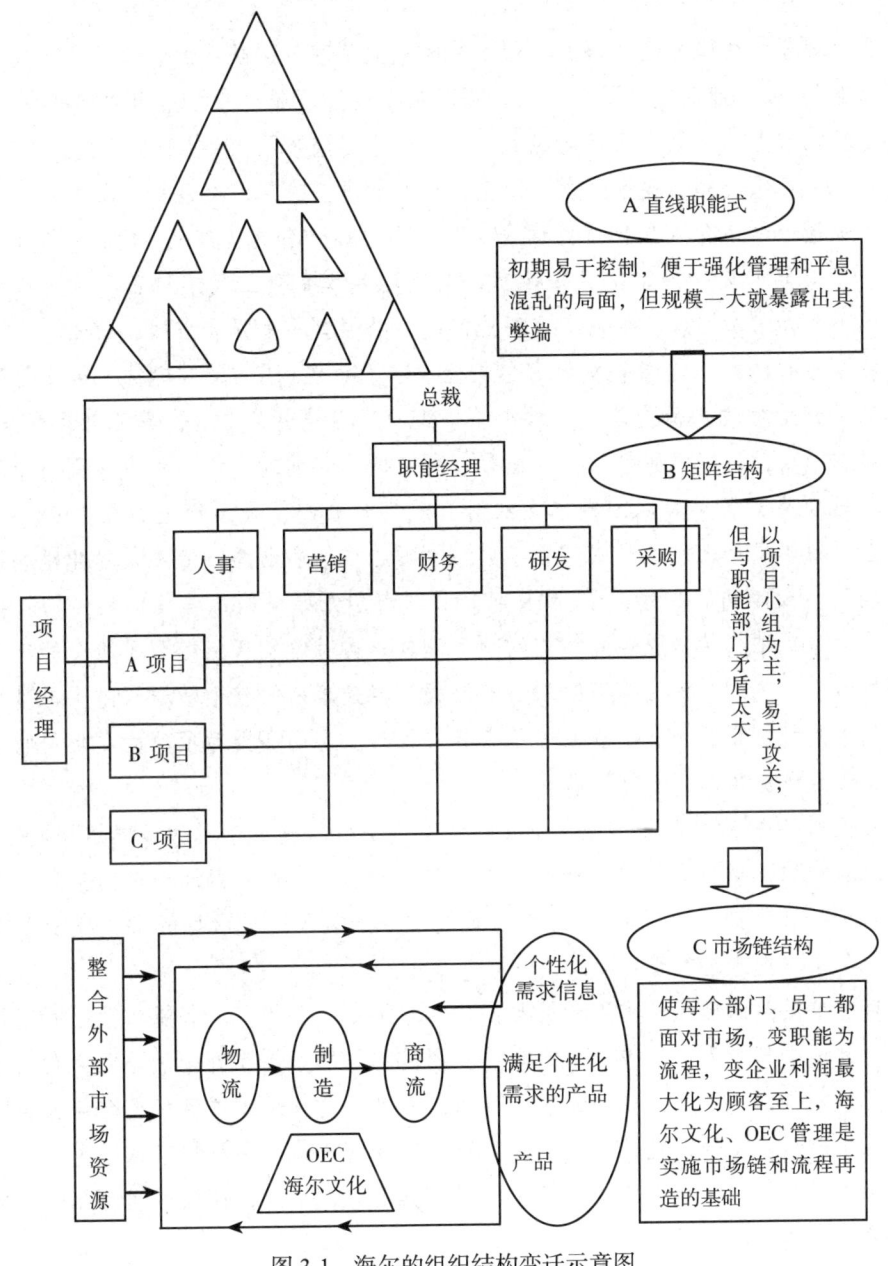

图 3-1　海尔的组织结构变迁示意图

直线职能式结构就像一个金字塔。下面是最普通的员工,最上面是厂长,它的优势就是容易控制到终端。直线职能式结构如前所述,在企业规模小的时候,能够"一竿子到底",反应非常快。但企业规模大了以后,劣势就暴露了,最大的劣势就是对市场反应太慢。这种结构在海尔发展的初期起了很大的作用,当时海尔内部局面混乱,纪律涣散，员工素质低，如果不采用这种组织结构，领导力无法展现，海尔则无法发展。到1996年，这种结构在海尔发展到了顶峰，改行事业部制。其矩阵式组织结构如图3-1所示。

这是一种分权结构的运作形式。海尔集团采取"联合舰队"的运作机制。集团总部作为"旗舰"，以"计划经济"的方式协调下属企业。下属企业在集团内部是事业本部，对外则是独立法人，独立进入市场经营，发展"市场经济"，但在企业文化、人事调配、项目投资、财务预决算、技术开发、质量认证及管理、市场网络及服务等方面必须听从集团统一协调。用海尔人最熟悉的话说，各公司可以"各自为战"，不能"各自为政"。张瑞敏说，集团所要求的，你必须执行，有问题我来负责，我来订正，你可以提出建议，但绝不允许阳奉阴违。可见实行事业部制，必须有一个强有力的"核心"。

随着海尔的壮大，张瑞敏发现海尔染上了"大企业病"，反应迟钝、效率低下，企业由上到下都是行政隶属关系，一级传递一级，集团是决策中心，事业部是利润中心，分厂是成本中心，班组是质量中心。结果，所有的人只面对上级，都没有面对市场，不对整个过程负责，各司其职，根本无法对大规模企业进行灵活管理。在1998年9月8日的会上，海尔多年来的直线式"金字塔"管理结构彻底动摇，海尔人对此结构提出了质疑。经过一段时间的酝酿，于1999年3月，海尔开始动组织结构的第一刀：把"金字塔式"的直线结构转变成矩阵结构的项目流程。这种结构仍然保留了所有的事业部和事业部的研发、采购、销售等完整的业务流程，但是集团的整个管理职能不再是程序化的由上到下的统一指令，各个事业部不再各自为政。它们会因为项目而发生关联，事业部包揽全部业务流程的权力被肢解。

集团把所有的事业部业务流程分成若干项目小组，成立专门的组织结构调整小组。项目小组有权力面对市场和用户组织生产订单，而后由各事业部职能部门抽调人员完成整个业务流程（从研发到销售）。这在一定程度上是集团通过项目的形式把分散在各事业部的业务集中起来进行管理。

项目小组虽然同样代表集团开展业务，但它不是一个实体，职能松散。而集团赋予项目管理部门的权力太大，彼此没有制约。职能部门的人员要听命于部门负责人，如果部门的负责人不愿意配合，就会影响到项目的进展。这种通过项目来整合业务管理的模式也无法搭建信息平台，更不利于实现真正的市场链管理。问题越来越突出，各个项目小组的问题又不统一，总部的统一管理职能极其乏力，于是，仅仅试运行几个月的矩阵式项目管理结构被废除了。

1999年8月，海尔开始BPR流程革命，成立超事业部结构，开始了组织结构的深度变革。第一步，把原来分属于每个事业部的财务、采购、销售业务全部分离出来，整合成独立经营的商流推进本部、物流推进本部、资金流推进本部，实行全集团范围内的统一营销、统一采购、统一结算；第二步，把集团原来的职能管理资源进行整合，如人力资源开发、技术质量管理、信息管理、设备管理等职能管理部门全部从各事业部分离出来，成立独立经营的服务公司。整合后集团形成直接面对市场的、完整的物流、商流、资金流等核心流程体系和企业基础设施、研发、人力资源等支持流程体系；第三步，把这些专业化的流程体系通过"市场链"连接起来，对原来的职能结构和事业部进行重新设计，把原来的职能型组织结构转变成流程型的网络体系结构，垂直业务结构转变为水平业务流程，形成首尾相接、完整连贯的新业务流程，如图3-2所示。

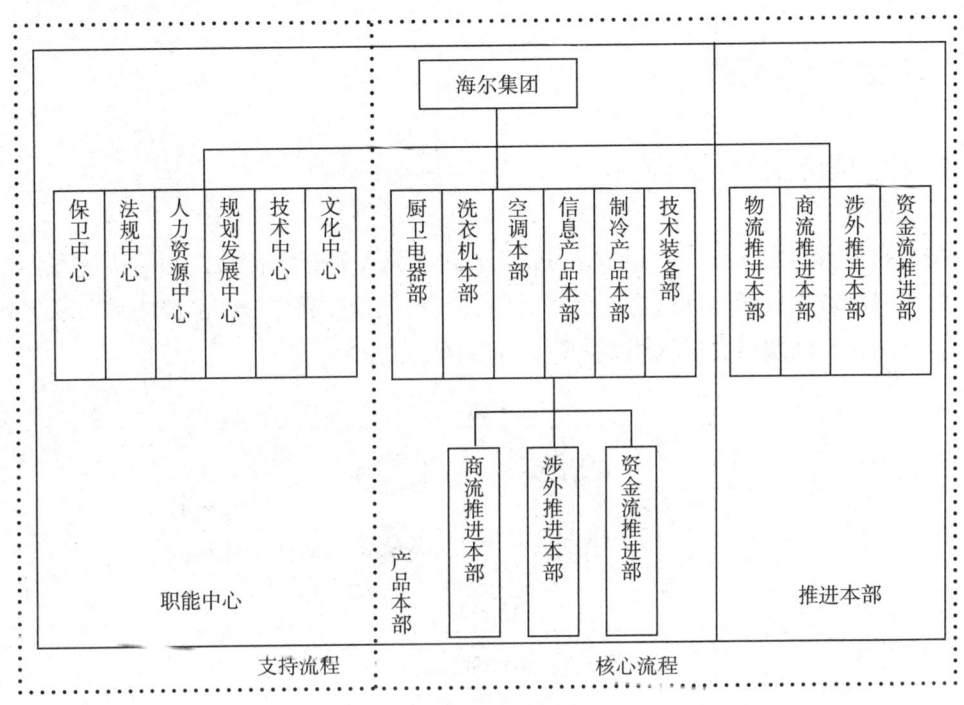

图 3-2　海尔集团流程再造后的组织结构创新

当然，在各流程内部要建立自己的子流程，如在物流内部建立采购事业部、储运事业部、配送事业部。采购事业部业务流程的任务主要是从分供方采购产品事业部所需的零配件，并对分供方进行管理；储运事业部业务流程主要是储存和运输采购事业部的零配件，以供产品事业部制造产品之用；配送事业部业务流程主要是从储运事业部的仓库把零配件直接送到产品事业部的生产线上，同时把产成品配送到销售中心和客户手中，这样物流管理就使海尔实现了在全球范围内采购零配件和原材料，为全球生产线配送物资，为全球销售中心配送成品，降低了成本，提高了产品的竞争力。

海尔集团的国际化历程，实质上是对组织结构不断变革的过程。此过程从实践角度证明了组织结构的合理选择对企业国际化经营产生的积极影响。海尔在建立和发展国际化经营组织结构中，已经借鉴了西方跨国公司组建虚拟企业的经验：集权与分权授权的矛盾可以调和，关键要把握好两者结合的"度"；交易费用的节约使得企业走向纵向一体化。然而，信息技术的出现与发展，使得外部市场向内部市场转变；信息传递打破了传统的等级传递方式，降低了交易成本；顾客需求在时间和空间观念上发生了变化。这一系列的变化迫使组织中间层不断弱化，组织结构趋向扁平。内部市场网络组织应运而生也为我国其他企业组织结构的选择提供了有益启示：组织结构不只是消极适应经营战略，它的发展能对企业的国际化经营产生积极影响；组织结构的调整不可能一劳永逸，需要动态化。张瑞敏把组织的有序平衡结构转向有序非平衡结构，使其运作模式不断创新正是如此：组织结构适当虚拟化，有利于企业整合外部资源，弥补自身不足。

3.1 信息时代的组织

3.1.1 组织的定义

组织的技术性定义认为，组织（organization）是一种正式而稳定的结构形态，它从周围的环境中获取资源，如资金、劳动力等，经过处理过程生产产品或服务，输出到环境中，经消费者消费后又成为组织的输入（见图3-3）。

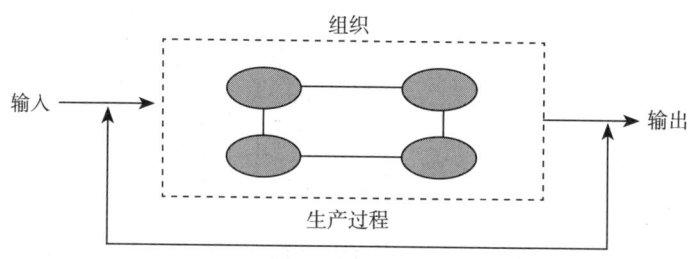

图3-3 组织的技术性定义

组织的技术性定义给了我们重要的启示：引进新技术会改变输入与输出之间的结合方式或处理过程。通过资本和劳动力之间的简单互换，企业永远是可塑的，新技术可以不受限制地得到应用。但若单纯按照技术性定义理解组织，则在信息系统应用的设计中就会遗漏适合组织的信息系统所必需的重要因素，如组织文化和组织权力。

行为学派关于组织的概念是这样描述的：在组织中工作的人们建立了习惯性的工作方式；人们依附于现有的关系；人们同下属和上司商定和安排工作方式、工作量、工作条件，大多数这些安排和感受在正式书面规定中是找不到的。根据行为学派的相关描述，我们可以认为组织是权力、特权、义务和责任的集合，是通过冲突和冲突的解决而在一定时期形成的微妙的平衡状态（见图3-4）。

行为学派的组织定义认为，建立新信息系统或改建旧系统绝不是对机器或人工的技术性再安排。技术变化需要在信息的所有权和控制权、谁有权使用和修改信息、谁做决策等方面做出改变。例如，在泛加拿大石油公司（Pan Canadian Petroleum），地质专家和工程师得到了组织体制赋予其在野外决定钻井位置的决策权后，他们才可以在勘探现场利用公司信息系统提供的信息进行钻井选址，而以前选址是由公司总部决策的。

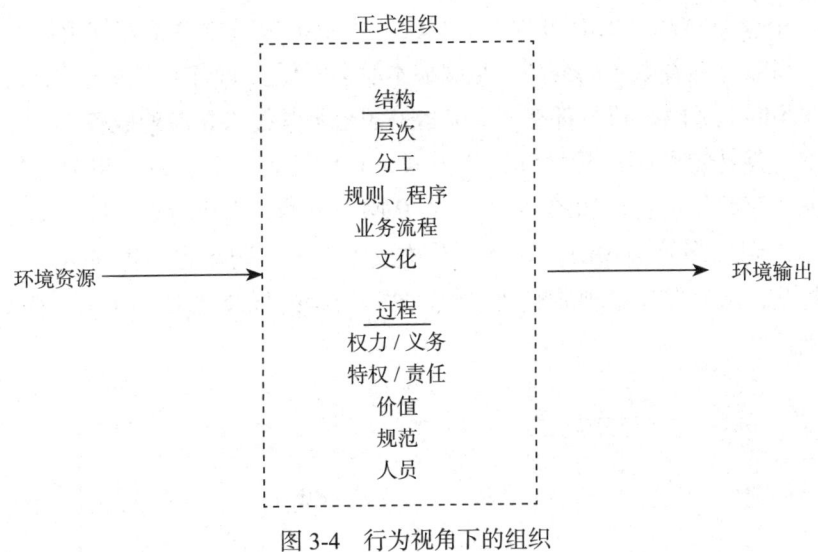

图 3-4 行为视角下的组织

组织的技术性定义和行为学定义是互相补充的。技术性定义告诉我们，竞争的市场中众多的公司是如何将资本、劳动力以及信息技术结合在一起的；而行为学模型让我们深入到个别的公司中，审视特定的公司实际上是如何使用资本和劳动力来提供产品的。

3.1.2 组织的特征

任何组织都有标准化的运作程序、自身的政治和文化等特征。这些组织特征是影响组织与信息技术之间关系的中介因素（见图 3-5）。

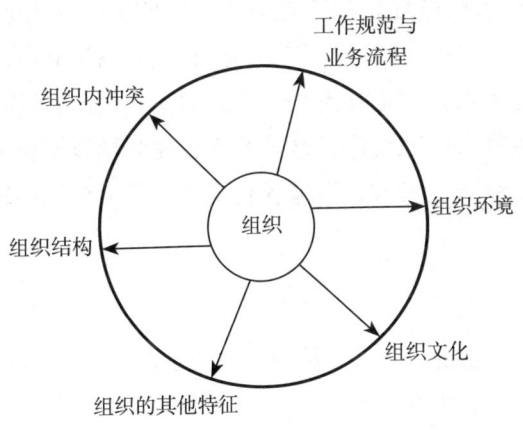

图 3-5 组织的特征

1. 工作规范与业务流程

所有组织（包括公司）经过一段时期的发展，会变得非常有效率，因为组织成员逐渐形成了生产产品和提供服务的标准程序。标准程序（routine）是一些明确的规定、程序和惯例，用来应对几乎所有可预见的状况。当组织成员学会工作规范以后，他们就变得高产、高效。随着效率的提高，组织成本就会降低。如当用户去银行办理储蓄、取钱、转账等不同业务时，银行都有一套完善的规范为其提供相应的服务。

组织都有其特定的标准程序和行为方式，它们都是由业务流程组成的集合。公司是一系列业务流程的集合。如图 3-6 所示，从网上申请、上机考试、综合测评、专业测试、综合面试到最终取得 offer，这些环节构成了一个招聘流程。每一个环节都有其明确的工作规范，从而保证招聘的顺利进行。这种流程的规范化也为组织招聘系统的设计提供了基础条件。

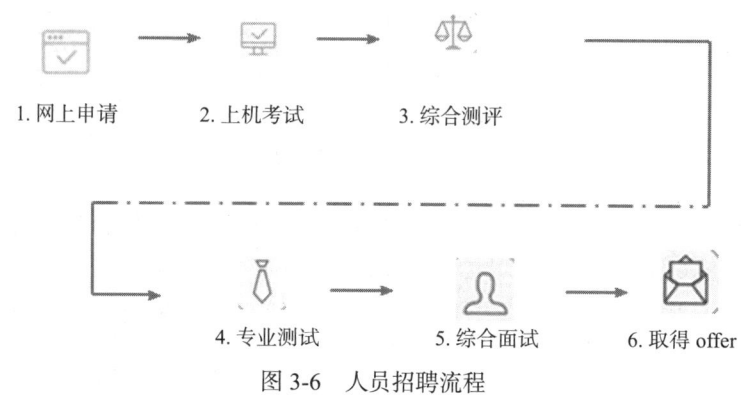

图 3-6　人员招聘流程

2. 组织内冲突

组织内部的人拥有不同的职位、专长，关心不同的事，有不同的视角，他们对于组织的资源、奖励和处罚怎么分配自然存在分歧。这些分歧对管理者和组织成员都很重要，也常常引起与每个组织的资源、竞争及冲突有关的各种问题。很多信息系统的投资会给组织带来战略、业务目标、业务流程等方面的巨大变革，这些变革都会涉及组织内相关成员的权利、义务等方面的变化，这种变化往往会导致组织成员之间的冲突。在现实生活中，有很多信息系统在引入、实施或利用的环节上出现问题，就是由于组织内部形成了这些冲突。

3. 组织文化

组织文化（organizational culture）是一个组织由其价值观、信念、仪式、符号、处事方式等组成的特有的文化形象。组织文化具有强大的凝聚力，可以抑制政治冲突，统一认识，协调工作程序和惯例。如果大家都认同组织的文化理念，对待其他事情也更容易达成一致。另一方面，组织文化也会成为变革的强大阻力，对技术性变革尤其如此。很多企业十分重视组织文化的建设。从图 3-7 和图 3-8 中，我们可以感受到华为和阿里巴巴两家公司的企业文化。开放、合作、共赢造就了今日华为的强大。阿里巴巴集团的使命是让天下没有难做的生意。

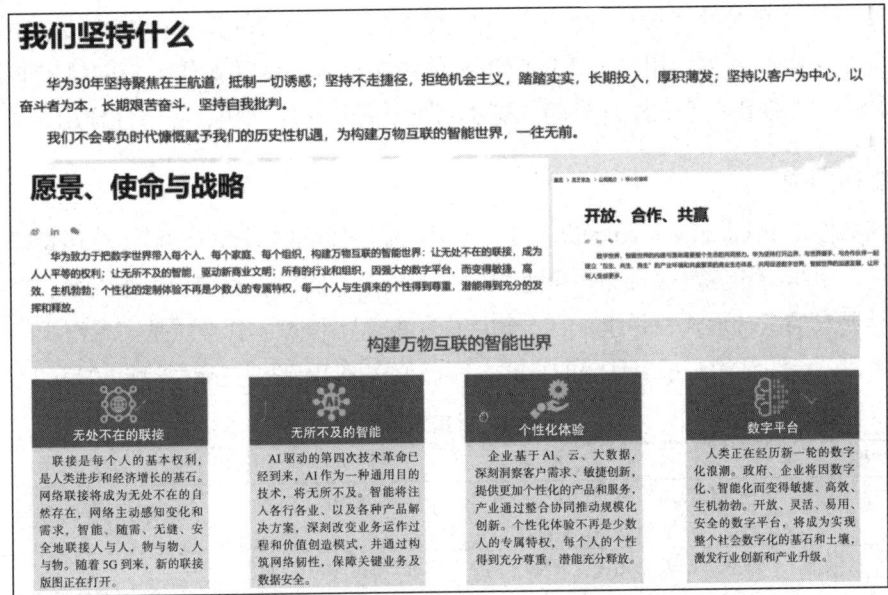

图 3-7　华为公司的愿景、使命和战略

资料来源：https://www.huawei.com/cn/about-huawei/corporate-information.

图 3-8　阿里巴巴的价值观

资料来源：https://www.alibabagroup.com/cn/about/culture.

4. 组织环境

组织作为一个开放的系统，必然时刻与环境进行物质、能量、信息的交换。组织环境（organization environment）可分为两大类：一类为一般环境，包括自然和社会文化环境、社会经济和技术的发展水平、社会制度、人口等。它们对所有的社会组织都发生作用,但又不是全部因素都对某一组织发生直接作用。另一类的特殊环境或具体环境,则具体地与某一组织发生作用,直接影响组织的结构特点和活动方式。不同组织的具体环境各不相同。在现代社会,组织环境的基本特征是变化速度加快,综合性作用日益显著。

5. 组织结构

组织结构(organizational structure)是一个组织能否实现内部高效运转、取得良好绩效的先决条件。组织结构通常表现为一个组织的人力资源、职权、职责、工作内容、目标、工作关系等要素的组合形式,是组织在"软层面"的基本形态,其本质是实现组织多种目标的一种手段。组织结构有很多划分的方式,明茨伯格把组织分为五种类型,如表3-1所示。

表3-1 组织结构

组织类型	特征描述	例子
创业型结构	年轻、规模小、身处快速变化的环境中;结构简单,由创业者自己经营管理	小型创业企业
机械式层级结构	规模大,身处变化缓慢的环境,生产标准产品,由一个集中式团队管理,实行集中决策	中等规模的制造企业
部门式层级结构	多个机械式层级组合而成,各自生产一种不同的商品,或提供不同的服务,由公司总部集中领导	"财富500强"企业,如通用汽车公司
专业层级结构	以专业知识为基础的组织,产品和服务由专业人员的知识技能决定,由部门领导管理,权力相对分散	律师事务所、教育系统、医院
专案型结构	特别工作组,应对快速变化的环境,由多个领导专家组成团队,集中管理较弱	咨询公司,如兰德公司

具化到一个具体的组织,其组织结构可以通过组织结构图来具体刻画。图3-9和图3-10分别是百度和海尔的组织架构图。

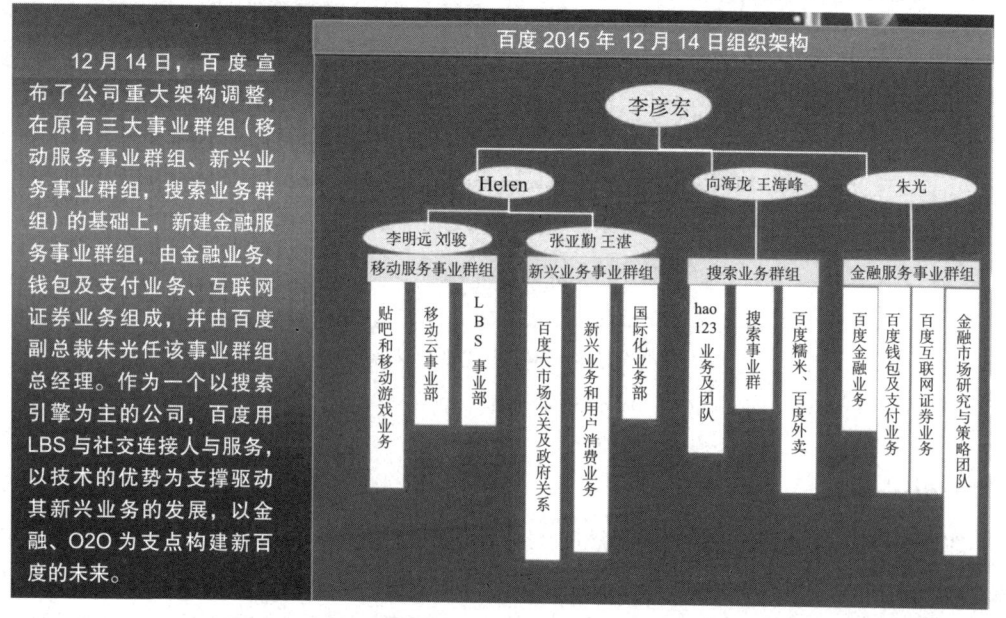

图3-9 百度组织架构图

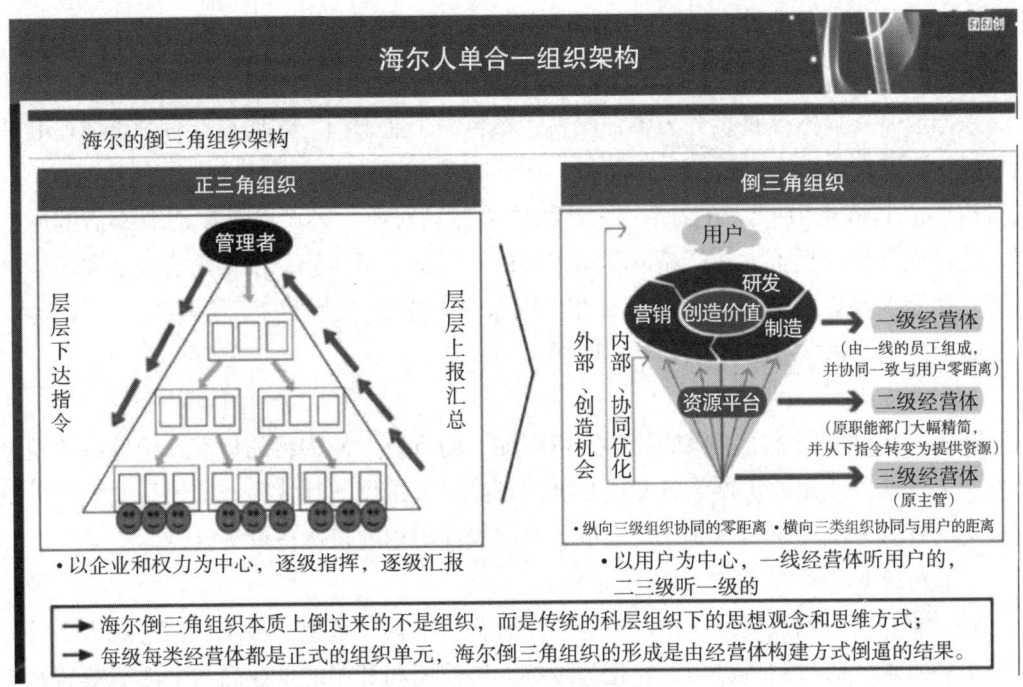

图 3-10　海尔人单合一组织架构

资料来源：整理自海尔相关新闻报道。

6. 组织的其他特征

组织都有其明确的目标，并通过不同的方法达成目标。有的组织具有强制性目标（如监狱）；有的组织具有实用主义目标（如企业）；有的组织具有规范性目标（如学校、宗教团体）。组织通常服务于不同的人群。不同的组织也有不同的类型、结构、目标、人员、领导风格、服务对象及环境，这些构成了某组织区别于其他组织的个体特征。

3.2　信息系统和组织环境

信息系统作为系统的一种，也具有环境适应性的特征，也就是说管理信息系统的运行和应用离不开一定的环境和条件。管理信息系统的使用效果与产品生产过程、组织规模、管理的规范化程度、组织的系统性、信息处理及人员有着密切的联系。

3.2.1　组织的产品生产过程

不同行业的企业具有不同的生产过程，即便同一个行业的企业，采用的管理方法和手段也是有区别的，管理方法和手段应该与企业的实际状况结合起来才能发挥出比较好的效果。

1. 行业的类别

（1）采掘业

采掘业是从自然界直接开采各种原料、燃料的工业部门，主要包括各种金属矿和非金属矿（如煤炭、铁矿、石油与天然气、化学矿等）的采选、木材采伐及自来水的生产与供应等。其特点为：以自然界的天然物质为劳动对象，其产品是制造业必需的原材料，建设周期长，投资大，产品运输量大；矿产资源不可再止。发展采掘业必须考虑其资源、储量、品位、储存条件及其分布、国家急需程度、所处的交通地理位置等因素，以决定合理的开采规模、年限和开发时序。

（2）冶炼业

冶炼业是对采掘业所提供的物料进行深加工的行业，使物料的化学、物理特性发生转变。冶炼业所使用的机器设备专用程度比较高，多采用流程式生产。该行业大多采用现代化的管理方法与思想，如计划评审技术、线性规划的最优决策等。

（3）制造业

制造业是指对制造资源（物料、能源、设备、工具、资金、技术、信息和人力等），按照市场要求，通过制造过程，转化为可供人们使用和利用的工业品与生活消费品的行业，包括除采掘业、冶炼业外的所有行业。目前，作为我国国民经济的支柱产业，制造业是我国经济增长的主导部门和经济转型的基础。制造业中各门类企业数量多，产品品种结构复杂，因而对生产过程的计划和管理也是最复杂的，所以它一直是生产与库存管理的重点。

（4）服务业

服务业是在流通、生产生活、科学文化教育、社会公共需要等领域提供各种劳务的部门或行业。其中，银行、保险、会计、律师等现代服务业越来越重要。

2. 生产方式的类别

根据上述三个行业的特点，可以将其生产过程归纳为流程式生产或离散式生产。

（1）流程式生产

流程式生产是通过一条生产线将原料制成成品，如集成电路、药品及食品、饮料制造、采掘业、冶炼业等。流程式生产方式的每道生产工序都是以上一道生产工序的结果为基础的，生产工序之间的联系密不可分。流程式企业是以流水生产线方式组织连续的生产方式，只存在连续的工艺流程。因此，在作业计划调度方面，不需要也无法精确到工序级别，而是以整个流水生产线为单元进行调度。从作业计划的作用和实现上来说，它比离散式企业简单。流程式企业的特点是品种固定、批量大、生产设备投资高，而且按照产品进行布置。

（2）离散式生产

离散式生产是将原材料加工成零件，由零件组装成部件，最后总装成产品。它的产品是由许多零部件构成的,各零件的加工装配过程彼此是独立的,所以整个产品的生产工艺是离散的。制造业往往属于离散式生产行业。典型的离散式生产行业主要包括机械制造、电子电器、航空制造、汽车制造等。

离散式生产过程要求各级作业之间设有相当的存储,每项作业也可以独立进行。各级作业之间的关系较流程式生产要松散得多。对离散式生产来说,除了要保证及时供料和零部件的加工质量以外,还要控制零部件的生产进度,保证生产的成套性。如果在生产的品种、数量上不成套,哪怕只缺少一种零件,都无法装配出成品。另外,如果在生产进度上不能按时成套,那么由于少数零件的生产进度拖期,必然会延长整个产品的生产周期,甚至延误产品的交货期,进而蒙受大量在制品积压和生产资金积压的损失。这就需要在生产过程的各个环节通过信息传递和共享来实现统一的协调与配合,减少停工待料和资源浪费。

3. 信息需求的区别

流程式企业和离散式企业在应用 MIS 上的不同主要体现在以下几个方面。

（1）自动化水平

离散制造业企业由于是离散加工,产品的质量和生产率很大程度上依赖工人的技术水平。离散制造业企业一般是人员密集型的,自动化水平相对较低,虽说一些制造行业采用了机器手臂或流水式生产,但是其自动化水平相对于流程式生产来说还是低得多,对员工的依赖也要大得多,即产品的质量在很大程度上取决于工人的技术熟练水平和工艺水准。

流程式企业则大多采用大规模生产方式,生产工艺技术成熟,广泛采用过程控制系统（process control system,PCS）,控制生产工艺条件的自动化设备比较成熟。因此,流程式企业的生产过程多数是自动化的,生产车间人员的主要工作是监督和维修设备。

（2）数据采集

离散式企业的数据采集以手工上报为主。由于离散式企业严重依赖员工,因此生产过程的数据采集也离不开员工的统计。流程式企业的自动化程度较高,在检测方面,各种智能仪表、数字传感器已普遍应用;过程控制则广泛采用以小型机为主的自动控制系统,这些自动化设备能自动准确记录生产现场的各类信息。

（3）过程的协调

离散式企业由于生产环境在时间和空间上都是分散的,所以信息协调需求主要是对各个环节的工作协调,以保证各个生产工序之间的物流储备量少、时间短,从而降低成本。而流程式生产的生产过程一气呵成,信息需求是生产条件的信息需求,没有异地工序的协调需求。

不同的生产特征决定了企业开发应用管理信息系统时应当贯彻的管理思想和方法是

不同的，因此必须在进行总体规划前认真分析，以保证系统能对企业的生产经营活动进行有效管理。

3.2.2 组织规模

组织规模即一个组织中人数的多少。一般来说，组织规模越大，人数越多，业务量也会越多，同样增多的还有企业的部门数量。而组织规模越小，管理信息系统的应用范围越小，出错的概率也就比较小，所需的系统维护人员也较少。组织规模大，则需要长期论证组织内不同部门对信息系统的要求，并且要让信息系统可以支持企业的战略目标，也要考虑该组织的特殊性要求。同时，由于组织规模大、应用范围广，管理信息系统出错的概率也就比较高，系统维护的人员也多。

小组织在管理信息系统开发应用时受系统资源方面的限制较大。由于管理信息系统的开发往往投资巨大，小组织可能无法承担，由此造成它们在进行管理信息系统开发时往往欠缺整体的考虑。大组织可以考虑整体应用效果，倾向于系统技术上的先进性和功能上的完整性，小组织则往往以牺牲系统性能为代价，采取一些低配置系统。

从资金的绝对数量上来说，大组织应用管理信息系统时的耗费远远超过小组织。小组织本身资金规模就小，在进行管理信息系统开发的时候，可能面临资金不足或要求较快的投资收益，而这一切都隐藏着危机。因为管理信息系统的开发需要一定的时间成本，还需对员工进行培训，而且管理信息系统能否很好地支持企业的业务，需要实践的验证和反复的修改。上述目标不是在短期内就可以达到的。另外，受系统性能的制约，小组织也不易实现良好的经济效益。

3.2.3 管理的规范化程度

管理的规范化程度与组织规模的大小有着明显的相关性。由于大企业已经形成了成熟的管理经验和方法，有严格的规章制度，一方面机构比较完备，同时管理活动也更加规范化。在小组织中，由于领导者有较大的权力，管理上会呈现出无序化和随意化的倾向，各部门之间的联系也会较为松散，且缺乏相应的制度说明。

如果在实行管理信息系统之前，企业的业务处理是高效的，那么应用规范的管理信息系统方法，效率又将大大提高。如果在实行管理信息系统之前，企业的业务处理效率是比较低下的，那么建议先根据信息技术的特点，按照业务流程重组的原则，对企业原有业务流程进行优化。用户根据使用需要建立适合自己的管理模型，从而解决实践中遇到的问题。

管理信息系统是对一个组织管理的全过程进行管理的人机系统，自动化程度高，它的成功应用必须以规范化的管理模式为基础。因而在系统开发之前，必须对不规范的管理进行规范化，对于小组织尤其如此。

3.2.4 组织的系统性

与组织的规模、管理的规范化程度一样，组织的系统性也是管理信息系统应用中的重要环节，在一定程度上决定着管理信息系统的成败。

组织的管理是一个复杂的系统。我们可以把组织看作一个人工系统。与一般人工系统不同的是，很多组织是未经充分规划而创造的，或者虽经规划，但随着生态进化般的发展，生产过程、产品结构、组织结构等经过多次调整，系统结构早已发生变化，成了一个不可捉摸的"黑匣子"。我们可以观察到系统的输入和输出，却无法了解其内部工作过程，甚至管理人员也无法清楚地说明管理过程。在这种组织中应用某项技术只是因为知道它有用，而不是因为真正认识到它如何发挥作用。这种组织在管理上是不系统的。这种系统既无法被清楚地定义和理解，也无法进行量化分析，因为它不产生与决策有关的数据。一个系统性的组织则相反，其管理过程是系统化的，可以被准确地描述和量化，能够产生与决策控制过程相关的数据。这种系统的管理和决策能够在管理环节的支持下准确地进行。

除上述因素外，其他因素如何获得系统所需的物资和人力资源、组织内部对管理信息系统的理解和认知程度、决策技术及系统的软硬件水平、人的素质等，都对管理信息系统的应用有着举足轻重的影响。开发管理信息系统最大的难点在于系统需求难以获得。由于管理信息系统应用涉及组织管理的方方面面，没有对组织管理系统的深刻理解和对应用环境的精确把握，就不可能有成功的管理信息系统应用。因此，在管理信息系统规划之前，必须对影响应用的环境因素进行认真的分析，找出影响系统成功应用的关键，使组织的管理工作走上规范化、现代化的轨道，为管理信息系统的应用铺平道路。

3.2.5 信息处理与人的因素

1. 决策的类型

组织中所要处理的问题有结构化、半结构化和非结构化三种。

结构化决策，是指对某一决策过程的环境及规则，能用确定的模型或语言描述，以适当的方法产生决策方案，并能从多种方案中选择最优的决策。对于决策过程中所涉及的数据不确定或不完整，也可以建立适当的模型来产生决策方案，但决策准则因决策者的不同而不同，不能从这些决策方案中得到最优解，只能得到次优解，这类决策称为半结构化决策。

非结构化决策问题是指那些决策过程复杂，其决策过程和决策方法没有固定的规律可以遵循，没有固定的决策规则和通用模型可依，决策者的主观行为（学识、经验、直觉、判断力、洞察力、个人偏好和决策风格等）对各阶段的决策效果有相当大的影响，往往是决策者根据掌握的情况和数据临机做出决定。

2. 计算机与人员分工

信息系统在处理结构化决策方面有着不可替代的优势，它可以迅速、准确地计算数据，并且可以长期保留数据，可以对现实的管理环境进行模拟和仿真，能够对线性规划问题迅速求解，得出最优方案。但是，在面对非结构化决策时，由于管理信息系统缺乏逻辑推理性，缺乏进行决策的创造力和想象力，是无法对例外事情确定解决方案的。而人则可以完成上述内容，且完成与人有关的各种问题，也可以根据大量的知识进行模糊处理。因此应该结合两者才能从容解决所有结构化问题和非结构化问题。在管理信息系统开发和应用过程中应正确划分人与机器的分工，将计算机与人结合起来，充分发挥人和计算机各自的长项。

3. 人与计算机的配合

信息系统中，人既是创造者也是使用者，因此应该让人与信息系统达到一种和谐的状态。而要想达到这样的状态，则要从以下几个方面着手。

（1）信息系统界面的人性化

支持不同用户的不同需求，要达到这样的目的，需要人机交互的手段来完成。

（2）人与信息系统的合理分工

信息系统不可能代替人的一切劳动，至少指令的发布、进行模糊推理和与人打交道是需要以人为主体来进行的，而计算机主要进行数据的存储、处理、传输等内容。只有通过合理的人机分工，才能最大限度地发挥信息系统的作用，提高信息系统的计算能力。社会的发展，商业活动的日益繁荣，生产过程的实际需要，都要求信息系统具有强大的计算能力。例如，对生产资源的分配问题，是需要经过大量的线性计算才能完成的；对未来销售情况的预测，则要用到历史销售数据和同行业其他企业的销售数据，这也离不开强大的数据处理能力。信息系统还应提供各种管理模型、软件开发工具，以满足用户数据使用需要，建立自己所需的管理模型，从而解决实践中遇到的问题。

4. 对人员的培训

首先要对管理信息系统的开发人员进行培训，使他们完全具备开发信息系统的知识和能力。由于管理信息系统的开发涉及的知识种类繁多，因此有必要根据不同开发人员所负责的开发工作进行有针对性的培训。其次是对管理信息系统的使用者进行培训，即对信息系统的使用方法、信息系统中管理模型的使用方法、信息系统的优缺点、信息系统使用的日常注意事项等进行说明和解释，以打消人们的畏惧感和抵触心理。

3.3 信息系统组织与结构

组织扁平化趋势是指组织充分利用信息技术的发展，通过减少管理层、增大管理幅度，实现从金字塔形组织结构向圆筒形组织结构的转变。扁平化组织（horizontal organization）是让员工打破现有的部门界限，绕过原来的中间管理层次，直接面对顾客，并向公司总体目标负责，从而以群体和协作的优势赢得市场主导地位的组织。

3.3.1 传统的组织机构

组织结构（organizational structure）指的是在组织中对工作任务如何分工、分组和协调合作。换句话说，组织结构指的是组织内关于组织分部、等级、职务及权利关系的一套形式化的制度系统，它阐明各项工作如何分配，谁向谁负责及内部如何协调。

组织通过专业分工和协调来实现自身的目标。因此，组织结构与组织内部的协调方式是相辅相成的。也可以说，组织结构实质上是协调机制的一种较为形式化的反映。主要的组织协调手段包括直接监督、程序化、计划机制、价格机制、互助协调、技能标准化等。在实际的组织中，协调机制往往要综合多种手段。在企业组织的层面上，管理者在进行组织结构设计时，必须考虑六个关键因素，即工作专门化、部门化、命令链、控制跨度、集权与分权、正规化。

（1）工作专门化。把任务分解成相互独立的工作时应该细化到何种程度？任务在实践中往往根据专业技能、工序或权力层次进行分解。

（2）部门化。对工作进行分组的基础是什么？部门化是在工作专门化的基础上，根据协调工作的需要，对工作进行分类、分组，形成较小的工作群体。实践中往往根据功能、区域、产品和客户来进行部门化。

（3）命令链。员工个人和工作群体向谁汇报工作？组织中的各项工作应当予以监督、检查和考评。实践中，命令链往往是层级化的，它是一种不间断的权力路线，从组织最高层一直延展到最低层，澄清谁向谁汇报工作。

（4）控制跨度。一个管理者可以有效地指导和监督多少个下属？这决定了组织要设置多少层次，配置多少管理人员。在其他条件相同时，控制跨度越宽，组织效率就越高。

（5）集权与分权。决策权应该放在哪一级？在有些组织中，高层管理者制定所有的决策，低层管理人员只需执行高层管理者的指示。另一种极端情况是，组织把决策权下放到最基层管理人员手中。前者是高度集权的组织，后者则是高度分权的组织。

（6）正规化。应该在多大程度上利用规章制度来指导员工和管理者的行为？正规化指的是组织中工作实行标准化的程度。标准化程度越高，员工决定自己工作方式的权力就越小。工作标准化会减少员工选择工作方式的可能性，同时也会降低对员工行为选择的要求。

传统上，典型的组织结构模式包括简单结构、官僚层级结构、事业部结构和矩阵结构。简单结构（simple structure）也称作创业型结构（entrepreneur structure），在小企业中比较常见。在这种结构下，个人（典型的是企业的创业者）独自或与少部分信任的伙伴共同制定公司的战略以及执行该战略的组织设计。简单结构的优势在于其简单易行、反应敏捷、费用低廉、责任明确。其主要弱点是主要适用于小组织。随着组织规模的扩大，这种组织形式由于正规化程度低、高度集权而导致信息淤积于上层，组织决策会日渐减缓甚至停滞。随着规模和难度的增加，成功的创业型组织结构通常会向官僚层级结构转变。

官僚层级结构（bureaucracy structure）的核心特征是标准化。它对职务进行专门化，制定大量规章制度，以职能部门划分工作任务，实行集权式决策，控制跨度狭窄，通过命令链进行经营决策。自从1911年泰勒（Taylor）提出"科学管理"思想以来，官僚层级结构就成为近现代企业的主要组织结构形式。这种结构的主要优势在于它能够高效地进行标准化活动操作，其不足在于容易走向僵化，导致不同职能部门之间的冲突，同时在控制跨度较窄的情况下，使得管理层级过多，也容易导致信息传递的缓慢。

事业部结构（divisional structure）可以看作是官僚层级结构的一种特殊形式。一般而言，官僚层级结构采用职能部门化形式，事业部结构则采用产品部门化形式。在事业部结构中，组织的战略决策和日常运营决策两项职能分离，分别由总部和事业部（分公司）承担。事业部作为利润中心，在组织的整体战略框架下谋求发展。这种结构可以在一定程度上克服官僚层级结构的僵化缺陷，避免由于信息的层级传递而导致的反应迟缓，但也造成了一些新的问题，如总部与事业部之间信息不对称的可能性增加，机构重叠，事业部之间缺乏联系等。

矩阵结构（matrix structure）是一种相对较新的组织结构，在研发、服务性组织中十分常见。矩阵结构是对两种部门化形式（职能部门化和产品部门化）的融合，沿着这两种部门化形式分别安排管理机制，并使二者形成纵横交叉。如图3-11所示，矩阵结构下的员工不但要与其所在的项目组保持项目工作上的联系，还要与财务、人力资源、风险控制、资产管理等职能部门保持垂直方向上的联系。矩阵结构试图让产品部门化和职能部门化两种形式实现互补，其最明显的特点是突破了控制统一性的限制。矩阵结构中的员工同时接受职能部门经理和产品项目经理的管理，因而其命令链是双重的。这种结构的优势在于当组织的各种活动比较复杂，并且相互依存的情况下，有助于各种活动的协调，有利于减少官僚僵化现象。双重权威可以避免组织成员只顾保护本部门的利益而忽视组织的整体目标，此外也有利于人才的配置。矩阵结构的不足在于它有时会产生混乱，使组织增加争权夺利的倾向，并给员工带来较大的压力。

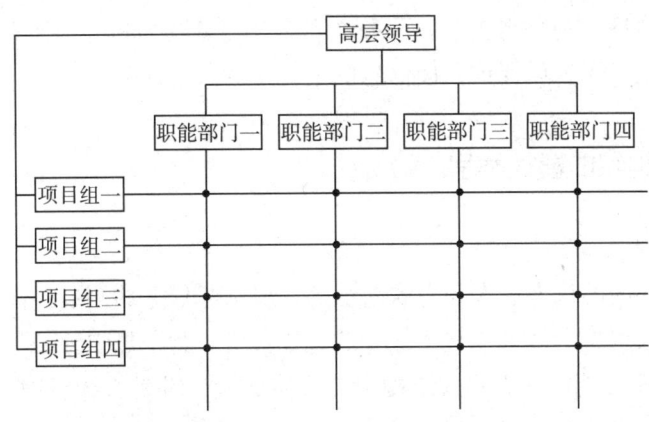

图 3-11 矩阵组织结构

3.3.2 扁平化组织的概念与特点

20世纪七八十年代，管理人员比例和专业人员比例极度膨胀，几乎要把许多组织压垮，组织管理控制过度，令人担忧。例如，施乐公司发现，公司每个一线生产工人负担三个管理人员的费用，而日本的相关企业仅需负担0.6个。于是从20世纪80年代末开始，北美的一些企业率先开始进行结构重组，例如美国电话电报公司（AT&T）在80年代削减了3万名管理人员；雪佛龙公司（Chevron）和海湾石油公司（Gulf）的合并导致了1.8万名员工被解雇，其中许多是管理者。IBM、微软、GE、花王和夏普等推崇扁平化组织结构。如通用电气公司（GE）在杰克·韦尔奇上任后的十多年里，组织层级平均减少了四个，减少为其上任初期的将近一半。削减规模、裁员、中间管理层革命逐渐成为90年代的热门词语，并波及全世界，形成了企业组织扁平化的新趋势。

扁平化组织结构的特征主要表现在以下几个方面。

（1）竞争与效率。组织结构中每一个层级必须巩固和提高自己现有的竞争能力，这是因为组织结构上层级的减少，意味着每一个分支更加具备独立性，具备操作性，只有不断地提高自己的竞争能力，才可能使工作效率进一步提高。当然，在减少环节，也就是减少层级的时候，必须以利润最大化为原则。

（2）经济与合理。增加或减少层级，都要经过反复考察规划，每设置一个层级都要具有合理性，都是为企业的最终目标服务的；同时也要表现其经济性的一面，在降低成本的基础上获取最大收益。

（3）层次简单和幅度适当。权力的层级划分应尽可能少些，即从最高决策者到基层执行者中间应尽可能减少环节，每一层级的管理幅度要控制得当，使其与组织体系的性质、规模尤其是管理者的能力相适应。

（4）畅达。必须保证上下左右之间、体系内外之间的信息畅通，这是保证组织体系正常高效运行的基本条件。同时扁平化组织形式为成员的工作提供了最大限度的自由，鼓舞士气并提高效率，为顾客更好地服务。当然，信息技术和电子技术发展又为这种扁平化的组织结构提供了物质保证，使信息的上传下达更为通畅。

3.3.3 扁平化组织的模式类型

1. 矩阵式结构

组织中职能部门的权力过大和直线组织的分段引起任务的割裂，使每个职能似乎均有人负责，但无人对整个任务或整个任务的过程负责。为了加强任务过程的负责制，许多组织采取了矩阵式结构。矩阵式结构由二维组成，一维是直线组织，另一维是任务，这个任务可以是产品或者项目，其形式可以从图3-12看出。

矩阵式结构实现了多元化的领导，一些上下级之间的直接领导关系变成了指导关系，而同级之间由过去的统一领导下的配合关系变成了相互协调关系。多元化的领导必然意味着权力的下放、决策的下放，这样下级才能主动地工作。随着信息技术的发展，管理的幅度可以扩大，过去一个管理者所能直接领导的下属数量是7～8个，否则很难深入领导，现在幅度可以扩大到30个左右，使组织呈现出了扁平化的趋势。

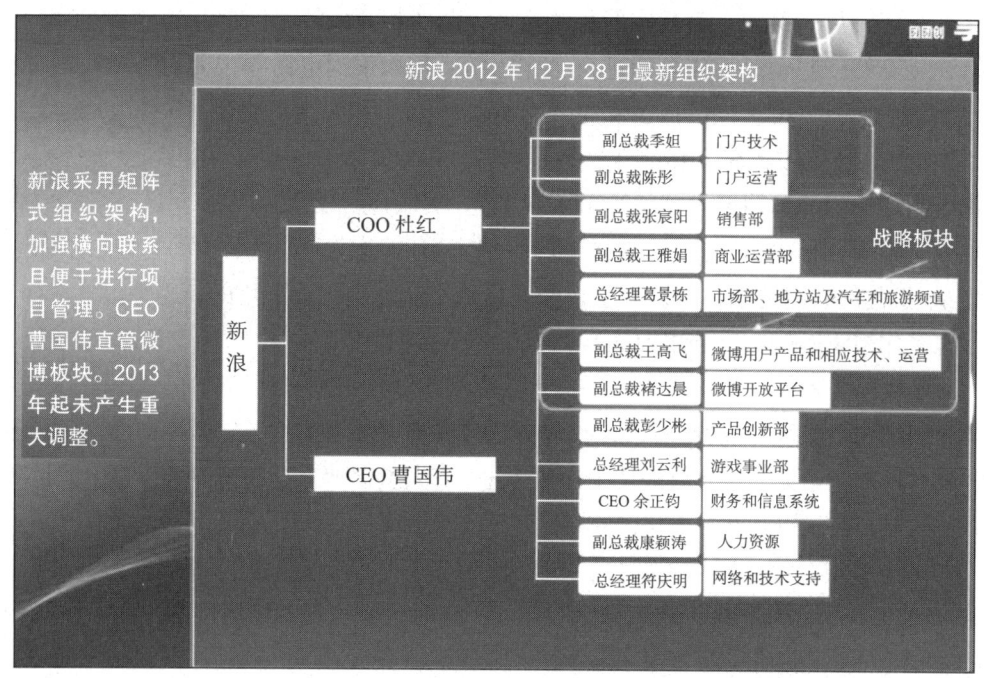

图3-12　新浪的矩阵式组织结构

事业部制结构是矩阵式组织在更大范围内的实现。京东组织结构如图3-13所示。

事业部制结构一般是按产品来划分的，如某大型通信设备公司分为程控交换机部、无线寻呼台部等。事业部有较大的自主权，可自行设立市场部、生产部等，但下设各部不是完全独立于公司（总部），主要表现在两方面：一是有些事务还是由全公司统一管理，如有的大公司实行的统一支持，有的实行财务系统的统一处理，当然信息基础的统一更有必要；二是它们有为全公司服务或管理的义务。如程控交换机事业部有为全公司做通信规划和指导落实的义务，有为全公司通信设备提供维修服务的义务，但它在发展自身产品方面有绝对的决策权。

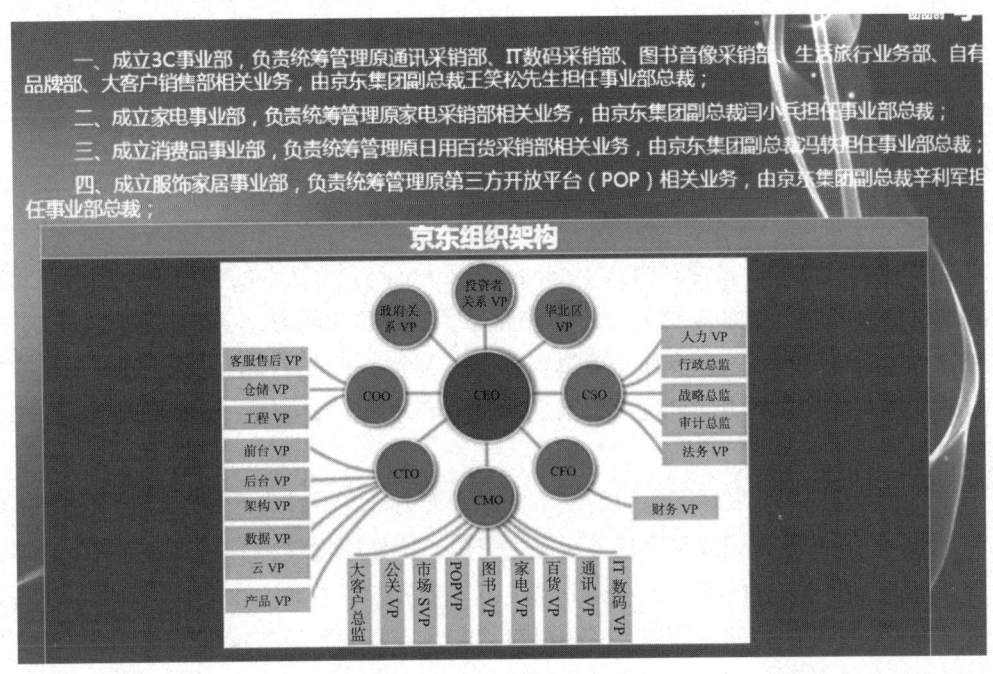

图3-13　京东的事业部制结构

2. 团队组织

团队组织是为了某一目标而由相互协作的个体所组成的正式群体。要想理解团队组织的实质，首先需要弄清楚团队与一般群体的区别。

根据组织行为学专家斯蒂芬·P. 罗宾斯（Stephen P. Robbins）的定义，群体是为了实现某个特定目标，两个或两个以上相互依赖和相互作用的个体的组合。工作群体按照群体成员之间的相互依存关系可以分为三种类型：独立型、依存型、相互依存型。相互依存型群体中，所有成员同心同德，互相合作，彼此密切配合，信息共享，能力互补、相互信任和支持，每个人的能力都得到淋漓尽致的发挥，同时创造出卓越的整体绩效。这种群体就是我们所说的团队。因此，团队一定是一个群体，但并非所有的群体都能成为团队。罗宾斯用一个图形简明地比较了工作群体与工作团队的区别（见图3-14）。

团队之所以能够达到较高的整体绩效水平，主要是因为这些团队成员之间产生了一种特殊的情感并共同创造了特殊的工作流程。这种特殊的情感与他们维护关系的流程有关，而这种情感又促进了团队履行任务流程的改进，提升了集体绩效。

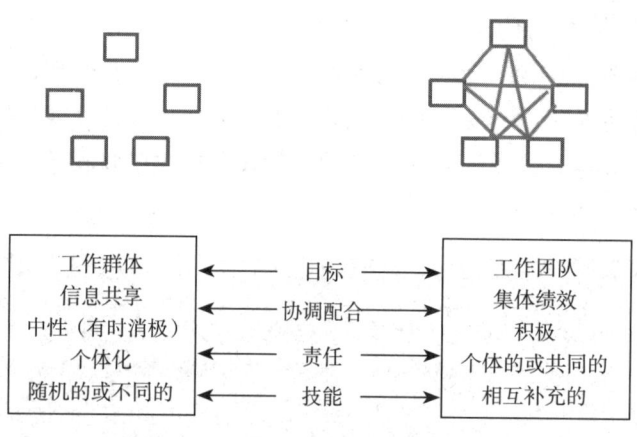

图 3-14　工作群体和工作团队的比较

团队型组织中以自我管理团队（self-managed team）为基本的构成单位。自我管理团队是以响应特定的顾客需求为目的，掌握必要的资源和能力，在组织平台的支持下，实施自主管理的单元。一个个战略单位经过自由组合，挑选自己的成员、领导，确定其操作系统和工具，并利用信息技术来制定其认为最好的工作方法。自我管理团队组织有如下特点。

（1）自我管理团队吸纳了组织的基本资源和能力。在柔性生产技术和信息技术的基础上，团队被授权获得完成整个任务所需的资源，比如原材料、信息、设备、机器等。

（2）部门垂直边界的淡化。在充分重视员工积极性、主动性和能力的前提下，自我管理团队消除了部门之间、职能之间、科目之间、专业之间的障碍，其成员经过交叉培训可以获得综合技能，相互协作完成组织任务。

（3）"一站式"服务与团队的自主决策。在简洁、高效的组织平台（整体战略、信息技术、资金等）的支援下，自我管理团队被赋予极大的决策权。团队成员可以自主进行计划、解决问题、决定优先次序、支配资金、监督结果，协调与其他部门或团队的有关活动。自我管理团队具有动态和集成的特点，能针对变化的顾客需求进行"一站式"服务。从价值提供的角度看，自我管理团队独立承担了价值增值中一个或多个环节的全部工作。

（4）由高层管理者驱动转变为市场驱动。在扁平化组织中，自我管理团队对本单位的经营绩效负责，其管理人员从传统的执行者角色转变为创新活动的主要发起人，为公司创造和追求新的发展机会。中层管理者大为简化，不再完全扮演控制角色，而是转变为对基层管理人员提供顾客和供应商信息、人员培训方案、绩效与薪酬系统设计等关键的资源，协助团队间知识、技能和资源的横向整合。由于急剧的资源分散化和职责的下放，最高管理层的精力主要集中在制定整体战略、驱动创新过程，扮演设计师和教练的角色。

为满足顾客需求，有效减少成本、降低风险、缩短开发时间，自我管理团队必须大量依赖与其他团队或外部组织广泛的横向合作；自我管理团队能够独立完成价值增值的一个或多个环节，更为其在组织内部或组织间与其他团队实现多方合作奠定了基础。在市场需求驱动的新型组织中，自我管理团队是其基本构成单位，这种组织的形态必将是扁平的。在小公司中，团队结构可以作为企业组织结构的形式；但对于大企业来说，团队结构主要是作为职能结构的补充，以提高企业的灵活性和员工的工作效率。

3. 网状组织

无论是矩阵式结构或职能制结构，组织顶层均只有一个"头"，"多头"只表现在中间层，如多个事业部、多个项目组等。如果在组织中引入外部的"头"，组织就发展为含有"多头"的结构。网状组织就是以某一个核心组织为主体，通过一定的目标，利用规定的手段，把一些相关的组织连接起来，形成一个合作性的企业组织群体。在这个组织群体中，每个组织都是独立的，通过长期契约和信任，与核心组织连接在一起，其结构如图 3-15 所示。

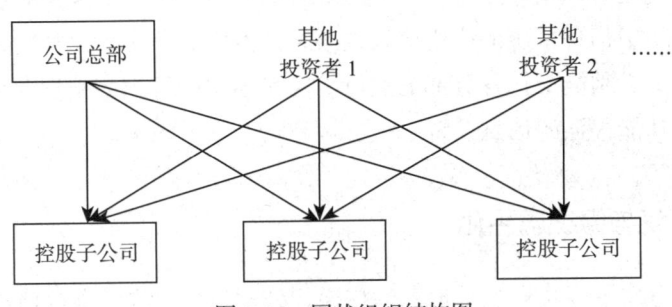

图 3-15　网状组织结构图

控股子公司实际上只是个利润中心。"公司总部"对控股子公司的主要目标就是投资获利。控股子公司本身又有董事会，一切事务，包括产品或服务的开发方向、市场、财务等均由自己决定。公司总部只能通过董事会施加影响，不能直接干预。总部投资的多少决定了其对控股子公司的影响力。根据影响力的不同，下属子公司又可分为全资子公司、控股子公司和参股子公司。

网状组织按照稳定性可以分为以下三种。

（1）稳定的网络。它是传统职能型企业组织的拓展，它以制造企业组织为核心企业，把沿着该产品或服务的价值链上下游的专业性企业组织联合起来，以更好地实现某一特定目标。其中每一个企业都是独立的，通过契约与核心企业组织和上下游企业连接。

（2）内部网络。它是在企业组织之间建立一个内部市场，以经纪人组织为核心组织，把某一种产品或服务的价值链上的有关企业组织联合起来，实现这种产品或服务的价值创造。网络成员间以市场公开价格彼此购买产品和服务，通过市场机制与经纪人组织进行协调。网络成员之间与经纪人组织之间的关系比较稳定。它的优越性表现在稀缺资源与知识的共享和发展。整个网络像一个企业组织实体。

（3）动态网络。它也是以经纪人组织为中心，把某一种产品或服务的价值链上的有关企业组织联合起来，实现这种产品或服务的价值创造。不同的是经纪人组织与上下游各类组织都不止一个。经纪人组织根据实际需要，不断地组合相关的企业组织，比如可以同时组织多个网络，每次组合的时间相对比较短，完成一定使命后就解散。

上面的三种网络组织中，第一种网络是企业内部结构变革形成的网络，后两种是企业之间组建的网络。建立在互联网、内联网、外联网上的信息系统可以帮助企业加快运转速度、及时捕捉市场机会，以较低的成本将活动扩展到全球各地。企业在形成网络后由于系统整体功能的提升，整体效益大于联合前各成员企业的个别效益之和。值得注意的是，网状组织的极端形式就是虚拟组织。

不同结构的组织在信息系统应用上存在着很大的区别。金字塔形结构的组织往往会在信息系统应用上做出全面的规划，逐步进行信息系统的应用，但一般在财务、会计、计划和行政管理等方面应用得比较多。事业部制组织的各个分部通常生存在不同环境下，使得此类组织中信息系统的应用比较复杂，一方面必须支持总部的财务计划和报表生成，另一方面又必须能支持各分部的运行。网状结构的组织多根据项目的需要采用一些非常先进的、功能很强的信息系统。

3.3.4 信息系统与组织扁平化

企业组织的运作过程实质上是信息的传递、处理过程。在工业经济时代，企业受信息传递技术及信息处理能力的限制，需要设置更多的职能部门及管理层次来传递信息，并分担信息的处理任务。在信息时代，由于信息技术的应用，企业组织的信息传递和信息处理能力大大提高，其结构呈现出扁平化的特征，管理层次比等级制组织要少得多。这是因为：在等级制组织内，有关竞争者、顾客和业务运作的详细信息（即业务信息）主要存在于组织的底层，即"活动发生的地方"。底层管理者和员工了解他们那部分具体业务的动态特征，在决策中总是更多考虑这些业务信息，并在此基础上制定局部最优的决策。相反，有关整体战略方向和前景的信息以及企业整体的动态特性（即企业的战略信息）主要存在于组织的高层。因此，高层制定的决策虽然会考虑整体的动机和战略方向，但可能由于对经营业务了解不够深入而使决策出现偏差。业务信息与战略信息在企业组织各层级的分布状况如图3-16所示。

为此，在传统的等级制组织里，为使决策者获取两方面的充足信息，根据信息均衡原理，许多大企业

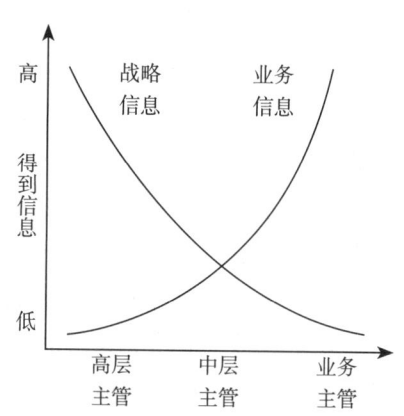

图3-16 信息在各管理层分布的情况

将决策制定和管理职责授权给中层管理者——他们所处的位置使其既能得到具体业务信息，又能获得整体的战略信息（见图 3-17）。由此可见，在工业经济时代，从有利于企业做出正确决策的角度来看，大量的中层管理者有存在的必要性。另外，在工业经济时代的等级制企业组织中，随着企业规模的扩张，由于信息传递技术的限制，每个管理者的管理幅度受到限制，这样不得不设置相应的主要用于传递上下各层信息的中间层级。但是，这样一种组织安排本质上是存在缺陷的。因为这样一来，来自组织高层和底层的关键信息可能会丢失或失真。而且，通过中级管理层来交换信息所浪费的时间严重影响了企业运作的速度。在信息经济时代，网络信息技术使得信息传递具有全通道的特性；在信息化后的企业，信息传递的阻碍已经不存在。因此，无论是企业的业务信息还是战略信息，都可以很迅速地传递到需要者的手中，这意味着所有的决策者，不管他们处在哪个组织层次，都能得到有利于做出灵敏、及时决策的信息，信息化后企业各层级获取信息及处理信息的能力大大提高。

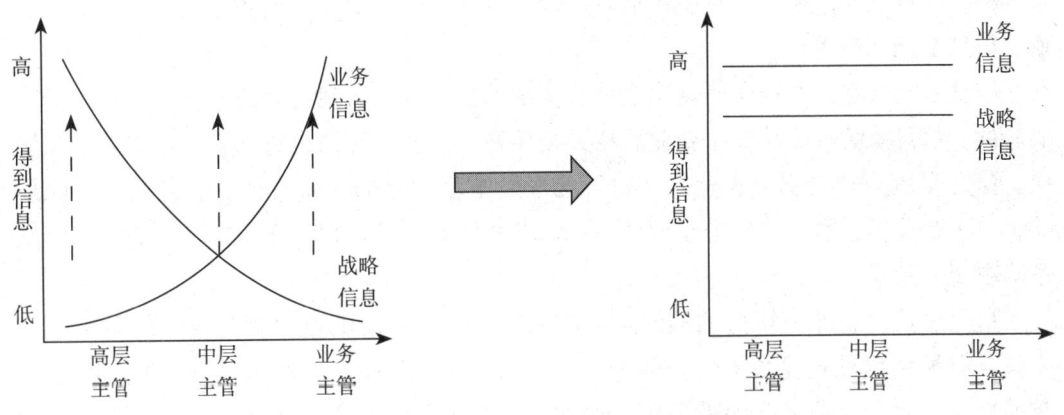

图 3-17　信息化后各管理层级信息获取情况变迁

网络信息技术的发展，使企业组织结构的扁平化成为可能。因此，企业实施扁平化的关键就是进行企业的信息化建设，构建企业内部及企业内部与外部相连接的网络信息系统，实现信息的集成与共享。这样组织决策的权力就可以有两种安排：一种是直接由高层决策，从而降低由授权所带来的代理费用；另一种是由"活动发生的地方"即组织底层直接进行决策，从而降低信息成本。这两种安排都能使企业内部的交易费用降低。由此可见，在信息时代，从决策权力的角度（即信息处理的角度）来看，信息技术应用的结果将使企业组织的中层显得多余。另一方面，由于企业计算机技术及互联网技术的应用，企业内外的信息传递更为方便、直接，以前负责分析、评价和传递上下各层次信息的大量中间层级可以删除。可见，信息技术的特性使企业组织传递和处理信息的能力大大加强，使企业组织内大量中间层级（如信息传递、中继、监督等）的职能萎缩甚至消亡，这样就减少了管理层次，使组织扁平化成为可能。当然，信息技术仅仅为企业组织扁平化提供了技术保证；企业要真正实现扁平化，还必须设计相应的制度。

3.4 信息系统与组织战略

3.4.1 信息系统的战略意义

信息系统开发投资大，历时久，质量难把控。若规划不当，不仅直接损失大，间接损失更是难以估量。管理者常常过于关注特定业务系统的功能、性能以及软件和硬件的选型，却忽视了信息系统的整体规划，尤其是没能与企业战略保持一致，缺乏前瞻性，这为信息化的失败埋下了隐患。

企业战略是对企业长远发展的全局性谋划。企业战略并不抽象，是由愿景使命、政策环境、预期目标和确保目标实现的策略组成的。企业战略具有三个层次，不同层次又包括不同类型的战略：①管理层战略，包括加强型战略、一体化战略、多元化战略、防御型战略；②业务层战略，包括成本领先战略、差异化战略、成本集聚战略、目标集聚战略；③职能层战略，包括生产战略、研发战略、营销战略、财务战略、人力资源战略、信息系统战略等。

信息系统战略是对企业信息化建设要实现的目标以及实现目标的方法、策略、措施的总称。信息系统战略从属于企业战略，与生产、研发、营销、财务等战略同处于职能层。信息系统规划是基于企业发展目标与经营战略制定的、面向企业信息化发展愿景的、关于企业信息系统的整个建设计划。信息系统规划是过程，而信息系统战略是信息系统规划的结果。

企业战略是企业一切活动的出发点和归宿。信息系统战略尽管与企业的各个方面相关，但最终也是企业系统的一部分，应该服从企业战略。为此，信息系统战略必须有的放矢，且与企业战略保持一致。例如，某个企业的产品质量存在问题，为此将战略调整为建立产品质量全面管理控制规程，由此导出的信息系统战略为建立产品的全面质量管理控制数据库系统。又如，某企业采取扩张型的竞争战略，而销售部无法通过人工方式来管理扩大的市场，此时就可以将投资建设客户关系管理系统看成是信息系统战略。再如，为了实施低成本战略，沃尔玛采用了供应商管理库存（vendor managed inventory，VMI）模式，以降低库存成本。为此，沃尔玛开发了连续补货系统（continuous replenishment practice，CRP），以提高供应商的预测和计划能力，使得供应商管理库存模式得以实施。类似地，从宏观层面来说，各级政府的信息化也要遵循这一原则。目前，我国电子政务建设得如火如荼，投资巨大。为此，电子政务的规划也要与本地国民经济与社会发展规划保持一致。

然而，在信息系统规划过程中，仍有诸多困惑。例如，如何保证信息系统规划与企业的总体战略一致？如何为企业设计信息系统总体结构，并在此基础上设置、开发应用系统？对于相互竞争的应用系统，应该如何拟定优先开发计划和运营资源的分配计划？应该如何选择并应用行之有效的设计方法论？

3.4.2 波特五力分析模型

迈克尔·波特（Michael Porter）是举世公认的颇具影响力的商业理论思想家，被誉为竞争战略之父。"波特五力模型"是近几十年来企业战略制定者们耳熟能详的商业概念之一。该模型最早出现于波特1979年发表在《哈佛商业评论》上题为《竞争力如何塑造战略》（*How Competitive Forces Shape Strategy*）的论文中，对企业战略制定产生了全球性的深远影响。该模型用于竞争战略的分析，可以有效地分析客户的竞争环境。

波特五力模型将大量不同的因素汇集在一个简便的模型中，以此分析一个行业的基本竞争态势。五种力量模型确定了竞争的五种主要来源，即供应商和购买者的议价能力，潜在进入者的威胁，替代品的威胁，以及来自目前在同一行业的公司间的竞争。一种可行战略的提出首先应该确认并评价这五种力量，不同力量的特性和重要性因行业和公司的不同而变化，如图3-18所示。

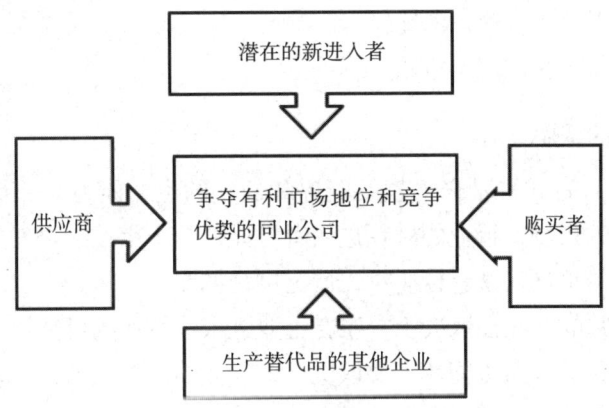

图3-18　波特五力模型的五种竞争来源

1. 供应商的议价能力

供应商影响一个行业竞争者的主要方式是提高价格（以此榨取买方的盈利），降低所提供产品或服务的质量。下面一些因素决定它的影响力。

- 供应商所在行业的集中化程度。
- 供应商产品的标准化程度。
- 供应商所提供的产品构成在企业整体产品成本中的比例。
- 供应商提供的产品对企业生产流程的重要性。
- 供应商提供产品的成本与企业自己生产的成本之间的比较。
- 供应商提供的产品对企业产品质量的影响。
- 企业原材料采购的转换成本。
- 供应商前向一体化的战略意图。

2. 购买者的议价能力

与供应商一样，购买者也能对行业盈利性造成威胁。购买者能够强行压低价格，或要求更高的质量或更多的服务。为达到这一目的，他们可能使生产者互相竞争，或者避免从任何单个生产者那里购买全部所需商品。购买者一般可以归为工业客户或个人客户，购买者的购买行为与这种分类方法一般是不相关的。有一个例外是，如果工业客户是零售商，它则可以影响消费者的购买决策，这样，零售商的议价能力就显著增强了。以下因素影响购买者的议价能力。

- 是否为集体购买。
- 产品的标准化程度。
- 购买者对产品质量的敏感性。
- 替代品的替代程度。
- 大批量购买是否具有普遍性。
- 产品在购买者成本中所占的比例。
- 购买者后向一体化的战略意图。

3. 潜在进入者的威胁

一个行业的进入者通常带来大量的资源和额外的生产能力，并且要求获得市场份额。除了完全竞争的市场，行业的潜在进入者可能使整个市场格局发生动摇。尤其是当它们有步骤、有目的地进入某一行业时，情况更是如此。

潜在进入者威胁的严峻性取决于一家新企业进入该行业的可能性、进入壁垒，以及预期的报复。其中，进入的可能性主要取决于该行业的前景如何，行业增长率高表明未来的盈利性强，而眼前的高利润也颇具诱惑力。

新进入者需要研究影响进入壁垒的难易因素，如钢铁业、造船业、汽车工业，规模经济是进入壁垒的重要条件；此外还有产品的差异条件，如化妆品及保健品行业产品的差异条件是主要的进入壁垒。

4. 替代品的威胁

替代品是指那些与企业产品具有相同功能或类似功能的产品，如糖精从功能上可以替代糖，飞机远距离运输可能被火车替代等。生产替代品的企业本身就给客户甚至行业带来威胁，替代竞争的压力越大，对客户的威胁越大。决定替代品压力大小的因素主要有如下方面。

- 替代品的盈利能力。
- 替代品生产企业的经营策略。
- 购买者的转换成本。

波特五力模型及其影响因素可以归纳为图3-19。行业中的每一个企业或多或少都要应对以上各种力量构成的威胁，也要面对行业中的每一个竞争者的举动。除非认为正面交锋有必要而且有益处，如可能得到很大的市场份额，否则企业可以通过设置进入壁垒，包括差异化和转换成本来保护自己。

当确定了自身的优势和劣势后，企业必须进行定位，以便因势利导，而不是被预料到的环境因素变化所损害，如产品生命周期、行业增长速度等，然后保护自己并做好准备，以有效地对其他企业的举动做出反应。

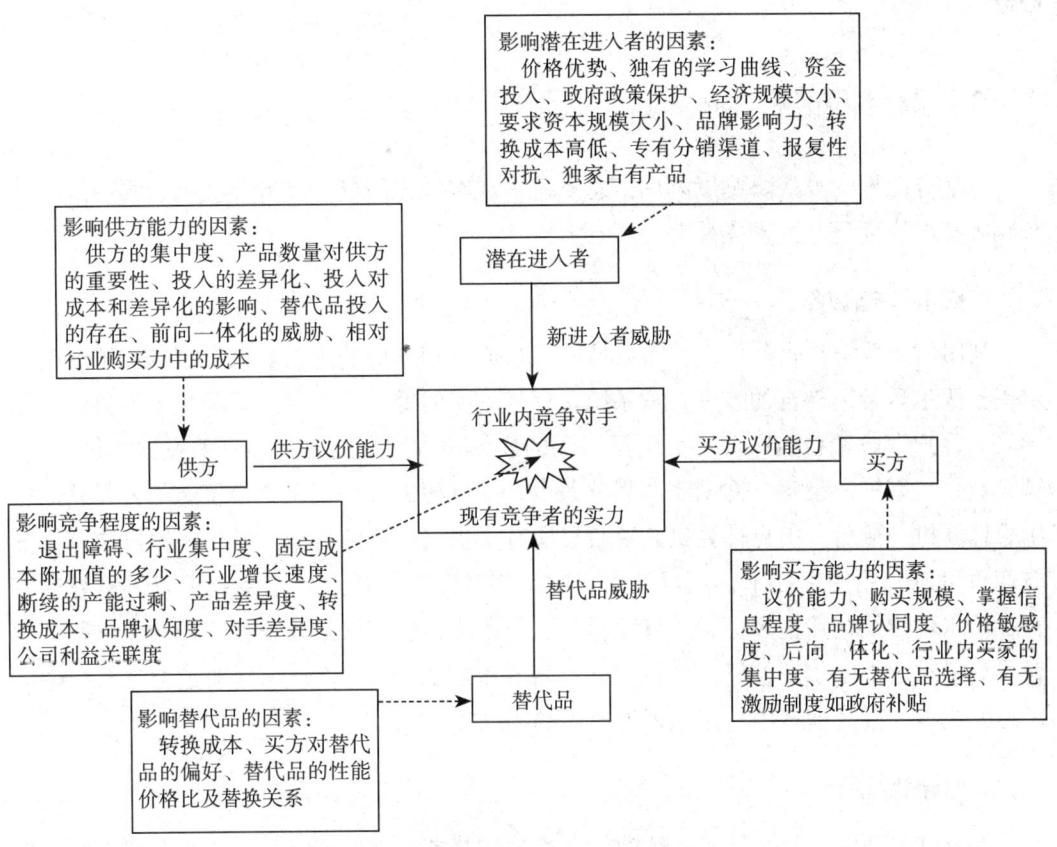

图 3-19　波特五力模型及影响因素

5. 同业竞争者的竞争程度

大部分行业中的企业，它们相互之间的利益是紧密联系在一起的。作为企业整体战略一部分的各企业竞争战略，其目标都在于使自己的企业获得相对于竞争对手的优势，所以，在实施中就必然会产生冲突与对抗现象，这些冲突与对抗就构成了现有企业之间的竞争。现有企业之间的竞争常常表现在价格、广告、产品介绍、售后服务等方面，其竞争强度与许多因素有关。

一般来说，出现下述情况将意味着行业中现有企业之间竞争的加剧，这就是行业进入障碍较低，势均力敌的竞争对手较多，竞争参与者范围广泛；市场趋于成熟，产品需求增长缓慢；竞争者企图采用降价等手段促销；竞争者提供几乎相同的产品或服务，用户转换成本很低；一个战略行动如果取得成功，其收入相当可观；行业外部实力强大的公司在兼并了行业中实力薄弱的企业后，采取进攻性行动，结果使刚被兼并的企业成为市场的主要竞争者；退出障碍较高，即退出竞争要比继续参与竞争代价更高。在这里，退出障碍主要受经济、战略、感情以及社会政治关系等方面的影响，具体包括：资产的专用性、退出的固定费用、战略上的相互牵制、情绪上的难以接受、政府和社会的各种限制等。

3.4.3 信息系统战略分析

通常有四种竞争战略可以利用信息系统：成本领先战略、差异化战略、集中战略及与顾客和供应商建立紧密联系等。

1. 成本领先战略

利用信息系统，企业可以获得最低的运行成本和最低的价格。最典型的例子就是沃尔玛。沃尔玛运用神奇的连续补货系统，保持商品的低价和充足，成为美国零售业的领导者。客户在收银台购买商品后，沃尔玛的连续补货系统立即将新订单发送给供应商。销售点终端系统记录每一件结账商品的条码，并将相关交易记录直接发送给公司总部的中央计算机。然后，中央计算机系统收集所有沃尔玛门店的订单，并传送给供应商。供应商也可以利用网络技术，获得沃尔玛的销售和库存数据。由于系统可以迅速补充库存，沃尔玛无须花费很多资金持有库存。这个系统还能使沃尔玛根据客户的需求调整库存。竞争对手如西尔斯的管理费用占总销售收入的 24.9%，而沃尔玛通过信息系统降低了运营成本，其管理费用只占总销售收入的 16.6%。

2. 差异化战略

企业可以开发出基于信息系统的新产品和新服务，或者可以极大地提高客户使用现有产品和服务的方便性。例如，谷歌在网站上连续推出如谷歌地图这样新的、独特的搜索服务。2003 年，eBay 大大简化了买家向卖家的支付方式，从而激发了拍卖市场的需求。苹果创造了 iPod，一个独特的便携式数字音乐播放器，加上其独特的网络音乐服务，消费者花 0.69~1.29 美元就可以买到一首歌曲。随着苹果公司的不断创新，它又陆续推出了多媒体智能电话 iPhone、平板电脑 iPad 以及具有影像播放功能的 iPod。

制造商和零售商正在利用信息系统创造定制化、个性化的产品和服务，以满足单个消费者独特的明确需求。例如，耐克在它的网站上通过 NIKEID 项目出售个性化的运动鞋。消费者可以挑选运动鞋的种类、颜色、材质、鞋底，甚至可以定制八个字母的个性标签。耐克通过计算机把这些订单发送给在中国和韩国的工厂。定制化服务只需另外加收 10 美元，同时工厂用三个星期的时间就可以将鞋子送到消费者手中。利用与大批量生产时一样的资源，提供个性化的商品和服务的能力被称为规模化定制（mass customization）服务。

3. 集中战略

集中战略是指利用信息系统聚焦于某一特定市场，并且比竞争对手更好地服务于这一市场。通过信息系统生成并分析精准的销售和市场数据，以此支撑这种战略。信息系统能使公司精确地分析客户购买模式、口味、偏好等，从而能针对越来越小的目标市场，有效地投放广告，开展营销活动。这些数据的来源有很多种，包括信用卡交易数据、人口统计数据、超市和零售商店的结账信息，以及人们访问网站、与网站交互时收集到的数据。复杂的软件工具能从这些海量数据中发现消费模式和内在规则，从而帮助企业进行决策。数据分析技术促生了一对一营销，创造了基于个人偏好的个人信息分析。例如，希尔顿酒店通过 OnQ（On-demand Cue）系统收集并分析活跃客户的所有数据，确定每一个客户的喜好和价值。利用这些信息，希尔顿为最有价值的客户提供了一些附加的优惠，如延迟退房等。目前的客户关系管理系统（CRM）具备了分析这些庞大数据的能力。上述三种信息系统战略的波特五力模型分析如表 3-2 所示。

表 3-2 信息系统战略的波特五力模型分析

行业内的五种力量	成本领先战略	差异化战略	集中战略
进入障碍	具备杀价能力以阻止潜在对手的进入	培育顾客忠诚度以挫伤潜在进入者的信心	通过集中战略建立核心能力以阻止潜在对手的进入
买方议价能力	具备向大买家报出更低价格的能力	因为选择范围小而削弱了大买家的谈判能力	因为没有选择范围使大买家丧失谈判能力
供方议价能力	更好地抑制大卖家的议价能力	更好地将供方的涨价部分转嫁给顾客方	进货量低则供方的议价能力就高，但集中战略使公司能更好地将供方的涨价部分转嫁出去
替代品的威胁	能够利用低价抵御替代品	顾客习惯于一种独特的产品或服务因而降低了替代品的威胁	特殊的产品和核心能力能够消除替代品的威胁
行业内对手的竞争	能更好地进行价格竞争	品牌忠诚度能使顾客不理睬你的竞争对手	竞争对手无法满足企业集中战略下顾客的需求

4. 与顾客和供应商建立紧密联系

通过建立与顾客和供应商的紧密联系，使顾客与企业的产品捆绑在一起，并把供应商纳入本企业的采购计划和价格结构中。这一战略的核心是通过提高下游顾客与上游供应商的转换成本（switching costs）来降低他们的议价能力。在这方面的一个例子是起源于日本的准时生产方式（just in time，JIT）以及由此发展出的零库存系统。

针对顾客的战略信息系统通常允许企业降低甚至是取消库存，而将所有的库存功能转移给供应商。

案例

巴克斯特的订货系统

美国的巴克斯特健康护理国际公司（Baxter Healthcare International, Inc.）开发出的一种订货系统允许医院实现零库存。巴克斯特为医院提供一台与其总部相连接的计算机终端设备，当医院需要订货时，不必像以前一样给销售人员打电话或者传真订购单，使用计算机终端从巴克斯特的供应目录中订货即可。由于巴克斯特订货系统的便利性和低成本，加入该系统的医院不愿意再转向其他供应商，并且有越来越多的医院加入这一系统中。巴克斯特在美国拥有近百个配送中心，通常在接到订单后的几个小时内就可以送货上门。同时，巴克斯特的工作人员并非把货品卸载在医院的库房，而是直接放在需要这些货品的地方，比如护理站、手术室、药房等。依靠这一订货系统，巴克斯特提供的产品约占全美所有医院使用总量的 2/3。

针对供应商的战略信息系统使供应商精确地满足企业的需要，甚至将供应商的生产计划纳入本企业的生产计划中，从而使企业的成本最小化。那些不愿意被纳入系统的供应商将难以获得订单。当企业在品牌形象、市场占有率等方面具有明显优势时，通常就可以实施针对供应商的战略信息系统，这方面的一个典型范例是耐克公司。耐克公司将所有运动鞋生产工作转包给专业制鞋厂，而仅保留设计研发部门，通过与总部连接的信息系统，各鞋厂可以按照耐克发送的设计方案和生产计划制造运动鞋。当企业尚未在市场上占据主导地位时，也可以通过针对供应商的战略信息系统与供应商结成战略同盟，通过改善信息流来减少不确定性，并且在保持生产过程高效的同时，减少库存，降低开支。比如企业可以通过信息系统监控供应商的制成品存货、生产进度以及进度保证，以确保有足够库存来满足意外需求。如果供应商的存货不足，企业便可提醒供应商做出调整。

3.4.4 企业价值链模型

由美国哈佛商学院著名战略学家迈克尔·波特提出的"价值链分析法"，把企业内外价值增加的活动分为基本活动和支持性活动，基本活动涉及企业生产、销售、进料后勤、发货后勤、售后服务，支持性活动涉及人力资源、财务、计划、研究与开发、采购等，两者构成了企业的价值链（见图3-20）。在由不同的企业参与的价值活动中，并不是每个环节都创造价值，实际上只有某些特定的价值活动才真正创造价值，这些真正创造价值的经营活动就是价值链上的"战略环节"。企业要保持的竞争优势，实际上就是企业在价值链某些特定的战略环节上的优势。运用价值链分析法来确定核心竞争力，就是要求企业密切关注组织的资源状态，要求企业特别关注和培养在价值链的关键环节上获得重要的核心竞争力，以形成和巩固企业在行业内的竞争优势。企业的优势既可以来源于价值活动所涉及的市场范围的调整，也可来源于企业间协调或整合价值链所带来的最优化效益。

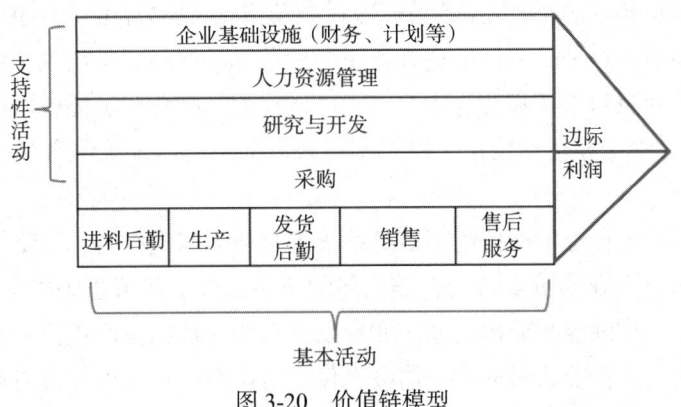

图 3-20　价值链模型

价值链显示了总价值，并且包括价值活动和利润。价值活动是企业所从事的物质上和技术上的界限分明的各项活动，这些活动是企业创造对买方有价值的产品的基石。利润是总价值与从事各种价值活动的总成本之差。

图 3-21 是某复印机生产企业的价值链模型，让供应商每日向工厂送货来降低仓储和库存成本，以便在内部物流上节省资金。计算机系统可以支持技术活动，从而帮助企业减少成本，有助于生产出比竞争者的质量更高的产品。

	企业基础设施				
人力资源管理		招聘培训		招聘	
研究与开发	自动化系统的设计	元件设计 总装线设计 机器设计 检测程序 能源管理	信息系统开发	市场研究销售支持	服务手册和程序	利润
采购	运输服务	原材料、其他物资供应，零部件	计算机服务、运输服务	中介服务物资供应	备用件	利润
	进货搬运 进货检查 部件检查 与交运	部件装配 总装 调节和检测 设备作业	订单处理装运	广告促销 销售队伍	备用件系统服务信誉	
	进料后勤	生产	发货后勤	销售	售后服务	

图 3-21　某复印机生产企业的价值链模型

现实中，企业通过价值链与它的供应商、分销商和客户的价值链相连。毕竟，一家企业的绩效不仅取决于内部，而且取决于企业与其直接或间接相连的供应商、运输公司（物流合作伙伴，如顺丰或中通）以及客户之间关系的协调。企业可以通过与其他企业合作，利用信息技术制定行业内的信息和业务的电子交易标准，迫使所有的市场参与者遵守相同的标准。这种努力能够提高效率，使替代性产品更难出现，或许还能提高行业准入门槛，从而阻碍市场潜在进入者进入。同样地，行业成员还可以建立行业范围的支持IT的联盟、论坛和通信网络，以协调与政府部门、国外竞争者和行业竞争有关的活动。

行业价值链让企业思考如何利用信息系统更有效地与供应商、战略伙伴以及客户互动。战略优势来自企业的价值链与合作伙伴的价值链在业务流程中的集成能力。例如，如果你是亚马逊，你就会想要建立系统实现以下功能：让供应商在亚马逊网站上方便地展示产品和开店；让消费者轻松完成购物支付；协调产品快速配送至消费者；为消费者开发物流跟踪系统。

互联网技术使得被称作"价值网络"的高度协同的行业价值链成为可能。价值网络（value web）是一系列独立企业的集合，这些企业利用信息技术协调它们的价值链，共同为市场生产一种产品或提供服务。与传统的价值链相比，它更多地是由客户驱动的，并且很少通过直线方式运行。

布兰登伯格（Brandenburger）和纳尔波夫（Nalebuff）提出的价值网（value net）管理模型解释了所有商业活动参与者之间的关系。传统企业利用供应商提供的材料生产产品并同其他生产商竞争以获得顾客。但在价值网中，布兰登伯格和纳尔波夫介绍了商业活动中一个新的因素：互补者（complementors）——"指那些提供互补性产品而不是竞争性产品和服务的公司"。

图 3-22 显示了价值网能在本行业或相关行业的不同企业间协同客户、供应商和贸易伙伴的业务流程。这些价值网是灵活的，可适应供应和需求的变化。这些企业之间的关系可以是捆绑在一起的，也可以是独立灵活的，以响应市场条件的变化。企业可以通过优化它们的价值网，快速决策谁能以合适的价格和地域位置提供市场所需的产品与服务，从而缩短其进入市场、获取客户的时间。

价值网模型强调各种关系的对称因素。例如，顾客和供应商都拥有其竞争者和互补者。一家企业的顾客通常拥有其他供应商，如果其他供应商使这家企业的产品、服务或顾客价值增加，那么它们就是该企业的互补者；反之，

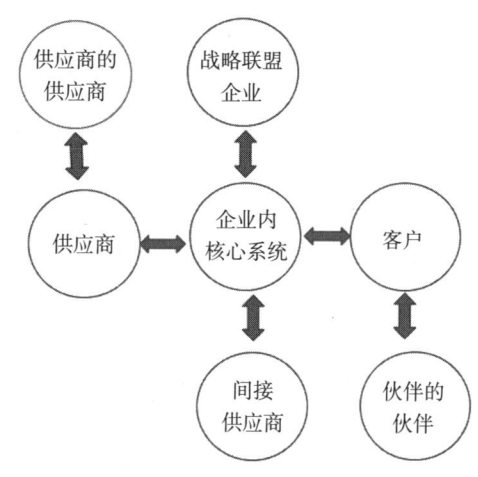

图 3-22　企业价值网模型

则是该企业的竞争者。同样，一家企业的供应商也拥有其他顾客，这些顾客是其竞争者或互补者。如果它们使这个供应商为最初那家企业提供的产品（或服务）更昂贵，它们就是竞争者；反之，则是互补者。与顾客相关的原则同样适用于供应商，而与竞争者相关的原则也适用于互补者。

顾客、供应商、竞争者或互补者是一家企业扮演的多重角色，即同一家企业可以有多重身份。若要制定有效的战略，企业须理解每个角色扮演者的利益。

3.5 信息系统与商业伦理

3.5.1 商业伦理

伦理是一个社会的道德规范系统，赋予人们在动机或行为上判断是非善恶之基准。商业伦理（business ethics）是一种规则、标准、规范或原则，它提供了组织中的正常行为准则。对于信息系统的使用者、开发者、系统分析师以及信息政策制定者等来说，不仅需要有商业伦理的素养，同时也要有专业的伦理观念，这些规范信息系统相关人员的道德系统，就称为信息系统伦理。信息化衍生出许多如隐私权、信息存取权、智能财产权以及信息错误责任归属等各种因利益冲突所带来的伦理议题。随着信息化脚步的加快，信息产品不仅使一些原本就存在的伦理议题慢慢地在社会中发酵、扩散，同时它也带来了一些新的伦理议题。其中的主要原因如下所示。

（1）网络通信与计算机的使用会改变人与人之间的关系，使得人际的接触降低，并且因沟通的速度太快导致信息人员没有足够的时间去防止不道德行为的出现。

（2）当信息以电子形态存在时，比以纸张的形态来得"脆弱"，因为它容易被改变，易招致未授权的存取。

（3）在保护信息的整体性、机密性及可用性上所做的努力常与信息共享的好处有所冲突。

（4）在缺乏授权与认证工具的情况下，信息技术的应用常引起不道德的行为。

3.5.2 信息系统道德维度

1. 信息系统的五个道德维度

新的信息技术和系统的强大震动对相对平静的社会造成了扰动：突然间，个体行动者面临着不受旧规则约束的新情况；社会机构对这些震波也不能在一夜之间做出反应，可能要花上几年时间形成规矩、期望、社会责任、政治上的正确态度或者认同的规则；政治机构也需要时间制定新的法律，而且在新法律实施之前常常需要时间证明其真实的危害如何。在此期间，你可能不得不采取行动，也可能必须在一个法律的灰色区域中行动。我们可以用如图3-23所示的模型说明商业伦理、社会和政治问题间的动态关系。这个模型对识别信息社会道德方面的主要问题也很有用，它跨越了各个层次的行动者——个体、社会和政治。

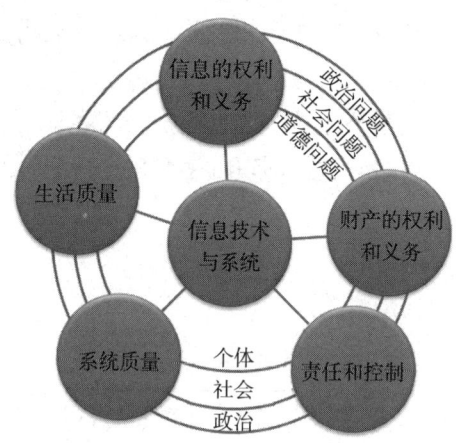

图 3-23　信息系统的道德维度

信息系统产生的主要商业伦理、社会、政治问题包括以下道德维度。

（1）信息的权利和义务：即个体和组织相对于它们自己来讲具有什么样的信息权利，它们能保护什么。

（2）财产的权利和义务：即对于传统的知识产权，数字社会如何进行保护。在数字环境中，跟踪和追究所有权是很难的，而忽视这些产权却很容易。

（3）系统质量：即为保护个人的权利和社会的安全，我们需要什么样的数据标准与系统质量。

（4）生活质量：即在以信息和知识为基础的社会中，我们应当保留什么样的价值观，我们应当保护哪些机构免受伤害，新的信息技术支持什么样的文化价值和实践。

（5）责任和控制：即对个体和集体的信息、产权的伤害，谁能以及谁要负起责任和义务。

2. 引发道德问题的关键技术趋势

商业伦理问题产生于信息技术之前，然而，信息技术增强了商业伦理问题的重要性，给现有的社会管理带来困扰，使得很多法律过时甚至失效（见表 3-3）。

表 3-3　引发商业伦理问题的信息技术变化

信息技术趋势	信息技术变化带来的影响
计算能力每 18 个月翻一番	更多组织依赖计算机系统来处理重要事务
数据存储成本快速下降	组织可方便地维护个体的详细的数据库
数据分析技术的进步	组织可通过分析大量的个人数据来概括出详细的个人行为表现
网络技术的进步和互联网的广泛应用	数据复制和远程传输更方便

每 18 个月计算能力翻一番使大多数企业将信息系统用于核心生产过程，结果极大

地增加了对系统的依赖性，以及因系统错误和低质量的数据而造成的脆弱性。社会规则和法律还没有对这种依赖性进行调整，以致保证信息系统的可靠性和准确性的标准并未被普遍接受或推行。

数据存储技术的进步和存储成本的快速下降使私人与公共组织能够维护更多的数据库，包括员工、客户和潜在客户的数据库。数据存储的进步导致日常破坏个人隐私的违法行为代价更小、更容易，能够处理数百万兆（TB级）的海量数据存储系统变得十分便宜，大企业可用以识别客户。

海量数据分析技术的进步是另一个引发信息系统伦理问题的技术趋势，因为企业和政府部门都能找到关于个人的详细的私人信息。有了这些现代数据管理工具，企业可以比以往更加容易地汇总和组合存储在计算机里金字塔形的海量数据。

最后，包括互联网在内的网络技术的发展，极大地降低了海量数据流动和存取的成本，提供了用桌面机、移动设备以及云服务器远程挖掘巨大数据池的可能性，人们已经无法想象隐私被侵犯的规模和精度了。

● 思 考 题

1. 什么是组织战略？什么是管理信息系统战略？
2. 简述组织战略和管理信息系统战略之间的关系。
3. 信息系统对组织有哪些影响？
4. 根据波特的五力模型，组织可以采用哪几种基本的竞争战略？
5. 根据日常实践，你是否感受到了信息技术和信息系统对社会、伦理所产生的影响？

● 课后案例

小米的互联网营销

现代社会工作压力大，大家除了工作还是工作，业余生活十分贫乏。看看地铁上年轻的白领只能通过手机来缓解压力就能知道现在的人有多寂寞。平均每天消耗四个小时在手机上的大有人在。所以说手机越来越成为人们生活中不可或缺的一部分，一部可玩性强的手机简直决定了你的生活质量。

手机互联网的迅速普及，致使大量的智能手机涌入市场。人们对于手机的要求早已经超过其本身，而赋予其更多的定义："相机""MP4""录音笔""电子书""电脑"……

前些年苹果手机在中国销售火爆，HTC、诺基亚等国外品牌紧随其后。但是价格高，后续还有刷机费用，令一些消费者望而却步。

那时新创立的国产手机因为多种因素还不能被消费者认可，故只好忍居二线市场，高额利润被国外品牌赚取。而热销品牌的手机在硬件、功能、外观等方面也有很多方面有待改进，更新的速度不够快，致使消费者更新的成本增加。

2011年8月16日雷军在北京召开新闻发布会，正式发布小米手机，并首次公布小米手机的细节。发布会上媒体云集，为的就是一睹雷军和小米手机的风采。其后各大媒体上充斥着关于小米手机的新闻，一时间小米手机声名大噪，响彻整个IT界。小米手机此后也受到众媒体和手机发烧友的热捧，雷军和小米的一举一动都大受关注！

除了公开的新闻发布会，雷军还不断通过自己的微博来发布有关小米的信息，以吸引媒体和发烧友对小米手机的持续关注。如雷军曾通过微博首次正式透露小米手机的销售时间：首批小米手机将于2011年10月15日左右发货！

除此以外，雷军还通过微博等互联网工具，制造媒体感兴趣的热点，吸引媒体的关注和炒作。他本人还积极加入小米和360的口舌之争，在微博上不断发表言论反击或者抨击360的周鸿祎，被网友们戏称为"小三大战"。

小米手机的成功，首先要归功于雷军对小米手机的精确定位。小米手机不是要针对所有的细分市场，并不是要蓝领、白领、学生、老板通吃，而是锚定一群特定的消费者。用雷军的话来说："就是喜欢玩手机的那群人，他们懂性能，喜欢折腾，就是手机控。"详细说来，这些人有如下特征。

- 年龄为20～28岁。
- 拥有大专以上学历，专业是理工科，对技术特别是IT技术痴迷。
- 毕业不到5年，月收入为2 000～6 000元。
- 喜欢玩手机，喜欢上网，经常浏览太平洋电脑网、中关村在线等IT网站。
- 有个人的消费主见，不喜欢随大流。
- 喜欢网购，不喜欢逛街。
- 社会地位不高，大都从事底层技术支持工作，渴望被认同。

在定位了目标群体以后，小米为这群人量身定做了一整套的产品策略、定价策略和营销策略。产品策略：做一部精品智能手机，配置要好，不然会被这帮人轻视，技术（包括平台系统和产品本身）要有一定的复杂性，不然没什么可玩的；定价策略：2 000元以内，太贵了这群人消费不起，太低了显得没品位；营销策略：互联网营销，这群人每天干得最多的事情就是上网，因此小米所有的营销都是通过互联网来进行的，包括微博、手机评测、论坛等。

小米手机在品牌营销的过程中并未采用传统的电视或网页广告的形式，而是针对定位的消费群体，采取互联网营销，利用论坛、微博和专业网站评测，向目标消费群体精准传播。

1. 微博

小米的微博阵地有两个，一个是雷军本人的，利用自己在IT产业的影响力不断发声，目前已有粉丝几百万，也就是雷军每一次发声都有几百万人在收听！另一个是小米手机的官方微博，目前有粉丝几十万，同样是一个庞大的数字。不仅如此，每一条微博还会引起粉丝的转发，影响到的人群数量会爆发式地放大。比如小米公司5月20日一条活动的微博"@小米公司:【调查】有多少米粉期待,#小米手机QQ在线#的尾巴？想要的朋友，请举手转走～～"，被粉丝转发11 647次，评论6 768条！雷军和小米利用这两个微博主要发布以下信息。

（1）新产品上市。比如，5月20日小米发布"今天上午10点，小米网限量发售15万台青春版，先到先得。请各位米粉选择好的网络，提前登录。"

（2）活动通知。小米公司：5月23日#酷乐六一配件专场#活动，优惠加倍升级。用户购买配件，即有资格参与小米手机购买特权抽奖，50 000个特权资格等你来拿！可选标准版或电信版。欢迎转发告知朋友。

（3）制造热点，比如攻击对手。5月22日小米发布："纵观360每次网络战都以败诉告终，令人不禁想象：如此不惧怕法律判罚，穷尽手段打击对手，360真是屡教不改。请大家转发相告！"

2. 论坛

小米至少有三个论坛在聚集人气——小米官网社区、米聊论坛和MIUI官方论坛，"到miui.com看看，已经聚集了几十万人了"。其中小米官网截至6月初已有350万注册用户，帖子500多万条，每天的发帖量都在1万多条，论坛的热度从这几个数字可见一斑。

3. 专业网站评测

利用专业IT网站"专业编辑"或者"普通网友"的评测文章吸引手机玩家注意，创造专家指点或者口碑传播效应，影响消费者决策。小米的推广主要依靠"小熊在线""中关村在线""太平洋电脑网"这类传统的IT产品评测网站，它们经常对一些新的机型或者比较有影响力的机型进行评测，内容涵盖手机的外观、功能、系统软件甚至竞品对比等，十分翔实，内容也貌似十分客观，大多数玩家在购买产品之前会参考这些网站的评测意见。通过"手机评测"来影响消费者的购买决策，是花钱不多效果又很好的互联网营销手段。

4. 电子商务销售

小米完全抛弃了传统的手机销售模式，没有国包、省包之类的经销商，也没有专卖店、形象店，在一些手机大卖场也不设专柜，更没有请导购员，小米手机的销售主要依靠电子商务网站和运营商，尤其是前者。小米的网站设计得非常简约，没有多余的信息，首页就是产品信息，点击即可进入购买流程。购买流程也很简单，简单注册即可，完全是一个"成交型"的电子商务网站，比一般的淘宝网店要大方、美观，比一般的企业网站要简约、高效。在跟运营商合作以前，普通消费者都是通过这个网站来预约、购买甚至是抢购的。

资料来源：https://baijiahao.baidu.com/s?id=1621007552188438671&wfr=spider&for=pc.

案例思考题

1. 试从三个通用战略的角度分析小米采用什么样的战略。
2. 试从波特五力模型的角度分析小米的竞争策略。
3. 试从外部价值链的角度分析小米的竞争策略及推广方式特点。

第二部分

管理信息系统技术

CHAPTER 4

第 4 章

数据库技术

学习目标

1. 了解数据的管理方式。
2. 掌握数据库和数据库管理系统的概念、组成。
3. 掌握数据库设计的内容。
4. 理解数据仓库的概念、特征。
5. 理解数据挖掘的概念、方法。
6. 了解商务智能的应用领域。

开篇案例

大鹏证券应用 Sybase 数据仓库为客户关系管理提供决策支持

入世后的中国证券市场,由于受到经济全球化以及金融混业经营趋势愈来愈明显的影响,在今后的发展过程中将面临"内外交困"的境地:一方面,银行、保险甚至 IT 业都希望能在证券市场分得"一杯羹",依靠牌照经营的垄断格局正在逐渐被打破;另一方面,国外闻名的投资银行纷纷与国内同行寻求合作,以期在高速发展的中国资本市场中获得收益。在这样的背景下,证券公司单纯地通过提供多样化服务已不能满足用户个性化的服务需求。如何创建产品线,如何有效地保持客户忠诚度、吸引新的客户来维持足够盈利,便成为证券公司加强竞争力的要害所在。

证券业经过十几年的发展,业已经成为目前中国 IT 应用高度密集的行业之一。高度的信息化使其积累了大量的数据,包括企业财务状况、产品销售情况等企业内部数据，以及诸如企业产品的市场占有率、客户数量、客户的偏好等企业外部数据。如何有效利用这些内部数据和外部数据，深层次地挖掘数据资源并进行分析，使公司的决策者能及时把握公司的运行情况，并根据这些分析结果制定公司长远发展规划，从而提高公司的治理水平和竞争优势，成为证券公司技术部门目前的努力方向。

正是在这样的背景下，很多知名的证券公司开始谋求通过技术创新来挖掘内部资源，从而全面提高竞争优势。作为一家全国性综合类证券公司，大鹏证券是其中最早进行变革的公司之一。大鹏证券成立于1993年，随着该公司业务的不断发展，公司管理层逐步意识到：要提升经纪业务的核心竞争力，必须改变原有的"以证券交易为中心"的运作模式，建立"以客户为中心"的经济业务运作模式，即在业务运作过程中，引入客户关系管理理念，实施客户关系管理。公司通过了解客户的行为轮廓、投资需求、投资倾向、风险承受能力，对客户进行有针对性的"一对一"的个性化理财服务，帮助客户实现资产的保值、增值，提高客户服务质量，提高客户的满意度和忠诚度，从而实现客户对公司的终身价值最大化。大鹏证券期望通过使用先进的数据仓库技术对经纪业务以及客户数据进行强有力的分析，利用定量分析了解客户和业务状况，为客户关系管理的成功实施提供理性决策支持。

根据自身需要并结合大鹏证券目前的业务运作现状，大鹏证券在数据仓库的选型方面进行了大量认真细致的工作。通过慎重的反复评测与比较，大鹏证券最终选择了全球领先的数据治理及企业集成解决方案供应商Sybase公司。Sybase在数据仓库领域具有很强的实力，其在国内外证券市场中具有广泛的知名度与众多成功的应用实施案例，能够从多家第三方企业那里了解比较具体的应用情况。因此，Sybase技术与服务能力是毋庸置疑的。在具体的沟通过程中，Sybase提供的方案满足了大鹏证券的业务运作要求。

目前，大鹏证券数据仓库系统实现了各个营业部与总部的联网，保证各个网点物理上的通信畅通。数据仓库的数据将会由C/S和B/S两种不同的方式展现到前端。对于IT人员，一般采取C/S方式，用于报表设计。对于诸如FC经理、总部市场分析人员等其他业务用户，一般采用B/S方式，通过Web浏览器访问数据，比较方便、灵活，维护量也较少。

Sybase为大鹏证券设计的数据仓库系统是集中式数据仓库，可以跨越各个分公司收集可操作数据，把它们集中在一个数据库中。这些数据将覆盖公司的许多不同领域，从而为整个公司提供各种信息服务。选择集中式数据仓库设计的原因在于，它有以下三大优势。

（1）数据的集中存放有利于实现较大强度的集中管理。系统可以依据企业管理需求，为各级部门和下属单位严格设置各种权限，管理人员可以根据自己的需求实时查询整个公司的营销管理信息。

（2）数据的集中存放有利于信息共享。所有部门和营业部使用同一个数据库，使整个公司的数据能在一个统一的视图下提供给不同的用户，保证"数出一处"，从而保证各部门、各营业部之间数据的一致性。

（3）数据的集中存放便于系统管理维护，降低管理费用。整个维护工作集中在总公司的数据库服务器，使系统维护费用大大减少。

经过精心设计与实施工作后，大鹏证券数据仓库系统为大鹏证券公司带来了可喜的变化，实施效果主要表现在以下几个方面。

（1）大鹏证券数据仓库前端工具 BRIO 和 ODS 提供了很方便的开发环境，可以迅速地应对用户的各种需求变化。

（2）由于大鹏证券数据仓库系统数据模型的设计合理，可扩展性很好，在系统更替时，基本可以实现数据无缝连接，没有出现数据间断。

（3）大鹏证券数据仓库系统能够对所有的交易情况进行很好的分析，及早防范金融风险。

（4）大鹏证券数据仓库系统可以帮助大鹏证券公司确定所需要的创新方法，从而保持客户忠诚度、吸引新的客户和维持足够盈利。

（5）大鹏证券数据仓库系统使大鹏证券公司能够更深入地理解每个细分顾客群的需求，确定目标顾客群，并根据每个目标顾客群开发适合的产品和服务，确定对每个细分顾客群使用哪种服务手段最有效。

除此之外，大鹏证券数据仓库系统的统计功能还大大提高了大鹏证券业务人员的工作效率，减轻他们的工作负担。其分析功能包括资产、交易、贡献、流动等各个业务部门关心的业务活动，使大鹏证券的业务部门可以从自然轮廓、行为轮廓、综合方面进行分析，从而满足公司不同部门的需求：为公司的领导层提供决策依据，为客户服务部门提供所需要的资料，为市场部门提供明确的客户分类，为市场销售部门提供依据和支持。

经过一段时间的应用，大鹏证券公司对该数据仓库系统的效果非常满意。大鹏证券的业务治理部门认为这一系统可以将所有的操作记录进行归类和整理，并结合行情走势、上市公司资料、宏观微观经济数据等，在把握大量数据的情况下，对交易情况、盈亏情况、公司的利润分布情况等相关数据进行统计和分析，从而更好地为客户提供个性化的投资组合与理财建议，真正做到为客户提供贴心的服务。

资料来源：亿维网，www.yeewe.com。

大鹏证券公司的经验说明了数据管理的重要性。企业的业务绩效取决于组织用数据做什么，以及如何对数据进行管理。大鹏证券作为一家全国性综合类证券公司，其业务繁多、数据量大且流程烦琐，一度影响了运营效率和管理决策。企业如何组织和管理数据对组织效率及决策的准确性将产生巨大的影响。

4.1 数据的组织

4.1.1 数据的基本概念

1. 字符

字符是最基本的数据逻辑元素，是指计算机中使用的字母、数字、字和符号，包括 1、2、3、A、B、C、#、%、+等。字符与字节不同，字节是通过网络传输信息（或在硬盘或内存中存储信息）的单位，是计算机信息技术用于计量存储容量和传输容量的一种计量单位。1字节等于8位二进制，是一个8位的二进制数，也是一个很具体的存储空间。而字符是用字节存储的一个特定数据。对使用者而言，字符是可见且可操作的最基本的数据元素。

2. 字段

字段是比字符高一层的数据项。一个字段由一组相关的字符组成，这些字符组成一个词、一个词组或一个完整的数值（如学生的学号或姓名）。每个字段包含某一客观事物的一方面的信息。就像通讯录中，"姓名""联系电话"就是两个字段，它描述了通讯录中某个人员的"姓名"信息及"联系电话"信息。

3. 记录

一组相关联的字段组成一条记录，可用来描述一类客观事物的特征。例如，课程名称、课程类别、学时数、学分数组成一条记录，用来描述课程这类客观事物的特征。记录中的字段个数可以是固定的，也是可变的。

一般来说，记录中会包含能够唯一识别这条记录的字段，这个唯一识别的字段被称为"主关键字"。主关键字是一个客观事物区别于其他客观事物的唯一标识。例如，学校用"学号"来对每个学生进行标识，则学号这个字段即被称为主关键字。

4. 文件

一组相关的记录组成一个数据文件，也称为表或是平面文件。文件也泛指仅包含一个文件的任何数据库。例如，员工文件包含了一个公司的员工记录；薪资文件包含了公司员工的薪资水平记录。

5. 数据库

数据库是一系列逻辑相关的数据元素的集合。数据库整合了原来存储于各个文件中的记录，将它们存入一个公共的数据池，以便为各种应用提供数据。

以上几个概念的关系（层次结构）如图4-1所示。

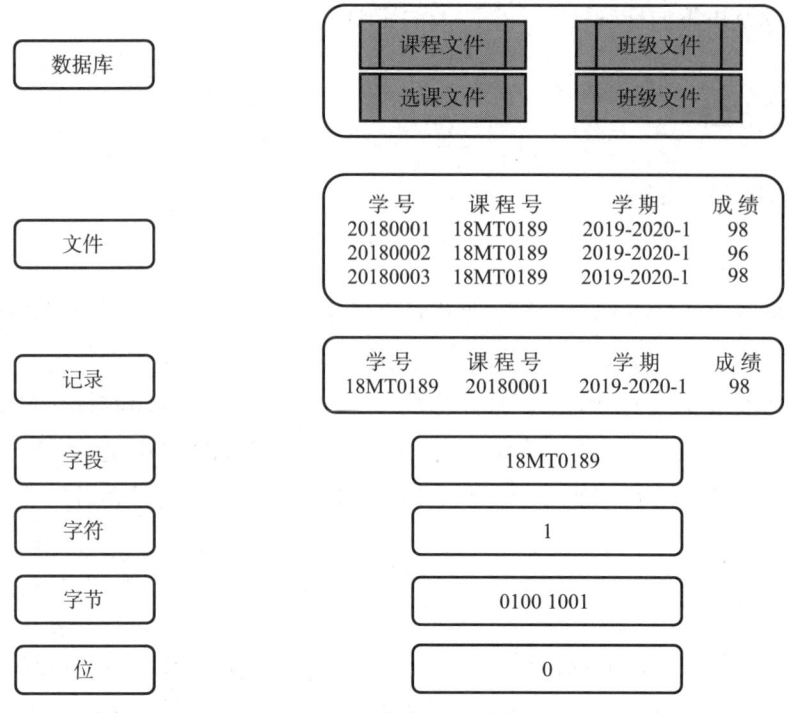

图 4-1 数据的层次结构

4.1.2 文件管理方式的缺陷

在文件管理方式下，数据开始独立于程序之外。数据的存储由文件管理系统直接完成，不需要程序介入。程序通过文件系统读入数据并执行数据操作。而且这些数据文件相互独立，没有整体规划，如图 4-2 所示。

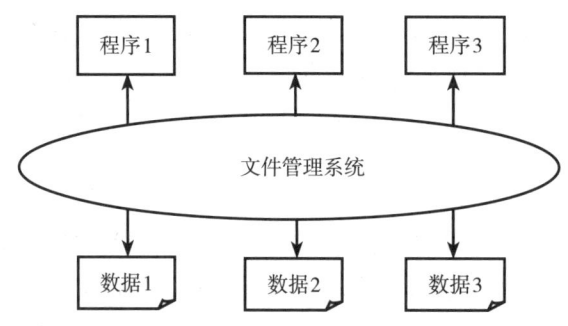

图 4-2 数据文件管理方式

在数据文件管理方式下，各个部门的数据独立保存，并且每个部门根据工作需要开发了适合该部门的应用程序，每个应用程序都需要与之匹配的文件。例如，市场营销部会存储客户信息文件、销售订单文件、产品信息文件等数十个甚至上百个文件与程序。从整个企业来看，这样会导致建立和维护多个主文件，并且由不同的部门来操作。当这一过程持续 5～10 年后，企业的数据和应用程序数量都会多到难以维护，造成数据冗余、数据不一致、数据与应用之间的依赖性过强、数据的安全性差及缺乏数据共享和实用性等问题。

1. 数据的冗余与不一致

数据冗余是指数据之间的重复，也可以是同一数据存储在不同数据文件中的现象。当企业的不同部门、业务单元独立收集相同的数据时，数据冗余就会发生。数据冗余不但浪费存储空间，还导致数据之间的不一致。数据的不一致是指相同的业务数据在不同部门或业务单元出现了不同的值，这是由于不同部门或业务单元独立收集和管理数据，因数据的更新时间、名称及类型不一致造成的。例如，客户修改了订单中的订货量，销售部门在数据文件中更新了，但没有将这个数据传递或共享给其他部门，就会造成会计部门或仓库管理部门的数据与销售部门的不一致；有的部门在记录性别时用"F"表示女性，用"M"表示男性，而有的部门用"0"表示女性，用"1"表示男性，这也导致了不同部门之间数据的不一致。

2. 数据与应用之间的依赖性过强

数据与应用之间的依赖性是指一旦某个应用发生了改变，相应的数据也要随之改变。因为传统的每个应用程序对数据有各自不同的要求，必须描述所运作数据的位置与特性。在数据文件管理环境中，任何软件程序的改变都要求该程序所访问的数据也做出改变。例如，某个程序需要把订单号从原来的 5 位数字修改为 8 位数字，并把所有原始数据的订单号改为 8 位数字，这将使只识别 5 位数字订单号的程序无法正常工作。

3. 数据的安全性差

由于数据没有统一管理，因此数据的读取和传播无法得到控制。我们无法控制谁可以读取或传播甚至修改数据，这使得企业的数据处于公开的失控状态。

4. 缺乏数据共享

由于数据存放在企业不同部门的不同文件中，而且相互之间缺乏联系，因此用户需要多个部门或文件的数据时需要访问几个部门的数据文件，这几乎是不可能的。而且由于各个部门之间数据不一致的现象严重，系统的可靠性大大降低。

4.2 数据库管理系统

4.2.1 数据库管理系统

1. 数据库

数据库是以一定的组织方式把相关数据存储在一起的集合，它能以最佳的方式、最少的数据冗余为多种应用服务，程序与数据具有较高的独立性。数据库的两个主要目标是减少数据冗余和获得数据独立性。

数据冗余指的是数据的重复，即同样的数据存储在多个文件中。冗余数据意味着对某些事实的修改必须在多处进行，否则它们的值不相等，很难确定哪一个值是正确的。当值不匹配时，这种情况称为数据的不一致性。这是数据冗余代价最大的一个方面。

数据独立性指的是在对数据结构进行修改时，不必修改处理该数据的应用程序。数据独立性是通过把数据说明放入与应用程序物理上分离的表和数据字典中来实现的。

2. 数据库管理系统

数据库管理系统（data base management system，DBMS）指的是专门用来建立和管理数据库的软件，允许应用程序在计算机上建立单独文件或数据定义的基础上访问数据库中的数据。如图 4-3 所示，应用程序通过数据库管理系统来访问并维护数据，而数据库管理系统则以特定的结构化方式来管理和保存数据。

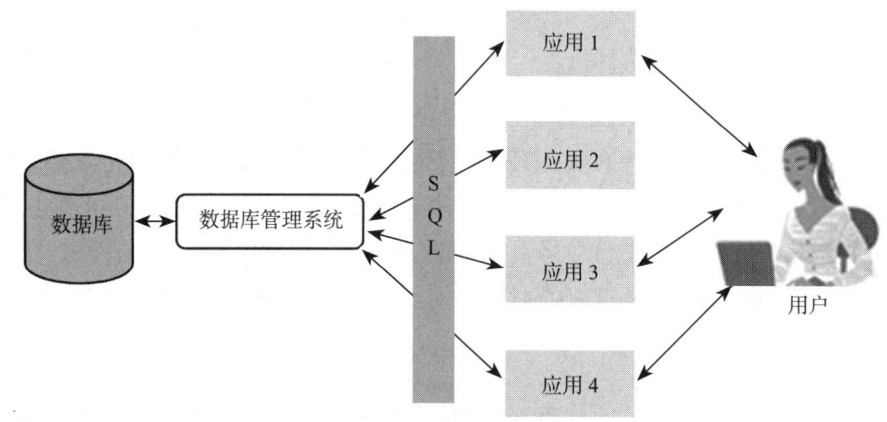

图 4-3　数据库管理方式

要想在大量的数据中快速找到所需要的数据，并能对庞大的数据库进行日常维护，这就需要使用数据库管理系统。这个系统是操纵和管理数据库的大型软件，用于建立、使用和维护数据库。它对数据库进行统一的管理和控制，以保证数据库的安全性和完整性。用户通过数据库管理系统访问数据库中的数据，数据库管理员也通过数据库管理系统进行数据库的维护工作。它可使多个应用程序并允许用户使用不同的方法在同时或不同时刻去建立、修改和查询数据库。大部分数据库管理系统提供数据定义语言、数据操作语言和数据控制语言，供用户定义数据库的模式结构与权限约束，实现对数据的追加、删除等操作。

使用数据库管理数据具有多方面的优势。

（1）集中管理数据的存取、使用和安全，降低信息系统环境的复杂性，剔除所有包含重复数据的孤立文件，降低数据的冗余和不一致。

（2）利用数据建立和定义的集中控制剔除数据的混乱，并将数据的逻辑视图与物理视图分开，降低程序与数据之间的相互依赖性。

（3）由于允许在大量的信息中进行快速低廉的特别查询，大大增强了信息系统的适应性，同时大幅度提升了信息的存取和利用的可能性。

4.2.2 数据模型

1. 层次结构数据模型

这种结构的数据模型又称为层次树结构。它由结点的分支组成，好像一个倒置的定向有序树。每一个结点表示一个片段，片段是描述该结点上实体数据属性的集合。层次树结构的最高结点为根。位于该树较低等级上的结点是从属结点，这些结点的等级取决于它们与根结点的距离。

在层次树结构中，上级结点被称为下级结点的双亲，下级结点是上级结点的子女，如图4-4所示。同属一个双亲的结点称为兄弟，无子女的结点称为叶子。

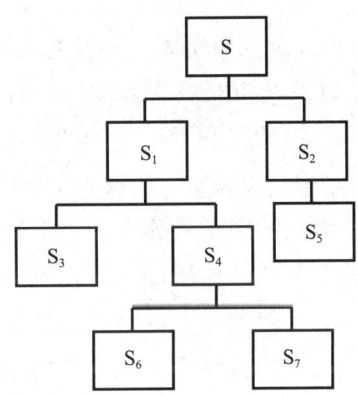

图4-4 层次结构数据模型

从根片段开始，按双亲及子女联系依次链接的片段序列为层次路径。按层次路径存取的数据原则是，由上向下，自左到右。这种顺序也是逻辑数据库向应用程序所递交的顺序。由于每个片段（根片段除外）只有一个双亲，在描述中只要指明片段的双亲名字就代表了片段的联系。

层次结构数据模型结构简单、清晰、明朗，很容易看到各个实体之间的联系；并且在层次数据模型中，节点的有向边表示了节点之间的联系，在DBMS中如果有向边借助指针实现，那么依据路径很容易找到待查的记录。但是，层次结构数据模型结构呆板，缺乏灵活性，查询节点的时候必须知道其双亲结点，因此限制了对数据库存取路径的控制。

2. 网状结构数据模型

网状结构数据模型是用有向图表示实体和实体之间联系的数据结构模型。其实，网状数据模型可以看作是层次数据模型的一种扩展。网状数据模型中所有的节点允许脱离父节点而存在，也就是说在整个模型中允许存在两个或多个没有根节点的节点，同时也允许一个节点存在一个或者多个父节点，成为一种网状的有向图。因此节点之间的对应关系不再是 1:n，而是一种 m:n 的关系，如图 4-5 所示。

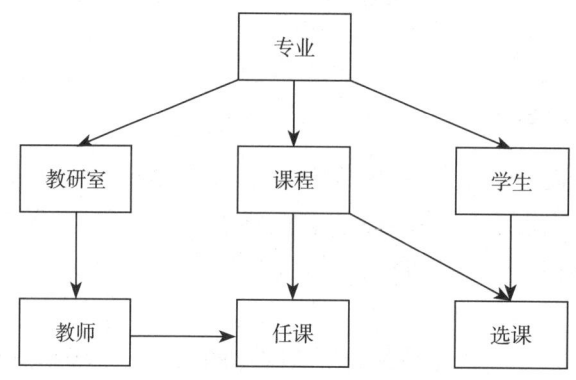

图 4-5　网状结构数据模型

网状数据模型中的每个节点表示一个实体，节点之间的有向线段表示实体之间的联系。网状数据模型需要为每个联系指定对应的名称。由图 4-5 可以看出课程（实体）的父节点有专业、教研室、学生。以课程和学生之间的关系来说，他们是一种 m:n 的关系，也就是说一个学生能够选修多门课程，一门课程也可以被多个学生同时选修。

网状数据模型可以很方便地表示现实世界中的很多复杂关系；修改网状数据模型时，没有层次结构数据模型那么多的严格限制，可以删除一个节点的父节点而依旧保留该结点；也允许插入一个没有任何父结点的结点，这样的插入在层次结构数据模型中是不被允许的，除非是首先插入的根结点。但是，网状数据模型的结构复杂，使用不易，随着应用环境的扩大，数据结构越来越复杂，数据的插入、删除牵动的相关数据太多，不利于数据库的维护和重建，并且数据之间的彼此关联比较大。该模型其实是一种导航式的数据模型结构，不仅要说明对数据做些什么，还要说明操作的记录路径。

3. 关系结构数据模型

关系结构数据模型对应的数据库自然就是关系型数据库了，这是目前应用最多的数据库。关系结构数据模型使用表格表示实体和实体之间关系。关系数据库是目前最流行的数据库，同时也是被普遍使用的数据库，如 MySQL 就是一种流行的数据库。支持关系数据模型的数据库管理系统称为关系型数据库管理系统。

在关系结构数据模型下，数据的逻辑结构是二维表。每一个关系为一张二维表，所有的实体以及实体之间的联系均通过关系来描述。表 4-1、表 4-2 就是两个二维表。

表 4-1 关系结构数据模型示例 1

代理商号码	代理商名称	代理商电话	代理商所在城市
S001	潮南大宇电子有限公司	0755-23956877	深圳
S002	上海朗奢科技有限公司	021-59912238	上海
S003	天启智能科技有限公司	0760-89881218	中山
S004	企事通集团有限公司	0571-88191314	杭州

表 4-2 关系结构数据模型示例 2

零件号码	零件名称	单价（元）	代理商号码
1000C	CPU	2 200	S001
1001C	硬盘	360	S002
1002C	主板	1 900	S003
1004C	鼠标	200	S004

表 4-1 和表 4-2 分别表示实体"代理商"和实体"零件"。每个表包含数据的行和列。每个实体的数据单元存储为单独的字段，每个字段都代表这个实体的一个属性。在关系数据库中，字段也被称为"列"。对于实体"代理商"，代理商号码、代理商名称、代理商电话和代理商所在城市，都作为独立的字段存储在代理商表中，每个字段都代表了实体"代理商"的一个属性。单个代理商的真实信息存储在表中，即"行"。行通常指的是记录，专业名称也被称为"元组"。

在"代理商"表中，"代理商号码"是唯一标识每个记录的字段，从而使每个记录可以被检索、更新或者分类，这样的字段称为"关键字段"。每个关系型数据表中都有一个字段被指定为"主键"。关键字段是表中每行所有信息的唯一标识，并且主键是不能重复的。在"代理商"表中，"代埋商号码"是主键；相应地，在"零件"表中，"零件号码"是其主键。另外，在"代理商"表和"零件"表中，同时都有"代理商号码"这一字段。在"零件"表中，"代理商号码"则被称为"外键"。外键本质上是一个查找字段，用来查找特定零件所对应的代理商信息。

为了方便描述一个关系数据模型，往往采用关系模式对其进行描述。比如，上述两个关系数据模型就可以描述为：

代理商（代理商号码、代理商名称、代理商电话、代理商所在城市）。

零件（零件号码、零件名称、单价、代理商号码）。

4. 非关系型数据库和云数据库

（1）非关系型数据库

在过去的几十年里，关系型数据库技术一直是主流应用。如今云计算、前所未有的数据量、Web 服务巨大的工作量以及存储新类型数据的需求都要求数据库能够代替用表、行和列的形式组织数据的传统关系型模型。为了达到这一目的，许多公司转向使用"NoSQL"的非关系型数据库技术。非关系型数据库管理系统使用更灵活的数据模型，利用许多分布式的计算机管理大数据集，而且可以方便地对数据进行扩展和收缩。非关系型数据库可以加速在大量非结构化信息中的简单查询。这些信息包括 Web、社会化媒体、图形和其他形式的数据。它们都很难用传统的基于 SQL 的工具进行分析。

有几种不同的 NoSQL 数据库，每个数据库都有自己的技术特性和行为。Oracle NoSQL 数据库就是一个例子。例如，亚马逊的 SimpleDB 就是运行在云端的亚马逊的一项 Web 服务。SimpleDB 提供了一个简单的 Web 服务界面，可以使用户方便地创建和存储多个数据集、查询数据和返回结果。它不需要提前定义一个正式的数据库结构，即使有新的数据加入，也不需要改变定义。

例如，MetLife 使用 MongoDB 的开放源代码 NoSQL 数据库，快速地将不同的数据集成到超过 1 亿名客户中，并提供每个数据的统一视图。MetLife 的数据库汇集了来自七十多个独立管理系统、索赔系统和其他数据源的数据，包括半结构化和非结构化数据，如健康记录和死亡证明图像。NoSQL 数据库能够使用结构化、半结构化和非结构化的信息，而不需要烦琐、昂贵和耗时的数据库映射。

（2）云数据库

亚马逊和其他的云计算服务商提供关系型数据库服务。亚马逊的关系型数据库服务（Amazon RDS）提供 MySQL、SQL Server、Oracle Database、PostgreSQL、MariaDB 或亚马逊的 Aurora DB（和 MySQL 兼容）作为数据库引擎。亚马逊的定价基于使用量。甲骨文公司（Oracle）用自己的关系型 Oracle Database 拥有自己的数据库云服务。微软的 SQL Azure 数据库是基于 SQL Server DBMS 的云关系型数据库。基于云的数据管理服务对一些网络初创公司或中小企业很有吸引力，它们能够以比购买封装的数据库产品更低的价格获得数据库功能。

除了基于公有云的数据管理服务之外，公司现在可以选择使用私有云数据库。例如，全球最大的航空"软件即服务"（SaaS）提供商 Sabre Holdings 拥有私有数据库云，可以支持 100 多个项目和 700 个用户。它有一个统一的数据库，架构在运行甲骨文数据库的标准化服务器上，为多个应用提供数据库服务。

4.2.3 数据库设计

1. 概念模型

概念模型是按用户的观点对数据和信息建模。人们常常首先将现实世界的客观对象抽象为某一种不依赖于计算机系统和某一个数据库管理系统的信息结构即概念模型，然后把概念模型转换为计算机上某一数据库管理系统支持的数据模型。建立概念模型中常涉及的主要概念有如下三个。

（1）实体

"实体"即现实世界中存在的对象或事物。实体可以是人，也可以是物或抽象的概念；可以指事物本身，也可以指事物之间的联系。比如一个学生、一门课程、一本书、一件物品、一个部门等都可以是实体。

（2）属性

"属性"是指实体具有的某种特性。属性用来描述一个实体。比如学生实体可以由学号、姓名、年龄、性别、系、专业、年级等属性来刻画；课程实体可以由课程号、课程名、学分、开设学期等属性来刻画。

（3）联系

现实世界的事物总是存在这样或那样的联系。这种联系必然要在信息世界中得到反映。在信息世界中，事物之间的联系可以分为两类：一是实体内部的联系，比如组成实体的各个属性之间的关系；二是实体之间的联系。我们主要讨论后者。

实体有个体和总体之分。个体如"张三""李四"等。总体泛指个体组成的集合。总体又有同质总体（如学生）和异质总体之分。异质总体是由不同性质的个体组成的集合，如一个企业的所有事物的集合。一个异质总体可以分解出多个同质总体。数据文件描述的是同质总体，而数据库描述的是异质总体。

假设 A、B 为两个包含若干个体的总体，其间建立了某种功能联系，其联系方法可分为三类：

① 一对一联系（1:1）。如果对于 A 中的一个实体，B 中至多有一个实体与其发生联系，或 B 中的每一实体至多对应 A 中一个实体，那么就称 A 与 B 是一对一联系。

② 一对多联系（1:n）。如果对于 A 中的每一个实体，实体 B 中有一个以上实体与之发生联系，或 B 中的每一实体至多只能对应于 A 中的一个实体，那么就称 A 与 B 是一对多联系。

③ 多对多联系（m:n）。如果 A 中至少有一个实体对应于 B 中一个以上实体，反之，B 中也至少有一个实体对应于 A 中一个以上实体，那么就称 A 与 B 是多对多联系。

例如，学校每个班级有一位班长，每位班长只能在一个班级担任班长职务，则班长与班级之间为一对一联系；每个宿舍有若干名学生居住，则宿舍与学生之间为一对多联系；每名学生可以选修多门课程，每门课程可以有多名学生选修，则学生和课程之间是多对多联系。

2. E-R 模型

概念模型最常用的表示方法是实体–联系方法（entity-relation approach，简称 E-R 方法）。E-R 方法是由 P.P.S. Chen 于 1976 年提出的，其方法是用 E-R 图来描述某一组织的信息模型。

在考察了客观事物及其联系之后，即可着手建立 E-R 模型。在模型设计中，首先根据收集到的材料，利用分类、聚集、概括等方法抽象出实体，并一一命名，再根据实体的属性描述其间的各种联系。在 E-R 图中，用矩形表示实体，用菱形表示实体与实体之间的联系，用无向边把菱形与有关实体连接起来，在边上标明联系的类型。实体的属性用椭圆表示，并用无向边把实体与属性联系起来。图 4-6 是选课系统的 E-R 模型。

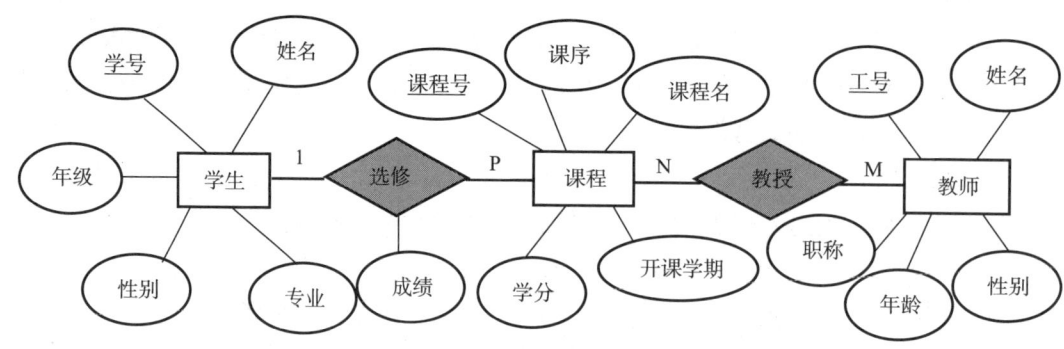

图 4-6　选课系统的 E-R 模型

E-R 模型是对现实世界的一种抽象，它抽取了客观事物中人们所关心的信息，忽略了非本质的细节，并对这些信息进行了精确的描述。E-R 图所表示的概念模型是各种数据模型的共同基础，因此它是抽象和描述现实世界的有力工具。

3. 关系的规范化

规范化理论研究关系模式中各属性之间的依赖关系及其对关系模式性能的影响，探讨关系模式应该具备的性质和设计方法。规范化理论给我们提供了判别关系模式优劣的标准，为数据库设计工作提供了严格的理论依据。

规范化理论是 E.F.Codd 在 1971 年提出的。他及后来的研究者为数据结构定义了五种规范化模式（简称"范式"）。范式表示的是关系模式的规范化程度，也即满足某种约束条件的关系数据库，根据满足的约束条件的不同来确定范式。如果满足最低要求，则为第一范式；符合第一范式而又进一步满足一些约束条件的称为第二范式，等等。在五种范式中，通常只使用前三种。

第一范式

属于第一范式的关系应满足的基本条件是，元组中的每一个分量都必须是不可分割的数据项。简言之，第一范式指的是在同一表中没有重复项存在。例如，表 4-3 所示的关系不符合第一范式，而表 4-4 则是经过规范化处理，去掉了重复项而符合第一范式的关系。

表 4-3　不符合第一范式的关系

教师工号	姓名	工资	
		岗位工资	绩效工资
12018000	邹俊宸	8 000	12 000
12018001	缑超博	8 500	13 000
12018002	齐子健	9 500	12 000

表 4-4　符合第一范式的关系

教师工号	姓名	岗位工资	绩效工资
12018000	邹俊宸	8 000	12 000
12018001	缑超博	8 500	13 000
12018002	齐子健	9 500	12 000

第二范式

所谓第二范式，指的是这种关系不仅满足第一范式，而且所有非主属性完全依赖于其主关键字。例如，表 4-5 所示的关系虽然满足第一范式，但是不满足第二范式，因为它的非主属性不完全依赖于教师工号和研究课题号组成的主关键字。其中，姓名和职称只依赖于主关键字的一个分量——教师工号，研究课题名只依赖于主关键字的另外一个分量——研究课题号。这种关系会引起数据冗余和更新异常。当要插入新的研究课题数据时，往往缺少相应的教师工号，导致无法插入；当删除某位教师的信息时，常会丢失有关研究课题信息。解决的方法是将一个不符合第二范式的关系分解为多个符合第二范式的关系。

表 4-5　不符合第二范式的关系

教师工号	姓名	职称	研究课题号	研究课题名

对于表 4-5 中的关系，可将其分解为三个关系：

教师：教师工号、姓名、职称。

课题：研究课题号、研究课题名。

教师与课题：教师工号、研究课题号。

以上三个关系均符合第二范式。

第三范式

所谓第三范式，指的是这种关系不仅满足第二范式，而且它的任何一个非主属性都不传递依赖于任何主关键字。例如，表 4-6 所示产品关系属第二范式，但不是第三范式。这里，由于生产厂名依赖于产品代码（产品代码唯一确定该产品的生产厂家），生产厂地址又依赖于生产厂名。因此，生产厂地址传递依赖于产品代码。这样的关系同样存在着高度冗余和更新异常问题。

表 4-6　不符合第三范式的关系

产品代码	产品名	生产厂名	生产厂地址

对于表 4-6 中的关系，可将其分解为两个关系：

产品关系：产品代码、产品名、生产厂名。

生产厂关系：生产厂名、生产厂地址。

第三范式消除了插入、删除异常及数据冗余、修改复杂等问题，已经是比较规范的关系。

4. 数据库设计步骤

数据库设计是在选定的数据库管理系统的基础上建立数据库的过程。数据库设计除用户需求分析以外，还包括概念结构设计、逻辑结构设计和物理结构设计三个阶段。

（1）概念结构设计

概念结构设计的任务是根据用户需求设计数据库的概念模型。概念模型是从用户的角度看到的数据库，它可以用 E-R 图来表示。

（2）逻辑结构设计

逻辑结构设计是将概念结构设计阶段完成的概念模型转换成能被选定的数据库管理系统支持的数据模型。

数据模型可以由 E-R 图转换而来。将 E-R 图转换为关系数据模型的规则如下所示。

① 每一个实体集对应于一个关系模式。实体名作为关系名，实体的属性作为对应关系的属性。

② 实体间的联系一般对应一个关系，联系名作为对应的关系名，不带属性的联系可以去掉。

③ 实体和联系中关键字对应的属性在关系模式中仍作为关键字。

基于以上规则，图 4-6 中的 E-R 图就可以转换成下面对应的关系模式。

学生（学号、姓名、系别、年级、专业）。

课程（课程号、课序号、学分、开课学期）。

教师（工号、姓名、性别、职称、年龄）。

选修（学号、课程号、成绩）。

值得注意的是，逻辑结构设计阶段提出的关系数据模型应符合第三范式的要求。

（3）物理结构设计

数据库的物理结构设计，结合具体数据库管理系统的特点与存储设备特性进行设计，是为数据模型在设备上选定合适的存储结构和存取方法，以获得数据库的最佳存取效率。

数据库的物理结构设计分为两个部分，首先是确定数据库的物理结构，在关系数据库中主要指数据的存取方法和存储结构。其次是对所设计的物理结构进行评价，评价的重点是系统的时间和空间效率。如果评价结果满足原设计要求，则可以进入物理实施阶段，否则，需要重新设计或修改物理结构，有时甚至要返回逻辑结构设计阶段修改数据模型。

① 确定物理结构。确定数据库的物理结构之前，设计人员必须详细了解给定的数据库管理系统的功能和特点，特别是该数据库管理系统所提供的物理环境和功能；熟悉应用环境，了解所设计的应用系统中各部分的重要程度、数据量、处理频率、对响应时

间的要求，并把它们作为物理设计过程中平衡时间和空间效率的依据；了解外存设备的特性，如分块原则、块因子大小的规定、设备的 I/O 特性等。

在对上述问题进行全面了解之后，就可以进行物理结构的设计了。物理结构设计的内容一般包括以下几个方面：存储记录结构的设计、存取方法的设计、数据存储位置的设计和系统配置的设计。

② 评价和优化物理结构。由于在物理结构设计过程中需要考虑的因素很多，包括时间和空间效率、维护代价和用户的要求等，对这些因素进行权衡后，可能会产生多种物理设计方案。这一阶段需对各种可能的设计方案进行评价，并从多个方案中选出较优的物理结构。如果该结构不符合用户需求，则需要修改设计。如果评价结果满足设计要求，则可以进行数据库实施。实践中，往往需要经过反复测试才能优化物理设计。

评价物理结构设计完全依赖于具体的数据库管理系统，评价的重点是系统的时间和空间效率，具体可分为以下几类：查询和响应时间、更新事务的开销、生成报告的开销、主存储空间的开销以及辅助存储空间的开销。

4.3 数据仓库与联机分析处理

4.3.1 数据仓库

一般而言，信息处理的任务包括信息获取、信息传递、信息创造、信息存储和信息通信。信息获取就是从企业内部和外部获得最为基本的信息。而信息传递是信息获取的反过程，就是将企业中的信息以最有效的方式提交给其他实体，如用户。信息存储将有用的信息存储起来。随着存储技术的发展，如何有效合理地存储信息成为一个重要的问题。同时，大量积累的数据也给信息的处理带来了困难。所谓信息通信就是通过媒体将信息传送给他人或是另一个地点。目前互联网以及基于互联网的应用发展的一个核心问题就是确保信息通信的有效性和安全性。

信息创造和其他四个信息处理任务的不同之处在于，信息获取、信息传递、信息存储和信息通信基本上不涉及对信息的加工。信息创造就是对已有的信息进行处理以获得新的信息，这个工作是许多企业业务和管理决策的核心内容。比如，银行对每一笔存款都需要根据额度和时间以及利率来计算利息；商品零售公司根据以前的业务数据来预测本季度的可能销售额等。

事务处理和联机分析处理都是信息创造过程。事务处理侧重于对组织业务职能的自动化，典型的处理形式是统计报表和数据查询。而联机分析处理则侧重于对信息的分析，通常涉及对信息的切分、多维化、前推和回溯以及回答 what-if 问题。很明显，联机分析处理相对于事务处理来说，与中高管理层的业务范围更为相关，并更集中于对企业管理决策的支持。常见的联机分析处理应用如多维视图、预测、敏感性分析、成本控制等。同时，联机分析处理往往需要较为强大的软硬件以及复杂的分析方法与工具的支持。

传统数据库的操作型数据主要来自日常事务中频繁的数据存取，因此对并发性、恢复机制、数据一致性等操作型处理的性能要求比较高，需要数据库能够及时做出反应，并保证数据处理的事务性特征。操作型数据通常比较分散，而传统数据库面向应用的特性使数据集成比较困难。一般的操作型处理系统的数据分析功能难以满足决策支持的需要。因此，传统的数据库无法满足数据分析的需要。

数据仓库是决策支持系统和联机分析应用数据源的结构化数据环境，是专门为支持管理决策而设计的一种数据库。数据仓库是一个非常庞大的数据库，存储着决策者认为有潜在价值的当前和以往的公司数据。数据仓库来源于不同运营部门，是为建立一个跨部门、跨业务流程的综合决策分析系统而形成的一个数据集合体，如图4-7所示。

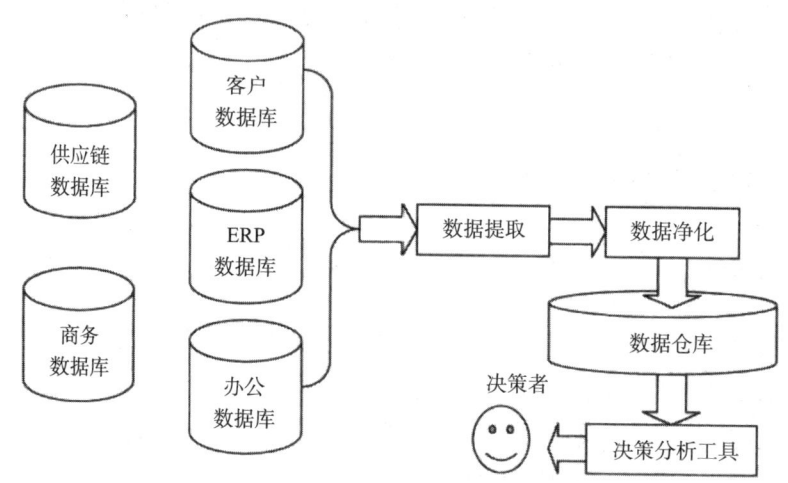

图4-7 数据仓库的原理

数据仓库是用于分析性报告和决策支持目的而创建的，为需要业务智能的企业，提供指导业务流程改进、监视时间、成本、质量及控制。数据仓库之父比尔·恩门（Bill Inmon）在1991年出版的《建立数据仓库》一书中将数据仓库定义为：面向主题的、集成的、随时间变化的、历史的、稳定的、支持决策制定过程的数据集合。即数据仓库是在管理人员决策中面向主题的、集成的、非易失的并且随时间而变化的数据集合。相对于传统的数据库来说，数据仓库具有以下特征。

（1）面向主题

数据仓库可以根据最终用户的观点组织和提供数据。而大多数运作的系统只能按照应用的观点组织数据，因为这样可以使应用程序访问数据的效率更高一些。一般来说，按业务易于检索和更新的目标来组织数据，分析人员就可利用图形化的查询工具来分析业务问题，由于决策者需要的信息的形式可能是多种多样的，不可能简单地归纳为标准化的面向业务的形成,因此数据仓库作为新型的数据存储形式,更侧重于从决策支持的最终用户即决策者的角度来组织和提供数据。也就是说,它由商业用户存取而不是程序员存取。

(2)集成

数据仓库中的数据是在对原有分散的数据库数据进行抽取、清理的基础上,经过系统加工、汇总和整理得到的,消除了原数据中的不一致性,保证了数据仓库内的信息是关于整个企业的一致的全局信息。

(3)相对稳定

数据仓库的数据主要供企业决策分析之用,所涉及的数据操作主要是数据查询,一旦某个数据进入数据仓库,一般情况下将被长期保留,也就是数据仓库中一般有大量的查询操作,但修改和删除操作很少,通常只需要定期的加载、刷新。

(4)反映历史变化

数据仓库中的数据通常包含历史信息,系统地记录了企业从过去某一时点(如开始应用数据仓库的时点)到目前阶段的信息。通过这些信息,可以对企业的发展历程和未来趋势做出定量分析和预测。

数据仓库是一个信息提供平台,它从业务处理系统中获得数据,然后进行数据组织,并为用户提供各种手段以从数据中获取信息和知识。企业数据仓库的建设,是以现有企业业务系统和大量业务数据的积累为基础的。数据仓库不是静态的概念,只有把信息及时交给需要这些信息的使用者,供他们做出改善其业务经营的决策,信息才能发挥作用,信息才有意义。而把信息加以整理归纳和重组,并及时提供给相应的管理决策人员,是数据仓库的根本任务。因此,从产业界的角度看,数据仓库建设是一个工程,是一个过程。

4.3.2 联机分析处理

在日常管理中,企业管理人员除了要解决基本的信息处理,还需要解决复杂的问题,这时就要利用分析处理功能了。例如,人们可能会遇到以下的问题。

(1)中西部以及山地区域的商店在 11 月份售出的滑雪橇有多少是由 A 公司制造的?与去年和前年相比销售额有何不同?与实际计划相比又有什么不同?本月的销售额度应该是多少?

(2)公司在本季度末应该保有多少辆蓝色小型货车的库存?这些货车应该装备有 CD 唱机,设有三个座位,标价低于 87 000 元。这就需要对过去五年内每一季度的存货进行统计,与实际的计划相比,并比较季度前后的季度存货。

以上两个例子中的问题均需要通过在线分析处理来解决。比如,在为 A 公司制订销售计划时,就需要通过近几年、几个季度和几个月的销售情况来确定销售的模式,然后根据该模式来预测本月的销售额度，从而确定销售计划。

上述的例子说明了商业数据事实上是一种多维数据：也就是说，对于同样的数据，从不同角度来看，它就具有不同的性质。但这些性质之间是相互联系的，而且通常具有一定的层次。例如，销售数据、库存数据和预算数据之间有相互联系、相互依赖的特点。而且在分析销售模式时，要对年、季度、月等不同层次上的数据分别进行处理。由于目前的商业活动是在全球经济下展开的全球性竞争，它需要寻找可使其产品和服务具有明显竞争力且与众不同的市场，故寻找新的市场机会，细分微观市场，并得到定位市场计划是最基本的要求。为了能够满足这些要求，必须采用多维分析。

在多维分析中，数据是按维度来表示的，如产品、地域和顾客。维度通常按照层次组织，如城市、省和国家。时间是另一种标准维度，它具有自己的层次，如天、周、月、季度和年。不同的管理者可以从不同的维度（即视角）去考察这些数据。如图4-8所示，对于一组销售数据，财务经理、区域经理、产品经理以及其他管理人员，可以分别从自己所关心的侧面去加以审视。

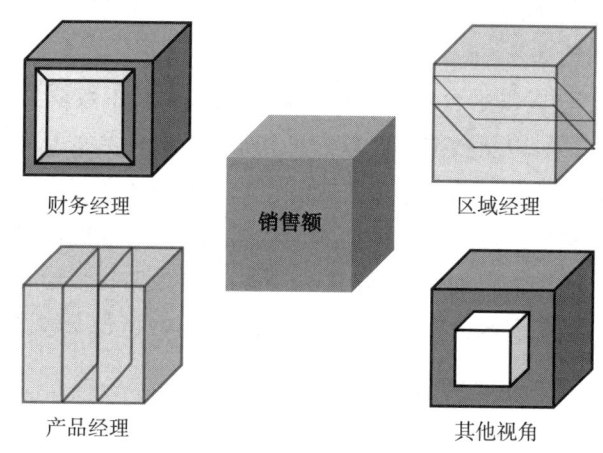

图4-8 多维视角

这种在多个不同的维度上对数据进行综合考查的手段，也就是通常所说的数据仓库的多维查询方式，主要包括五个方面。

（1）切片。在某一个维度上选取特定的值，在该维度值保持不变的情况下，根据其他维度对数据进行展现。这就好像从数据的多维立方体上"切"出一个截面来一样。

（2）切块。限定一个或多个维度的取值范围而得到的数据展现结果，就好像从多维立方体上"切"出一个立方数据块来一样。

（3）旋转。转换维度以获得所需的分析视角。

（4）下钻。选定特定数据范围之后，进一步查询细节数据。从另一种意义上来说，钻取就是针对多维展现的数据，进一步地探求其内部组成和来源。只要维度具有层级结构，下钻处理就是可行的。

（5）上卷。选定特定的数据范围之后，对之进行汇总统计以获得更高层面的信息。上卷操作同样要求维度具有层级结构。

4.4 数据挖掘与商务智能

4.4.1 数据挖掘概述

1. 数据挖掘的定义

作为一个多学科交叉领域，数据挖掘的定义也有多种。不同的专家和学者从不同的角度给出了数据挖掘的不同定义，下面列举几种常见的定义。

数据挖掘就是对观测到的庞大的数据集进行分析，目的是发现未知的关系和以数据拥有者可以理解的且对其有价值的新颖方式来总结数据。——《数据挖掘原理》（David Hand 等）

"数据挖掘是从大量数据中提取或'挖掘'知识。"许多人把数据挖掘视为另一个常用术语"数据库中知识发现"或"知识发现"的同义词。而另一些人只是把数据挖掘视为数据库中知识发现过程的一个基本步骤。比较广义的一种数据挖掘的定义为："数据挖掘是从大量数据中挖掘有趣模式和知识的过程。数据源包括数据库、数据仓库、Web、其他信息存储库或动态流入系统的数据。"——《数据挖掘：概念与技术》（J.Han 等）

运用基于计算机的方法，包括新技术，在数据中获得有用知识的整个过程，就称为数据挖掘。——《数据挖掘：概念、模型、方法和算法》（Mehamed Kantardzic 等）

数据挖掘是从大型数据库中将隐藏的预测信息抽取出来的过程。——《数据挖掘：机遇与挑战》（John Wang 等）

数据挖掘，简单地说，就是从一个数据库中自动地发现相关模式。——《构建面向 CRM 的数据挖掘应用》（Alex Berson 等）

2. 数据挖掘的发展历史

数据挖掘的起源得益于 20 世纪下半叶多个学科的快速发展。首先是数据库技术的发展和应用，使得数据的累积体量不断膨胀，简单的查询和统计已经无法满足企业的商业需求，因此急需一些革命性的技术去挖掘数据背后的信息。其次，同期计算机领域的人工智能也取得了巨大发展，进入了机器学习阶段。因此，人们将两者结合起来，用数据库管理系统存储数据，用计算机分析和处理数据，并且尝试挖掘数据中隐含的信息。这两者的结合促进了一门新的学科——数据库中的知识发现的诞生。"知识发现"这个术语是在 1989 年 8 月召开的第 11 届国际人工智能联合会议的专业讨论上首次出现的。而数据挖掘正是知识发现的核心内容。21 世纪以来，数据挖掘已经成为一门发展比较成熟的交叉学科，同时数据挖掘技术也伴随着信息技术的发展日渐成熟。

总而言之，数据挖掘融合了数据库技术、人工智能、机器学习、统计学、信息检索、高性能计算、模式识别、神经网络空间数据分析和数据可视化等多个领域的理论与技术，是 21 世纪以来对人类社会有重大影响的十大新兴技术之一。

3. 文本挖掘与网络数据挖掘

（1）文本挖掘

文本挖掘是指为了发现知识，从文本数据中抽取隐含的、以前未知的、潜在有用的模式的过程。文本挖掘过程由文本获取、文本预处理、挖掘分析等步骤组成。以文本格式存在的非结构化数据占据组织中有用信息的 80% 以上，这些数据也是企业想要分析的大数据的一个主要来源。电子邮件、备忘录、电话中心记录、调查反馈、法律案件、专利描述及服务报告是一些高价值的信息来源，可用于发现能够帮助员工制定更好决策的模式和趋势。文本挖掘工具可以用来帮助公司分析这些数据。这些工具能从这些非结构化大数据中提取关键信息，发现模式及关系，并对这些信息进行总结。公司可能会使用文本挖掘工具分析客户服务中心的电话记录，以确定主要的服务和维修问题，或者用来评估客户对于公司的情感。情感分析软件可以用来挖掘电子邮件、博客、社交媒体交谈或者调查表格中的文字评论，从而检测出对某个特定主题同意或反对的意见。

随着互联网的不断发展，电子邮件已被人们广泛使用。但近年来，电子邮件频繁遭受垃圾邮件的侵扰。大量的垃圾邮件带来诸多影响，一方面，从网络状态来看，它给邮箱存储容量、计算机处理速度以及网络带宽等都造成了资源的浪费；另一方面，在日常生活中，垃圾邮件过多也给人们带来了不便，增加了人们正常邮件联系的难度；更有甚者，通过邮件传递病毒、反动或者色情的信息，会给国家安全以及社会的稳定带来威胁。调查统计显示，垃圾邮件造成了非常大的经济损失，从全球范围看，每年损失高达 80 亿～100 亿美元。目前，社会各界都在关注垃圾邮件这一问题，针对该领域的问题，已经召开过多次国际会议。垃圾邮件规模巨大，而且特征不固定，各式各样的垃圾邮件层出不穷，内容上也越发隐蔽，一般的反垃圾邮件规则越来越不适用，对其判别和过滤的难度越来越大。在 IT 领域中，有效的垃圾邮件判别逐渐成为一个巨大的难题。文本挖掘技术可通过对某些词汇的判断以及文本分类方法估计每一封新邮件属于垃圾邮件或正常邮件的可能性，实现垃圾邮件的过滤。但是，邮件管理系统中的防病毒和内容过滤各自归属于不同的程序，并不是统一管理的，很多企业对此感到负担沉重，迫切需要一种整合产品，可以将防病毒与基于文本挖掘的内容过滤统一起来，从而在网络安全管理方面节省成本。

（2）网络数据挖掘

网络数据挖掘是指从互联网中发现并分析有用的模式和信息的方法。网络数据挖掘的过程可以分为数据获取、数据预处理、数据集成与转换、知识发现与模式分析几个基本过程。网络是另一个揭示客户行为模式、趋势和见解的非结构化大数据的主要来源。

企业可以利用网络数据挖掘来理解客户行为，评估某个网站的有效性或者量化一个营销活动的效果。网络数据挖掘常用于分析用户的访问习惯，如用户的导航习惯，其主要挖掘服务器端的点击流数据（日志）、客户端数据（log 文件、Cookies）。网络挖掘可以分析用户访问某个网站的行为和特征，如基本的访问行为、用户打开网站的频次、网站用户来源的地域分布等。也有更高级的网络数据挖掘能够分析网站内部或者跨网站的访问历史等。

网络数据挖掘通过网络内容挖掘、网络结构挖掘和网络使用挖掘来寻找数据中的模式。网络内容挖掘是一个从网页内容（包括文本、图片、音频和视频数据）中提取知识的过程。网络结构挖掘检测与某个网站结构相关的数据。例如，某个文档的链接数说明了该文档被关注的程度，而出自某一文档的链接数则说明了在该文档中主题的丰富性或多样性程度。网络使用挖掘用来检测用户与网站的互动数据，这些数据是网络服务器记录下来的所有对网站资源的服务请求。网络使用数据记录了用户在网站上的浏览或交易行为，并从服务器日志里收集了这些数据。分析这些数据能够帮助企业确定特定客户的价值，制定跨产品的交叉营销战略，提升促销活动的效果。

4.4.2 数据挖掘方法

1. 聚类分析

聚类分析是一种分类的多元统计分析方法，用于将数据划分成有意义或者有用的组（簇）。聚类分析往往是解决其他问题的起点。聚类分析在商业领域的应用十分常见，而客户细分是其最常见的分析需求。客户细分的关键问题是找出客户的特征，一般可以从客户的自然特征和消费行为入手。在大型统计分析工具出现之前，主要是通过两种方式进行客户细分：一是采用单一变量进行分组，如根据消费频率变量将客户划分为高频客户、中频客户、低频客户；二是采用多个变量交叉分组，如用性别和收入两个变量进行交叉细分。客户经理总是希望基于客户多方面的特征进行聚类，综合多方面特征的客户细分比只考虑单个特征的客户细分更有意义。

案例 ●─○─●─○─●

万科地产的客户细分

万科地产作为房地产开发的领军企业，为了保持竞争优势而提出了整合营销的概念，以差异化、细分化的新品满足现代都市人不同的居住要求。万科地产首先在全国范围内进行了一次调查，以了解客户需求，并根据家庭特征、购房动机、对房子的态度以及产品的需求这四类属性，按照年收入和家庭生命周期两个维度对客户进行聚类分析，将客户聚类成五类：社会新锐、望子成龙、健康养老、富贵之家、务实之家。在房地产开发中，万科地产会根据拿到的地块属性分析该地块适合哪类客户，五类客户分别看重哪些价值；然后基于对地块属性的分析，判断可能在该区域购房的客户群体，并分析公司希望选择什么客户以及会选择什么客户；再对项目进行精确定位，针对不同的客户需求提供不同的解决方案。万科地产正是凭借对客户的聚类分析，实现了准确的客户细分和产品项目的精准定位与开发，始终保持着房地产开发行业的领军地位。

2. 分类分析

分类是指通过检查已经分好类的项目，依据一组相应的推断规则，识别出新项目所属类目组。分类分析具有广泛的应用，只要是牵涉到把客户、人群、地区、商品等按照不同特征区分开的场景，都可以使用分类分析。例如，我们可以通过客户分类构造一个分类模型来对银行贷款进行风险评估，通过人群分类来评估酒店或饭店如何定价，通过商品分类来考虑市场整体营销策略等。

我国的移动通信行业经过了前些年的高速发展，近一段时间的发展速度逐渐放缓。注册用户常常处于一种动态变化的状态，即不断有老客户离网，又不断有新客户入网。大量的低消费客户和大量老客户的离网使得移动通信公司无法快速向前发展。当务之急在于降低客户流失率，这里需要解决的问题是如何找出这些将要流失的客户，如何采取适当的挽留措施减少客户的流失。首先需要构建客户流失模型，其目的是对新客户进行分类，进而发现那些将要流失的客户的特征，并提供模型帮助管理者推测出哪些客户将要流失，这样管理者就可以设计一些特殊的活动挽留这些客户。移动通信企业的最大优势在于其规模往往很大，数据收集和存储的能力也比一般企业强很多，所以它们会拥有较详细的客户消费数据，这对于数据挖掘的最终成功有着非常重要的作用。

3. 关联分析

关联是指与单个事件相连发生的事情。关联分析，就是在交易数据、关系数据或其他信息载体中，查找存在于项目集合或对象集合之间的频繁模式、关联、相关性或因果结构。或者说，关联分析是发现交易数据库中不同商品（项）之间的联系。例如，一项关于超市购买模式的研究可能会发现，当人们购买了爆米花之后，有 65% 的概率会购买可乐。但当有促销活动时，可乐被购买的概率为 85%。这样的信息会帮助管理者做出更好的决策，因为他们已经了解到通过促销可以盈利多少。

啤酒尿布是一个非常非常古老的故事。沃尔玛发现一个非常有趣的现象，即把尿布与啤酒这两种风马牛不相及的商品摆在一起，能够大幅增加两者的销量。原因在于，美国的妈妈通常在家照顾孩子，所以，她们常常会嘱咐丈夫在下班回家的路上为孩子买尿布，而丈夫在买尿布的同时又会顺手购买自己爱喝的啤酒。沃尔玛从数据中发现了这种关联性，因此将这两种商品并置，从而大大提高了关联销售。如今，当你打开各种 App 或者网页，"猜你喜欢""推荐"等都是后端数据分析人员根据大数据分析得出的结果。

关联分析最主要的贡献就是对于销售的推动，购物网站根据关联分析可以向客户推送他们可能喜欢的某类商品，银行根据关联分析可以向客户推送他们可能交叉购买的理财产品。

4. 序列分析

序列是指与时间相关的事件。序列的过去值会影响到将来值，这种影响的大小以及影响的方式可由时间序列中的趋势周期及非平稳等行为来刻画。序列分析旨在根据过去的变化趋势预测未来的发展，通常用于研究一定时间内的社会事务问题或金融经济问题。例如，如果购买了一套房子，那么在两个星期之内，购房者购买一台新冰箱的可能性为65%，在一个月之内购买烤箱的概率为45%。

案例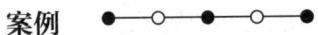

中国人寿对可提费用的预测

中国人寿保险公司是中国较大的商业保险集团，是国内几家资产过万亿元的保险集团之一，业务涵盖寿险、财产险、养老险、资产管理、海外业务、电子商务等多个领域，多次入选全球500强企业和全球500强品牌，是我国重要的国有公司之一。可提费用是保险公司收入的一个重要组成部分。人寿保险公司每年的保费收入超过千亿元，运营支出也超过千亿元，而且其他收入项和支出项均包含数十种细分类目，十分复杂。可提费用的预测直接影响到保险公司的收入预测和支出预测，准确预测可提费用对于保险公司制订未来一定时期的资金流动计划和进行各项预算都具有指导作用，根据这些预算确定的当前保险费率更是十分重要。因此，对于保险公司来说，可提费用的预测问题是一个十分重要的问题。决策者在预测可提费用的问题上，选择了时间序列回归模型，也就是从往期的可提费用数据入手，对未来的可提费用加以预测，这样能够很好地掌握可提费用的周期性和趋势性，误差率较低。

5. 预测分析

虽然以上这些数据挖掘方法都涉及预测功能，但是预测分析方法所使用的方式不同，它使用一系列现有值预测将来值。一只南美洲热带雨林中的蝴蝶，偶尔扇动了几下翅膀，便可能在两周以后，引起美国得克萨斯州的一场龙卷风。你在互联网上的搜索是否会影响公司股价的波动？很早之前，就已经有文献证明，互联网关键词的搜索量（如流感）会比疾控中心提前1～2周预测出某地区流感的爆发。

同样，现在也有些学者发现了这样一种现象，即公司在互联网中搜索量的变化，会显著影响公司股价的波动和趋势，即所谓的投资者注意力理论。该理论认为，公司在搜索引擎中的搜索量，代表了该股票被投资者关注的程度。因此，当一只股票的搜索频数增加时，说明投资者对该股票的关注度提升，从而使得该股票更容易被个人投资者购买，进一步拉升股票价格，带来正向的股票收益。这是已经得到无数研究者验证了的。

4.4.3 商务智能概述

1. 商务智能的概念

商务智能涉及计算机科学、管理学、决策科学等多学科知识，故企业界与理论界对商务智能的阐释还没有形成一致的认识，人们往往从理论与实践、方法与技术等不同的角度给出对商务智能的不同理解。

在企业界，Gartner Group 在 20 世纪提出商务智能的概念时，认为商务智能是应用基于事实的支持系统进行商业决策支持的一系列概念和方法。微软公司认为商务智能是任何尝试获取、分析企业数据以更清楚地了解市场和客户，改进企业流程，更有效地参与竞争的努力。IBM 公司则认为商务智能是基于数据仓库、数据挖掘和决策支持中的先进技术，收集相关的信息并加以分析，以发现商业机会，针对客户需求制定相应的战略。甲骨文公司认为商务智能是一种商务战略，能够持续不断地对企业经营理念、组织结构和业务流程进行重组，在合适的时间提供合适的数据访问控制，实现以客户为中心的自动化管理。SAP 公司认为商务智能是一种基于大量数据的信息提炼过程，这个过程与知识共享和知识创造密切结合，完成了从信息到知识的转变，最终为商家提供竞争优势和实际利润。

在理论界，根据数据仓库和商务智能专家 Larissa Moss 的观点，商务智能不是产品也不是系统，而是一个体系，是一系列项目的应用，它提供对商业数据的查询以及决策支持。Olszak（2002）将商务智能定义为一系列概念、方法和流程的集合，其目标不仅仅是辅助决策，还支持企业的战略实施，其主要任务是提供面向不同信息源的智能浏览、集中、综合以及多维分析。商务智能大师伯纳德·利奥托德（Bernard Liautaud）在其著作《商务智能》中这样理解："商务智能是一种在计算机硬件、网络、通信和决策等多种技术的基础上出现的用于处理海量数据的技术，也是一个对大量信息进行提炼和重新整合的过程，其基本功能是让企业内部员工以及企业外部的客户、供应商和合作伙伴，实现对信息的访问、分析和共享。"我国商务智能专家王茁认为，商务智能是利用现代信息技术，收集、管理和分析结构化与非结构化的商务数据及信息，创造和累积商务知识及见解，改善商务决策水平，采取有效的商务行动，完善各种商务流程，提升各方面的商务绩效，增强综合竞争力的智慧和能力。

综合上述观点，商务智能是一个从大规模数据中发现潜在的、新颖的、有用的知识的过程，旨在支持组织的业务运作和管理决策。从上述对商务智能概念的阐释中，我们可以看出商务智能由以下关键要素组成。

(1) 大规模数据

从数据源来看,数据主要包括企业内部数据和企业外部数据两类。企业内部数据包括企业业务系统产生的数据,如订单、库存、交易账目、通信记录、客户和供应商等;企业外部数据是指来自企业所处行业和竞争对手的数据,以及来自企业所处的其他外部环境中的各种数据。这两类数据实际上泛指一切可能对商务产生影响的、直接和间接的数据及信息等。从数据的结构化程度来讲,数据又分为结构化数据和非结构化数据。结构化数据是指存储于各个交易系统背后的关系数据库中的数据,通常以表格的形式存在和展现;非结构化数据通常以零散的文件形式存在和展现,泛指没有被存储在各种交易系统中的内容。对非结构化数据的管理主要通过文件管理和内容管理软件来进行。

(2) 知识发现

获取高质量的数据和信息是基础,知识发现的最终目标是从数据集中识别出有效、新颖、潜在有用,以及最终可理解的知识,即从数据矿山中找到蕴藏的知识。现代信息技术的发展使得人们能够对数据进行多层次和多角度的处理以获取潜在有用的知识,其核心是数据分析与挖掘,即通过数据聚类、数据多维分析、关联分析、高级统计分析等算法或者模型,将数据转变成知识。知识发现是信息资源利用从数据和信息层次上升到知识与智能层次的关键纽带,由于知识是隐藏的,通常不能通过已有的规则或模式推断得到,这就使得这些知识在用于决策时往往能帮助企业获取竞争对手不曾掌握的信息和手段,进而获取竞争优势。

(3) 绩效管理和决策支持

知识发现的最终落脚点在于优化绩效管理和改善决策水平,具体表现在以下几个方面:①商务智能可以对各项业务进行准确评估,理解业务驱动因素,识别对业务产生影响的关键因素,积极推动业务发展;②商务智能可以从企业的各种应用系统中提取各种基础绩效指标与关键绩效指标,对工作绩效或其他绩效(财务的和非财务的、前台的和后台的、企业内的和供应链的、组织的和个人的)进行跟踪管理,完成对业务流程的挑战和优化;③商务智能还可以帮助企业从日常业务数据中得到结论性的、基于事实的和具有可实施性的信息,使企业能够更快、更容易地做出高水平的决策。

2. 商务智能的特点

(1) 商务智能是数据加工厂

企业的业务系统数据是商务智能分析的基础,它能保证商务智能系统有足够的"原料补给"。商务智能根据业务需要收集数据,并进行提炼和加工,最终产生对企业有价值的知识,提高企业的绩效。通过数据整合、数据分析、数据挖掘、以及最后的数据展示,商务智能实现了数据转化为信息再转化为知识的过程,如图4-9所示。

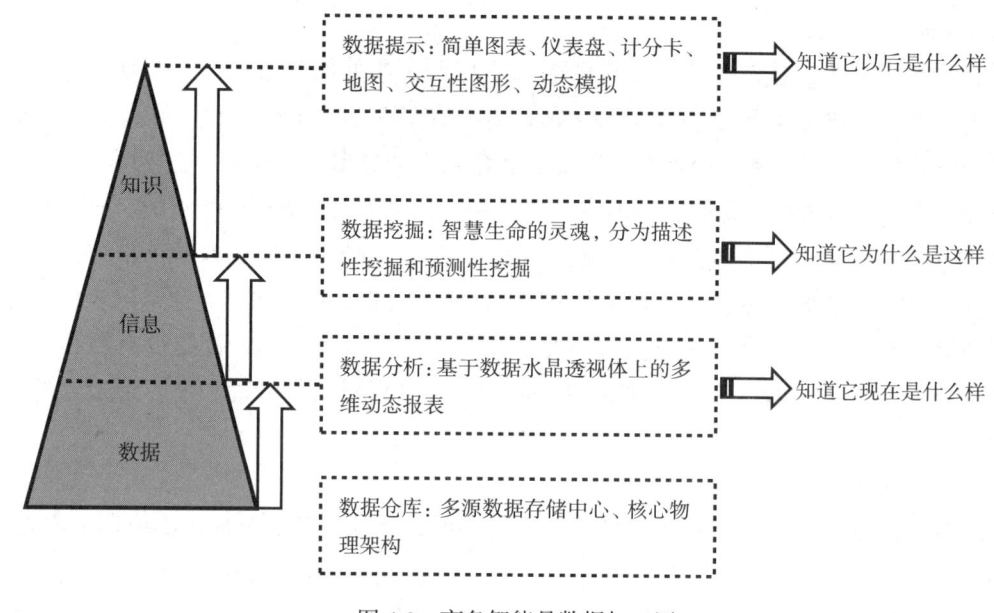

图 4-9　商务智能是数据加工厂

（2）商务智能服务于多层次用户

商务智能作为一种新兴的决策支持体系，与传统的决策支持系统相比，主要区别之一是其用户扩展到企业组织内外的各类人员，不仅仅包括企业经理一类的企业领导和高层决策者，以及企业内部各部门的职能人员，还包括客户、供应商、合作伙伴等企业外部人员。商务智能不仅支持中高级管理人员决策，还服务于一线业务人员、各级管理者，甚至外部的客户和商业伙伴。

（3）商务智能的管理支持

商务智能是帮助企业提高决策能力和运营能力的概念、方法、过程以及软件的集合，它不仅可以支持企业的战略管理，还可以辅助管理者进行绩效管理。商务智能可以对内外部数据进行分析，将企业所掌握的信息转换成竞争优势，帮助企业提高决策能力和运营能力；商务智能还可以从企业多年运营的数据中挖掘出有效的模式辅助管理决策。商务智能相关的产品在管理角色、管理方法、管理智能和管理过程方面融合了越来越多的企业管理理念。

（4）商务智能包含多种技术

企业的生产经营活动产生了大量结构化和非结构化的数据与信息。商务智能可以利用数据仓库、数据挖掘、联机分析处理等技术，对这些数据和信息进行收集、整理和分析以辅助企业做出正确决策，使企业能够采取有效的商务手段，并优化商务流程。它是全面提高商务绩效的工具、方法和技术的统称，是企业提升一系列智能化决策水平的关键技术，是多种技术交叉在一起的复合应用。

3. 商务智能的功能

（1）数据集成

决策分析以数据为基础。由于大多数数据往往零散地分布在不同的业务系统中，为了做出科学的经营决策，就需要将这些零散的数据收集起来，构成一个系统的整体。因此，从多个异构数据源，包括内部的业务系统和外部的数据源中提取源数据，并经过一定的变换装载到数据仓库，进而实现数据的集成是必要的。

（2）信息呈现

信息呈现主要是将收集的数据以报表、图文等形式呈现出来，让用户以更直观的方式了解企业和市场现状。在信息呈现方式上，除了报表、图文等形式外，也可以用其他直观的方式。此外，利用联机分析处理，还可以从多个维度观察数据。

（3）运营分析

运营分析包括运营指标分析、运营业绩分析和财务分析等。运营指标分析是指对企业不同的业务流程和业务环节的指标进行分析。运营业绩分析是指对各部门的营业额、销售量等进行统计，在此基础上进行同期比较分析、应收分析、盈亏分析和各种商品的风险分析等。财务分析是指对利润、费用支出、资金占用以及其他经济指标进行分析，及时掌握企业在资金使用方面的实际情况，调整和降低企业成本。

（4）战略决策支持

商务智能系统集成了企业内外部的数据和信息，如政策环境信息、行业信息、市场信息、生产运营信息等，企业各战略业务单元可以据此制定合理的投资组合战略，为企业管理者进行战略决策提供支持。此外，企业还可以利用业务运营的数据进行营销、生产、财务和人力资源等方面的决策。

4.4.4 商务智能的应用

1. 商务智能在制造业中的应用

随着信息化浪潮席卷全球，越来越多的制造企业实施了企业资源计划（ERP）、客户关系管理（CRM）、人力资源管理（HRM）、供应链管理（SCM）等应用系统，并逐步形成了自己的基础数据库，使得制造企业所生成的业务数据更庞大，数据的整合程度更高。而商务智能方法与数据挖掘技术的采用，则为充分利用这些数据提供了工具和方法，具体表现在以下几个方面。

（1）质量控制与故障检测

产品质量控制始终是制造业所面临的一个核心问题。随着生产规模的扩大、生产流程的日益复杂，企业所需调度和使用的原材料、设备等也不断增加，这都对如何有效控制产品质量提出了挑战。那么，如何在复杂的生产过程中将影响产品质量的关键因素提炼出来，并对可能造成故障的关键参数进行控制，就成为每个制造企业必须面对的问题。商务智能方法在此领域中逐渐得到关注和重视，并被不断地集成在相应的生产控制系统中。例如，采用分类分析方法，对造成合格品/残次品的因素进行分析，找到影响质量的关键因素。采用关联规则分析方法，可以对各个因素之间的关联关系进行分析，提炼因素之间的关联关系，从而有针对性地对其进行调整和控制。

（2）生产流程优化和选择

对于大型制造业企业而言，所需生产的零件成千上万，每个零件的加工流程都各不相同。由于大量零件是在长期的生产运作过程中不断添加的，因此随着企业的不断运作，企业内经常会存在生产流程冗余和冲突的情况。针对这种情况，企业希望能够通过优化技术来提高生产效率，同时降低运作成本。但是由于零件量通常很大，而且各个零件的特征、工艺、流程以及对设备的要求各不相同，企业难以采用传统的方法对它们进行处理。而商务智能方法可以通过整合的 ERP 系统对它们进行分析，如采用聚类分析的方法进行优化等。

此外，商务智能还可以辅助制造企业进行库存分析、配送分析、采购/供应商分析、预测等，如辅助管理层制订库存计划，明确合理的库存需求，规划库存位置，帮助减少运输距离；帮助配送中心管理增加的业务量，合理安排入货和出货，并优化调度、配送和运输过程，确定合理的装载计划和运输路线计划；对生产需求进行科学预测，及时补货和组织生产等。

2. 商务智能在零售与营销领域中的应用

零售企业的信息系统每天生成诸如商品结构、销售、库存、客户等决策支持所需的珍贵信息，利用商务智能分析这些数据，不仅可以获得商品的关联信息，还可以及时获得有关商品结构、销售与库存状况等方面的信息。将商务智能技术运用到经营中，有助于识别客户购买行为，发现客户购买模式和趋势，改进服务质量，获得更好的客户忠诚度和满意度，提高货品销量比率，设计更好的货物运输与分销策略，降低企业成本。

（1）交叉销售分析

交叉销售是指企业向原有客户销售新的产品和服务的过程。企业应首先对原有客户的数据进行分析，然后进一步结合新产品和新服务的信息进行预测。采用商务智能方法进行交叉销售分析，可以进一步挖掘原有客户的潜力。例如，采用关联规则分析方法，分析出"啤酒和尿布"的关系，通过挖掘得到的关联规则，在进行货架摆放或商品促销时有意识地将两者捆绑起来，则可以有效地提高后者的销售量。

（2）市场分析

利用数据挖掘工具和统计模型仔细研究数据仓库中的数据，以分析客户的购买习惯、广告成功率和其他战略性信息。利用数据仓库，通过检索数据库中近年来的销售数据进行分析和数据挖掘，可以预测季节、月度销售量；对商品品种和库存的趋势进行分析，还可以确定降价商品，并对数量和运作做出决策；利用数据挖掘可以对客户群体进行分类，了解哪些客户更可能购买哪类产品，从而有针对性地进行营销。

（3）客户关系管理

客户信息是商务智能应用最丰富的来源。客户数据反映了客户的个性化行为：客户付款习惯、信用等级、最近一个月的购买行为和购买商品的序列、消费的金额数、客户投诉情况、重复购买率等。通过商务智能对这些信息进行系统的分析和转化，如通过对客户信息的归纳和回归分析，可以提炼忠诚客户的关键特征；通过序列分析可以分析出忠诚客户的购买模式。此外，商务智能还可以对客户需求进行管理和分析，对客户价值进行测定及提供交叉销售和销售推荐建议等。

3. 商务智能在金融领域的应用

金融和银行系统是应用信息系统最早也最成熟的领域之一。由于银行和金融系统对数据质量的要求很高，因此经过长时间的运作，银行和金融机构大都拥有大量的且相对比较完整、可靠和高质量的数据，这有利于进行系统化数据挖掘和商务智能分析。

（1）客户信用分析与预测

客户信用分析是银行的核心业务之一。由于银行的贷款面很广，而且很大程度上依靠贷款服务人员来进行判断，这显然不利于风险控制，因为影响客户贷款偿还和信用的因素非常多，而且很复杂。有许多因素会对贷款偿还能力和客户信用等级造成不同程度的影响，而且很多因素是敏感因素。而采用商务智能方法，如特征选择和属性相关性计算，有助于识别重要因素，提出非相关因素。例如，对客户收入水平、受教育水平、贷款期限、负债率等进行分析，可以确定影响当前所在地区用户贷款偿还的关键因素是收入水平和负债率，其他因素的影响相对不那么显著，则可以将重点放在这两个因素上，特别是在审批新的贷款时着重考察这两个因素。

（2）防止金融欺诈和金融犯罪

金融欺诈是影响金融系统健康的主要风险之一。金融欺诈一般包括恶意拖欠、身份盗用、洗黑钱、非法账户等。从传统上来看，金融欺诈一般表现为不同于一般业务模式的异常模式，但由于金融交易量太大，自动化程度高且隐藏在数据中，因而难以发现。商务智能和数据挖掘的方法有利于对金融欺诈进行分析，它可以将多个数据库的信息集成起来，然后采用多种数据分析工具找出异常模式，甄别出不同于一般业务模式的异常模式，有助于调查人员聚焦可能的线索，做出进一步的预防处理。

4. 商务智能在电信行业的应用

随着电信行业竞争的日益激化，电信运营商面临的问题与日俱增，它们既要减少服务成本，也要不断升级服务，增加运营收入，同时还要快速应对市场的动态变化，进行技术创新与风险防范。在这种情况下，商务智能的应用显得尤为重要。目前国内主要的电信运营商相继建设大规模的业务分析支持系统，以从运营数据中获得反映市场状况的有效信息，适时推出新的业务，争夺有限的客户资源，减少客户流失率。商务智能在电信行业的应用具有以下几个特点。

（1）通过数据集市的建设，切实实现客户服务与营销个性化、精细化，提升客户满意度，提高经营分析结果的可实施能力，加强大客户、集团客户、新业务等方面的分析能力。

（2）通过"套餐分析"，对套餐从策划、推出到执行的过程进行全面的管理、监督和评估。通过对套餐基本情况、相互影响和收益损失三方面的分析，为套餐的管理提供依据，以节约营销成本。

（3）通过分析客户和产品服务使用记录，确定高收益的产品和服务，预测未来的产品和服务需求。

（4）通过分析客户服务的历史记录和交流渠道，形成详细、完整的商务客户描述，以制定更有针对性的营销策略。

● 思考题

1. 什么是数据库和数据库管理系统？
2. 什么是数据仓库？
3. 数据挖掘的方法有哪些？
4. 什么是商务智能？
5. 简述商务智能的应用。

● 课后案例

农夫山泉用大数据卖矿泉水

在上海城乡接合部九亭镇新华都超市的一个角落，农夫山泉的矿泉水堆静静地摆放在这里。来自农夫山泉的业务员每天都来到这个点，拍摄10张照片：水是怎么摆放的、位置有什么变化、高度如何……每个业务员每天要跑15个这样的点，按照规定，下班之前要把150张照片传回杭州总部。每个业务员每天会产生10M左右的数据量，这似乎并不是个大数字。但是在全国范围内，农夫山泉有10 000个业务员，这样每天的数据量就是100G，每月的数据量就达到了3TB。当这些图片如雪片般进入农夫山泉在杭州的机房时，农夫山泉的CIO胡健就会有这么一种感觉：守着一座金山，却不知道从哪里挖下第一锹。

胡健想知道的问题包括：矿泉水堆怎样摆放才能促进销售？什么年龄的消费者在水堆前停留的时间会比较长？他们一次购买的量多大？气温的变化对客户的购买行为有哪些影响？竞争对手的新包装对销售业绩产生了怎样的影响？不少问题目前也可以回答，但这些答案更多的是基于经验，而不是基于数据。

从 2008 年开始，农夫山泉的业务员拍摄的照片就这么被收集起来，如果从数据属性的角度来看，"图片"属于典型的非关系型数据，还包括视频、音频等。系统地对诸如图像、视频和音频之类的非关系型数据进行分析是胡健设想的下一步。如果超市、金融公司与农夫山泉可以利用某种渠道来分享信息，如果这些非关系型数据可以被系统地分析，如果人的位置可以有更多的方式被监测到，那么胡健面前就是一幅基于人的消费行为的画卷，而描绘这幅画卷的就是一组组复杂的"0、1、1、0"。

在没有数据实时支撑前，农夫山泉在物流领域花了很多冤枉钱。比如 350 毫升的饮用水，在某个城市的销量预测不到位时，公司以往是通过大区间的调运来弥补某个城市货源的不足。"华北往华南运，在运输过程中就发现华东实际有富余，从华东调运更便宜。但很快又发现对华南的销售预测有偏差，华北货源短缺更为严重，华东又开始往华北运。此时如果太湖突发一次污染事件，很可能华东又出现短缺。"

这种无头苍蝇似的状况让农夫山泉的领导层头疼不已。在采购、仓储、配送这条线上，农夫山泉特别希望通过对某些数据进行分析解决三个顽症：首先，解决生产和销售的不平衡问题，准确获知该生产多少，该送多少；其次，把每一家办事处、每一个配送中心纳入体系中来，形成一个动态网状结构，而非简单的树状结构；最后，让退货、残次等问题与生产基地能够实时对接。

"在日常运营中，我们会产生采购、生产、物流、销售、财务等数据，这些数据都是通过工具定时抽取到 SAP BW 或 Oracle DM，再通过业务对象展现。"胡健表示，这个"展现"的过程长达 24 小时，即，在 24 小时以后，物流、资金流和信息流才能汇聚到一起，彼此关联，最终形成一份有价值的统计报告。当农夫山泉的每月数据激增到 3TB 时，这样的速度就影响了财务结算的速度，导致农夫山泉每月的财务结算都要推迟一天。更重要的是，胡健等农夫山泉的决策者们只能依靠数据来验证以往决策的正确性，或者对已出现的问题做出纠正，但是无法预测未来。后来，农夫山泉使用了 SAP Hana 数据挖掘工具，对于同等的数据量，计算速度从过去的 24 小时缩短到 0.67 秒，几乎做到了实时计算出结果，这让很多不可能的事情成为可能。对农夫山泉董事长钟睒睒而言，不仅可以精准地管控已有项目的物流成本，也可以针对未来项目的物流成本。这位董事长将手指放在一台平板电脑中显示的中国地图上，随着手指的移动，建立一个物流配送中心的成本也会随之显示出来。数据在不断地飞快变化，好像手指移动产生了数字涟漪。

在过去，钟睒睒的执行团队也许要经过长期的考察、论证，再提交给董事长一份报告，给他几个备选方案，至于到底在哪个城市设置物流配送中心，还要凭借经验来做判断。但现在，起码成本方面已经可以确定，剩下的可能就要看当地政府与农夫山泉的友好程度等因素。

有了强大的数据分析能力以后，农夫山泉年增长率达到了 30%～40%，在饮用水市场上的占有率快速超越了娃哈哈、乐百氏和可口可乐。根据国家统计局公布的数据，饮用水领域的市场份额，农夫山泉几乎是康师傅、娃哈哈和可口可乐三家之和。对胡健来说，下一步他希望那些业务员收集来的图像、视频资料可以被利用起来。

资料来源：http://www.docin.com/touch/detaic.do?id=986475833.

案例思考题

1. 农夫山泉在卖矿泉水的过程中遇到了哪些困难？
2. 农夫山泉是如何解决这些困难的？
3. 通过本案例，你了解到大数据有哪些特征？

CHAPTER 5

第 5 章

计算机网络技术

学习目标

1. 理解计算机网络的概念。
2. 了解计算机网络的组成及其分类。
3. 掌握计算机网络的通信技术基础。
4. 了解常见的互联网应用。
5. 理解无线通信网络的主要技术。

开篇案例

5G 一年间你我的生活如何改变

2020 年 6 月 6 日是中国 5G 商用牌照正式发布一周年。从 5G 发牌到现在,5G 应用如雨后春笋般出现在人们的生活中,尤其是智慧安防、无人驾驶、远程医疗、远程教育等场景应用越来越频繁。5G 怎样融入我们的生活?未来,5G 将有怎样的精彩?

最高的 5G 网络:5G 信号攀珠峰

5 月 27 日上午,当测量珠峰高度的队员们成功冲上珠峰山顶的那一刻,所有人以前所未有的角度和方式目睹了登山队员登顶和珠峰高度测量的壮举。信号的清晰度前所未有。所有人都能清晰地看到队员们在峰顶插上觇标,看到队员们完成任务后的喜悦。这些珍贵而清晰的画面,都源自高山摄像师通过 5G 手机传回的信号。珠峰登顶,5G 先行。4 月 30 日,中国移动携手华为完成 5G 基站在珠穆朗玛峰 6 500 米前进营地的建设开通,这是目前为止全球 5G 建设达到的最高高度。

时任华为中国区副总裁董明：极致的探索精神引领我们在极寒、极缺氧、交通工具稀缺、道路艰险、条件极其恶劣的珠峰北坡建设 5G 网络。5G 网络让所有人以前所未有的角度和方式目睹了登山队员登顶和珠峰高度测量的壮举。极致的探索精神引领我们在 5G 专利、5G 标准的创新之路上乘风破浪，勇往直前。

依托 5G 技术，这次珠峰重测，不仅队员们可以清晰通话、快速上网，就连没有到过珠峰的世人，足不出户也能通过 4K 高清画面和 VR 视角欣赏到珠穆朗玛峰的壮美与奇险。

最深的 5G 网络：智能综掘助力远距离操作

5G 不仅能攀珠峰，还能钻入地下。在山西，日前就在 500 多米深的矿井里，建成了全国首个煤矿井下 5G 网络，井下所有工作面的作业情况通过 70 路高清视频，全部能实时回传，保证生产现场再无安全盲区，5G 为矿区的生产提供了安全保障。

山西阳煤集团新元煤矿机电副总经理王海钢：5G+ 智能综掘助力实现了人的远距离操作，也就是综掘机司机完全可以在地面实现截割操作。

抗"疫"中的 5G：实现远程医疗

助力抗击疫情，5G 也展示了强大力量。2020 年 1 月 24 日，武汉火神山医院开工建设，30 个小时建成了 5G 基站，3 天时间开通了 5G 网络，让全世界见证了与时间赛跑的"中国速度"。同时，在建设工地上，"5G 云监工"令施工全过程实时展示在全国人民眼前。

更为重要的是，5G 也为远程重症监护和远程会诊提供了高效可靠的通信保障。四川大学华西医院的专家，就是通过 5G 支持的远程信号，远隔千里为湖北黄冈的一位患者远程做了 CT 扫描，并且诊断迅速准确。

四川大学华西临床医学院影像技术系主任兼放射科副主任李真林：主要是实时，比如我们需要一些精确细致的检查或者重建，如果中间延迟时间长了，就无法做到同步，还要能同步，要做到就像是我们这里自己操作一样。

远程为桥梁，近距离做先锋。5G 机器人就承担起了送药的重任，快速又安全。5G+ 热成像、5G 无人车等多个不同的应用，共同铸就了更加高效、安全且智能的抗疫系统，共同助力科技抗疫。

最智慧的码头：5G 全场景应用

5G 还要助力经济。5 月 11 日，全国首个 5G 全场景应用智慧港口在厦门投入生产。一个集装箱从船上卸下直到堆场存放，整个流程都由 5G 智能化控制。操作人员可以在一公里外对吊机进行遥控。无人驾驶集装箱卡车可以精准控制，误差在 5 厘米之内。

中国移动通信信息集团福建有限公司董事长栾晓维：这使得整个港口实现无人化，成本大大降低，并且安全性大大提高。如果这种技术将来融入百业，对社会效益、经济效益等都有重大意义。

阅兵式上的 5G：助力 4K 超高清直播

5G 带来改变的还有很多。2019 年国庆节，你是否也欣赏了新中国成立 70 周年的阅兵仪式？阅兵仪式现场的 4K 超高清直播背后便是依托 5G 实现全程回传，无论是铁甲雄狮、空中战鹰还是英姿飒爽的三军方阵，都清晰流畅，如在眼前，让不能亲临现场的全国人民也收获了一份前所未有的独家阅兵记忆。

两会上的 5G：更安全更高效

刚刚落幕的全国两会上，5G 也发挥了非常重要的作用。在疫情防控的特殊背景下，2020 年的"通道"全部是依托视频连线实现的，5G 等新的信息技术的广泛应用，让全国两会开得更安全、报道更高效。

工业和信息化部部长苗圩：现在在我们的祖国大地上，每一周要增加大约上万个 5G 基站。单就 4 月一个月，5G 的用户就增加了 700 多万户，累计已经超过了 3 600 万户。

5G 的应用说明了当代无线通信网络技术能够提供强大的功能和机会。5G 是行业数字化基础，通过不断增强的网络能力，满足不同行业应用需求，驱动人工智能、行业应用产业升级，提效节能，创造新价值，带来新增长。在 5G 时代，我们眼前的一切都可以连接在一起，水杯、汽车、空调、电视机、农作物……真正实现了万物互联互通。

资料来源：中国新闻网，http://www.chinanews.com/cj/2020/06-07/9205662.shtml。

5.1 计算机网络的概念与分类

5.1.1 计算机网络的概念

1. 计算机网络的定义

计算机网络是利用通信介质把分布在不同地理位置的计算机和其他网络设备连接起来，实现信息互通和资源共享的系统。

计算机网络经历了一个从简单到复杂、从低级到高级的发展过程，其发展过程可划分为四个阶段：具有通信功能的单机系统、具有通信功能的多机系统、计算机通信网络和计算机网络。

2. 计算机网络的组成

计算机网络由四部分组成：主机、终端设备、通信设备和通信线路（见图 5-1）。计算机网络可以看成由通信子网和资源子网组成。

通信子网由通信设备、通信线路组成，负责整个网络的通信管理与控制，如数据交换、路由选择、差错控制和协议管理等。资源子网由主机和终端设备组成，负责数据处理，提供硬件资源、软件资源和数据资源。

网络硬件可分为：网络服务器、网络工作站、网络交换互联设备等外部设备。其中，网络交换互联设备又涵盖了网络适配器、交换机、网桥、路由器、网关、调制解调器等。

网络软件可分为网络协议、网络系统软件和网络应用软件。

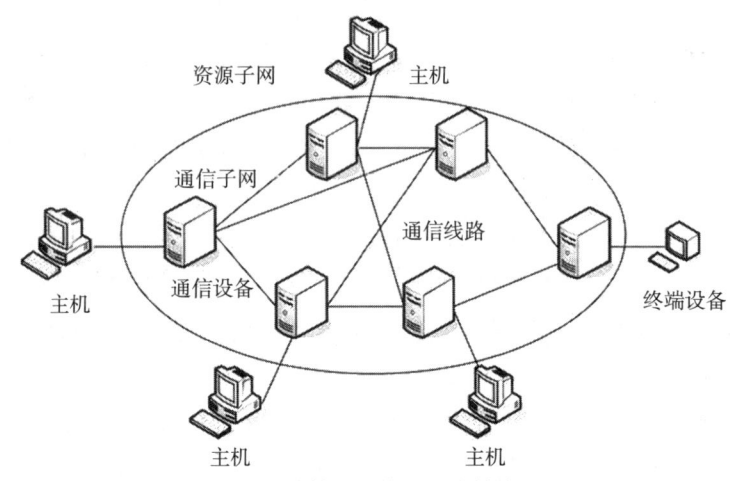

图 5-1 计算机网络的组成结构图

3. 计算机网络的功能

计算机网络具有五个主要功能。

（1）资源共享

资源共享是计算机网络的重要功能，也被认为是最具吸引力的一点。所谓共享就是指网络中各种资源可以相互通用，这种共享可以突破地域范围的限制，可共享的资源包括硬件、软件和数据资源。

硬件资源如超大型存储器、提速的外部设备以及大型机、巨型机的 CPU 处理能力等。这些硬件资源通过网络向网络用户开放，可以大大提高资源的利用率，加强数据处理能力，还能节约开销。

软件资源如各种语言处理程序、服务程序和应用程序等。例如，把某一系统软件装在网内的某一台计算机中，就可以供其他用户调用，或者处理其他用户送来的数据，然后将处理结果送回。

数据资源如各种数据文件、数据库等。由于数据产生源在地理上是分散的，用户无法用投资改变这种状况，因此共享数据资源成为使用计算机网络最重要的目的。

（2）数据通信

数据通信是计算机网络最基本的功能，可用于在计算机与终端、计算机与计算机之间快速传递各种数据，包括文字信件、新闻消息、咨询信息、图片资料、报纸版面等。随着互联网在世界各地的风行，传统的电话、电报、邮递等通信方式受到很大冲击，电子邮件已被人们广泛接受，网络电话、视频会议等多种通信方式正在得到大力发展。

（3）分布式处理

对于一些复杂的、综合性的大任务，可以通过计算机网络采用适当的算法，将其分散到网络中的各计算机上进行分布式处理，由网络上各计算机分别承担其中一部分任务，同时运作，共同完成，从而使整个系统的效能大大加强；也可以通过计算机网络用各地的计算机资源共同协作。

（4）提高计算机的可靠性和可用性

计算机网络中的各台计算机可以通过网络互为后备机。设置了后备机，一旦某计算机出现故障，网络中其他计算机可代为继续执行相关的命令，这样可以避免整个系统瘫痪，从而提高可靠性；如果网络中某台计算机任务太重，网络可以将该机上的部分任务转交给其他较空闲的计算机，以达到均衡计算机负载，提高网络中计算机可用性的目的。

（5）综合信息服务

网络的一个主要发展趋势就是多维化，即在同一套系统上提供多维的信息服务，包括来自政治、经济、科技、军事等各方面的资源。同时，还要为用户提供图像、语音、动画等多媒体信息。在多维化发展的趋势下，许多网络应用的新形式也在不断涌现，如电子邮件、网上交易、视频点播、联机会议等。这些技术能够为用户提供更多、更好的服务。

5.1.2 计算机网络的分类

计算机网络有许多不同的种类，并有多种分类的方法。既可以根据网络的传输介质来分，根据网络的使用对象来分，也可以根据网络的拓扑结构来分，根据网络的覆盖范围来分。

1. 根据网络的传输介质划分

根据网络的传输介质，计算机网络可以分为有线网（采用双绞线、同轴电缆或者光纤等）和无线网（采用微波、红外线或激光等），图5-2 为无线网的示例。

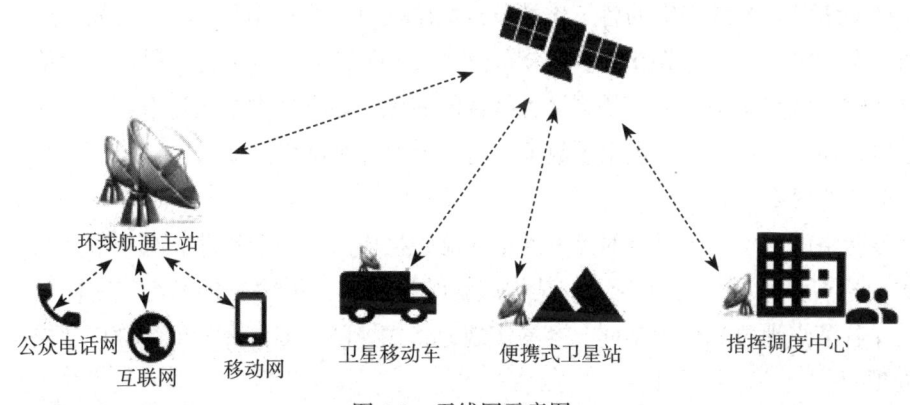

图5-2 无线网示意图

2. 根据网络的使用对象划分

根据网络的使用对象来分，计算机网络可以分为内联网和外联网。内联网是基于互联网技术的企业内部网络，它把企业内部不同的系统和网络连接起来。外联网是内联网的外部扩展，它是企业内联网延伸到组织外部授权用户的专用网。企业利用外联网可以协调与其他公司之间的业务活动，如采购、设计协作及其他跨组织的业务工作。

3. 根据网络的拓扑结构划分

所谓网络拓扑结构是指网络的链路和节点在地理上所形成的几何构形。根据网络的拓扑结构来分，计算机网络可以分为总线型、星型、环型、树型和网状（混合）。

（1）总线型网络

总线型网络中所有节点通过相应的网络接口卡直接连接到一条作为公共传输介质的总线上，总线通常采用同轴电缆或双绞线作为传输介质。总线型网络是目前局域网中使用最多的一种拓扑结构。其优点是连接简单，扩充或删除一个节点比较容易；由于节点都连接在一根总线上，共用一个数据通道，因此信道利用率高，资源共享能力强（见图 5-3）。

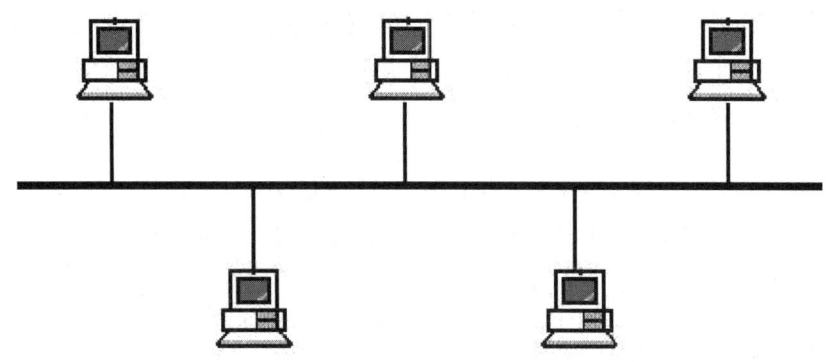

图 5-3　总线型网络

（2）星型网络

星型网络是因为网络中的各工作站节点设备通过一个网络集中设备（如集线器或者交换机）连接在一起，各节点呈星状分布而得名（见图 5-4）。其优点是结构简单，易于实现和管理。缺点是中央节点是网络可靠性的瓶颈，如果外围节点过多，会使中央节点负担过重，而且一旦中央节点出现故障，将会导致整个网络的崩溃。

（3）环型网络

环型网络的节点是通过点对点的通信线路连接成一个闭合环路，环中数据只能沿着一个方向逐节点传送（见图 5-5）。其优点是结构简单，传输时延确定，适合长距离通信；由于各节点地位和作用相同，容易实现分布式控制，因此环型网络被广泛应用到分布式处理中。

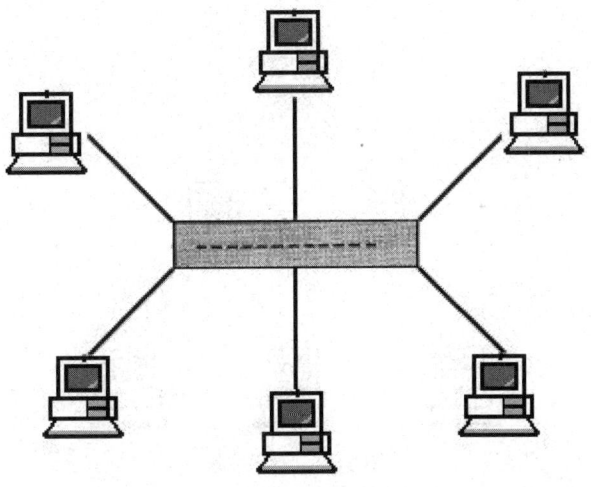

图 5-4 星型网络

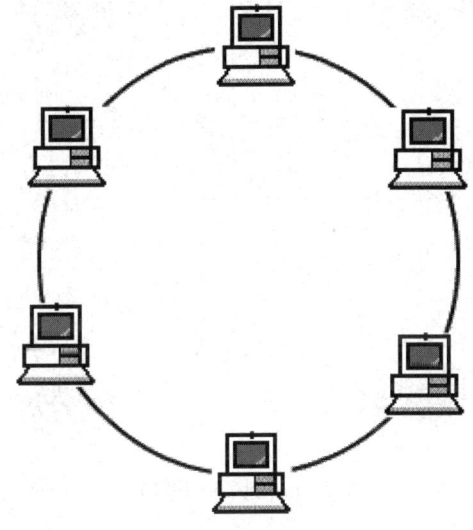

图 5-5 环型网络

(4) 树型网络

树型网络是按层次进行连接的,信息的交换主要是在上、下节点之间进行(见图 5-6)。其优点是结构简单,故障容易分离处理。缺点是整个网络对根节点的依赖性很强,一旦根节点出现故障,网络系统将不能正常工作。

(5) 网状结构网络

这种网络拓扑结构是由星型结构和总线型结构结合在一起的网络结构,它能满足较大网络的拓展,解决星型网络在传输距离上的局限,而同时又解决了总线型网络连接用户数量的限制。这种网络拓扑结构兼具星型网络与总线型网络的优点,两种网络的缺点得到了一定的弥补(见图 5-7)。

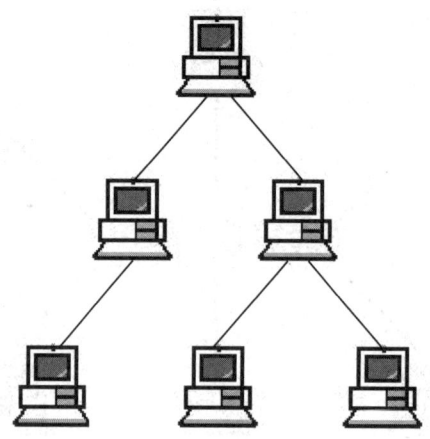

图 5-6　树型网络

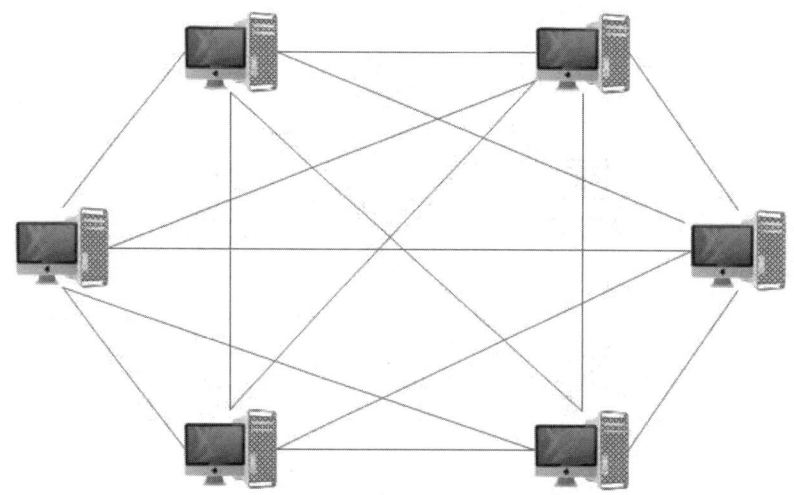

图 5-7　网状结构网络

4. 根据网络的覆盖范围划分

根据网络的覆盖范围来分，计算机网络可以分为局域网、城域网和广域网（见图 5-8）。

（1）局域网（LAN）

局域网指传输距离为 0.1～10km、传送速率为 1～10Mbps 的范围较小的一种网络。局域网在企事业单位中发挥着重要作用，目前正朝着多平台、多协议等几种方向发展，数据速率和带宽也在不断提高。局域网还可以通过数据通信网或专用的数据电路，与其他局域网、数据库或处理中心等相连接，构成一个大范围的信息处理系统。

（2）城域网（MAN）

城域网分布范围在广域网和局域网之间。例如，它的分布范围是一个城市，其作用距离约为 5 ～ 50km，传输速率一般在 1Mbps 以上。

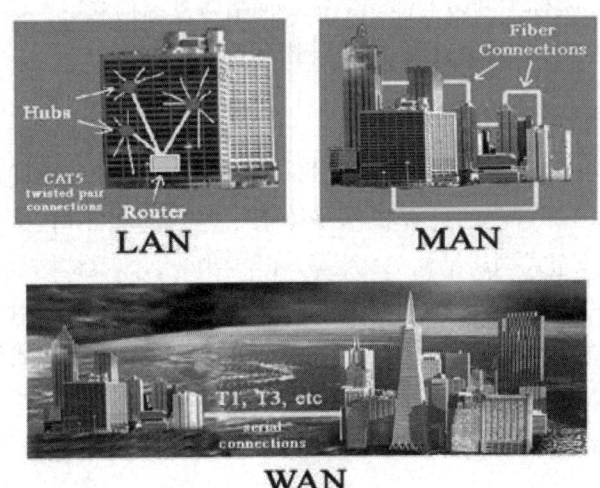

图 5-8　局域网、城域网和广域网

（3）广域网（WAN）

广域网也称远程网，通常跨接很大的地理范围，一般由相距较远的局域网经由公共电信网络互联而成，数据传输率一般为 1.21.2kbps ～ 1.554Mbps，传输距离可遍及全球。它能连接多个城市或国家，横跨几个洲并能提供远距离通信，形成国际性的远程网络。

5. 根据网络的交换方式划分

根据网络的交换方式来分，计算机网络包括线路交换网络、报文交换网络和分组交换网络。

（1）线路交换网络最早出现在电话系统中，因为当时数字信号需要变换成模拟信号才可以在线路上传输，早期的计算机网络就是通过此种方式传输数据的。

（2）报文交换网络是一种数字化网络，当通信开始的时候，源主机发出的一个报文被存储在交换设备中，交换设备根据报文的目的地址选择合适的路径转发报文，这种方式也称作存储 – 转发方式。报文交换方式中报文的长度是不固定的。

（3）分组交换网络也采用报文传输，它将一个长的报文划分为许多定长的报文分组，以分组作为基本的传输单位。这不仅大大简化了对计算机存储器的管理，也加速了信息在网络中的传输速度。目前分组交换网络是计算机网络的主流。

5.1.3　计算机网络的体系结构

计算机网络是一个非常复杂的系统，需要解决的问题很多。为了将庞大而复杂的问题分解为若干较小而易于处理的局部问题，早在 1969 年美国国防部高级研究计划署在设计著名的 ARPANET（Internet 前身）时，就提出了"分层"的方法。计算机网络的各层及其协议的集合，就称为网络的体系结构。网络体系结构规定了计算机网络应该设置层次，每层应提供哪些功能，并且各层之间相互独立。

1. 开放系统互联参考模型

计算机网络在 20 世纪 70 年代迅速发展，特别是在 ARPANET 建立以后，世界上许多大公司先后推出了自己的计算机网络体系结构，例如 IBM 公司的系统网络结构 SNA、DEC 公司的分布式网络结构 DNA 等。但这些网络体系结构具有封闭的特点，它们只适合于本公司的产品联网，其他公司的计算机产品很难入网，这就妨害了实现异种计算机互联以达到信息交换、资源共享、分布处理和分布应用的需求。客观需求迫使计算机网络体系结构由封闭式走向开放式。国际标准化组织（ISO）经过多年努力于 1978 年提出了"开放系统互联参考模型"OSI/RM，有组织有计划地制定一系列网络国际标准。

OSI 参考模型采用的是层次结构，如图 5-9 分为七层。图中，数据通信的交换节点只有最低三层，称为中断开放系统。

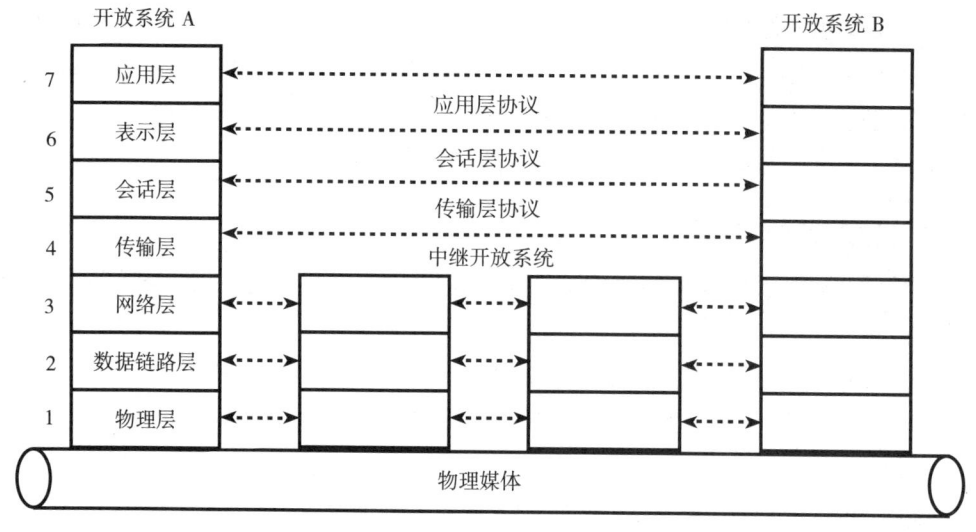

图 5-9　OSI 参考模型

各层的主要功能如下所述。

（1）物理层

物理层是建立在通信介质的基础上实现系统和通信介质的物理接口。本层主要处理与电、机械、功能和过程有关的各种特性，以便建立、维持和拆除物理连接。

（2）数据链路层

数据链路层是在物理层的基础上，用以建立相邻节点之间的数据链路，传送数据帧。本层将不可靠的物理传输信道变为可靠的信道，并将数据组织成适于正确传输的帧形式的数据块。帧中包含应答、流控制、差错控制等信息，以确保数据正确传输。

（3）网络层

网络层控制通信子网的工作，解决路径选择、流控制问题以使不相邻节点之间的数据能够正确传送。

（4）传输层

传输层提供两端点间可靠、透明的数据传输，执行端到端的差错控制、流量控制及管理多路复用。

（5）会话层

会话层在两实体间建立通信伙伴关系，进行数据交换，完成一次对话连接。

（6）表示层

表示层处理数据表示、进行转换、消除网内各实体间的语义差异，执行通用数据交换的功能，提供标准应用接口和公共通信服务。对传送的信息加密（和解密）、正文压缩（和还原）也是表示层的任务。

（7）应用层

应用层负责应用管理、执行应用程序，为用户提供 OSI 环境的各种服务，管理和分配网络资源，建立应用程序包等，如文件传送、电子邮件和网络管理等。

OSI 的七层功能可分为三组，从功能角度看，第 1、2 层解决网络信道问题，第 3、4 层解决传输服务问题，第 5、6、7 层处理对应用进程的访问。从控制的角度来看，第 1、2、3 层为传输控制层，解决网络通信问题；第 5、6、7 层为应用控制层，解决应用进程通信问题；第 4 层则是传输与应用之间的接口。

2. TCP/IP 网络体系结构

从 20 世纪 80 年代末期以来，互联网飞速发展，已成为世界上最大的国际性计算机互联网。因此，互联网所使用的 TCP/IP 体系在计算机网络领域占有十分重要的地位。

传输控制协议（transmission control protocol，TCP）和网际协议（internet protocol，IP）是互联网所使用的各种协议中最重要的两个协议。在互联网上运行的协议很多，人们将 TCP/IP 及其相关协议称为 TCP/IP 体系结构，简称 TCP/IP。

TCP/IP 体系结构共有网络接口、网际层、传输层和应用层四个层次。图 5-10 显示了 TCP/IP 与 OSI 体系结构的层次对应关系。各层的主要功能如下所述。

（1）网络接口层

为了使 TCP/IP 与具体的物理传输媒体无关，在 TCP/IP 标准中没有对数据链路层和物理层做出决定，只将最低的一层取名为网络接口层。该层的作用是接收 IP 数据报，并通过特定的网络进行传输或从特定的网上接收物理帧，抽出 IP 数据报交网际层。

（2）网际层

网际层的主要协议是无连接的网际协议（IP）。网际层主要负责主机之间的通信，处理网际层差错与控制报文 ICMP（Internet Control Message Protocol），处理路径、流控、拥塞等问题。

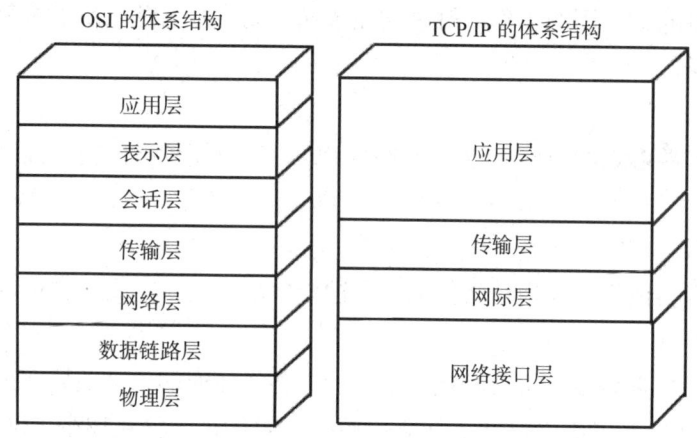

图 5-10　TCP/IP 与 OSI 体系结构的对比

（3）传输层

传输层有 TCP 和 UDP 两个协议。它们都是建立在 IP 基础上的。传输层提供端到端（即应用进程间）的通信服务，其主要功能为格式化信息流、提供端到端可靠传输、解决不同应用程序的识别等问题。

（4）应用层

应用层包含了我们通常要使用的协议，如远程登录协议、文件传输协议、简单邮件传输协议、超文本传输协议等。

5.2　网络通信技术基础

5.2.1　通信方式

通信就是信息的传递，是指由一地向另一地进行信息的传输与交换，其目的是传输消息。计算机数据通信指的是一个或多个计算机与多种输入/输出终端之间传送和接收数据。这种通信具有迅速、准确、可靠等特点，且不受时间、地点、空间、距离的限制，因而得到了飞速发展和广泛应用。数据通信按照信号传送方向与时间的关系，可以分为三种通信方式：单工通信、半双工通信、全双工通信。

（1）单工通信方式

在单工通信方式中，信号只能沿着一个方向传输，其中一方只能作为发送端用来发送信号，另一方只能作为接收端用来接收信号，任何时候都不能改变，即发送端不能接收，接收端不能发送。无线电广播及电视广播都是典型的单工通信的例子。

（2）半双工通信方式

在半双工通信方式中，通信的双方都具有发送和接收的功能，并具有双向传送信号的能力,但在任意时刻,信息都只能单向传输。通信的双方不能同时发送和接收信号,但可以交替地发送和接收信号,它实际上是一种可切换方向的单工通信。对讲机就是典型的半双工通信的例子。

(3)全双工通信方式

在全双工通信方式中,信号可以同时双向传送。通信的双方必须都具有同时发送信号和接收信号的能力,并且需要两个信号分别用于传送两个方向,每一端在发送信号的同时也可以接收信号。我们平时使用的普通电话、手机就是典型的全双工通信的例子。

5.2.2 传输介质

网络的传输介质是指计算机网络中信息发送端与信息接收端之间的信息通道所使用的连接材料。传输介质可以分为有线传输介质和无线传输介质。

1. 有线传输介质

(1)双绞线

双绞线是由两条相互绝缘的导线按照一定的规格互相缠绕(一般以逆时针缠绕)在一起而制成的一种通用配线,属于信息通信网络传输介质(见图 5-11)。双绞线过去主要是用来传输模拟信号,但现在同样适用于数字信号的传输。两条线扭在一起的目的是减少导线之间的电磁干扰。双绞线的线路损失大,传输速度低,并且抗干扰能力弱,但由于其价格便宜,易于安装实现结构化布线,传输数字信号的距离可达几百米,因此在局域网中应用很普遍。

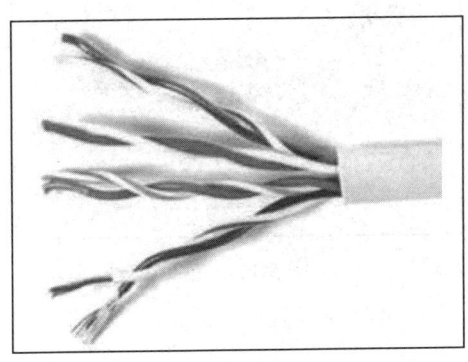

图 5-11 双绞线

(2)同轴电缆

同轴电缆由内、外两条导线构成,内导线是单股粗铜线或多股细铜线,外导线是一条网状空心圆柱导体,内、外导线之间隔有一层绝缘材料,最外层是保护性塑料外皮(见图 5-12),如家庭室内电视天线。同轴电缆可以在较宽的频率范围内工作,抗干扰能力强,传输距离可达几千米,在计算机网络中被广泛使用。

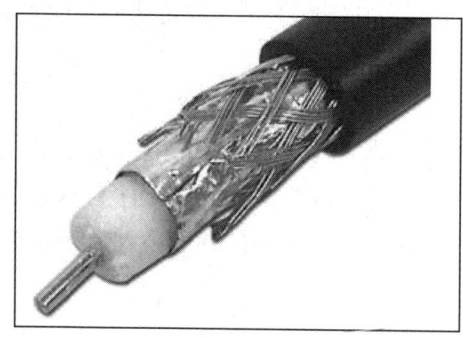

图 5-12　同轴电缆

(3) 光纤

光纤是光导纤维的简写,是一种由高折射率的细玻璃或塑料纤维外包以低折射率的外壳制成的光传导工具(见图 5-13)。其基本工作原理是在发送端通过发光二极管,将电脉冲信号转换成光脉冲信号,在光纤中以全折射的方式传输,在接收端通过光电二极管将光脉冲信号还原成电脉冲信号。

光波的频率范围很宽,所以光纤具有很宽的频带。光可以在光纤中进行几乎无损耗的传播,因此可以实现远距离高速数据传输。此外,由于是非电磁传输,无辐射,光纤的抗干扰能力强,保密性好,误码率低。但光纤传输系统价格较贵(光纤本身不贵,但光端设备复杂,价格较高),因此一般用作网络通信的主干线。

图 5-13　光纤

2. 无线传输介质

(1) 微波

微波是指频率为 300MHz～300GHz 的电磁波,是无线电波中一个有限频带的简称,即波长在 1 毫米～1 米之间的电磁波,是分米波、厘米波、毫米波的统称。微波频率比一般的无线电波频率高,通常也称为"超高频电磁波"。微波传输是利用高频无线电波在空气中的传播来进行通信,发送站将数据信号载波到高频微波信号上定向发射,接收站将信号截下进行接收处理或转发。微波是直线传输的,具有高度的方向性,因此传输距离受到地球表面曲率所造成的视线距离的限制。如果传输超过一定距离(最长不能超过 50km),就要通过中继站进行接力传输。微波传输频带较宽,成本比同轴电缆和光纤低,但误码率高。微波传输安装迅速、见效快、易于实现,是在不能铺设线路条件下的远程传输、移动网络通信等场合中最经济、便利的通信手段。微波传输设备如图 5-14 所示。

图 5-14　微波传输设备

(2)卫星通信

卫星通信是利用地球同步卫星作为微波中继站进行远距离传输。地球同步卫星位于距离地面 36 000km 的高空,其发射角度可以覆盖地球的 1/3,三颗同步卫星就可以覆盖整个地球表面。通过地球同步卫星上的转发设备,可将来自地面的微波信号发送给所覆盖的区域并转发给其他同步卫星,因此传输不受距离的限制,可以发送到全球任何一个区域。卫星通信传输的突出特点是具有一发多收的传输功能,覆盖面积大,传输距离远,并且传输成本不随传输距离的增加而提高,特别适合广域网络远程互联。但卫星通信成本高,传输延迟长,并且存在安全保密等方面的问题。

北斗卫星导航系统(见图 5-15)由空间段、地面段和用户段三部分组成,可在全球范围内全天候、全天时为各类用户提供高精度、高可靠的定位、导航、授时服务,并具有短报文通信能力,已经初步具备区域导航、定位和授时能力,定位精度为分米、厘米级别,测速精度 0.2 米/秒,授时精度 10 纳秒。2020 年 7 月 31 日上午,北斗三号全球卫星导航系统正式开通。

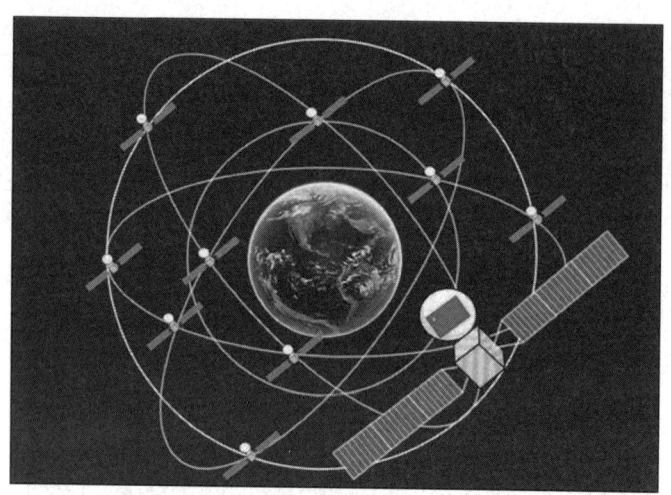

图 5-15 北斗三号全球卫星导航系统示意

除了微波和卫星通信，红外线、无线电、激光也是常用的无线传输介质。带宽大、传输距离长、使用方便是无线传输介质最主要的特点，而容易受到障碍物、天气和外部环境的影响则是它的不足。无线传输介质和相关传输技术也是网络的重要发展方向之一。

5.2.3 数字网络技术

当代数字网络和互联网以下面三项关键技术为基础：客户机/服务器计算、分组交换以及连接不同网络和计算机的通信标准（协议）。

1. 客户机/服务器计算

客户机/服务器是一个分布式计算模型，其中部分处理工作由一些价格便宜的小型客户端计算机完成，包括台式电脑、笔记本电脑或手持设备。在网络服务器计算机的控制下，这些强大的客户端通过网络相互联系。这个服务器设置网络通信规则，并为每个客户端分配一个地址，这样其他人就可以在网络上找到它。

客户机/服务器计算已经在很大程度上取代了集中式主机处理技术。在集中式主机处理中，一台大型中央主机电脑完成几乎所有的处理任务。客户机/服务器已经扩展至处理部门、工作组、车间及其他无法由集中式构架提供服务的业务。这也使得诸如 PC、笔记本电脑和移动电话之类的个人计算设备可以连接到互联网上。互联网是最大的客户机/服务器计算实现的典范。

2. 分组交换

分组交换是一种先将数据信息分割成数据包，沿着不同的可用通信路径发送数据包，到达目的地后再组装数据包的方法（见图 5-16）。在分组交换发展之前，计算机网络使用租用的专用电话线路与其他远程计算机通信。在电路交换网络中，如电话系统，需要先组建一个完整的点对点的电路，然后才能进行通信。这些专用的电路交换技术非常昂贵，并且会浪费可用的通信能力，因为无论是否有数据传输，电路都要维持可用状态。

分组交换能更有效地使用网络通信能力。在分组交换的网络中，信息首先被分解为小的、固定的数据包。数据包包括地址信息和检查数据传输错误的信息。数据包经由路由器在各种通信信道传输，每个包都是单独传输的。来自同一数据源的数据包被路由器分发到许多不同的路径和网络传输中，在到达目的地时重新合并成原始信息。

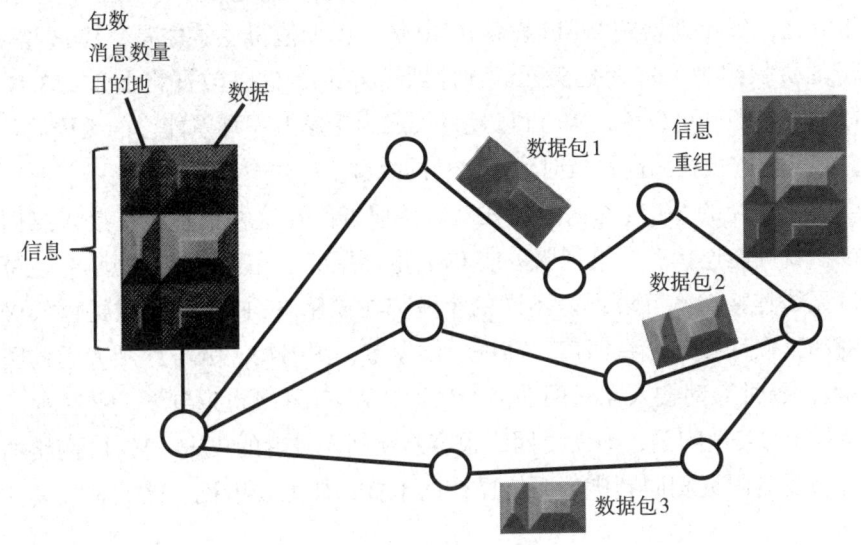

图 5-16　分组交换

3. 协议

同一网络中的不同组件相互通信必须采用一组通用的规则，称为"协议"。协议是一套规则和程序，用于管理网络中两点之间传输的信息，如 IEEE802.3、IEEE802.4、FDDI、ATM 等。网络协议具体规定了设备间通信的电气性能、数据组织方式等。

过去，多个不同的专有和不兼容的协议常常迫使企业从单一供应商处购买计算和通信设备。但是如今，企业网络越来越多地使用单一通用的全球标准，即传输控制协议/网际协议（TCP/IP）。TCP/IP 在 20 世纪 70 年代早期得到发展，被美国国防部高级研究计划署用于帮助科学家实现在不同类型的计算机之间远距离传输数据。

5.2.4　无线通信技术

1. Wi-Fi 技术

Wi-Fi 是一种允许电子设备连接到无线局域网（WLAN）的技术，是无线局域网

IEEE 802.11 系列标准。在这些标准中,第一个被广泛采用的是 802.11b,在不需要许可证的频带里,传输速度最高可达 11Mbps,有效距离为 30～50 米。802.11g 标准在 2.4GHz 频带上的传输速度最高可达 54Mbps。802.11n 的传输速度可以超过 100Mbps。如今的个人电脑和笔记本电脑都可以支持 Wi-Fi,就像 iPhone、iPad 和其他智能手机一样。在大多数 Wi-Fi 通信中,无线设备使用接入点与有线局域网进行通信。接入点是一个由无线电接收/发射器和连接有线网络、路由器或集线器的天线组成的盒子。Wi-Fi 从 1999 年有了标准组织到现在,已经过去 20 年的时间,其发展历程如图 5-17 所示。有数据披露,这 20 年间,行业累计出货的 Wi-Fi 设备数量达 300 亿,正在使用的 Wi-Fi 设备达 130 亿,每年新增的 Wi-Fi 设备达 40 亿。更加值得注意的是,2018 年 Wi-Fi 对全球经济的贡献约为 1.96 万亿美元,预计到 2023 年,这一数据将上升到 3.47 万亿美元,增速不容小觑。可以说,Wi-Fi 已经发展成为千家万户耳熟能详的无线局域网络连接技术,甚至能够被视为高科技时代最成功的故事。

如今最受欢迎的 Wi-Fi 是高速无线互联网服务。在这种情形下,接入点插入一个网络连接,就可能连接有线电视服务或 DSL 电话服务。在无线接入点信号范围内的电脑,通过无线连接接入互联网。不同的企业都在使用 Wi-Fi 网络,以提供低成本的无线局域网和互联网接入。在酒店、高铁、候车室、图书馆、咖啡厅和大学校园里均有 Wi-Fi 热点,提供移动接入互联网功能。然而,Wi-Fi 网络也遇到了一些挑战。其中一个就是 Wi-Fi 的安全问题,即无线网络很容易受到入侵者的攻击。Wi-Fi 网络的另一个缺点是容易受到附近相同频谱的系统操作的干扰,如无线手机、微波炉或其他无线局域网。

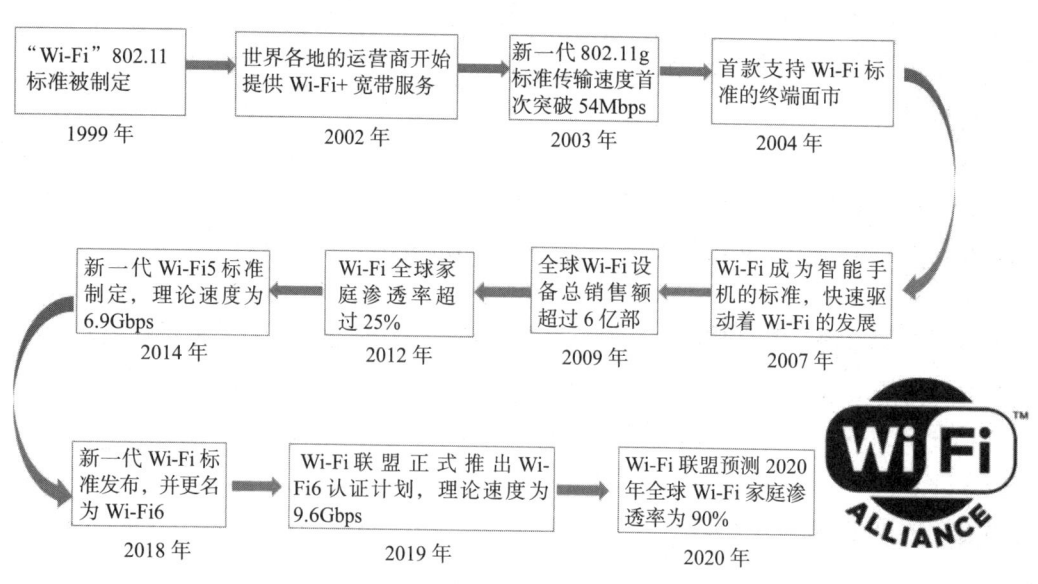

图 5-17　Wi-Fi 发展历程

2018 年 10 月 4 日,Wi-Fi 联盟正式将下一代的 Wi-Fi 技术 802.11ax 改名为 Wi-Fi6,

并将前两代的 802.11n 和 802.11ac 更名为 Wi-Fi4 和 Wi-Fi5。

2. 5G 技术

5G 就是第五代通信技术,主要特点是波长为毫米级、超宽带、超高速度、超低延时。1G 实现了模拟语音通信,大哥大没有屏幕只能打电话;2G 实现了语音通信数字化,功能机有了小屏幕可以发短信了;3G 实现了语音以外图片等的多媒体通信,屏幕变大可以看图片了;4G 实现了局域高速上网,大屏智能机可以看短视频了,但城市信号好,乡镇信号差。从 1G 到 4G 都是着眼于人与人之间更方便快捷的通信,而 5G 将实现随时、随地的万物互联,让人类敢于期待与地球上的万物通过直播的方式无时差同步参与其中(见图 5-18)。

图 5-18　5G 发展历程

5G 以更快的传输速度、超低的时延、更低功耗及海量连接开启万物互联新时代,催生和推动各行各业的数字化发展;在交通、能源、制造、教育、医疗、消费、休闲娱乐等行业带来新的参与者,促进传统商业模式演进,甚至是颠覆性的重塑,实现巨大的经济价值。2020～2035 年,全球 5G 产业链投资额预计将达到约 3.5 万亿美元,中国约占 30%。与此同时,由 5G 技术驱动的全球行业应用将创造超过 12 万亿美元的销售额。㊀

"4G 改变生活,5G 改变社会。"作为当前最先进的通信技术,5G 具备大带宽、低时延、高可靠、广连接、泛在网等特点,同时其特有的网络切片技术可以实现端到端 SLA 保障、业务隔离性和运营独立性,契合了千行百业数字化、智能化转型需求,市场潜力巨大。5G 技术在城市管理、民生服务、产业经济等方面的行业应用也日渐成熟。5G 相关应用已开始在国内市场部分行业出现,包括政务与公用事业、工业、农业、文

㊀ 据德勤研究报告,新浪 VR2020 年 8 月 10 日发布。

体娱乐、医疗、交通运输、金融、旅游、教育和电力 10 大行业、35 个细分应用领域（见表 5-1、图 5-19）。

表 5-1 5G 重点应用行业及细分领域

政务与公用事业	工业	农业	文体娱乐	医疗
1. 智慧政务 2. 智慧安防 3. 智慧城市基础设施 4. 智慧楼宇 5. 智慧环保	1. 智慧制造 2. 远程操控 3. 智慧工业园区	1. 智慧农场 2. 智慧林场 3. 智慧畜牧 4. 智慧渔场	1. 视频制作播出 2. 智慧文博 3. 智慧院线 4. 云游戏	1. 远程诊断 2. 远程手术 3. 应急救援
交通运输	金融	旅游	教育	电力
1. 车联网与自动驾驶 2. 智慧公交 3. 智慧铁路 4. 智慧机场 5. 智慧港口 6. 智慧物流	1. 智慧网点 2. 虚拟银行	1. 智慧景区 2. 智慧酒店	1. 智慧教学 2. 智慧校园	1. 智慧新能源发电 2. 智慧输变电 3. 智慧配电 4. 智慧用电

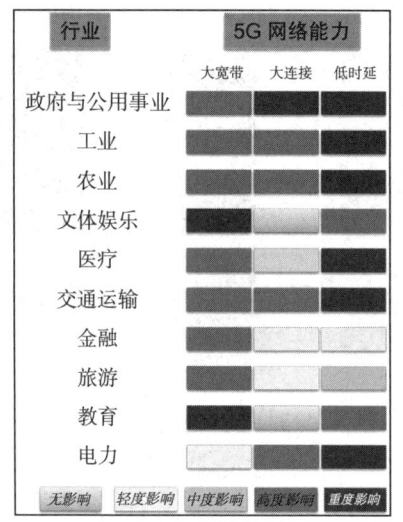

图 5-19 10 大行业对 5G 网络能力依赖程度

5G 和 Wi-Fi6 更像是两兄弟，是一种并存关系而非竞争关系。两者的应用场景不一样，在不同的领域发挥着不可替代的作用。5G 是公网，而 Wi-Fi6 是企业自建网，是内部的局域网，两者会相互补充。Wi-Fi6 可以满足对小区域、高带宽的要求，5G 则面向大区域连接。5G 更重要的价值在于对"物"的服务上。它所具备的高速率、大容量、低功耗、低时延等特性，将提供更为强大的实时运算能力，为未来智能化生活提供基础的网络支持。相较于目前市场上 5G 强势的主导地位，未来，家庭、体育场馆和其他公共场所等用户密集场景下的超高清视频应用，以及智慧家庭、智慧城市等物联网应用，都将是 Wi-Fi 的主战场。5G 的到来会对 Wi-Fi6 造成一定的冲击，但不会取代。由于自身独特的优势，比如部署成本更低、部署速度更快、更具有灵活性，这些都让 Wi-Fi 具有不可替代性。

3. 射频识别

射频识别（radio frequency identification，RFID）是一种非接触式的自动识别技术，它是传统条形码技术的继承者，又称为"电子标签"。射频识别系统主要由电子标签、天线、阅读器、控制软件组成。

射频识别系统为供应链追踪商品的活动提供了强大的技术支持。射频识别系统使用一种内嵌微型芯片的电子标签，这种标签包含商品及其位置的数据信息，可以在很短的距离内发送无线电信号到读卡器中，然后阅读器将数据通过网络传送到一台电脑上进行处理。与条形码技术不同，射频识别信号不需要在视线范围内就可以被读取。

射频识别信号是带有信息的电子程序，能唯一地界定产品及相关的其他信息，如产品的位置，它是在何时何地被制造出来的，或者在生产中的状态如何。读卡器可以发射从 1 英寸（约合 2.54 厘米）到 100 英尺（约合 30.5 米）范围内的无线电波。当射频识别信号在读卡器的范围内时，电子标签被激活，并开始发送数据。读卡器捕获这些数据，对它们进行解码，并通过有线或无线网络将其发送回主机以做进一步处理。电子标签和天线有不同的形状与尺寸。

阅读器单元由一个天线和无线电发射器组成，带有解码功能，被嵌入在固定或便携的设备上。阅读器根据其输出功率、使用的无线电频率和周围的环境条件在 1 英寸到 100 英尺范围内发出无线电波。当一个电子标签进入阅读器的通信范围内时，这个标签就会被激活并且开始发送数据。然后，阅读器捕捉到这些数据，对数据进行解码，并将其经有线或无线网络发送到一台主机上，供其处理，如图 5-20 所示。

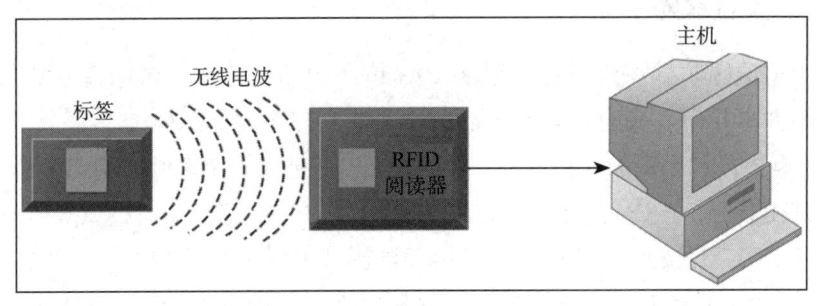

图 5-20　射频识别系统工作原理

案例

RFID 助力美邦库存管理

在过去两年间，美邦规模化扩张极快，年服装产量超 1 亿件，门店拓展至 3 000 家，仓储容量提高到 30 万平方米……供应链负担大大加重，特别是库存进出量疯涨，仓储检选货效率迅速下滑，货品出入拖沓，使得区域仓库门前总是车满为患，成为制约整条供应链快速联动的关键。为此，美邦将入库抽检率下调至15%，以提高效率，却导致缺货、错送、多送的事件频频发生。

而服装上面一旦加上了RFID吊牌，出入库则不再需要开箱验货或者抽检，货品可以加速批量流转。根据目前的技术，使用RFID扫描仪，一箱100件服装在50～100cm之内的读取速率是百分之百。如此一来，整箱货品中内含每种服装多少，不同颜色、尺码分配如何，一清二楚，成箱的货品一次性扫描，快速通过，不必像条形码那样逐件审核，大大提升了货品出入库效率，突破了供应链低效的瓶颈。

同样的道理，零售端也获得更多的便捷。在收货环节，通过后台设置预收货的种类、数量，不需要很多人参与，简单地扫描便可快速完成。盘点时，将货品放在专用的盘点台上，品种、颜色、尺码、件数，一目了然。重点商品的货架上没能"齐色齐码"，系统会通知店员补齐货品，令货架"应时而变"。

5.3 互联网

国际互联网是20世纪80年代以来出现的最重要的计算机网络，它通过主干网络把不同标准、不同结构甚至不同协议类型的局域网在一定的网络协议的支持下连接起来，从而实现更大范围的信息资源共享。目前互联网上提供的服务多种多样，包括电子邮件服务、万维网服务、远程登录服务、文件传输服务、新闻组等，为会话、娱乐和电子商务提供支持。

5.3.1 什么是互联网

1960年美国国防部高级研究计划署（ARPA）出于"冷战"考虑建立的ARPANET引发了技术进步并使其成为互联网发展的中心。1973年ARPANET扩展成互联网，第一批接入的有英国和挪威的计算机。1974年，TCP/IP被设计出来并初步引入ARPANET。1983年1月1日起，ARPANET将其网络内核协议由NCP改变为TCP/IP。

在ARPANET的技术基础上，1986年美国国家科学基金会建立了大学之间互联的骨干网络，这是互联网历史上重要的一步，从此之后大量的美国学术机构加入这一网络中。20世纪90年代初开始，整个网络向公众开放。1991年8月，蒂姆·伯纳斯-李（Tim Berners-Lee）在瑞士创立HTML、HTTP和欧洲粒子物理研究所的最初几个网页之后两年，他开始宣扬其万维网项目。之后，随着Mosaic、Netscape等网页浏览器软件的出现，互联网进一步迈向大众用户。

在其发展的最初十年，互联网成功地吸纳了原有的计算机网络中的大多数（尽管像FidoNet的一些网络仍然保持独立）。这一快速发展要归结于互联网没有中央控制，以及互联网协议非私有的特质,前者促成了互联网有机的生长,后者则鼓励了厂家之间的兼容,并防止了某一个公司在互联网上称霸。

互联网是全球性的。这就意味着我们目前使用的这个网络,不管是谁发明了它,它都属于全人类。这种"全球性"并不是一个空洞的政治口号,而是由其技术保证的。互联网的机构是按照"分组交换"的方式连接的分布式网络。因此,在技术的层面上,互联网不存在中央控制的问题。也就是说,不可能存在某一个国家或者某一个利益集团通过某种技术手段来控制互联网的问题。反过来,某国也无法把互联网封闭在国境之内。

5.3.2 互联网地址

1. IP 地址

互联网以 TCP/IP 网络协议套件为基础。在互联网中,每台计算机都被分配了一个独一无二的网络协议地址。目前 IP 地址体系有广泛应用的 IPv4 体系和目前正在建设的 IPv6 体系。

(1) IPv4 地址表示

IP 地址由网络地址和主机地址两部分组成,如图 5-21 所示。其中,网络地址用来表示一个逻辑网络,主机地址用来标识该网络中的一台主机。

在 IPv4 体系中,每个 IP 地址均由长度为 32 位的二进制数组成(即 4 个字节),每 8 位(1 个字节)之间用圆点分开。显然,用二进制数表示的 IP 地址难于书写和记忆,通常将 32 位的二进制地址写成 4 个十进制数字的字段,其中每个字段都在 0 ~ 255 之间取值,如 211.86.251.152。

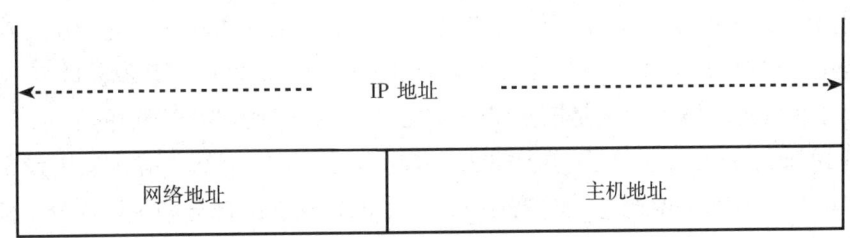

图 5-21 IP 地址的结构

在 IPv4 体系中,IP 地址通常可以分为 A、B、C、D、E 五大类。

① A 类地址。第一个字节标识网络地址,后三个字节表示主机地址;A 类地址中第一个字节的首位总为 0,其余七位表示网络标识,所以 A 类地址是一个形如 0 ~ 127.XXX.XXX.XXX 的数。对于 A 类地址,它可以容纳的网络数量为 2^7=128;而对于每一个网络来说,能够容纳的主机数量为 2^{24}。A 类地址用于大型网络。

② B 类地址。前两个字节标识网络地址,后两个字节表示主机地址;B 类地址中第一个字节的前两位为 10,余下六位和第二个字节的八位共 14 位表示网络标识。因

此，B 类地址是一个形如 128～191.XXX.XXX.XXX 的数。对于 B 类地址，它可以容纳的网络数量为 2^{14}；而对于每一个网络来说，能够容纳的主机数量为 2^{16}。B 类地址用于中型网络。

③ C 类地址。前三个字节标识网络地址，后一个字节表示主机地址；C 类地址中第一个字节的前三位为 110，余下五位和第二、三个字节的 21 位表示网络标识。因此 C 类地址是一个形如 192～223.XXX.XXX.XXX 的数。对于 C 类地址，它可以容纳的网络数量为 2^{21}；而对于每一个网络来说，能够容纳的主机数量为 2^8。C 类地址用于小型网络。

此外，IP 地址还有另外两个类别，即广播地址和保留地址，分别分配给 Internet 体系结构委员会和实验性网络使用，称为 D 类地址和 E 类地址。

（2）IP 的分配

在互联网中，IP 地址的分配是有一定规则的，由 Internet 网络协会负责网络地址分配的委员会进行登记和管理。目前全世界有三个大的网络信息中心，其中 INTERNIC 主要负责美国，RIPE-NIC 主要负责欧洲地区，APNIC 负责亚太地区。网络信息中心的下一级为 Internet 网络的网络管理信息中心，每个网点组成一个自治系统。网络信息中心只给申请成为新网点的组织分配 IP 地址的网络号，主机地址则由申请的组织自己来分配和管理。这种分层管理的方法能够有效防止 IP 地址冲突。

（3）子网与子网掩码

使用子网是为了减少 IP 的浪费。因为随着互联网的发展，越来越多的网络产生，有的网络多达几百台计算机，有的只有区区几台计算机，这样就浪费了很多 IP 地址，所以要划分子网。

子网掩码是一个 32 位地址，是与 IP 地址结合使用的一种技术。它的主要作用有两个，一是用于屏蔽 IP 地址的一部分以区别网络标识和主机标识，并说明该 IP 地址是在局域网上还是在远程网上；二是用于将一个大的 IP 网络划分为若干小的子网络。

通过 IP 地址的二进制与子网掩码的二进制进行"与"计算，确定某个设备的网络地址和主机号，也就是说通过子网掩码分辨一个网络的网络部分和主机部分。例如，一个机器的 IP 是 202.113.125.125，子网掩码是 255.255.255.0，两者相"与"即可得到网络的地址为 202.113.125.0。另外，利用子网掩码，还可以将一个 LAN 划分为更小的 LAN，从而方便进行管理。

（4）IP 地址匮乏问题

随着 Internet 接入设备的增多，IPv4 体系的 IP 地址已经所剩无几，加上美国占据了大部分的 IP 地址，严重阻碍了其他国家连入 Internet。根据中国互联网络信息中心（CNNIC）发布的第 45 次《中国互联网络发展状况统计报告》，截至 2020 年 3 月，我国网民规模达 9.04 亿，互联网普及率达 64.5%，手机网民规模达 8.97 亿，手机上网比例达 99.3%，所以解决 IP 地址匮乏成为当务之急。目前的措施主要有两种：通过网络地址转换（NAT）以及转换到 IPv6 体系。

① NAT 的方案。网络地址转换（network address translation，NAT）属于接入广域网技术，是一种将私有（保留）地址转化为合法 IP 地址的转换技术，它被广泛应用于各种类型的 Internet 接入方式和网络中。NAT 不仅完美地解决了 IP 地址不足的问题，还能够有效地避免来自网络外部的攻击，隐藏并保护网络内部的计算机。

在本网络内使用保留地址来组建自己的局域网，通过一个公共的有效 IP 来接入 Internet，这样，局域网内所有的机器在 Internet 上呈现为一台机器，但不影响本网络内机器的服务和通信，前提是必须有进行转换的设备，此设备负责将内网数据包发送到 Internet，并将 Internet 上接收到的数据包转发给对应的内网机器。此设备可以使用软件模拟，也可以使用硬件设备。

② 转换到 IPv6 体系。IPv6 是能够无限制地增加 IP 网址数量、拥有巨大网址空间和卓越网络安全性能等特点的新一代互联网协议。IPv6 具有如下的技术特点。

a. 地址空间巨大。IPv6 地址空间由 IPv4 的 32 位扩大到 128 位，2 的 128 次方形成了一个巨大的地址空间。采用 IPv6 地址后，未来的移动电话、冰箱等都可以拥有自己的 IP 地址。

b. 灵活的 IP 报文头部格式。IPv6 简化了报文头部格式，字段只有七个，加快了报文转发，提高了吞吐量。IPv6 使用一系列固定格式的扩展头部取代了 IPv4 中可变长度的选项字段。IPv6 中选项部分的出现方式也有所变化，使路由器可以简单路过选项而不做任何处理，加快了报文处理速度。

此外，IPv6 安全性更高，身份认证和隐私权是 IPv6 的关键特性。IPv6 还允许协议继续演变，增加新的功能，使之适应未来技术的发展。并且 IPv6 正处在不断发展和完善的过程中，它在不久的将来将取代目前被广泛使用的 IPv4。每个人将拥有更多的 IP 地址。根据第 45 次《中国互联网络发展状况统计报告》，截至 2019 年 12 月，我国 IPv6 地址数量为 50 887 块 /32。

2. 域名

由于用户要记住 32 个数字的字符串相当困难，域名系统（domain name system，DNS）就用域名代替 IP 地址。域名就是每台计算机连接互联网唯一的 32 比特 IP 地址对应的英文名称。DNS 服务器使数据库所包含的 IP 地址映射到相应的域名上。用户想要访问在互联网上的计算机，只需要知道域名即可。

DNS 具有一种层次结构。DNS 层次结构的最上层被称为根域。这个根的子域被称为顶级域名，同时这个顶级域名的子域被称为二级域名。顶级域名是上网者熟悉的具有两三个特征的名字，例如 .com、.edu、.gov 和其他各国的代码（如 .cn 代表中国，.it 代表意大利）。二级域名分为两部分：选定的一个顶级名字和一个二级名字，比如 buy.com、aufe.edu 或 amazon.ca。在层次结构底部的主机是指在互联网或专用网络中特定的计算机。

目前最常见的、可用的、官方允许的域名扩展如下所示。国家也有自己的域名，如 .cn、.au 和 .fr（分别对应中国、澳大利亚和法国）。国际上新的顶级域名使用非英文字符。未来，这个列表会包括更多的组织和行业。

根据第 45 次《中国互联网络发展状况统计报告》，截至 2019 年 12 月，我国域名总数为 5 094 万个。其中，".cn"域名数量为 2 243 万个，较 2018 年底增长 5.6%，占我国域名总数的 44%；".com"域名数量为 1 492 万个，占我国域名总数的 29.3%；".中国"域名数量为 170 万个，占我国域名总数的 3.3%；新通用顶级域名数量为 1 013 万个，占我国域名总数的 19.9%。

5.3.3 互联网应用

互联网应用如即时通信、搜索引擎等已经成为许多人日常工作、生活的一个重要组成部分（见表 5-2）。与此同时，新的互联网应用形式仍在不断地出现。根据第 45 次《中国互联网络发展状况统计报告》，受 2020 年初新冠肺炎疫情影响，全国大中小学推迟开学，教学活动改至线上，在线教育用户规模较 2018 年底增长 110.2%；在电商直播的带动下，网络直播用户规模较 2018 年底增长 41.1%；网络支付的用户规模达 7.68 亿，较 2018 年底增长 27.9%，手机网络支付用户规模增长率为 31.1%。

表 5-2 互联网应用

基础应用类应用	商务交易类应用	网络娱乐类应用
即时通信	网络购物	网络音乐
搜索引擎	网上外卖	网络游戏
社交应用	网约车	网络视频
网络支付	在线教育	网络直播

1. 基础应用类应用

（1）即时通信

在个人用户方面，即时通信已经成为用户数字化生活的基础平台，主要表现在以下几点。一是在开发端，即时通信平台为小程序开发者提供了丰富完备的云端开发工具，让开发者可以在不搭建服务器、数据库和存储空间的条件下，直接利用应用程序接口（API）进行核心业务开发，从而实现各类服务的快速上线和迭代。二是在应用端，越来越多的线上线下服务被纳入即时通信的生态系统中来，推动即时通信成为个人数字化生活的核心环节。当前网民最常使用的均为即时通信类应用。三是在用户端，即时通信平台通过小程序搜索、小程序评分等功能，降低用户在服务生态内的使用和反馈门槛，推动小程序用户规模与活跃度进一步提高。2019 年小程序日活跃用户突破 3 亿，人均访问小程序次数提高 45%，人均使用小程序个数提高 98%。

在企业用户方面，即时通信应用开始成为企业信息化转型的得力助手。依托云计算、人工智能等技术，即时通信在企业日常运营管理、数据信息互通共享、团队远程协同办公等领域发挥的作用日渐凸显，从而帮助企业提升运营质量与效率，赋能传统行业转型升级，主要表现在以下几点。一是在企业日常运营管理上，即时通信为线下零售行业提供门店人员调配、顾客会员管理、库存信息提醒等功能，助力企业实现对线下零售网点的信息化、智能化运营。二是在数据信息互通共享上，企业即时通信为医疗行业机构开发信息流转与通信平台，实现科室、医院间的信息互通，打通医疗环节中医生、患者和设备的联系，从而促进医疗信息与数据的充分流动，提升患者就诊效率和治愈率。三是在团队远程协同办公中，即时通信为企业提供了基于云端的多人音视频会议、共享文档编辑、异地项目协同管理等功能，帮助企业实现实时协同，保障组织高效平稳运转。尤其在2020年初的新冠肺炎疫情期间，企业即时通信远程办公功能有效地减少了办公环境下的人际接触，为防范疫情扩散、推动复工复产提供了有力支撑。

（2）搜索引擎

搜索服务内容生态布局加快演进。信息流服务是基于兴趣的主动推送服务，能够对基于需求的主动搜索服务进行有效补充，帮助搜索引擎完善内容生态布局，缓解App间数据壁垒导致的流量获取难题，获得更多的用户和收益。百度依托搜索引擎入口，不断优化算法，提供文字、短视频、问题等产品的内容，同时抓取全网资源，为用户提供综合搜索服务。

人工智能技术推动搜索产品创新和服务质量提升，主要体现在以下两方面。一是人工智能技术推动产品创新，出现了将知识体系作为搜索结果的新产品。基于机器学习的人工智能知识搜索引擎Magi上线，通过机器学习将自然语言信息提取成结构化数据，可以为用户提供除网页链接以外的知识体系搜索结果，为行业构建和完善知识图谱。二是人工智能技术提升服务质量。搜索引擎开放人工智能技术接口，与搜索小程序融合，促进开发者为用户提供更智能的服务，覆盖视频、生活服务、购物、旅游等众多领域。百度智能小程序2019年11月活跃用户数超过3亿，在搜索流量中占比超过30%。360搜索PC端小程序12月活跃用户数超过5 000万。

（3）社交应用

社交产品创新丰富，满足用户多元需求，主要体现在以下两方面。一是社交与视频融合，增加用户使用时长和黏性，出现了以音频、短视频、直播等作为新形式的社交产品或功能，如基于短视频的"多闪"、基于声音的"吱呀""音遇"，知乎开通直播功能等。二是企业挖掘社交关系细分市场，根据关系的亲疏远近，出现了陌生关系、"点赞之交"等不同社交深度的产品，如腾讯、陌陌陆续推出多款匿名社交App，搜狐、微博相继推出浅互动社区产品"狐友""绿洲"等。

社交元素助推流量变现，拓宽平台收入渠道，主要体现在以下两方面。一是社交元素助推优质内容生产，从而提高收入，如今日头条提供社交群服务，创作者可建立付费社交群获得创作收益。二是社交电商持续拓宽数字消费渠道，社交平台为多类用户建立了丰富的连接渠道，如品牌账号、自媒体账号、明星 KOL 账号、个人用户账号等，推动社交电商继续保持较快增长。

社交平台发挥更多公益效能，社会价值不断扩大。社交平台为公益活动的传播起到巨大的推动作用，并成为公益捐助的重要来源。2019 年上半年，民政部指定的 20 家互联网公开募捐信息平台募捐总额超过 18 亿元，其中腾讯公益、微公益等都利用社交平台助力公益慈善捐助行动。在抗击新冠肺炎疫情过程中，上亿用户通过微博关注最新疫情、获取防治服务、参与公益捐助。截至 2020 年 2 月 4 日，微博热搜榜上疫情相关话题的占比超过 60%。

（4）网络支付

网络支付业务稳步增长，有力拉动消费升级，主要体现在以下三个方面。一是网络支付业务继续保持较快增长速度。2019 年非银行支付机构处理网络支付业务 7 199.98 亿笔，处理业务金额 249.88 万亿元，同比分别增长 35.7% 和 20.1%，实现较快增长。二是移动支付有力拉动消费增长。非现金支付工具与大众日常生活的联系日益紧密，不仅重塑了居民个人的消费行为，变革了企业的商业模式，而且在很大程度上带动了各地区居民的消费增长。三是移动支付优化大众家庭消费结构。据相关研究表明，移动支付可促进我国家庭消费增长 16.0%，使恩格尔系数（食品消费占比）降低 1.7%，同时带动教育、文化、娱乐等发展性消费实现大幅增长，幅度明显高于食品、服装、居住等生存性消费。

网络支付正成为境内企业走出国门、境外企业进入国内市场的活跃领域，主要有以下两个原因。一是网络支付业务走出国门，境外业务快速发展。近年来，随着国民出境旅游需求日益增长，"一带一路"沿线国家数字化发展需求日渐强烈，越来越多的网络支付企业大力拓展跨境业务。二是支付行业逐渐成为扩大金融市场开放的先行者。在国家放开外商投资支付机构准入限制后，2019 年 9 月，中国人民银行批准 PayPal 收购国付宝 70% 的股权，标志着首家外资第三方支付机构进入境内市场；11 月，在中国人民银行指导下，Visa、Mastercard 等五大国际卡组织与腾讯开展合作，使境外开立的国际信用卡能够绑定微信支付，目前已支持电商购物、旅行预订等国内消费场景。

网络支付与科技融合程度不断加深，推动行业效能提升。物联网、近场通信等新技术在垂直领域加速渗透，不断催生并变革着相关支付方式与形态。例如，在交通出行领域，基于感应识别、数据联网交换等技术的 ETC（electronic toll collection，电子不停车收费系统）发展迅速。截至 2019 年 12 月 10 日，全国 ETC 客户累计达 1.85 亿，2019 年全年新增 1.05 亿，全国高速公路出入口客车 ETC 平均使用率达到 70.0%。此外，随着技术与支付的融合加深，支付企业竞争焦点正逐渐转向技术。以人脸识别、指纹识别等为代表的人机交互技术和以防攻击、防诈骗等为代表的风险控制技术在网络支付领域的应用日趋广泛。

2. 商务交易类应用

（1）网络购物

社交电商、直播电商成为网络消费增长的新动能。作为网络消费模式创新，社交电商和直播电商有效满足了消费者的多元需求，成为网络消费的重要支撑。一是社交电商增长势头迅猛，已发展成为网络消费的新生力量。社交电商借助社交媒体或互动网络媒体，通过分享、内容制作、分销等方式，实现了对传统电商模式的迭代创新。二是直播电商不断拓展网络消费空间。截至2020年3月，电商直播用户规模达2.65亿，占网购用户的37.2%，占直播用户的47.3%。直播电商通过"内容种草"、实时互动的方式激活用户感性消费，提升购买转化率和用户体验。

下沉市场成为网络消费重要的增量市场，主要有以下两个原因。一是下沉市场网购用户保持快速增长，为网络消费提供了用户基础。截至2020年3月，三线及以下市场网购用户占该地区网民比例较2018年底提升3.9个百分点；农村网购用户规模达1.71亿，占网购用户比例达24.1%。二是下沉市场网购环境日趋完善，为释放消费潜力提供了重要保障。随着电商平台渠道、物流服务加速下沉，三线以下城市和农村地区的网购基础设施与商品不断完善。2019年天猫"6·18"活动期间，三线及以下城市网络消费增速是一二线城市的1.14倍，对网络消费同比增长的贡献率达62%。

跨境电商成为促消费、稳外贸的重要力量，主要有以下两个原因。一是跨境电商促进消费作用持续凸显。在明确跨境电商"按个人自用进境物品监管"性质、降低行邮税税率及扩大跨境电子商务综合试验区等多项利好政策推动下，跨境电商保持高速增长。二是跨境电商助力品牌出海，推动外贸"稳中提质"。日趋成熟的跨境电商产业和国内制造业体系为品牌出海提供了强大助力，多个传统制造商及电商品牌先后走向全球市场，在推动外贸转型升级的同时进一步提升了我国品牌的国际形象。

（2）网上外卖

从供给端看，外卖平台对上游服务的支撑力度不断加大，并逐步传导至传统餐饮业供给，主要体现在以下两方面。一是加速推动外卖行业供给侧数字化升级。外卖平台加大对商户服务支持，通过提供智能终端、智慧点餐系统、收银系统等提升商户运营效率，同时通过订单管理、集中采购、峰值预测等数字化支持强化商户供应链水平，在提升供给端效能的同时也进一步推动了餐饮业的数字化升级。二是促进外卖产品和服务质量持续提升。外卖平台持续优化服务流程，推动无人配送等技术，不断强化履约配送能力，外卖食品安全和配送效率不断提升。同时，外卖商家品牌化、连锁化等趋势进一步凸显，品质化进一步升级。

从需求端看，外卖平台不断扩展服务边界，逐步形成下沉市场和细分场景新增长动力，主要体现在以下两方面。一是向下加速推进市场下沉，下沉市场正在成为外卖需求端的增量市场。二是外卖需求呈现多元化发展态势，细分场景催生出新的消费增长点。在外卖服务推动下，用餐需求从正餐向甜点饮品、下午茶、夜宵等细分场景纵向延伸，逐步形成以夜宵外卖为代表的"夜经济"消费。同时，外卖服务加快横向拓展，满足生鲜菜蔬、药品配送等即时配送服务需求，加快带动以社区生鲜、拼团买菜为代表的零售新模式发展，进一步丰富线上线下零售业态。

（3）网约车

在行业规范方面，网约车合规化提速，助力行业安全发展。政府部门对网约车采取包容审慎监管态度：坚守安全底线，合理放宽限制。政府部门在监管意见中明确提出优化完善准入条件、审批流程和服务，建立健全身份认证，加快平台经济参与者合规化进程。地方政府和企业积极落实合规化要求。一是不断优化网约车准入条件，如宁波和贵阳合并网约车和出租车驾驶证，深圳和昆明等地推动使用新能源网约车。二是建立"黑名单"预警机制。如上海市网约车监管平台搭建"双证"查询比对系统，与四家网约车公司完成对接建设，并同时建立起"黑名单"预警系统。三是依托新一代信息技术精准执法。如南京市运输管理部门尝试利用5G设备进行执法检查，可瞬间查证核实非法运营网约车。到目前为止，我国已经有140多家网约车平台公司取得了经营许可，全国合法网约车驾驶员已达150多万人，日均完成网约车订单超过2 000万单。

在市场竞争方面，汽车企业重构网约车行业竞争格局，聚合模式助力平台型企业拓展市场。一是汽车制造商跨接经营网约车业务。数字化转型重塑汽车行业价值链，汽车制造商竞相布局出行业服务领域，以"制造＋出行"模式切分市场，抢占用户流量和数据资源，夯实未来智能出行服务基础。二是网约车平台公司聚合资源拓展发展空间。网约车平台公司以"聚合模式"在全国范围内拓展业务，地方性网约车公司作为市场的底层力量，为"聚合模式"提供基础供给资源。如美团点评在平台上接入多家网约车服务商，聚合流量入口提升约车效率，将出行服务拓展至全国42个城市。

（4）在线教育

教育部门密集出台多项政策，推动在线教育行业更加规范。由教育部、中央网信办、公安部等多部门联合发布的《关于引导规范教育移动互联网应用有序健康发展的意见》《关于规范校外线上培训的实施意见》等指导意见，以及《教育移动互联网应用程序备案管理办法》《高等院校管理服务类教育移动互联网应用专项治理行动方案》等政策文件，为促进教育移动应用和校外线上培训的有序健康发展提出了明确要求，推动在线教育行业更加规范化、体系化。

在线教育机构通过多种方式，推动获客率和营收增长，主要体现在以下几个方面。一是推动新技术在线课堂的深度应用。当前人工智能、大数据等新兴技术已在在线教育领域得到广泛应用。通过大数据可对师资进行筛选，提升课程标准化，提升客户满意度；通过人工智能可对学术课堂表现进行识别、收集、整理，力图做到因材施教，实现个性化课堂，从而增强用户黏性。随着5G在我国的商用，直播互动的教学形式将会更多地运用到在线教育中来，目前存在的如画面不流畅、内容延迟等问题也将得到进一步改善。二是加强了与短视频的跨界合作。通过这一更加贴合年轻用户信息获取习惯的方式，在线教育机构达到了吸引更多客户，降低获客成本的目的。仅仅 2019 年快手平台的教育类短视频累计生产量就高达 2 亿。

3. 网络娱乐类应用

（1）网络音乐

在产业生态方面，网络音乐行业更加重视建设上游创作生态。在音乐版权资源竞争更加激烈的背景下，大型网络音乐平台的战略重点从下游的用户资源转向上游的创作资源。以酷狗音乐旗下的"5sing"、网易云音乐旗下的"云村"为代表的原创音乐社区已经成为优质音乐作品的摇篮。各大平台利用资金和流量鼓励社区用户创作并上传各种风格的音乐作品。这种模式不但为专业音乐人提供了新作品发布推广的渠道，同时也吸引普通用户积极通过在线卡拉 OK 的形式录制歌曲并与其他社区用户进行分享。原创音乐社区的蓬勃发展，不但形成了集艺人挖掘、作品发布、粉丝互动于一体的产业链闭环，也有助于形成全民共创、全民参与的音乐文化生活氛围。

在业务发展方面，网络音乐行业多元化业务模式逐步形成。网络音乐平台正逐渐从作品分销商向音乐内容提供商转型，推动行业营收稳定增长。歌手直播板块分别在腾讯、网易旗下的网络音乐平台上线，并逐渐成为推动营收增长的重要力量。未来，以付费会员为基础，协同直播打赏、数字专辑、作品授权、付费电台、音乐周边、线下演出的多元化业务将进一步推动网络音乐行业健康发展。

在海外市场方面，大型网络音乐平台的全球化布局初见成效。我国互联网音乐平台对外投资力度进一步加大，不但拓宽了行业营收增长渠道，而且为国内外音乐文化交流奠定了基础。目前，我国大型网络音乐平台的全球化布局已形成一定的规模。一是欧洲和北美市场，腾讯投资了 Spotify、Smule 等海外网络音乐平台，其中 Spotify 是全球最大的网络音乐平台。二是在亚洲市场，字节跳动在印度和印度尼西亚上线了音乐应用 Resso，试图与腾讯投资的印度音乐平台 Caana 展开竞争。三是在非洲市场，网易云音乐参与投资的非洲音乐平台 Boomplay 通过手机预装渠道在非洲用户中快速渗透，以此打开了非洲网络音乐市场的大门。

（2）网络游戏

网络游戏产业"走出去"亮点频出。随着国内游戏市场的日渐饱和，出海发展已成为众多国内网络游戏厂商的务实选择。多款国内开发的移动游戏全球月活跃用户数、下载量、用户支出等数据均居世界前列。2019 年全球用户支出排名前十的网络游戏中，来自我国的《王者荣耀》《梦幻西游》和《PUBG MOBILE》分列第二、七、九名。全球月活跃用户排名前十的网络游戏中，也有四款为国产游戏。国产游戏在海外的亮眼表现，为网络游戏厂商拓宽收入渠道、增强抵御风险能力创造了良好条件。

网络游戏产业"引进来"成果丰硕。长期以来，国内游戏市场受到众多海外机构的青睐。2019 年，任天堂游戏平台（Nintendo Switch）和蒸汽平台（Steam）先后被引入国内，开始为我国用户提供服务。国际知名游戏平台的引入为我国网络游戏用户获得更好的游戏体验和更多的游戏选择创造了条件，也为我国网络游戏从业者学习国外先进制作理念并借此打入国际市场提供了契机。

"云游戏"概念逐步落地。随着科技的进一步发展和 5G 在我国实现商用，"云游戏"从概念向落地迈出了坚实的一步。"云游戏"旨在通过云端集中运算减少游戏对客户硬件的需求，从而使更多用户可以享受高质量的游戏体验。腾讯、完美世界、网易等网络游戏公司先后推出了多个云游戏平台，并加强了与中国联通、华为等通信企业在相关领域的研发合作，意图在"云游戏"领域占得先机。

（3）网络视频

政府加强监管力度，助力行业健康有序发展。2019 年 3 月，国家互联网信息办公室指导组织主要短视频平台试点上线"青少年防沉迷系统"，引导互联网公司积极履行社会责任，进一步提升青少年网络保护力度。截至 10 月，已有 53 家网络视频、直播平台上线"青少年模式"，规范青少年用户的使用时长、时段、功能和内容，引导青少年合理使用网络。2019 年 11 月，国家互联网信息办公室等相关管理部门联合印发《网络音视频信息服务管理规定》，及时回应当前网络音视频信息服务及相关技术发展面临的问题，全面规定从事网络音视频信息服务相关方应当遵守的管理要求，为促进行业健康有序发展提供了重要指引。

互动视频探索步伐加快，迅速成为行业关注焦点。一是平台促进互动视频发展。爱奇艺、腾讯视频、哔哩哔哩、优酷等多家平台均开始尝试互动视频，在互动电视剧、互动综艺、互动电影等领域实现了多点开花，同时设立创作基金，鼓励优秀内容创作，推动更多互动内容走向大众视野。二是技术促进互动视频发展。互动视频一站式创作平台陆续出现，帮助创作者使用通用模板上传、发布作品，降低创作门槛，推动互动视频内容的落地。此外，5G 技术商用也为互动视频的发展提供了新机遇。但由于制作成本的限制，目前互动视频的商业模式和技术形态仍处于探索阶段。

网络视频平台加强跨领域合作，促进付费会员数量和收入增长。2019 年各大视频平台以优质内容服务为核心，围绕用户需求进一步扩大服务边界，与生活服务、技术等领域领先的公司如携程、京东、华为等合作，通过账号互通、运营协同、内容共享等措施，扩展会员权益，激发用户付费意愿，跨领域获取付费用户资源。2019 年 6 月 11 日，爱奇艺、腾讯视频分别宣布付费会员数量过亿。仅仅 2019 年，爱奇艺会员服务营收同比增长 36%，在总营收中的占比接近 50%，远远超过在线广告服务营收。伴随着付费用户的持续增长，未来如何平衡平台商业收入和用户体验，是网络视频行业需要面对的问题。

短视频在扩展海外市场的同时，也成为文化输出的重要平台。一是各大短视频平台不断拓展对外传播疆域。抖音海外版 TikTok、快手海外版 Kwai 等应用以"东亚文化圈"为主打、欧美地区为辅助，迅速扩张海外市场。海外版短视频产品支持将商品分享到 YouTube、Facebook、Twitter 等国际平台，连通了海外用户日常使用的主要社交软件，使用率迅速攀升。二是优秀的短视频作品担当起文化输出的重要使命。生动直观、新颖易懂的短视频作品突破了语言的局限，更具跨文化传播能力。以知名博主李子柒为例，她的短视频以中国传统文化为主线，围绕中国农家的衣食住行展开，吸引外国网友观看，成为他们了解中国文化的一个窗口。

短视频通过带动乡村旅游、推动农产品销售等方式，拉动贫困地区经济发展。《2019年网络扶贫工作要点》中强调，要充分发掘互联网和信息化在脱贫中的潜力，扎实推动网络扶贫行动向纵深发展。随着农村互联网基础设施的完善、智能终端的普及，简单易用的短视频成为农民的娱乐和生产工具。贫困地区群众通过拍摄家乡自然风光、风土人情的短视频，吸引游客，推动乡村旅游，带动当地经济发展。同时，越来越多的农民转为视频博主，在短视频的帮助下解决乡村特产的销售问题。截至 2019 年 9 月，已有超过 1 900 万人在快手平台上获得收入，其中超过 500 万人来自国家级贫困县，有 115 万人通过在快手平台卖货，年销售总额达到 193 亿元。四川凉山彝族自治州"悬崖村"利用短视频实现脱贫，陕西杨凌、山东泰安等地的短视频乡村创业、扶贫等活动，均取得了较好成果。

（4）网络直播

在内容品类方面，电商直播蓬勃发展。虽然真人秀直播、游戏直播等传统网络直播用户规模增速放缓，但电商直播的兴起为行业整体用户规模增长注入了新的活力，丰富了网络直播行业的内容与变现方式。阿里巴巴、京东、拼多多等电商平台陆续涉足该领域，将实体商品交易与互动直播形式进行融合，提升了用户消费体验与黏性。此外，电商直播拉动农产品销售，为贫困地区脱贫致富提供了有力支撑。

在市场发展方面，网络直播回归理性发展轨道。2019 年，随着资本市场对网络直播行业的投资力度逐渐降低，传统网络直播平台优胜劣汰的趋势更加明显。企业财务报告数据显示，陌陌、斗鱼、虎牙等已经上市的大型直播平台的营收在 2019 年前三季度均保持增长态势，其中以斗鱼和虎牙为代表的网络游戏直播平台营收增幅分别达到 109.3% 和 87%，而部分中小型平台则因融资困难退出市场。

在行业监管方面，相关管理机制进一步完善。一是针对直播过程的账号监管、主播着装、用户举报等问题，地方行业协会联合网络直播平台发布了《网络直播平台管理规范》和《网络直播主播管理规范》，成为我国直播行业出台并实施的首批团体标准。二是针对电商直播中出现的产品质量和夸大宣传问题，国家市场监督管理总局等部门在 2019 年 10 月发布专项行动工作方案，对电商直播中存在的食品安全问题进行专项整治。

● 思 考 题

1. 什么是计算机网络？计算机网络的构成有哪些？
2. 简述计算机网络的功能。
3. 简述计算机网络的分类。

4. 简述 5G 的应用。
5. 简述常见的互联网应用。

课后案例

2019 中国在线直播行业：花椒、虎牙、KK 直播

根据 iiMedia Research（艾媒咨询）的统计数据，2019 年中国在线直播用户规模已经增至 5.04 亿人，预计 2020 年在线直播行业用户规模将会达到 5.26 亿人。随着在线直播用户数量增速放缓，直播行业人口红利逐渐消失，推动利润进一步增长的关键将会是内容。因此，各直播平台积极布局"直播+"，在丰富平台内容的同时赋能其他行业创新发展。值得一提的是，"直播+公益""直播+教育"正在成为热点。

花椒直播：聚焦 90 后、95 后的强社交属性泛娱乐直播平台

花椒直播自从 2015 年 6 月成立以来，已经发展成为娱乐类社交直播头部平台。花椒直播主要从人、平台与内容三个方面入手，聚焦 90 后和 95 后用户，以超强的技术实力和优质的内容，力争打造一个具有强社交属性的泛娱乐直播平台。

花椒直播通过整合平台内部资源和外部资源，举办各类"造星"大赛，挖掘并且培育优质主播，进而构建完整的主播成长生态圈，其中巅峰之战更是直播行业造星大 IP。而优质主播推出的优质内容将反哺平台，吸引并留存更多的用户。

虎牙直播：财报表现强劲

数据显示，虎牙 2019 年第二季度营业收入就达到了 20.105 亿元，同比增长 93.6%。这是管理层以及华尔街从未预料到的。净利润为 1.704 亿元，是虎牙连续第七个季度盈利，展现了其惊人的可持续长期盈利能力。与此同时，虎牙第二季度研发投入同比增长 75.8%，对新技术的研究与应用继续加速。另外，在用户方面，第二季度虎牙国内平均 MAU（月活跃用户）同比增长 57.3%，而移动端平均 MAU 同比增长 31.1%，虎牙国内付费用户增至 490 万人，同比增长达到 46.7%，用户增长成为虎牙取得强劲业绩的主要驱动力。

一直以来，虎牙直播坚持"技术驱动娱乐"的原则，以技术赋能内容生产者，提升用户体验，重点布局 5G 技术及诸如 VR 技术、边缘云技术等基于 5G 的新技术的研究与应用，并与三大电信运营商建立 5G 商用合作关系，走在技术创新的前沿。因此可以说，4G 催生了直播行业，而 5G 必将成为直播平台实现弯道超车的关键因素。

KK 直播：深挖下沉市场

KK 从用户、内容和主播三方面聚焦下沉市场，更为重要的是，其界面与玩法贴合用户特点，其内容则与当地生活贴近，并通过完善的视频生态上下游孵化体系培养扶持

腰部主播。据艾媒咨询分析师分析，随着国内一线城市和二线城市直播市场趋于饱和，三线城市和四线城市的发展空间仍然较为广阔，在这种背景下，利用三线城市和四线城市人群的长尾效应进一步获取人口红利成为直播行业突破瓶颈的关键。

KK直播积极探索"直播+"领域，拓宽内容边界，大力发展"直播+公益"，尤其是在助残、宣扬传统文化、弘扬爱国精神等方面做出非常重要的贡献。艾媒咨询分析师认为，直播是互联网时代公益事业发展的"助推器"，积极参与公益事业有助于直播平台塑造正面形象，并促进社会公益精神的形成。

资料来源：《艾媒报告 | 2019 Q3 中国在线直播行业发展专题研究报告》。

案例思考题

1. 花椒、虎牙和KK直播是如何挖掘商业价值的？
2. 随着互联网行业的快速发展，直播平台将会面临哪些挑战？

CHAPTER 6

第 6 章

新兴信息技术

学习目标

1. 理解大数据的概念、特点以及应用。
2. 了解云计算的概念、服务模式。
3. 理解人工智能的起源、发展、应用。
4. 理解区块连的起源、概念及其应用。

开篇案例

神秘的比特币

2008 年，美国次贷危机爆发，金融海啸席卷全球，导致经济萧条持续多年之久。对 2008 危机的溯源性研究指向了多个可能的诱发性因素：次级贷款市场的过度放贷和杠杆率居高不下。除此之外，主权货币的滥发也成为金融危机的一个重要诱因。

同年 11 月 1 日，化名为"中本聪"的一位网友发表了名为《比特币：一种点对点的电子现金系统》的技术论文，也就是后来世人所称的比特币《白皮书》。《白皮书》基于主权信用背书的货币系统，进一步提出了一种能够规避主权货币滥发的电子支付系统——比特币，这种电子支付系统可以完美解决货币信用问题。《白皮书》的问世，标志着比特币的底层技术——区块链的诞生。

北京时间 2009 年 1 月 4 日，"中本聪"在芬兰赫尔辛基的一个小型服务器上，亲手创建了被世人称为"比特币的创世区块"的第一个区块。"中本聪"也因此获得了 50 枚比特币的奖励，比特币就此问世。当时没有人会想到，在短短几年时间内，比特币会被越来越多的人所接受和喜欢，进而迅速地从极客圈走向社会大众，并以凶猛的价格增长方式来彰显自己的独特魅力。

第一个区块的创建正处于全球金融危机之时,为了纪念比特币准确的诞生时间,"中本聪"将当天的《泰晤士报》头版标题刻在了第一个区块上。从2008年到2009年底,这段时间比特币一直处在极少数人参与的技术实验阶段,相关商业活动还未真正开始。

2010年3月17日,全球第一家比特币交易所Bitcoin Market开业;从此以后,区块链的第一个应用——比特币开始具有商业性质。2010年5月22日,一个程序员用10 000比特币换了价值25美元的1个比萨,这是区块链史上的第一笔交易,同时这笔交易也证明比特币具有了真正的商业价值,区块链也第一次被认可。2011年2月,美国《时代周刊》首次发表了关于比特币的文章;同年6月,中国大陆第一家交易所"比特币中国"(BTCChina)成立,区块链的中国时代开始。2013年8月,德国首次宣布承认比特币的合法地位,并将其纳入国家监管体系。同期,塞浦路斯爆发经济危机,民众开始把目光投向了比特币。从此以后,比特币开始走向世界,为更多人所关注。

因此,区块链由比特币带入中国,却以区块链技术落地生根。2016年1月20日,中国人民银行数字货币研讨会在北京召开,数字货币在降低传统货币发行、流通成本,提高经济活动的便利性和透明性等方面的价值得到了肯定。同年10月,工业和信息化部发布了《中国区块链技术和应用发展白皮书(2016)》,对国内外区块链发展现状和典型应用场景进行了总结,明确了区块链技术在我国的发展路线图以及未来区块链技术标准化方向和进程。12月,在《国务院关于印发"十三五"国家信息化规划的通知》中,"区块链"被视为我国战略性前沿技术。2017年1月,工信部提出我国区块链等领域的创新将达到国际先进水平等要求。同年8月,国务院提出我国将开展基于区块链、人工智能等新兴技术的试点应用。目前区块链技术尚处于早期发展阶段,但它的发展速度极快。未来区块链技术不仅在数字领域,在其他行业中也会有较高的发展和研究应用价值。

比特币是区块链技术的第一个成功应用,是基于区块链技术的一种金融应用。区块链技术的集成应用在新的技术革新和产业变革中起着重要作用。目前,区块链技术应用已延伸到数字金融、物联网、智能制造、供应链管理、数字资产交易等多个领域。

资料来源:https://www.sohu.com/a/251151917_100186058.

6.1 大数据

6.1.1 大数据的概念

在维克托·迈尔·舍恩伯格及肯尼斯·库克耶所著的《大数据时代》中,大数据指不用随机分析法（抽样调查）这样的捷径，而采用对所有数据进行分析处理的分析方法。研究机构 Gartner 给出了这样的定义："大数据"是需要新处理模式才能具有更强的决策力、洞察发现力和流程优化能力来适应海量、高增长率与多样化的信息资产。根据维基百科的定义，大数据是指无法在可承受的时间范围内用常规软件工具进行捕捉、管理和处理的数据集合。

我们这里主要采用第三种定义，即所涉及的资料量规模巨大到无法通过目前的主流软件工具，在合理时间内达到获取、管理、处理，并整理成为有助于企业做出更积极的经营决策的资讯。

湖畔大学曾鸣老师曾列举的大数据与传统数据最大的差别是：在线、实时与全貌。

（1）在线：首先大数据必须是永远在线的，而且在线的还得是热备份的，不是冷备份的，不是放在磁带里的，是随时能调用的。不在线的数据不是大数据，因为你根本没时间把它导出来使用。只有在线的数据才能马上被计算、被使用。

（2）实时：大数据必须实时反应。比如上淘宝输入一个商品，后台必须在 10 亿件商品当中，瞬间对搜索结果进行呈现。如果要等一个小时才呈现，相信没有人会再上淘宝。10 亿件商品、几百万个卖家、1 亿的消费者，瞬间完成匹配呈现，这才叫大数据。

（3）全貌：大数据还有一个最大的特征，它不再是样本思维，而是一个全体思维。以前一提到数据，人们第一个反应是样本、抽样，但是大数据不再抽样，不再调用部分，我们要的是所有可能的数据，它是一个全貌。其实叫"全数据"比大数据更准确。

大数据概念最早的提出者现已不可考，但早在 1980 年，未来学家托夫勒（Toffler）在其所著的《第三次浪潮》中就提到"大数据"一词。2001 年 META 集团分析员道格·莱尼指出数据增长的挑战和机遇有三个方向：量（Volume，数据大小）、速（Velocity，资料输入输出的速度）与多变（Variety，多样性），现在被认为是大数据的三个特性。2011 年麦肯锡正式定义了大数据的概念。2012 年《纽约时报》的一篇专栏中写道，"大数据"时代已经来临，在商业、经济及其他领域中，决策将日益基于数据和分析而做出，而并非基于经验和直觉。大数据开始跟时代挂钩，在当时人们并不以为然，甚至许多人认为这不过是商学院或咨询公司的哗众取宠。现在"大数据时代"已经变成了人尽皆知的口头禅。2012 年维克托·迈尔·舍恩伯格的《大数据时代》开始在国内风靡，推动了国内大数据的发展，许多人大数据的启蒙也是来源于这本书。2010 年后云计算的成熟让大数据不再是纸上谈兵，大数据技术有了真正实现的可能性。我们从三个方面梳理下大数据发展的时间线：政府推动、大数据价值、大数据技术。

1. 政府推动

2009 年：美国政府开放政府数据，这一行动引发肯尼亚、英国等多国政府效仿。

2010 年：德国政府启动"数字德国 2015"战略，将物联网引入制造业，打造智能工厂，工厂通过 CPS（网络物理系统）实现全球互联。

2011 年：工信部把信息处理技术作为四项关键技术创新工程之一，其中包括海量数据存储、数据挖掘、图像视频智能分析等大数据的重要组成部分。

2012 年：美国政府在白宫网站发布《大数据研究和发展倡议》，这一倡议标志着大数据已经成为重要的时代特征。之后美国政府宣布投资 2 亿美元到大数据领域，大数据技术从商业行为上升到国家科技战略。联合国在纽约发布《大数据政务白皮书》，总结了各国政府如何利用大数据更好地服务和保护人民。

2013 年：英国政府宣布注资 6 亿英镑发展 8 类高新技术，其中，1.89 亿英镑用来发展大数据技术。欧盟实施开放数据战略，旨在开放欧盟公共管理部门的所有信息。

2014 年：数据开放运动已覆盖全球 44 个国家。国务院通过《企业信息公示暂行条例（草案）》，要求在企业部门间建立互联共享信息平台，运用大数据等手段提升监管水平。

2015 年：党的十八届五中全会的"十三五"规划中将大数据列为国家级战略。

2. 大数据价值

2010 年：肯尼斯·库克尔发表大数据专题报告《数据，无所不在的数据》。库克尔在报告中提到："世界上有无法想象的巨量数字信息，并以极快的速度增长。从经济界到科学界，从政府部门到艺术领域，很多方面都已经感受到了这种巨量信息的影响。科学家和计算机工程师已经为这个现象创造了一个新词汇：'大数据'。"库克尔也因此成为最早洞察大数据时代趋势的数据科学家之一。

2011 年：IBM 的 Waston 超级计算机每秒可扫描并分析 4TB（约 2 亿页文字量）的数据量，并在美国著名智力竞赛电视节目《危险边缘》（*Jeopardy*）上击败两名人类选手而夺冠。后来《纽约时报》认为这一刻为一个"大数据计算的胜利"。同年 5 月，麦肯锡（McKinsey & Company）发布报告《大数据：创新、竞争和生产力的下一个新领域》，这是专业机构第一次全方位地介绍和展望大数据。

2012 年：在瑞士达沃斯召开的世界经济论坛上，大数据成为主题之一，会上发布的报告《大数据，大影响》宣称，数据已经成为一种新的经济资产，就像货币或黄金一样。

2013 年：互联网巨头纷纷发布机器学习产品，IBM Watson 系统、微软小冰、苹果 Siri，标志着大数据进入深层价值阶段。

2015 年：*Computing Research*（《计算研究》）发布《2015 年大数据市场评论》，该评论发现在过去的一年中，没有将大数据和大数据分析集成到其运营过程的企业的比例从 33% 降到了 16%。大数据开始作为企业决策的重要支撑，在商业市场上发挥巨大价值。

3. 大数据技术

大数据技术主要有 Hadoop、Hive 和 Storm。Hadoop 本身不是一个产品，而是由多个软件产品组成的一个生态系统，这些软件产品共同实现全面功能和灵活的大数据分析。Hive 是一种建立在 Hadoop 文件系统上的数据仓库架构，并能对存储在分布式文件系统中的数据进行分析和管理。Storm 则是一个分布式计算框架。

6.1.2　大数据的特点

IBM 公司提出了大数据的 5V 特征：Volume（海量化）、Variety（多样化）、Velocity（时效性）、Veracity（真实性）和 Value（价值密度），极大地深化了人们对大数据及其价值的认识（见图 6-1）。

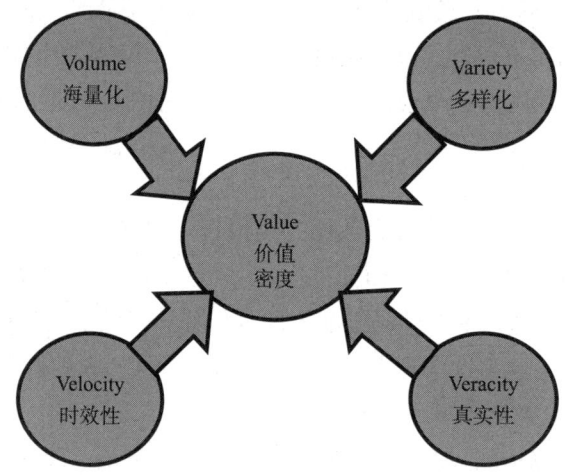

图 6-1　大数据的 5V 特点

1. Volume（海量化）

如今数据体量巨大，已从 TB 级别跃升到 PB/EB 级别。

1 KB = 1024 B（KB - kilobyte）

1 MB = 1024 KB（MB - megabyte）

1 GB = 1024 MB（GB - gigabyte）

1 TB = 1024 GB（TB - terabyte）

1 PB = 1024 TB（PB - petabyte）

1 EB = 1024 PB（EB - exabyte）

如此列示还不够直观。举个例子。1TB，只需要一块硬盘，可以存储大约 20 万张照片或 20 万首 MP3 音乐，或者是 671 部《红楼梦》。1PB，需要大约两个机柜的存储设备，容量大约是 2 亿张照片或 2 亿首 MP3 音乐。如果一个人不停地听这些音乐，可以听 1 900 年。1EB，需要大约 2 000 个机柜的存储设备。如果并排摆放这些机柜，可以连成 1.2 公里那么长。如果摆放在机房里，则需要 21 个标准篮球场那么大的机房。

阿里、百度、腾讯这样的互联网巨头，数据量据说已经接近EB级。EB还不是最大的。目前全人类的数据量是ZB级，1 ZB = 1024 EB（ZB即zettabyte）。2011年，全球被创建和复制的数据总量是1.8 ZB。而到2020年，全球电子设备存储的数据达到35ZB。如果建一个机房来存储这些数据，那么这个机房的面积将比42个鸟巢体育场还大。数据量不仅大，增长还很快——每年增长50%。也就是说，每两年就会增长一倍。目前的大数据应用还没有达到ZB级，主要集中在PB/EB级别。

2. Variety（多样化）

数据的形式是多种多样的，包括数字（价格、交易数据、体重、人数等）、文本（邮件、网页等）、图像、音频、视频、位置信息（经纬度、海拔等），等等。数据又分为结构化数据和非结构化数据。从名字可以看出，结构化数据是指可以用预先定义的数据模型表述，或者可以存入关系型数据库的数据。例如，一个班级所有人的年龄，一个超市所有商品的价格，这些都是结构化数据。而网页文章、邮件内容、图像、音频、视频等，都属于非结构化数据。在互联网领域里，非结构化数据的占比已经超过整个数据量的80%。大数据就符合这样的特点：数据形式多样化，且非结构化数据占比高。简单地总结为如下三点。

- 数据来源多，如和我们生活密切相关的社交应用，像微博、微信、社交网站等。
- 数据类型繁多，同一个平台可能产生不同的数据类型，如图片、视频等。
- 数据之间的关联性强，交互频繁。大型电子商务网站和社交网络中，一些用户的点击行为在一定程度上反映了该用户潜在的兴趣爱好和需求，链接之间的关联性是很强的。

3. Velocity（时效性）

处理速度快，遵从1秒定律，从数据的生成到消耗，时间窗口非常小。数据的变化速率及处理过程越来越快。

例如变化速率，从以前的按天变化，变成现在的按秒甚至毫秒变化。我们还是用数字来说话：就在刚刚过去的这一分钟，数据世界里发生了什么？

- E-mail：2.04亿封被发出。
- Google：200万次搜索请求被提交。
- YouTube：2 880分钟的视频被上传。
- Facebook：69.5万条状态被更新。
- Twitter：98 000条推送被发出。
- 12306：1 840张车票被卖出。

怎么样？是不是瞬息万变？

4. Veracity（真实性）

数据的重要性就在于对决策的支持。数据的规模并不能决定其能否为决策提供帮助，数据的真实性和质量才是获得真知和思路最重要的因素，是制定成功决策最坚实的基础。追求数据的高质量是一项重要的大数据要求和挑战，即使最优秀的数据清理方法也无法消除某些数据固有的不可预测性，如人的感情和诚实性、天气、经济因素以及未来。在处理这些类型的数据时，数据清理无法修正这种不确定性。然而，尽管存在不确定性，数据仍然包含宝贵的信息。我们必须承认、接受大数据的不确定性，并确定如何充分利用这一点，例如，采取数据融合，即通过结合多个可靠性较低的来源创建更准确、更有用的数据点，或者通过鲁棒优化技术和模糊逻辑方法等先进的数学方法来挖掘数据。

5. Value（价值密度）

大数据的数据量很大，但随之而来的是价值密度很低，真正有价值的数据只是其中的很少一部分。例如，通过监控视频寻找犯罪分子的相貌，也许在几 TB 的视频文件中，真正有价值的只有几秒钟。但只要合理利用数据并对其进行正确、准确的分析，将会带来很高的价值回报。这也是大数据的核心特征。现实世界所产生的数据中，有价值的数据所占比例很小。相比于传统的小数据，大数据最大的价值在于通过从大量不相关的各种类型的数据中，挖掘出对未来趋势与模式预测分析有价值的数据，并通过机器学习方法、人工智能方法或数据挖掘方法深度分析，发现新规律和新知识。当你拥有 1PB 以上的全国所有 20～35 岁的年轻人的上网数据时，通过分析这些数据，我们就能知道这些人的爱好，进而指导产品的发展方向等。如果有了全国几百万病人的数据，根据这些数据进行分析就能预测疾病的发生，这些都是大数据的价值。大数据运用领域广泛，如农业、金融、医疗等领域，最终达到改善社会治理、提高生产效率、推进科学研究的效果。

6.1.3 大数据的应用

1. 医疗大数据使看病更高效

除了较早利用大数据的互联网公司，医疗行业是让大数据分析最先发扬光大的传统行业之一。医疗行业拥有大量的病例、病理报告、治愈方案、药物报告，等等。如果对这些数据加以整理和应用，将会极大地帮助医生和病人。我们面对的数目及种类众多的病菌、病毒以及肿瘤细胞，其都处于不断的进化过程中。在发现和诊断疾病时，疾病的确诊和治疗方案的确定是最困难的。

在未来，我们可以借助于大数据平台收集不同病例和治疗方案，以及病人的基本特征，建立针对疾病特点的数据库。如果未来基因技术发展成熟，可以根据病人的基因序列特点进行分类，建立医疗行业的病人分类数据库。医生在诊断病情时可以参考病人的疾病特征、化验报告和检测报告，参考疾病数据库来快速确诊，明确定位疾病。在确定治疗方案时，医生可以依据病人的基因特点，调取相似基因、年龄、人种、身体情况相同的有效治疗方案，制定出适合病人的治疗方案，帮助更多人及时进行治疗。同时，这些数据也有利于医药行业开发出更加有效的药物和医疗器械。

医疗行业的数据应用一直在进行，但是数据没有打通，都是孤岛数据，没有办法进行大规模应用。未来需要将这些数据统一收集起来，纳入统一的大数据平台，为人民健康造福。政府和医疗行业是推动这一趋势的重要动力。

2. 金融大数据是理财利器

金融行业的大数据面临的往往是同样的问题，但是情况略好，类似企业和个人的一些信用记录，现在从全国性的统一数据库中能够拿到部分数据。但是对于单个银行来说，则无法拿到用户在其他银行的行为记录数据；另外，银行在做信贷风险分析的时候，确实需要大量数据做相关性分析，但是很多数据来源于政府各个职能部门，包括工商税务、质量监督、检察院和法院等，这些数据短期内仍然是无法拿到的。更难拿到的是企业或个人日常产生的各种行为数据，对客户的风险性评估还是得借助原来的老方法。

大数据在金融行业应用较广，典型的案例有花旗银行利用IBM Watson超级电脑为理财客户推荐产品；美国银行利用客户点击数据集为客户提供特色服务，如有竞争力的信用额度；招商银行利用客户刷卡、存取款、电子银行转账、微信评论等行为数据进行分析，每周给客户发送针对性的广告信息，里面有其可能感兴趣的产品和优惠信息。

可见，大数据在金融行业的应用可以总结为以下五个方面。

（1）精准营销：依据客户消费习惯、地理位置、消费时间进行推荐。

（2）风险管控：依据客户消费和现金流提供信用评级或融资支持，利用客户社交行为记录实施信用卡反欺诈。

（3）决策支持：利用决策树技术进行抵押贷款管理，借助数据分析报告实施产业信贷风险控制。

（4）效率提升：利用金融行业全局数据了解业务运营薄弱点，利用大数据技术加快内部数据处理速度。

（5）产品设计：利用大数据计算技术为理财客户推荐产品，利用客户行为数据设计满足客户需求的金融产品。

3. 电商大数据是精准营销法宝

电商是最早利用大数据进行精准营销的行业。除了精准营销，电商还可以依据客户消费习惯提前为客户备货，并利用便利店作为货物中转站，在客户下单15分钟内将货物送达，提高客户体验。马云的菜鸟网络宣称的24小时完成在中国境内的送货，以及刘强东宣传未来京东将在15分钟完成送货上门，都是基于客户消费习惯的大数据分析和预测。

电商可以利用其交易数据和现金流数据，为其生态圈内的商户提供基于现金流的小额贷款，也可以将此数据提供给银行，同银行合作为中小企业提供信贷支持。由于电商的数据较为集中，数据量足够大，数据种类较多，未来电商数据应用将会有更多的想象空间，包括预测流行趋势、消费趋势、地域消费特点、客户消费习惯、各种消费行为的相关度、消费热点、影响消费的重要因素等。依托大数据分析，电商的消费报告将有利于品牌公司的产品设计，生产企业的库存管理和计划生产，物流企业的资源配置，生产资料提供方的产能安排，等等，有利于精细化、社会化大生产，有利于精细化社会的出现。

4. 舆情监控大数据堪比名侦探柯南

《黑猫警长》大家都很熟悉，它讲述的是"黑猫警长"如何精明能干，对坏人穷追不舍，跌宕起伏的故事情节。类比大数据，虽然它也能体现黑猫警长的尽职尽责、聪明能干，但更多地会归结到一个问题：为何还是如此被动、低效？疾病可以预防，难道犯罪不能预防吗？

答案是肯定的。美国密歇根大学研究人员就设计出一种利用"超级计算机以及大量数据"来帮助警方定位那些最易受到不法分子侵扰片区的方法。具体做法是，研究人员通过大量的多类型数据（从人口统计数据到毒品犯罪数据再到各区域所出售酒的种类、治安状况、流动人口数据，等等），创建了一张波士顿犯罪高发地区热点图，同时将相邻片区等各种因素加入数据模型中，并根据历史犯罪记录和地点统计不断地对预测数据进行修正。

我国正在将大数据技术用于舆情监控，其收集到的数据除了可以了解民众诉求、防范群体事件之外，还可以用于犯罪管理。大量的社会行为正逐步走向互联网，人们更愿意借助互联网平台来表述自己的想法和宣泄情绪。社交媒体和朋友圈正成为追踪人们社会行为的平台，正能量的东西有，负能量的东西也不少。一些好心人通过微博来帮助别人寻找走失的亲人或提供被拐卖人口的信息，这些都是社会群体互助的例子。国家可以利用社交媒体分享的图片和交流的信息，来收集个体情绪信息，预防个体犯罪行为和反社会行为。最近警方通过微博信息抓获了聚众吸毒者，处罚了虐待儿童的家长。

大数据技术的发展带来企业经营决策模式的转变，驱动着行业变革，衍生出新的商机和发展契机。驾驭大数据的能力已被证实为领军企业的核心竞争力，这种能力能够帮助企业打破数据边界，绘制企业运营全景视图，做出最优的商业决策和发展战略。其实，不论是哪个行业的大数据分析和应用场景，都有一个典型的特点：还是无法离开以人为中心所产生的各种用户行为数据、用户业务活动和交易记录、用户社交数据，这些核心数据的相关性再加上可感知设备的智能数据采集就构成一个完整的大数据生态环境。

6.2 云计算

6.2.1 云计算的概念

对于一个组织来说，一台计算机是远远无法满足数据存储和运算需求的，那么组织就需要购置运算能力更强的机器，也就是服务器。而对于规模比较大的组织来说，一台服务器的运算能力显然还是不够的，那就需要购置多台服务器，甚至扩大为由服务器集群组成的数据中心，而且服务器的数量会直接影响这个数据中心的业务处理能力。除了高额的初期建设成本之外，数据中心的运营、维护的支出同样高昂。这些费用是中小组织难以承担的，于是云计算（cloud computing）的概念便应运而生了。

云计算首次在 2006 年 8 月的搜索引擎会议上提出。对云计算的定义有多种，现阶段广为接受的是美国国家标准与技术研究院（NIST）给出的定义：云计算是一种按使用量付费的模式，这种模式提供可用的、便捷的、按需的网络访问，进入可配置的计算资源共享池（资源包括网络、服务器、存储、应用软件、服务），这些资源能够被快速提供，只需投入很少的管理工作，或与服务供应商进行很少的交互。用通俗的话说，云计算就是利用云端的计算资源进行计算。例如，用户通过自己的计算机发送模拟"核爆炸"的指令给云端的计算机，云端计算机完成复杂的运算后将结果返回给用户，用户根据本次的运算量支付相应的费用。

云是网络、互联网的一种比喻说法，源于早期对电信网络的抽象表示，后来也用于表示互联网和底层基础设施。云计算不是一种全新的网络技术，而是一种全新的网络应用概念，为用户提供一种全新的计算体验。云计算的本质是将大量计算资源协调在一起，用户无须关心基础设施在哪里或者配置如何，通过网络就可以方便地使用近乎无限的计算资源，就像使用水、电、燃气一样方便，按运算量付费即可。

按照云端所提供服务的层次，云计算可以分为以下几种服务模式（见图6-2）。

图 6-2　云计算的服务模式

1. IaaS

IaaS 是 Infrastructure as a Service 的缩写，意思是基础设施即服务。该服务模式将基础设施（包括机房、服务器、存储、网络等）抽象为一系列可用的服务，用户可以直接基于该服务部署操作系统、数据库和应用程序。IaaS 是云计算服务模式中自由度最高的一种，就像用户自己买了台电脑，如何使用由用户自己做主。但这种高自由度也会带来一些问题。用户需要付出时间和精力来管理、维护基础设施，一旦操作系统崩溃或软件环境不可用，都需要用户自己解决；对于运营商而言，已经租给用户的资源，即使用户没有充分利用，也不能转作他用，因此可能会导致计算资源的闲置和浪费。

2. PaaS

PaaS 是 Platform as a Service 的缩写，意思是平台即服务。该服务除了提供基础计算能力，还配备了应用程序的运行、开发环境。用户无须关心操作系统和软件环境，可以直接利用供应商提供的编程语言、库、SDK 以及 API 等，创建或运行应用程序。PaaS 又分为半平台 PaaS 和全平台 PaaS 两种，半平台 PaaS 只安装了操作系统，软件环境由用户自己安装；全平台 PaaS 则安装应用软件依赖的全部环境（如操作系统、数据库、中间件和运行库）。PaaS 是云计算服务模式中承上启下的一层，这一层既要肩负对底层硬件的兼容，又要肩负对上层应用的兼容，因此，PaaS 所面临的是兼容性复杂度的上限。目前来看，PaaS 是相对最不成熟的一种云计算服务模式。

3. SaaS

SaaS 是 Software as a Service 的缩写，意思是软件即服务。实际上，SaaS 在云计算概念出现之前就已经存在，近年来随着云计算技术的发展得到了更好的发展。SaaS 使用户可以直接通过网络使用软件，不需要安装，软件的升级与维护也无须用户参与。同时，SaaS 也是按需计费的，与传统软件需要一次性支付全额费用相比具有成本上的优势。

目前云计算有四种部署模型：公有云、私有云、社区云和混合云，每一种都具备独特的功能，满足不同用户的需求（见图 6-3）。公有云的基础设施一般是分布式的，公众通过网络获取计算资源。公有云是最能体现云计算大规模、快速弹性、低使用成本的一种部署模式。私有云的用户在各方面都有完全的自主权，和公有云相比，降低了有关数据的所有权、隐私和安全方面的监管风险。但是相对地，私有云的成本也比公有云要高，同时牺牲了快速伸缩性、资源池化、按需付费等云计算的核心优势。社区云一般部署在具备业务相关性或者隶属关系的组织中，这些组织对云端具有相同诉求，如云服务模式、安全级别、规章制度等。社区云可以有效降低各组织的 IT 基础设施建设成本，还能在组织间实现数据共享。和私有云类似，社区云的基础设施可以部署在该社区的一个或多个组织内部，也可以由第三方托管。混合云由两个或两个以上不同类型的部署模型（公共云、私有云、社区云）混合而成，它们各自独立，但用标准的或专有的技术组合在一起，而这些技术能实现云之间的数据和应用程序的平滑流转。混合云同时具备私有云的安全性和公有云的灵活性。组织可以将重要的机密数据存储在私有云上，而将非机密数据转移到公有云上；也可以在遭遇业务高峰时，利用公有云来临时扩展计算资源。混合云是目前企业云计算的主流部署模型。

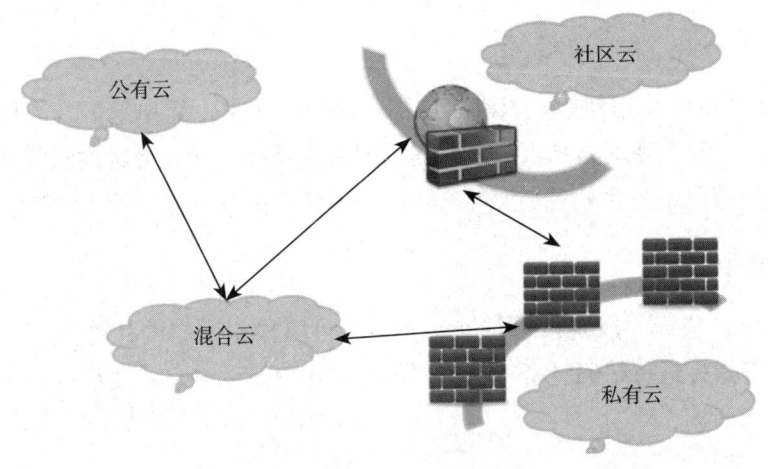

图 6-3 云计算部署模型

6.2.2 云计算的特点

1. 大规模、分布式

"云"一般具有相当的规模，一些著名的云计算供应商，如亚马逊、微软、阿里、谷歌等，都拥有上百万的服务器规模。这些服务器分布在不同的地理位置，依靠分布式的服务器构建起来的"云"，能够为使用者提供前所未有的计算能力。

2. 虚拟化

云计算利用资源池来实现计算资源的虚拟化。资源池是对各种资源（如计算资源、存储资源、网络资源等）进行统一配置的一种机制。从用户角度看，无须关心设备型号、物理结构、实现方法或地理位置，只需要选择一家云服务供应商，注册一个账号，登录其云控制台，购买和配置所需要的服务即可，还可以通过你的 PC 或移动设备随时随地地控制你的资源，就好像云服务供应商为每个用户都提供了一个数据中心一样。从资源的管理者角度看，最大的好处是资源池可以近乎无限地增减和更换设备，而且管理、调度资源十分便捷。

云计算不针对特定的应用，用户可以根据自己的需求配置操作系统和开发环境。目前，主流的云计算供应商均提供了几乎所有的开发环境供用户选择，充分保障了云计算的通用性和中立性。

3. 高可靠性

云计算提供 7×24 小时不间断服务，因此云计算供应商都会采用冗余备份、灾难恢复等机制来保障服务的高可靠性，而且一旦发生故障，会有专业团队第一时间做出响应。尽管故障和灾难是不可避免的，但对于一般用户来说，只需要支付不多的费用就可以得到专业的服务，显然是最好的选择。

4. 快速弹性

"云"的规模可以动态伸缩，以满足应用和用户的需求。简单地说，当用户的业务增长，需要更多计算资源时，所要做的只是点击几下鼠标，在几分钟内就能获得所需的资源；当业务萎缩，不需要太多资源时，可以立即释放部分资源，停止计费。

5. 可计量的服务

传统的主机供应商一般是按月计费。云计算可以根据用户的计算量、存储量、流量、使用时长等指标进行精确计费。这不仅能帮助用户节约开支，还可以改善资源的整体利用率。

安全问题

云计算除了提供计算服务，必然也提供数据存储服务。虽然云端的数据对于数据所有者以外的其他用户是保密的，但是对于云计算供应商则毫无秘密可言。云计算服务尤其是公有云，垄断在私人机构手中，而它们仅仅能够提供商业信用。因此，对于政府、银行、医院等持有敏感数据的机构而言，选择云计算时应保持足够的警惕。因为一旦这些机构大规模使用并依赖于私人机构提供的云计算服务，数据的控制权便不再掌握在自己手中。无论云计算供应商声称自己的安全措施多么有保障，都难以消除用户在数据安全上的隐患。相信随着技术的进步和法律的完善，云计算的安全问题也会不断得到改善。

6.2.3 云计算的应用

经营云端的公司要有更多的投入和技术以保证其安全性，但是一个真正落地的云端能不能达到理想的安全级别，还要看云端运营公司的声誉、品牌、技术实力，以及当地政府的监管力度。选择一家技术过硬、实力雄厚、信誉良好、服务到位的云服务提供商很重要，因为云服务不是一次性买卖，供需双方需要长久合作。截止到2018年，云服务提供商以美国企业为主。中国云服务提供商发展迅速，而且绝大多数的云服务提供商提供 IaaS 和 PaaS 类型的云服务。目前典型的云服务提供商主要有：亚马逊 AWS、微软 Azure、谷歌云平台、阿里云和华为云，其各个关键环节的比较如表 6-1 所示。

表 6-1 主要云服务提供商的产品比较

		亚马逊	微软	谷歌	阿里	华为
计算	虚拟主机	√	√	√	√	√
	VPS				√	
	物理主机				√	√
	容器		√	√	√	√
	无服务器计算（Serverless）	√	√	√	√	√
	加固虚拟机（Shielded VM）			√		
存储	块存储	√	√	√	√	√
	文件存储	√	√	√	√	√
	对象存储	√	√	√	√	√
	备份	√			√	√
	CDN	√	√	√	√	√
	存档存储	√	√			
	数据迁移存储	√	√	√	√	√
网络	VPC	√	√	√	√	√
	专线	√	√	√	√	√
	VPN		√		√	
	公网 IP	√	√	√	√	√
	负载均衡	√	√	√	√	√
	DNS 服务	√	√	√	√	√
数据库	SQL 关系数据库	√	√	√	√	√
	NoSQL 数据库	√	√	√	√	√
	分布式内存数据库	√	√	√	√	√
	时序数据库			√		
	数据仓库	√	√	√		
	图数据库	√				√
AI 和机器学习	机器学习模型	√	√	√	√	√
	视频分析	√	√	√		
	图片分析	√	√	√	√	√
	自然语言理解	√	√	√		
	语音识别	√	√	√		
	人脸识别	√	√			√
	文本朗读（多国语音）	√		√		
	语音对话	√		√		
	深度学习	√		√		
物联网	IoT 中心	√	√	√	√	√
	IoT 边缘	√	√	√		√
	小硬件设备	√				
安全	DDOS 保护	√	√	√	√	√
	应用防火墙	√	√		√	√
	IAM	√	√	√		√
	密钥管理	√	√	√		√
	入侵检测	√	√	√		

（续）

		亚马逊	微软	谷歌	阿里	华为
应用服务	API 网关		√	√	√	√
	协作和生产力	√	√+	√+		√
	区块链					√
	微服务					√
	地图和位置服务			√+		
	云桌面	√+				√
媒体服务		√++	√	√		√+
数据迁移		√+				√+
运维	资源预置	√				
	配置管理	√			√	
	监控	√	√	√	√	√
	管理与合规性	√				
	资源优化	√		√		
大数据	Hadoop 平台	√	√		√	√
	数据流处理	√	√			
	ETL	√		√		
	BI	√	√	√	√	
	BigQuery			√		
中间件	消息服务	√			√	√
	SNS	√				
移动应用		√++	√	√-		√-
云端分布（区域个数）	北美洲	20（33）	16	19	2	1
	南美洲	3（4）	1	3		4
	亚洲	17（24）	15	18	10	7
	欧洲	12（23）	14	18	1	2
	非洲	（2）	2			
	大洋洲	3（2）	4	3	1	

关于此表的一些说明如下。

（1）信息来源于各个云服务提供商的官方网站。

（2）"AI 和机器学习"大类评价的指标特别多，比如准确度、语言种类数量、响应时间、学习速度、抗干扰性等，尽管国内提供商官网也列举了一些产品，但是综合评价都较低，最好的是谷歌、然后依次为亚马逊、微软等。

（3）华为云端没有在美国、英国、日本、韩国和澳大利亚等发达国家设云端。谷歌没有在非洲、中国、俄罗斯、印度设云端。亚马逊云端分布标注的 $x(y)$ 中，x 表示可用区域个数，y 表示边缘网络站点个数。

（4）"√"号后有"+"号，表示相应的云服务产品包含更多的子项，"++"表示子项数目更多。

（5）很多云服务产品是采用公开的技术和开源产品来实现的，所以云服务产品的类型和数目各个公司大致相同。亚马逊、谷歌和微软是开源技术的重要贡献者，所以这三家公司的云服务产品大部分是原生的。在选择云服务提供商时，提供商的技术实力和云端全球布局情况是两个非常重要的指标，让用户分布在云端100毫秒的时延半径之内非常重要。

（6）非洲、俄罗斯几乎没有云端。

（7）国内云提供商受到的管控非常严格，比如租户需要备案，需要在虚拟机里安装监控程序等。

云计算在教育、医疗、交通、金融、社交、娱乐、电子商务、电子政务等几乎所有领域均有广泛的应用。一般来说，以下几种情况能够较为充分地体现云计算的优势。

1. 金融云

金融云是金融机构融合云计算模型及业务体系所诞生的新产物，是金融机构利用云计算的有益探索。从技术上讲，金融云就是利用云计算机系统模型，将金融机构的数据中心与客户端分散到云里，从而达到提高自身系统运算能力、数据处理能力，改善客户体验评价，降低运营成本的目的。从概念上讲，金融云是利用云计算的模型构成原理，将金融产品、信息、服务分散到庞大分支机构所构成的云网络中，提高金融机构迅速发现并解决问题的能力，提升整体工作效率，改善流程，降低运营成本。

2013年阿里巴巴电子商务有限公司推出的以"余额宝"为代表的"XX宝"金融产品成为网络市场上最热门的话题和投资品种之一，随后BAT（百度、阿里、腾讯）、京东、新浪、网易、苏宁等企业也纷纷涉足金融行业，P2P（Peer to Peer，对等网络）、第三方支付、保险、基金理财、电子商务等领域的投融资模式不断创新。随着阿里云金融云服务的开放，更是助力银行、基金、保险以及证券等传统金融机构拥抱互联网。因此，2013年被称为"互联网金融元年"。

互联网金融，其实是指以依托于支付、云计算、社交网络以及搜索引擎等互联网工具，实现资金融通、支付和信息中介等业务的一种新兴金融。它并不是简单的"互联网技术的金融"，而是技术作为必要支撑的"基于互联网思想的金融"。随着以互联网为代表的现代信息科技兴起，互联网金融模式快速发展。根据互联网金融模式的业务功能，其主要模式可归为四类：一是支付平台型；二是融资平台型；三是理财平台型；四是服务平台型。

2. 健康医疗云

随着云计算在医疗卫生领域的广泛应用，健康医疗云随之诞生。所谓健康医疗云，是指在医疗卫生领域采用云计算、物联网、大数据、5G通信、移动技术以及多媒体等新技术的基础上，结合医疗技术，使用"云计算"的理念来构建医疗健康服务云平台；利用云计算技术巩固和发展现代健康管理服务，构建新型卫生服务体系，提高医疗机构的服务效率，降低服务成本，方便居民就医，减轻患者诊疗的经济负担。

案例 ●─○─●─○─●

上海的健康管理云平台

2015年,上海卫计委与第三方公司推出健康管理云平台,主要是利用互联网媒体技术,解决病人和医生两个重要的医疗产业链B2C端节点的需求,实现政府、医院、医生、病人和企业多方共赢。"上海健康云"以覆盖市区两级的"上海市健康信息网"健康档案盒公共卫生数据成果为基础,整合现有系统,实现互联互通,以推进社区卫生服务改革政策为契机,以居民健康档案、公共卫生信息、电子病历信息等平台的数据为支撑,目标是实现社区医生对签约居民健康管理在线服务、专科医生及时了解患者病情、公卫专业机构检测和周期性筛查、专业管理者获得实时可视化数据、慢病患者在线预约挂号和长处方药品的在线购买五项主要服务。通过健康管理云平台,上海市民不用出门就能够了解自己的健康状况,还可以实现预约挂号、健康档案、电子病历等互联互通,及时获得由社区卫生服务中心、二级与三级医院的家庭专科组成的医生团队建议,必要时及时获得转诊通道和专科诊疗服务,医疗资源可以得到更加有效的配置。

3. 教育云

教育云是"云计算"在教育领域中的应用,包括了教育信息化所必需的一切硬件计算资源,这些资源经过虚拟化之后,向教育机构、从业人员和学习者提供一个良好的平台。该平台的作用就是为教育领域提供云服务。目前,我国教育发达地区的教育部门、学校和教育企业已经建设了大量的教育信息资源以及承载这些资源的设备设施,而教育欠发达地区很少拥有教育信息资源及相应的基础设施。云计算应用于教育时,教育信息资源存储在"云"上,只要有连接网络的终端设备和信息资源访问权限,无论身处偏僻的山区,还是繁华的城市,人人都拥有公平使用这些优质信息资源的权利。由众多优秀教师提供的教育资源可以被教育欠发达地区的师生所共享,也在一定程度上缓解了优秀教师资源分布不均的矛盾。

案例 ●─○─●─○─●

华中师范大学的"云课堂"

为促进科技资源的交流、汇集与共享,华中师范大学推动建立了科研信息化的"两池",即资源池和服务池。"资源池"是网络资源、计算和存储资源、各类信息、数据和软件等基础资源,以规范接口和管理政策接入,实现资源管理与调度;"服务池"是资源池的虚拟化与服务化,其目标在于,实现云存储、云计算、数据服务、协同环境与应用平台的云模式运营管理,也兼顾传统资源的服务与专用云的定制服务。为了打造一个自由、灵活、开放的在线课程学习服务平台，更好地满足教师的教和学生的学，以及师生间的教学互动，全校构建了云课堂、云平台，国家数字化学习工程中心落户在华师，搭建混合式教学平台，从 2012 年开始设计，2013 年实施新教学计划，三年推动全部必修课在网上上课，实现了线上线下混合式教学。

"云课堂"依托 StarC 平台进行互操作。2016 年云平台课程总数为 5 754 门。其中"云课堂"业务组件中主要资源种类包括 PPT 类的教学课件、授课视频以及试题/试卷库。还有一些拓展资源，主要以 PDF 格式的论文或者材料、音频、视频材料为主。学校还成立新媒体联盟，建立网络互动社区，开展微话题讨论、微访谈茶坊、微主题班会等系列教育活动。截至 2016 年，华师云平台学生注册人数为 26 万人，教师注册人数为 1 763 人，注册率均达到 100%，相比"211 工程高校"的教学平台中学生注册人数比例 54.86% 与教师注册人数比例 45.5%，华师的云平台应用水平显著领先。

6.3 人工智能

6.3.1 人工智能的概念

人工智能是极具挑战性的领域。伴随着大数据、类脑计算和深度学习等技术的发展，人工智能的浪潮又一次掀起。目前信息技术、互联网等领域几乎所有主题和热点，如搜索引擎、智能硬件、机器人、无人机和工业 4.0，其发展突破的关键环节都与人工智能有关。

1956 年，四位年轻学者麦卡锡（McCarthy J.）、明斯基（Minsky M.）、罗切斯特（Rochester N.）和香农（Shannon C.）共同发起和组织召开了用机器模拟人类智能的夏季专题研讨会。会议邀请了包括数学、神经生理学、精神病学、心理学、信息论和计算机科学领域的 10 名学者参加，为期两个月。此次会议在美国新罕布什尔州的达特茅斯（Dartmouth）召开，也称为达特茅斯夏季讨论会。会议上，科学家运用数理逻辑和计算机的成果，提供关于形式化计算和处理的理论，模拟人类某些智能行为的基本方法和技术，构造具有一定智能的人工系统，让计算机去完成需要人的智力才能胜任的工作。其中明斯基的神经网络模拟器、麦卡锡的搜索法、西蒙（Simon H.）和纽厄尔（Newell A.）的"逻辑理论家"成为讨论会的三个亮点。在达特茅斯夏季讨论会上，麦卡锡提议用人工智能作为这一交叉学科的名称，定义为制造智能机器的科学与工程，标志着人工智能学科的诞生。半个多世纪以来，人们从不同的角度、不同的层面给出对人工智能的定义。

库兹韦勒（Kurzweil）从类人行为定义的角度提出，人工智能是一种创建机器的技艺，这种机器能够执行需要人的智能才能完成的功能。贝尔曼（Bellman R. E.）从类人思维工作原理的角度提出，人工智能是那些与人的思维、决策、问题求解和学习等活动有关的自动化。查尼艾克（Charniak E.）和麦克德莫特（McDermott D.）从理性思维的角度提出，人工智能是用计算模型研究智力能力。尼尔森（Nilsson N. J.）则从理性行为的角度，认为人工智能关心的是人工制品中的智能行为。

人工智能自出现以来，经历了起步发展期、反思发展期、应用发展期、低迷发展期、稳步发展期和蓬勃发展期（见图6-4），如今人工智能正在快速发展，为生产力的提升提供变革的动力。

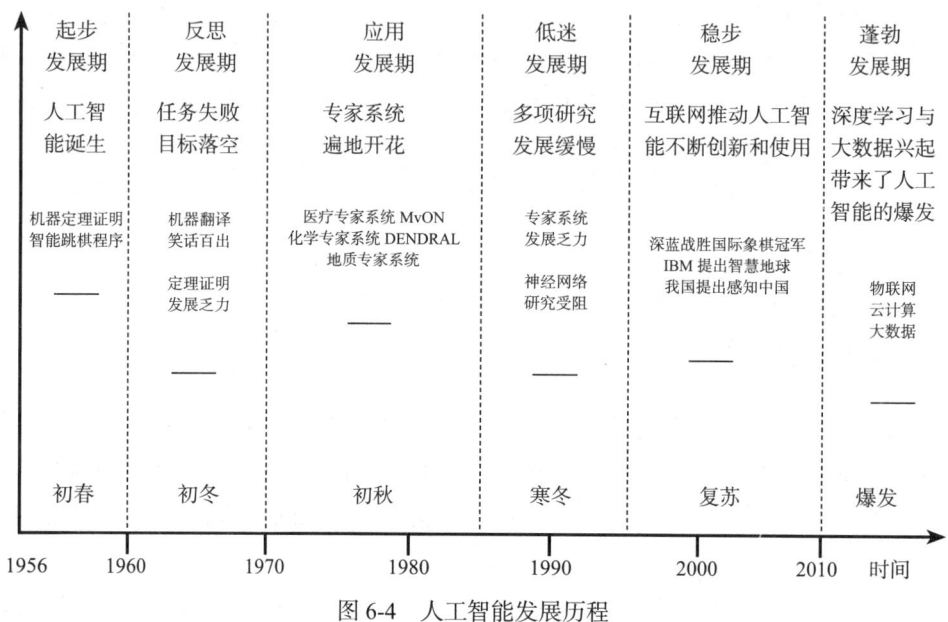

图 6-4 人工智能发展历程

6.3.2 人工智能的特点

为了抢抓人工智能发展的重大战略机遇，构筑我国人工智能先发优势，加快建设创新型国家和世界科技强国，国务院发布实施了《新一代人工智能发展规划》，规划从战略态势、总体要求、重点任务、资源配置、保障措施和组织实施等方面对面向2030年的中国人工智能产业进行了系统部署。

如今人工智能呈现出了五个新的特点。

1. 大数据智能

大数据智能是以人工智能手段对大数据进行深入分析，探析其隐含模式和规律的智能形态，实现从大数据到知识再到决策的理论方法和支撑技术。大数据智能将建立可解释通用人工智能模型，实现"大数据+人工智能"的方法论。

大数据智能具有极其广泛的应用，如在医药卫生方面的药效分析与新药研制、病例分析与预测、基因检测和健康保险智能化管理等；在工业方面的新材料的模拟与预测、产品的智能化设计、智能物流以及宏观经济预测和调控智能化等；在科教方面的智能图书馆和知识服务系统、知识交叉创新等；在城市建设与管理方面的城市运行模拟与预测、环境智能分析与改善决策、智能交通、人口资源综合分析以及城市经济结构调整的智能辅助，等等。

2. 跨媒体智能

跨媒体智能是通过视听感知、机器学习和语言计算等理论和方法，构建出实体世界的统一语义表达，通过跨媒体分析和推理把数据转换为智能，从而成为各类信息系统实现智能化的"使能器"。跨媒体智能就是要借鉴生物感知背后的信号及信息表达和处理机理，对外部世界蕴含的复杂结构进行高效表达和理解，提出跨越不同媒体类型数据，进行泛化推理的模型、方法和技术，构造模拟和超越生物感知的智能芯片与系统。

跨媒体智能的一个典型综合应用是智能城市。它要解决城市发展过程中存在的感知碎片化、信息孤岛化等问题，建立以"大跨度、大视角、大信息和大服务"为特征的城市全维度智能感知推理引擎，实现对人、车、物、事件等的多维度、跨时空协同感知和综合推理。另外，跨媒体智能技术还能够推进企业智能制造转型，为经济增长注入新活力，提升中国经济的发展质量。跨媒体智能引擎还将在智能医疗等重要领域得到应用，从而对国民经济、国计民生、国家安全等产生重要影响。

3. 群体智能

群体智能是通过以互联网为组织结构和大数据驱动的人工智能系统来吸引、汇聚和管理大规模参与者，以竞争和合作等多种自主协同方式来共同应对挑战性任务，特别是开放环境下的复杂系统决策任务，而涌现出来的超越个人智力的智能形态。在互联网环境下，海量的人工智能与机器智能相互赋能增效，形成人机物融合的"群智空间"，以充分展现群体智能。其本质上是互联网科技创新生态系统的智力内核，将辐射从技术研发到商业运营整个创新过程的所有组织及组织间关系网络。

基于互联网的信息物理世界深刻地改变了人工智能发展的信息环境，将人工智能研究的新浪潮推进到人工智能2.0新纪元。作为新一代人工智能最突出的研究特点之一，群体智能引起了产业界和学术界的广泛关注。具体来说，为应对挑战，群体智能提供了一种通过聚集群体的智慧解决问题的新模式。特别是由于共享经济的快速发展，群体智能不仅成为解决科学难题的新途径，也已融入日常生活的各个方面，如线上到线下（online-to-offline，O2O）应用、实时交通监控、物流管理等。

4. 人机混合增强智能

人机混合增强智能是把人对模糊、不确定问题分析与响应的高级认知机制与机器智能系统紧密耦合，使得两者相互适应，协同工作，形成双向的信息交流与控制，使人的感知、认知能力同计算机强大的运算及存储能力相结合，构成"1+1>2"的增强智能形态。将人的作用引入智能系统中，形成人在回路的混合智能范式（人机互助系统）。在这种范式中，人始终是这类智能系统的一部分，当系统中计算机的输出置信度低时，人主动介入调整参数给出合理正确的问题求解，构成提升智能水平的反馈回路。

混合增强智能有望在医疗与保健、在线智能学习、人机共驾和云机器人等领域得到广泛应用，并可能带来颠覆性变革。在教育领域，人工智能可以使教育成为一个可追溯、可视的过程。未来教育场景必然是个性化的，学生通过与在线学习系统的交互，形成一种新的智能学习方式。在线学习混合增强智能系统可以根据学生的知识结构、智力水平、知识掌握程度，对学生进行个性化的教学和辅导。在医疗领域，因为医疗关系人的生命健康，人们对错误决策的容忍度极低，人类疾病也很难用规则去穷举，所以需要医生介入其中，发展人机交互的混合增强智能系统。我们可以把医生的临床诊断过程融入具有强大存储、搜索与推理能力的医疗人工智能系统中，让人工智能做出更好、更快的诊断，甚至实现某种程度的独立诊断；同时，又让医生介入其中，避免人工智能完全代替医生。

5. 自主智能无人系统

自主智能无人系统是一种人工系统，它不需要人为干预，利用先进智能技术实现各种操作与管理。该系统的发展可以极大地促进人工智能技术的创新。与传统自主系统相比，自主智能无人系统的研究内容更加宽泛。各种类型的自主智能无人系统正相继出现，它们将对人类生活和社会产生显著的影响。

自主智能无人系统将会造成多种传统产业的变革，促进产业模式的调整。在工业领域，越来越多的岗位被自主智能系统所占领。智能无人工厂将在越来越多的行业中出现。在服务领域，自动翻译系统、自动收款系统、自动药物配发系统等一系列自主智能系统将取代传统的翻译员、收款员、药剂师等工作。在国家安全与军事领域，安检机器人、机器战警、无人战车等都将逐步成为主角。自主智能无人系统不仅在改变着传统的产业模式，与此同时，新业态也在不断涌现。随着无人车和无人轨道交通的应用，无人公交、无人地铁、无人停车库、无人洗车房等产业将会涌现。随着无人机的发展，无人机快递、无人机监控、无人机急救等应用也将逐步成为现实。

6.3.3 人工智能的应用

1. 自动驾驶

自从谷歌正式对外宣布自动驾驶汽车项目以来，自动驾驶行业已呈现出整体布局、多元配置、多角度切入的格局，5～10年后可达千亿美元乃至万亿美元规模的庞大产业生态已具雏形。我们也许还无法准确预测，全功能、最高等级的自动驾驶汽车会在什么样的时间点，真正走入普通人的生活，但毫无疑问，自动驾驶一定是人工智能最大的应用场景（见图6-5、图6-6）。

图6-5　谷歌第一代自动驾驶汽车

图6-6　在实际路面上进行测试的谷歌新一代无人驾驶汽车

自动驾驶带给我们的有关未来生活的想象空间几乎是无穷的。这绝对不是未来汽车都不需要司机，我们可以躺在车里睡觉、听音乐这么简单的一件事。

例如，当汽车不再需要司机的时候，我们为什么还要像今天这样，在家里保有一两辆私家车呢？滴滴、优步等共享经济形态已经为我们揭示出了一些未来生活的样子：大多数汽车可以用共享经济的模式随叫随到。因为不需要司机，这些车辆可以保证24小时待命，可以在任何时间、任何地点提供高质量的租用服务。这样一来，整个城市的交通情况会发生翻天覆地的变化。因为智能调度算法的帮助，共享汽车的使用率会接近100%，城市里需要的汽车总量则会大幅减少。需要停放的共享汽车数量不多，只占用城市里有限的几个公共停车场就足够了。停车难、大堵车等现象会因为自动驾驶共享汽车的出现而得到真正解决。那个时候，私家车只用于满足个人追求驾驶乐趣的需要，就像今天人们会到郊区骑自行车锻炼身体一样。

更重要的是，汽车本身的形态也会发生根本性的变化。一辆不需要方向盘、不需要司机的汽车，可以被设计成前所未有的样子。比如，因为大部分出行都是一两个人，共享的自动驾驶汽车完全可以设计得比现在的汽车小很多，仅供一两个人乘坐的舒适"座舱"，这可以节省大量的道路空间。道路上，汽车和汽车之间可以通过"车联网"连接起来，完成许多有人驾驶不可能完成的工作。比如，许多辆自动驾驶汽车可以在道路上排列成间距极小的密集编队，同时保持高速行进，统一对路面环境进行侦测和处理，而不用担心追尾的风险。再如，一辆汽车在路面上可以通过自己的传感器发现另一辆汽车的故障，并及时通知对方停车检修。未来的道路也会按照自动驾驶汽车的要求来重新设计，专用于自动驾驶的车道可以变得更窄，交通信号可以更容易被自动驾驶汽车识别。

在自动驾驶的时代里，人们可以把以前驾驶汽车的时间用来工作、思考问题、开会、娱乐。一部分共享汽车可以设计成会议室的样子，人们既可以围坐在汽车里讨论问题，也可以在乘车时通过视频会议与办公室里的同事沟通。今天驾驶汽车时，司机最多只能听听广播或音乐。未来人们乘坐自动驾驶汽车的时间，完全可以用来享受汽车座椅内置的全身按摩服务，或者接入虚拟现实（VR）设备来一次穿越奇幻世界的冒险。自动驾驶时代的人类生活将更有品质，也更加快乐。

自动驾驶的普及对产业结构、经济格局的影响将极其深远。想象一下，在过去的100多年，汽车工业如何彻底改变了全球、全人类的生活方式，如何创造出了一大批市值百亿美元、千亿美元的大型跨国公司，如何带动了从设计、生产到零件、外包、服务、咨询、培训、交通、物流等数百个相关的生态产业，如何在短短数十年里让美国成为"车轮上的国家"，又如何在短短十几年时间里在中国小康家庭中普及了汽车出行的现代生活方式。如此庞大的汽车工业，正面临着以人工智能为依托的自动驾驶技术的改造。生态中的每一个子产业都可能在未来10年内发生翻天覆地的变化。即便不提整车制造，单是自动驾驶技术需要的廉价、可靠的传感器（如激光雷达），就可能成为一个千亿美元规模的大产业。或者，针对未来的自动驾驶技术，对现有道路进行改造升级，这又将涉及庞大的固定资产投资和相关产业的升级。无论如何乐观地预测自动驾驶对全球社会、经济发展的贡献，也许都不为过。

麦肯锡公司预测，到2030年时，自动驾驶技术的普及将为现有的汽车工业带来约30%的新增产值，它包括受益于自动驾驶技术而获得更大发展空间的共享汽车经济（例如，在目前的交通拥堵和人口稠密地区、远郊区域等，利用自动驾驶技术可大幅提高共享经济的发展空间），因自动驾驶技术的普及而发展起来的车上数据服务，如应用程序、导航服务、娱乐服务、远程服务、软件升级等。今天全球汽车工业的整车销售总额大约是2.7万亿美元，售后服务销售额大约是7 200亿美元，共享经济等新兴业务的销售额只有约300亿美元。而到了2030年时，前两项业务的销售额将稳步增长，而由自动驾驶技术驱动的新兴业务的销售额将大幅增长到1.5万亿美元，成为刺激汽车工业增长的最大因素。

自动驾驶将是中国未来10年科技发展面临的最重要的机遇之一。中国有全球最大的交通路网、最大的人口基数,自动驾驶的大规模商业化和技术普及反过来会促进自动驾驶相关科研的飞跃式发展。这种从科研到应用,从应用再反馈到科研的良性循环,正是中国能否在未来 10 年内建立起世界先进水平的人工智能科技体系的关键。

2. 智慧金融

2016 年 9 月 5 日,美国嘉信理财集团(Charles Schwab)的首席投资战略师丽兹·安·桑德斯(Liz Ann Sonders)在她的个人推特页面上贴出了两张对比鲜明的图片(见图 6-7)。那是瑞士银行设在美国康涅狄格州的交易场,整个交易场的面积比一个足球场还大,净空高度超过 12 米,交易场内曾经布满了一排排的桌椅和上万名资产交易员,是世界上最大的金融资产交易场所。可是,2016 年人们在这里看到的却是一片萧条景象,原本繁忙的交易场内,桌椅稀稀拉拉,门可罗雀。

丽兹·安·桑德斯的推特图片展示,短短五年多的时间里金融资产交易行业的巨大转型。瑞士银行设在康涅狄格州的这家交易场,原本从纽约华尔街吸引了大批金融工作者,但自 2011 年起,这家交易场裁掉了上万名前台交易员。2016 年底整个交易场地更是被廉价出售。

图 6-7 瑞银位于康涅狄格州的交易场地时隔 5 年的对比

雇用大量交易员在集中场所进行资产交易的方式,正在从我们的地球上消失。瑞士银行康涅狄格州交易场的衰落,固然是金融危机后全美金融业被迫采取诸多结构调整和转型的结果之一,但的确与近年来人工智能算法替代人类交易员的大趋势密不可分。就在丽兹·安·桑德斯这则推文之下,一位名叫迈克尔·哈里斯(Michael Harris)的金融交易分析师⊖评论说:"所有(这些交易员)都被少数几种算法取代了。"

人类交易员大量被机器算法所取代,这只是人工智能正在智慧金融建设中发挥重要作用的冰山一角。事实上,包括银行、保险、证券等在内的整个金融行业中,都已经并正在发生着用人工智能改进现有流程、提高业务效率、大幅增加收入或降低成本的巨大变革。2017年,据彭博社报道,摩根大通开发了一款金融合同解析软件COIN,已经上线半年多。经测试,原先律师和贷款人员每年累计需要36万小时才能完成的工作,COIN只需几秒就能完成。而且,COIN不仅在"工作"时错误率低,还不用休息。

据高盛集团2016年12月发布的报告,在金融行业,"保守估计,到2025年时,机器学习和人工智能可以通过节省成本和带来新的盈利机会创造大约每年340亿~430亿美元的价值,这一数字因为相关技术对数据利用和执行效率的提升,还具有更大的提升空间"。

人工智能之所以能在近年来突飞猛进,主要得益于深度学习算法的成功应用和大数据所打下的坚实基础。判断人工智能技术能在哪个行业最先引起革命性的变革,除了要看这个行业对自动化、智能化的内在需求外,主要还看这个行业内的数据积累、数据流转、数据存储和数据更新是不是达到了深度学习算法对大数据的要求。

放眼各垂直领域,金融行业可以说是全球大数据积累最好的行业。银行、保险、证券等业务本来就是基于大规模数据开展的,这些行业很早就开始了自动化系统的建设,并极度重视数据本身的规范化、数据采集的自动化、数据存储的集中化、数据共享的平台化。以银行为例,国内大中型银行早在20世纪90年代就开始规划、设计、建造和部署银行内部的大数据处理流程。经过20多年的建设,几乎所有主要银行都可以毫不费力地为即将到来的智能应用提供坚实的数据基础。需求层面,金融行业有着各垂直领域里最迫切的自动化和智能化的需求,而基于深度学习的现代人工智能技术正好可以满足这些需求(见图6-8)。

根据高盛公司的评估,金融行业里最有可能应用人工智能技术的领域主要有五个。

(1)量化交易与智能投顾

一方面,人工智能技术可以对金融行业里的各项投资业务,包括股权投资、债券投资、期货投资、外汇投资、贵金属投资等,利用量化算法进行建模,并直接利用自动化算法参与实际交易,获取最高回报。另一方面,人工智能算法也可以为银行、保险公司、证券公司以及它们的客户提供投资策略方面的自动化建议,引导客户合理配置资产,最大限度规避金融市场风险,最大限度提高金融资本的收益率。

(2)风险防控

银行、保险等金融机构对于业务开展中存在的信用风险、市场风险、运营风险等几

⊖ 他同时是一种基于机器学习技术的交易算法的开发者以及几本金融交易类畅销书的作者。

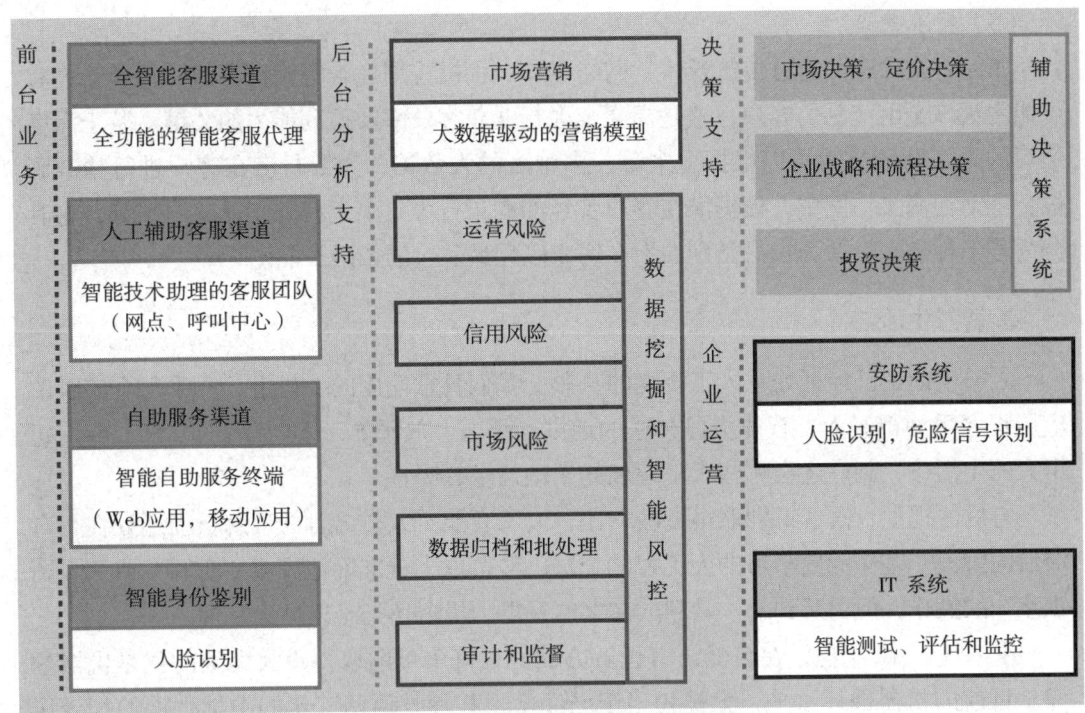

图 6-8 银行业中人工智能相关应用场景

个主要风险类型历来高度重视，投入了大量人力、物力、财力采集相关数据，设计风险模型或评分系统，采用各种方法降低风险，减少损失。而近年来新兴的互联网金融公司，由于其业务的特殊性，更要对客户的信用风险进行准确评估。相关的风险防控体系需要依赖高维度的大量数据进行深入分析，在这方面，基于深度学习的现代人工智能算法与人类分析员或传统机器学习算法相比有着先天的优势，可以对更为复杂的风险规律进行建模和计算。

（3）安防与客户身份认证

基于新一代机器视觉技术的人工智能产品正在各大银行的客户端和网点承担起客户身份认证与安防的工作。今天我们使用支付宝或各大银行的手机银行时，已经有不少应用需要我们打开手机摄像头，银行计算机自动将摄像头采集的用户脸部图像与用户预存的照片进行比对，以确认用户的真实身份。银行各办公网点则可以利用新一代人脸识别技术，对往来人员进行身份甄别，确认没有不法分子进入敏感或保密区域。

（4）智能客服

银行、保险、证券等行业为确保客户服务质量，一般都建立了大规模的呼叫中心或客户中心，雇用大量客服人员，利用电话、网站、聊天工具、手机应用等方式，解答客户问题，解决客户疑难。随着支持语音识别、自然语言理解和知识检索的人工智能客服技术逐渐成熟，金融行业的客服中心会慢慢引入机器人客服专员，由人工智能算法代替人类工作人员，并最终建立起全智能化的客服中心。

（5）精准营销

如何将金融产品通过传统媒体、网络媒体、手机应用广告等营销方式，传递给最有可能购买该金融产品的客户，这是提高金融行业获客效率及盈利能力的关键。基于深度学习的人工智能技术可以根据多来源、多维度的大数据，为银行潜在客户进行精准画像，自动在高维空间中，根据潜在客户曾经的购买行为、个人特征、社交习惯等，将其分为若干种类别，并为每一类别的潜在客户匹配最适合的金融产品。

3. 智慧生活

人类生活中已经处处是人工智能的身影。我们日常使用的手机上，几乎每个流行的应用程序里面都有人工智能大显神通的地方。那么，放眼 5～10 年后的未来，我们每个人的生活中，到底还会哪些人工智能元素熠熠生辉呢？

与机器视觉、语音识别取得突破相比，人工智能对人类语言的理解目前还处在相对滞后的阶段。基于深度学习的人工智能算法已经可以十分准确地完成"听写"或"看图识字"的操作，但对听到的、看到的文字的意思，机器还是难以准确掌握。

未来 5～10 年里，在自然语言理解方面，也许最可能取得重大突破的就是机器翻译。目前的机器翻译水平，大概相当于已经学习某种外语两三年的中学生做的翻译作业。对于多数非专业类的普通文本内容，机器翻译的结果已经可以做到基本符合原文语意，不影响理解与沟通。那么，假以时日，不断提高翻译准确度的人工智能系统，会不会在某个普通的日子里，像下围棋的 AlphaGo 那样悄然越过业余译员和职业译员之间的技术鸿沟，一跃成为翻译大师呢？

《星球大战》电影中的 C-3P0 机器人可以流利地完成银河帝国里超过 600 万种语言的对话交流，这是一个不折不扣的来自未来的翻译大师。在《星球大战》的世界里，人类是不需要学习星际语言的，人类口译员、书面翻译、同声传译员等工作也没有必要存在，一切都可以交给这个机器人来解决。C-3P0 机器人预示的未来，真的离我们很远吗？一旦机器翻译技术在不断积累的基础上突破了人类可接受的心理阈值，达到了人类翻译的水准，那时，我们有何必要花费生命中大约 20% 的时间去学习和精通一两门甚至更多门的外语？我们有何必要雇用如此多的翻译职员？出门旅行，出国参与商务或学术活动的时候，带上一部安装了机器翻译程序的手机，不就可以与外国人顺利沟通了吗？

顺着自然语言理解的方向，我们还可以发挥想象。今天的微软小冰、苹果 Siri 等对话机器人，还远远不能达到"聪明"的程度，因为它们无法深入理解人类语言的含义。一旦在自然语言理解的方向上有了突破，这些对话程序将一跃成为每个人每天都想聊上几句的好伙伴、好帮手，那时，是否突破图灵测试已经不再重要，重要的是真正"聪明"的聊天程序到底能为我们的生活带来什么改变。

那时候，不只是手机会和人智能对话，我们每个家庭里的每一件家用电器，都会拥有足够强大的对话功能。亚马逊公司于 2015 年开始销售的 Echo 智能音箱（见图 6-9），就是这个应用方向的一次成功尝试。亚马逊 Echo 是一个能听懂人说话的智能小音箱。它的听音模块做了特殊的技术处理，可以在绝大多数室内家居环境下，清楚地分辨出用户发出的语音指令，甚至当用户与音箱有一定距离的时候也是如此。在自然语言理解技术还没有达到人类心理预期的时候，亚马逊 Echo 做了一个十分明智的设定：它只和用户聊某几类很具体的话题，比如，音乐播放相关的话题，天气相关的话题，设置时钟或提醒等。这样一来，因为限定了对话场景，亚马逊 Echo 对人的语音指令的识别准确率就可以大幅度提升。而且，在只谈音乐的情况下，很多用户都认为，亚马逊 Echo 表现得足够"聪明"。更为重要的是，亚马逊 Echo 音箱只是亚马逊的智能会话系统与用户交流的一个终端。实际上，用户对 Echo 说的话，都会被上传到亚马逊的 Alexa 服务进行解析。这样一来，亚马逊 Alexa 服务就有能力收集到越来越多的真实用户交互样本。基于这种方式，亚马逊很快就可以建立起非常庞大的用户交互行为数据集。在这个数据集的基础上，用机器学习算法不断迭代，取得重大的技术突破只是时间问题。

图 6-9　亚马逊 Echo 音箱

和亚马逊类似，中国的家用电器厂商也在积极为各自的电器引入智能功能。例如，小米公司旗下的一系列智能家电，都在智能功能上做了不同程度的探索和尝试。大疆无人机的团队也在积极储备人工智能人才，为无人机配上智能避障、智能拍照等功能。创新工场投资的"小鱼在家"智能家庭助手，就拥有通过人脸、动作和声音识别，自动捕捉并录制孩子在家活动画面的有趣功能。2017 年 1 月，小鱼在家还和百度一起发布了基于百度自然语言对话式人工智能操作系统 DuerOS 的新产品。

亚马逊在人工智能方面的许多尝试都让人眼前一亮。2016 年底，亚马逊宣布了一个几乎震惊整个科技界的大新闻：亚马逊开办了一家不用排队、不用当面亲自结账、拿了东西就可以走人的小超市，名字叫亚马逊 Go！

没错，这是一家利用人工智能技术管理的小超市。你只要走进去，拿你想拿的东西，然后大摇大摆地走出去就好了。超市的每个货架都布满摄像头等传感器，利用机器视觉技术记住每个顾客到底都拿了哪些商品,顾客出门时,再根据人脸识别辨认身份,自动到顾客预先关联的结算方式(如银行卡)上结账。顾客的整个购物体验完全可以不用排队,不用亲自结账(见图6-10)。

图6-10　亚马逊不用排队、不用当面亲自结账、拿了东西就可以走人的Go商店

从机器翻译到智能家电,再到智能超市,人工智能技术给我们生活带来的巨大变化才刚刚开始。其实,如果回到10年以前,2007年苹果才刚刚发布第一代iPhone手机,那时谁会想到只用了10年的时间,智能手机就无处不在了呢?类似地,今天的我们绝对没法准确预测,未来10年中人工智能可以给我们的生活带来多么巨大的改变。

4. 智慧医疗

人工智能对人类最有意义的帮助之一就是促进医疗科技的发展,让机器、算法和大数据为人类自身的健康服务,让智慧医疗成为未来地球人抵御疾病、延长寿命的核心科技。很多年前,还处于萌芽期的人工智能技术就对药物的研发起过积极作用。世界上第一个专家系统程序Dendral是由斯坦福大学的一位研究者用Lisp语言写成的,帮助有机化学家根据物质光谱推断未知有机分子的结构。这个程序衍生出了许多判断有机物分子结构的变种。相关算法在20世纪六七十年代就开始用于药物的化学成分分析和新药研制。

今天,在制药领域,以深度学习为代表的人工智能技术可以发挥比20世纪六七十年代时大得多的作用。一家总部位于伦敦的名叫Benevolent AI的创业公司,就在做一个有趣的尝试:他们让人工智能系统阅读存储在专利数据库、医疗数据库、化学数据库中的专利、数据、技术资料，以及发表在医药学期刊上的论文，通过机器学习来寻找潜在的可用于制造新药的分子式或配方。为了更好地将人工智能与医药相结合，这家初创公司甚至还设置了一个"首席医药官"的职位。

对于人工智能为制药业提供的帮助，《经济学人》撰文评论道："制药公司越来越难于在寻找新产品方面取得突破，原因之一是大多数明显有用的分子已被发现，这导致开发周期长，失败率高。同时，科学成果的数量每九年翻一番，要理解所有不同类型的数据已非人力所及。这正是 AI 可以发挥作用的地方——它不仅可以'摄取'从论文到分子结构、基因组序列和图像的一切信息，还能自主学习，建立关联，形成假设。AI 可以在几周内阐明突出的关联，提供新的想法，而人类要想取得同样的成果，可能要穷尽毕生之力。"

根据硅谷银行 2016 年 9 月举办的 Health Tech 活动对超过 200 名医疗或相关行业创业公司高管的调查，有 46% 的被调查者认为大数据是未来医疗行业里最有前景的技术，而 35% 的被调查者则认为人工智能是最有前景的技术。

IBM 则将其著名的人工智能系统 Watson 用于辅助癌症研究。IBM 公司联合了 20 多个顶尖的癌症研究机构，用这些机构提供的大数据，来教会 Watson 理解基因学和肿瘤学。研究小组只花了一个星期，就令 Watson 读完了 2 500 篇医学论文。参与此项研究的北卡罗来纳州立大学教堂山分校的诺曼·沙普利斯（Norman Sharpless）评论道："要知道我们每天发表的研究论文有 8 000 多篇，你知道，没有人能够每天阅读 8 000 篇论文。所以我们提出的最新治疗方案往往是基于过去的信息，落后了一两年的信息。然而，这正是适合 Watson 的任务。"基于 Watson 系统的实验颇有成效，诺曼·沙普利斯说："在 30% 的病人中，Watson 发现了新的东西。也就是说，对大约 300 多人，Watson 找到了治疗方法，但是一群认真工作的医生却没有找到。"

2017 年 2 月，发表在《自然》杂志上的一篇论文介绍了一次有关皮肤癌诊断的人与机器的"较量"。在该论文所揭示的研究中，科学家们让一个卷积神经网络分析了将近 13 万张临床上的皮肤癌图片，这个数目比现在最大的研究用图片集高出了两个数量级。在大量学习资料的支持下，这个神经网络迅速成为一名皮肤癌方面的专家。研究者让这个计算机皮肤癌专家与 21 名资深的皮肤科医生"同场竞技"。在第一场挑战中，这个神经网络与医生们一同区分两种不同的皮肤疾病——角质细胞癌与良性脂溢性角化病。前者是最为常见的皮肤癌。综合灵敏性和特异性来看，这个神经网络的表现比大部分参与研究的皮肤科医生都要好。不服气的人类做了第二项测试，这次他们比较的是恶性黑色素瘤与良性的黑痣。前者是最具杀伤力的皮肤癌。但在这场比试中，人类同样败下阵来。

今天，世界医疗资源分布严重不均衡，很多国家医生的数量不足，发展中国家社区医生的水平与顶尖医生相差甚远。在人工智能的帮助下，我们看到的不是医生失业，而是同样数量的医生可以服务几倍、数十倍甚至更多的人群。医疗资源分布不均衡的地区，会因为人工智能的引入，使绝大多数病人享受到一流的医疗服务。

更重要的是，在人工智能的帮助下，顶尖的医生和科学家可以腾出时间来，从事那些真正有挑战性的科学研究。比如说，人工智能可以大大地节省医生们诊断癌症所花费的时间，提高癌症的早期诊断效果，大大降低癌症死亡率。这时，基础研究就可以向其他威胁人类生存的疾病倾斜，也可以有更多资源来研究如何延长人类寿命。例如，今天的科学界大致认为人类的自然寿命可以延长到120岁左右，那么，未来如果有更多80岁、90岁以上的老人，就会有更多的人面对阿尔茨海默病等老年疾病的威胁。在人工智能的帮助下，我们可以更有效地分配医疗资源，帮助人类既延长寿命，又能提升生活品质。

6.4 区块链

6.4.1 区块链的概念

随着以比特币为代表的虚拟货币不断获得市场的关注，虚拟货币的核心技术——区块链也逐渐受到社会各界的重视。

从数据角度来说，区块链是一种几乎不可能被更改的分布式数据库。这里的分布式，既指分布式存储，也指分布式记录。从技术角度来说，区块链不是单一的技术，而是多种技术整合的结果。这些技术以新结构组合在一起，形成新的数据记录、存储和表达的方式。因此，综合而言，区块链是一个分布式账本，一种通过去中心化、去信任的方式集体维护一个可靠数据库的技术方案。

1. 什么是中心化

我们首先思考这样一个问题，你要在网上买一本书，交易流程是什么？第一步：你下单之后把钱打给支付宝。第二步：支付宝收款后通知卖家准备发货。第三步：卖家收到通知后给你发货。第四步：你收到货之后很满意，于是确认收货。第五步：支付宝收到了你的通知并打钱给卖家（见图6-11）。

我们可以看出，在这个过程中，虽然你是在和卖家交易，但整个交易都是围绕支付宝展开的。因此，如果支付宝系统出了问题，比如天降陨石，把支付宝的服务器全砸了，或者由于全球经济危机支付宝倒闭了，无奈的支付宝只好淡然表示不存在这笔交易，那么这笔交易就会以失败告终，到时候买家卖家就会纠缠不清，都无法自证。

2. 什么是去中心化

为了说明去中心化的区块链是如何运行的，我们先把整个去中心化的分布式结构简化为一个极端的情况来探究。我们假设有一个去中心化的小城市，在这个城市里有五个可爱活泼的小伙伴，他们互相借钱的时候是这么做的（见图6-12）。

图 6-11 中心化

假设 B 向 A 借了 1 元钱。A 在人群中大喊:"我是 A,我借给了 B 1 元钱!"B 也在人群中大喊:"我是 B,A 借给了我 1 元钱!"此时城市里的 C、D、E 都听到了消息,他们拿出手中的小账本并默默记下:"某年某月某日,A 借给了 B 1 元钱。"

图 6-12 去中心化

当城市中已经建立了一个去中心化的系统,这个系统不需要银行,也不需要支付宝。这个模型不需要信任关系，也不需要一个拥有公信力的组织。当分布式结构中的每个人都记账的时候，篡改账本是不可行的。比如 B 突然不认账了："我不欠 A 的 1 元钱！"这个时候，人民群众 C、D 或 E 就会站出来说："不对，我的账本上明明记录了你在某年某月某日向 A 借了 1 元钱，并且没有查到你还款的记录。"

6.4.2 区块链的特点

从 2014 年开始，比特币背后的区块链技术受到多方关注，并正式引发了分布式账本技术的革新浪潮。区块链实质是由多方参与共同维护一个持续增长的分布式数据库，也被称为分布式共享总账，其核心在于通过分布式网络、时序不可篡改的密码学账本及分布式共识机制建立彼此之间的信任关系，利用由自动化脚本代码组成的智能合约来编程和操作数据，最终实现由信息互联向价值互联的进化。

区块链技术作为创造信任的机制，主要有以下特点。

（1）分布式结构。区块链构建在分布式网络基础之上，账本并不是集中存放在某个服务器或数据中心，也不是由第三方权威机构来负责记录和管理，而是分散在网络中的每一个节点，每一个节点都有一个该账本的副本，所有副本同步更新，体现了去中心化的特点。

（2）建立信任。区块链技术通过数学原理和程序算法，使系统运作规则公开透明，实现交易双方在不需要借助第三方权威机构（比如央行等）信用背书下通过达成共识建立信任关系。

（3）公开透明。区块链对任何可以上网的人都是开放、透明的。任何人都可以加入区块链，也能查询区块链上的区块记录；同时所有用户看到的是同一个账本，能看到这一账本所发生和记录的每一笔交易。

（4）时序不可篡改。区块链采用带有时间戳的链式区块结构存储数据，具有极强的可追溯性和可验证性；同时，由密码学算法和共识机制保障了区块链的不可篡改性。

6.4.3 区块链的应用

1. 区块链在金融领域中的应用

2017 年安永关于中国上市银行年度分析报告指出，41 家上市银行中，有 35 家在年报里提到了区块链技术的应用布局。

央行区块链数字票据交易平台

2017 年 2 月，中国人民银行推动的基于区块链的数字票据交易平台测试成功，据了解，随后央行旗下的数字货币研究所也将正式挂牌。这意味着，在全球范围内，中国人民银行将成为首个研究数字货币及其真实应用的中央银行。

业内资深人士吴佳介绍说，数字货币不等同于法定货币，它可以降低传统纸币的发行以及流通带来的高额成本，提升经济交易活动的便利性、透明度，打击偷税漏税等。

事实上，相比于全球其他央行，中国人民银行对待数字货币的态度一直较为主动。2014年，央行成立发行法定数字货币的专门研究小组；2015年发布发行数字货币的系列研究报告，并完成发行法定数字货币原型的两轮修订。2016年1月20日，央行召开数字货币研讨会，首次对外公布发行数字货币的目标。

案例

中国银联试水区块链 允许消费者跨行兑换奖励积分

2016年9月23日，IBM与中国银联预演"使用区块链技术的跨行积分兑换系统"，该系统允许跨行、跨平台兑换奖励积分，消费者在一家银行的积分可以兑换其他银行的积分奖励，甚至兑换多个航空公司里程以及超市购物奖励，从而大幅提高银行积分的使用效率。

奖励积分是银行常用的提高用户忠诚度的营销手段，但由于积分使用的场景、方式往往受限，大部分消费者对银行积分并不关注，甚至90%的用户根本不清楚自己的银行积分。中国银联电子研究院、国家工程实验室区块链研究总监严翔翔介绍，2015年，中国的银行用户取得的积分总额约400亿，但仅50%被兑换。

跨行积分系统可以解除积分的使用限制，但按照传统模式搭建该系统成本极高。"预测400亿积分中25%需要跨行兑换、兑换平台手续费费率为1%的话，一年收入约1个亿，但构建这个对接多个银行、商户的中心化平台，成本远不止1个亿。" 严翔翔指出，"但如果使用区块链，这1个亿可以全都省下来。"

2. 区块链在电子商务中的应用

自从区块链技术在不同的商业领域实施以来，电子商务市场经历了许多变化，并已成为21世纪最赚钱的行业之一。但是，区块链是如何彻底改变电子商务企业的运作方式的呢？

（1）更便捷的支付方式

受跨境区块链支付银行的影响，电子商务业务通过使用区块链技术进行支付，与传统支付系统相比，支付流程大大简化。区块链是一个去中心化的系统，不受任何中央当局的监管，这就意味着操作完全由买方和卖方控制，没有第三方干预或操纵交易。使用区块链技术，交易双方的身份也可以保密。

普通的支付方式都有最高或最低金额的限制，甚至是地理位置的限制，区块链技术则没有这样的限制。此外，使用虚拟货币钱包是免费的，用户不必求助于任何中央机构来注册账户，在自己舒适的家里便可以注册。基于区块链的支付交易是安全可靠的。区块链的点对点技术使得黑客不可能篡改任何交易，从而使其成为最安全的支付方式。

（2）改进供应链管理

供应链是任何电子商务平台的关键要素，因此需要非常小心地处理。在电子商务的供应链平台上实现区块链技术，可以帮助解决业务核心的记录和产品跟踪等严重问题。在嵌入式传感器和RFID标签的帮助下，保持记录变得更加容易。区块链有助于在电子商务平台内跟踪产品的整个路线。区块链技术还有助于消除供应链中的中间环节，从而减少超额成本，这对公司和终端客户都是一个额外的优势。一旦零售商在库存管理中安装了区块链技术，他们也不必为雇用管理库存的员工支付额外支出。

（3）安全性和可靠性

区块链技术的去中心化特性为用户提供了最大限度的数据保护。在去中心化系统中，每笔交易都存储为一个块，多笔交易构成一个链，该链从所有端加密。随着区块链变长，黑客不可能突破数据块并篡改数据，从而形成了最大的保护。区块链网络中的所有节点都不可能被破坏，这意味着数据是安全的。如亚马逊成功地将其区块链平台与云存储集成在了一起，云存储拥有超过150种功能，为交易创建了一个安全、永久的分类账。

（4）道德实践

领先的电子商务平台被指责缺乏透明度，放任其他零售商的不道德行为。有些平台甚至取消了商家和客户之间的直接互动，甚至在没有通知的情况下拆除了商家的网站。使用区块链技术有助于解决这些问题。因此，各大电商平台都在利用区块链技术来解决当前面临的问题。区块链技术与人工智能合作，将为电子商务用户提供充足的机会，以更自动化的方式促进系统交互。因此，区块链势必会将电子商务行业推向前所未有的成功高度。

案例

京东全球购的区块链技术应用

2018年4月14日，京东公布了京东全球购2018年战略规划，售前、售中、售后三个环节品质保障举措升级。

在售前环节，京东全球购通过"买手团"把控源头质量关，按照最高标准遴选品牌与产品，提升商品入驻门槛，并通过检测机构对非知名品牌、安全性要求较高的商品进行检测，确保入驻商品达到质量标准。

在售中环节，京东已建立区块链防伪追溯解决方案，将逐步覆盖京东全球购业务，实现"全程溯源":在生产阶段通过区块链技术由品牌商为商品记录下第一条身份信息,随后进行京东海外仓入仓、出口报关、国际运输、进入保税仓或直邮至中国海关口岸报单清关、国内分拣、京东自有物流配送、消费者签收等环节,现场工作人员都会为其独立记录信息,并附有工作人员的数字签名和时间戳,且所有记录的信息都确保真实,无法被篡改。

(售后环节略。)

案例 ●─○─●─○─●

中国电子商务区块链规范发展中心将成立

中国电子商务区块链规范发展中心隶属于工信部主管中国电子商务协会中国电子商务应用推广中心,是"中国电子商务新经济产业发展课题组"的重要职能机构,致力于规范区块链市场环境,开展区块链技术研究和专业培训工作。中心下设专家委员会、秘书处、培训部、活动部、会员服务部、外联部、技术推广部、行业研究部、调研部、媒体部等部门。

工信部于2017年底正式发布《区块链数据格式规范》,在2018年5月发布《2018年中国区块链产业白皮书》,为区块链系统的数据结构设计、区块链行业应用统一数据标准提供了参考依据,并对我国区块链技术在金融领域和实体经济中的应用落地情况做了深入分析和趋势展望,对我国区块链标准建设、规范发展具有重要意义。

中国电子商务区块链规范发展中心的成立将在当前区块链行业快速发展的形势下,着力开展区块链技术规范、区块链企业经营规范、行业发展规范方面的研究和培训教育工作。中心依托"课题组"强大的资源优势,进一步整合区块链技术领域、应用企业、研究机构和媒体资源,形成集规范发展研究、从业人员技能培训认证、创新技术应用推广、区块链企业规范发展监督指导、行业标准研究等五位一体的中心工作机制。

3. 区块链在服务行业中的应用

将区块链技术用于餐饮行业,就可实现真正的产品溯源。区块链的可追溯性,可让餐饮食材供应链的来龙去脉变得更为透明。通过区块链技术,可对猪肉、牛肉、水果蔬菜等食材从供应商到商品货架,最后再到消费者手上的全程进行数字化追踪,并将追溯到的信息进行数据化处理,并记录到区块链的某个区块上,让每个信息都能快速有效地得到检测。这个过程不但可以加快供应速度,还可以从源头上根本杜绝不符合要求的食材,保证消费者的食品安全。

去酒店住宿需要出示身份证等证件,这就意味着酒店掌握与收集了大量的个人隐私,类似银行一样。而如果这些信息系统受到黑客的攻击或者系统出现了问题,将会导致不可估量的后果。

现在很多家政公司采用互联网平台连接消费者与保姆、月嫂等服务人员,看起来很方便。但很多消费者担心的是,只是凭对方提供的照片等信息,很难确定家政服务工作人员的身份、资质、信誉度等是否真实可信。区块链却是去中心化信任,每个人都要自证清白,而且每个人都可以自证清白,你的所有行为都会被存储在网上。如果你有赌博或者吸毒的嗜好,你就永远不可能进入家政行业,永远不可能有这样的工作机会。消费者则可以安心地享受家政提供的保姆服务。

区块链的去中心化、不可篡改和智能合约等优势给了家政行业破局的入口,从业人员不完全依靠平台,如果平台违反了双方的约定,智能合约将会被自动触发,做出相应的措施,家政人员的收入也能得到应有的保障。传统经济时代,打工者最害怕老板欠薪,区块链的出现将有助于解决行业欠薪的问题。

案例

"赣服通":开启江西电子政务新时代

2020年7月3日,经过全面优化重构,江西迎来了电子政务新时代。日前,在江西省委书记刘奇、江西省省长易炼红、阿里巴巴集团董事会主席张勇、中科院院士王坚等共同启动下,"赣服通"3.0版暨App正式升级上线,此举标志着江西建成全国首个全省统一的"区块链+政务服务"基础平台。

"赣服通"是根据江西省人民政府与阿里巴巴集团、蚂蚁金服集团战略合作协议安排,依托江西政务服务网和支付宝移动端开发建设的一款手机软件。截至2020年6月底,"赣服通"在江西省11个设区市分厅和100个县级分厅全部上线运行,已上线服务6 757项,电子证照132种。实名用户数突破2 000万,每2.3个江西人中就有1个在使用。

"赣服通"3.0版是以大数据、云计算、区块链技术为支撑,以为民服务解难题为宗旨,以诚信安全为前提,可追溯为手段,简化便捷公平公正公开为目标,把"赣服通"建设成企业服务"小秘书"、群众生活"小助手"、用户数据"小管家"、智能客服"小赣事"。

据了解,"赣服通"3.0版全面优化重构已有服务应用,依托支付宝的蚂蚁区块链技术,建筑工程、交通运输、户政交管、农林牧渔、卫生医疗等领域116个省级事项可以在手机上实现"不见面审批";户政、交管、卫健、医疗、社保等行业56项全省性服务可实现无证办理;一批涉企政策兑现打通了"最后一公里",70项涉及税收优惠、扶持补贴、企业用工、金融支持等政策兑现掌上可办,可望极大提高企业享受各类政策红利的便利度、可及性和获得感。

据蚂蚁金服集团技术团队相关负责人介绍,下一步,"赣服通"将牢牢把握5G时代来临的机遇,不断推出更多事项"不见面审批"、更多服务"无证办理"、更多政策"掌上通达",真正做到"让数据多跑路,让群众少跑腿"。

4. 区块链在医疗行业中的应用

一直以来,医疗信息流通都很不顺畅。导致医疗信息流通不畅的原因有很多,主要在于各家医院都不会轻易将医疗信息对外公开,个中当然有法律和隐私上的顾虑。如何解决这些问题成为当务之急。纵观当下,区块链的应用在国内外关注度日渐提高,区块链的触角已遍布各行各业,助推传统行业转型升级。目前,区块链技术已经逐步在医疗领域得到应用,作为一门新兴技术,正在颠覆这一行业的经营模式甚至价值链。

案例

沃尔玛取得以区块链记录病历之专利

沃尔玛在2016年12月14日申请的专利,被美国专利商标局(USPTO)授予批准。该专利旨在将患者的医疗记录存储在区块链数据库中。在紧急情况下,医院有权获取其信息。

沃尔玛专利申请书上将这一区块链数据库系统称为"从可穿戴设备上获得存储在区块链上的患者病历信息"(Obtaining a Medical Record Stored on a Blockchain from a Wearable Device)。该系统由三种关键设备组成。其中之一是可穿戴设备手环,它是区块链数据库的本地存储介质。第二是射频识别(RFID)扫描仪。通过扫描病人的手环来实现病历的传输。第三是生物识别扫描仪,用于获取病人的生物特征信号(可以是脸、视网膜、虹膜或者指纹)进行解密。一旦解密,患者的医疗信息便可以与其他医疗机构共享,包括护理人员、医生等相关医疗人员。当然,也包括抢救时医院与患者之间的交易行为。

医疗数据是医疗领域非常宝贵的资源,包括病人身份、过往病史以及医疗支付情况等,但这些都是患者的隐私数据。当前,患者的私密信息都存储于医疗部门的中心化数据库或者文件柜里,而信息泄露情况时有发生。另外,病历数据的质量是医疗行业面临的一大问题。错误的数据在很大程度上会导致误诊,如果同一个病人去过多家医院,接受了多位医生的治疗,那么数据可能就会存在不完整的现象。

而区块链数据库上的病历不在医生、医院以及任何第三方手里保存,所有接受过治疗的病史和救治方案等都将被拴在链上,供所有的节点进行维护和保存,一旦病人需要急救时,就可以通过扫描可穿戴设备,获取完整的医疗信息,并且可以保护其隐私。

不难发现，区块链记录病历专利其实是医疗数据与区块链和物联网的结合。物联网是通过射频识别、红外传感器、全球定位系统、激光扫描仪等信息传感设备，按约定的协议，把任何物品与互联网相连接，进行信息交换和通信，以实现对物品的智能化识别、定位、跟踪、监控和管理的一种网络。而区块链与之结合后，可以在此基础之上读取历史数据，追根溯源。但是此专利还未和具体的医疗场景相结合，所以尚未凸显出其结合体的巨大优势。我们期待此项专利的真正落地。

数字化平台是大数据、云计算、人工智能、区块链与网络（互联网、移动互联网、物联网）的五位一体，共同生成在 5G 基础上，有机结合为一个类似于人的智能生命体。如果将数字化平台用人来类比：互联网、移动互联网以及物联网就像人类的神经系统，大数据就像人体内的五脏六腑、皮肤以及器官，云计算相当于人体的脊梁。没有网络，五脏六腑和脊梁就无法相互协同；没有云计算，五脏六腑无法安置；而没有大数据，云计算就是行尸走肉、空心骷髅。有了神经系统、脊梁、五脏六腑、皮肤和其他器官之后，加上相当于灵魂的人工智能——人的大脑和神经末梢系统，基础的"大智移云"平台就成型了。而区块链技术，就像人类不可篡改的分布式基因，通过更先进的"基因改造技术"，从基础层面大幅度提升大脑反应速度、骨骼健壮程度、四肢操控灵活性。互联网数字化平台在区块链技术的帮助下，基础功能和应用将得到颠覆性改造，从而对经济社会产生更强大的推动力。

● 思 考 题

1. 简述大数据的特点。
2. 简述大数据的挑战和机遇。
3. 简述人工智能的应用。
4. 简述云计算的服务模式。
5. 简述区块链的应用。

● 课后案例

AlphaGo 和李世石之战

2016 年 3 月 9 日，Google 公司开发的人工智能 AlphaGo 在与李世石九段的第一局比赛中中盘获胜。这是迄今为止第一个战胜人类围棋世界冠军的机器人，也是从 1997 年 IBM 深蓝战胜卡斯帕罗夫以来，人类科学家又一次在机器智能领域所取得的里程碑性质的胜利。那么，为什么这两件事情前后差了近 20 年呢？首先是计算量的差异问题。对机器来说，下围棋要比下象棋复杂得多，单就计算量而言，大约相差 10 的 6 次方到 10 的九次方的倍数，如果我们取一个平均数，大约是 1 亿倍左右。另一个因素是，相比于国际象棋，计算机科学家开始认真研究围棋算法要晚很多。于是，计算机的两次获胜相差了 20 年。

从计算机发展历程来看，机器智能在所有棋类上战胜人类其实只是时间问题，其主要原因就在于机器运算能力的提升是指数增长的，而人类智力的提升几乎不可能是指数增长的，能做到线性增长就不错了，所以就一定存在一个时间点。很多人之前预言机器智能战胜人类职业围棋高手至少还要再等十年。然而，2015 年底 Google 就提前实现了这个目标，这让世人感到震惊，当然这次战胜李世石更出乎世人的预料。

机器获得智能的方式和人类不同。人类的智力主要是靠逻辑推理，而机器获得智能主要是靠计算。这里面有两个关键的技术，第一个关键技术是数学模型，即一整套把棋盘上当前的状态变成一个获胜概率的数学模型，当然，这需要借助于大数据。AlphaGo 在短短的时间里通过学习几十万盘人类对弈，才训练出非常有效的数学模型。第二个关键技术是搜索算法（Beam Search），该算法可以精准搜索最佳走法。我们知道下国际象棋的过程中，在每种状态下可能会有 5～10 种合理的走法，如果计算机往前考虑 10 步，这个搜索空间是 100 亿，由于计算量实在太大，计算机无法穷举所有的可能性。在这种情况下，计算机就要根据以往对弈中学来的知识，比较准确地聚焦在一个宽度有限的空间，这就像光束一样，因此这种精准搜索算法就称为 Beam Search。围棋每走一步都会使状态的数量多出大约一个数量级，如果往后考虑十几步，状态的数量就会呈指数级增长。尽管今天的计算机的计算能力比 20 年前提升了上万倍，而且在 Google 数据中心里面，有远比当年 IBM 深蓝的处理器多得多的服务器数量，但是仅仅靠这些服务器是远远不够的。因为如果没有好的搜索算法，是无法在很短的时间里快速得出最佳行棋步骤的。因此可以知道，下围棋不仅仅是一个机器智能的问题，还是一个大数据和算法的问题。

尽管有人认为李世石九段仍然有希望在五番棋中反败为胜，或者有人认为我们还有实力更强的棋手可以战胜 AlphaGo，但是按照 AlphaGo 在过去几个月里的进步速度，只要 Google 愿意继续投入，不断提升它的计算能力，估计一年内任何人类的围棋高手都不会有能力战胜它了。所以我们可以说，计算机已经在一个新的领域全面超越了人类。当然，不可否认，很多计算机科学家和工程师为此做出了巨大的贡献，他们是我们文明的缔造者。因此 AlphaGo 的胜利，归根结底应该是计算机科学家的胜利，是我们全人类的胜利。在这场胜利中，李世石起到了一个 Beta 测试者的作用，他是 AlphaGo 这个版本的试用者。从这个角度来说，Google 的成功里面也有李世石九段的功劳。

但是，AlphaGo 战胜李世石这一事实，让一些不了解机器智能的人开始担心机器在未来能够控制人类。这种杞人忧天是完全没有必要的，因为 AlphaGo 的灵魂实际上就是计算机科学家为它编写的程序。机器是不会也不可能控制人类的，但是制造智能机器的人是可以的。而科技在人类的进步中一直都扮演着最活跃、最革命的角色。科技的发展无论是什么人、什么国家都无法阻止的。因此，我们所能做的只有面对现实，抓住智能革命的机遇，而不应该回避它、否定它和阻止它。未来的社会，一定属于那些具有创新能力的人，包括计算机科学家和工程师，而不属于那些掌握一个技能就一直做重复性工作的人。

案例思考题

1. AlphaGo 是如何战胜李世石九段的？
2. 结合案例讨论人工智能的影响。
3. 智能机器人的出现会给人类社会带来哪些伦理问题？

第三部分

管理信息系统开发

CHAPTER 7

第 7 章

管理信息系统战略规划

学习目标

1. MIS 战略规划的概念、关键点、主要任务、特点以及原则。
2. 信息系统发展阶段论：诺兰四阶段模型及六阶段模型。
3. MIS 战略规划的常用方法：企业系统规划法、关键成功因素法、价值链分析法。
4. 划分子系统，识别关键成功因素。
5. 企业业务流程重组的概念、基本思想和主要程序。

开篇案例

网易业务中台助力德邦物流

近年来，随着增强现实（augmented reality，AR）、机器人、无人驾驶等新技术的发展，以往企业不愿触碰、高成本的"大件快递"行业迎来蓬勃发展。而随着新技术的不断应用，必然需要更大体量的数据进行支撑。面对急剧增长的数据量，企业对数据仓库性能、存储能力等方面也提出了越来越高的要求，因此，德邦快递也在持续关注数据方面的技术内容。

1. 提升数据库存储能力：传统的一扩二、二扩三的数据存储方式已经无法满足急剧增长而且无法预知上限的数据量，企业需要一种随时扩容且迁移灵活的数据库。

2. 提升数据库服务能力：持续增长的数据量不仅对数据存储提出新的要求，对计算能力、分析能力也提出了更高的要求。计算能力、分析能力如果无法扩展，依然会成为制约业务系统效率提升的瓶颈。

3. 降低数据库的管理与运维成本：数据库扩容不仅带来更加复杂的管理和运维问题，还会给企业带来更高的人力、物力和时间成本。

同时，信息技术应用不仅是德邦快递优化服务质量的基础，也是提供安全保障的支撑和实现精细化管理的核心。德邦快递通过CRM、PDA、官网、App、FOSS、ECS等平台，实现营运端到端的透明化管理，实现多样化智能侦测和移动端实时查看。而德邦快递在推行新技术的同时，也发现业务架构方面存在技术缺陷。

1. 需求响应慢：编译、部署、上线耗时太长，新系统上线从资源申请、环境配备到上线至少需要两周左右的时间，需要大量人力介入，浪费大量人力成本，影响业务整体响应效率。

2. 系统稳定性差：功能代码耦合度高，微小的改动可能影响整个应用，系统中的资源无法隔离，系统错误隔离性差，可用性差，任何一个模块的错误都有可能造成系统的宕机。

3. 业务风险高：服务状态、系统健康度、接口调用情况、异常等可视化及实时预警能力存在不足，且缺乏自动化的量化和监控功能，无法做到实时发现问题。

4. 可扩展性差：所有程序代码都运行在服务器上的同一个进程中，导致应用程序扩展成本较高，难度较大，甚至有些应用即便已经投入昂贵的成本，后期也无法扩展，不能满足快速变化的业务需求。

网易分布式数据库能为德邦解决业务高速发展带来的PB级数据存储问题：查询能力可以无限扩展，解决了海量数据带来的查询性能瓶颈的问题；解决了运营系统高并发（即多线程）访问对平台施压的问题；水平及垂直扩展能力也让整个业务系统几乎没有瓶颈；易于管理，简化了运维，进一步降低了开发难度，提升了业务系统的稳定性。网易分布式数据库可以在应用无感知的情况下完成数据节点和查询节点的在线扩容，并提供相应的进度管理；通过读写分离功能，有效扩展了每个数据节点的服务能力；通过一组查询代理服务对外提供透明的分库分表服务，应用开发人员和运维人员都无须关心分库分表的实现细节；兼容MySQL语法和协议，降低开发和运维难度；整合了金融级数据同步和备灾方案，在可靠性和数据一致性方面为客户保驾护航。

网易轻舟微服务平台的易接入、易运维业务中台（其架构如图7-1所示）可以实现以下功能。

1. 敏捷迭代：建立可持续迭代、持续构建、持续集成、持续部署的研发流水线，并通过流程驱动有效降低沟通成本，项目从需求到交付的周期缩短了40%。

2. 质量提升：业务边界明确，局部变更、系统故障不再影响到整个系统，可用率得到进一步提升；通过接入自动化测试平台，自动化测试覆盖核心系统主流程，发现缺陷率达到49.8%。

3. 智能运维：可视化监控、智能化运维提高了故障点、性能瓶颈的诊断能力以及业务支撑能力，节约了运维成本。

4. 随需扩容：基于轻量化的容器技术和 DevOps 工具链⊖实现快速按需扩容，上线部署时间节省 80%，资源利用率同时得到提升。

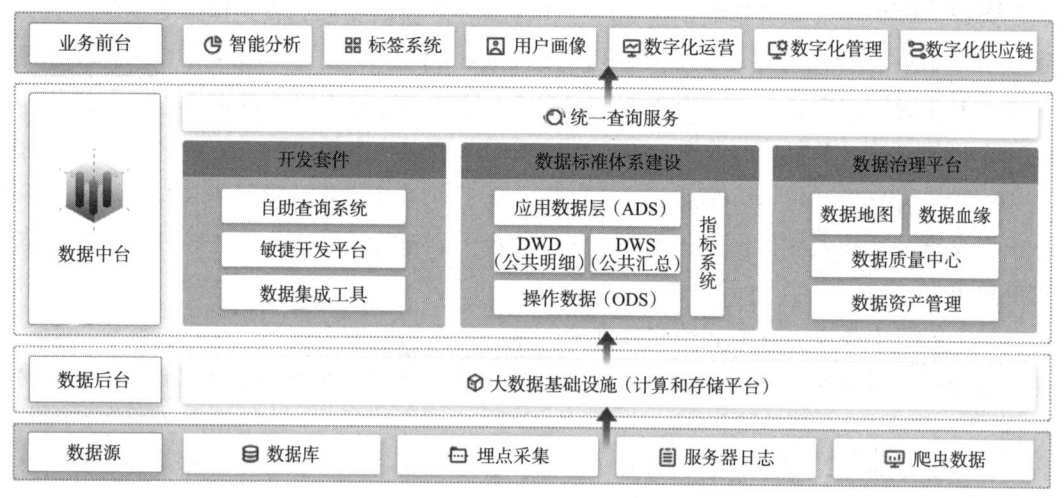

图 7-1 网易业务的中台架构

随着业务扩张和新技术的不断引入，传统的数据库存储模式已不能满足大规模数据存储、实时计算以及应用架构革新等需求，而分布式数据库等的诞生可以很好地应对这些挑战。这场变革的背后，企业需要深入分析现有信息系统，对现有信息系统进行充分分析、规划、设计，重新设计满足分布式数据库系统的业务模块，构建新型"企业共享服务中心"，以适应支持多个前台业务且具备业务属性的共性能力，有助于实现业务能力复用，加速业务创新和促进数字化转型，助力企业实现快速、低成本创新，为数据资产增值裂变提供动力支持。

资料来源：https://www.163yun.com/customer/dbkd。

7.1 信息系统发展的阶段论

1974 年，美国哈佛大学教授，也是社会技术系统学派代表人物之一的理查德·L.诺兰（Richard L. Nolan）提出了反映信息系统发展过程的诺兰模型。他认为信息系统发展包括四个阶段，即起步、扩展、控制和成熟阶段，如图 7-2 所示。

1980 年，诺兰模型得到了进一步的完善，将四阶段调整为六阶段，即起步阶段、扩展阶段、控制阶段、集成阶段、数据管理阶段和成熟阶段，如图 7-3 所示。诺兰所要表达的是信息系统在各组织机构中投入应用，经过从初级到成熟，逐步成长、逐步扩散和逐步完善的一般性演进阶段。他认为任何组织机构在实现以计算机为基础的信息系统

⊖ DevOps 实际是一种文化上的变迁，代表了开发、运维、测试等环节之间的协作。

时都必须从一个阶段发展到下一个阶段，不能实现跳跃式发展。这是一种波浪式的发展历程，"起步""扩展""控制"阶段具有计算机数据处理时代的特征，"集成""数据管理""成熟"阶段则体现了信息技术时代的特点，它们之间的"转折区间"是在集成阶段。由于办公自动化机器的普及，以及基于主题的数据库第三类数据环境应用的加速发展、终端用户的计算环境的改变，导致了发展的非连续性，这种非连续性被称为"技术性断点"。

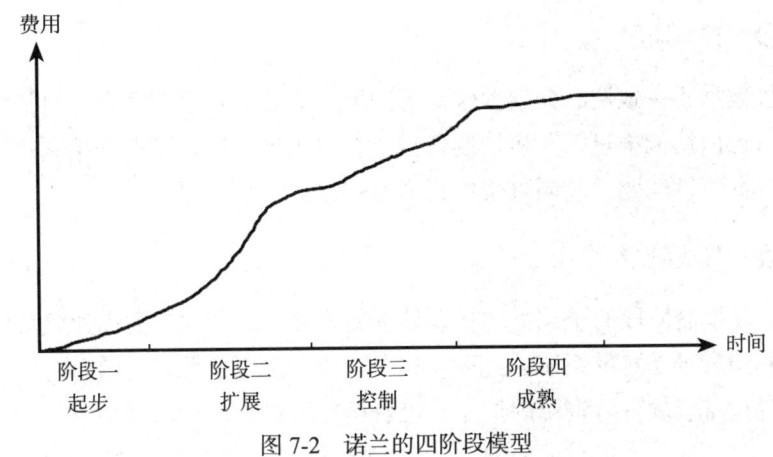

图 7-2　诺兰的四阶段模型

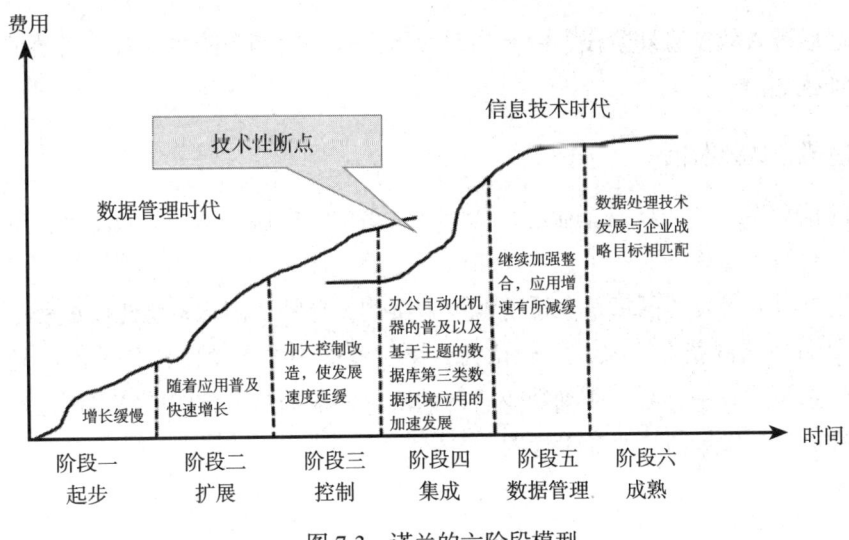

图 7-3　诺兰的六阶段模型

第一阶段：起步阶段

这一阶段起于单位购买第一台计算机并用于企业管理。在此阶段，企业开始意识到计算机对管理的作用。由于计算机使用量较小，单位中只有少数人具备计算机初步应用能力。

第二阶段：扩展阶段

计算机在起步阶段初见成效，逐渐吸引更多部门、员工的关注，越来越多的部门开始尝试使用计算机解决其日常管理工作。当计算机扩展至多数部门，便进入了扩展阶段。在这一阶段，数据处理能力发展较快，但也存在许多问题：数据在各部门独立存在，不具有完整性、一致性，数据的共享程度较差。虽然在这一阶段投资迅速增长，但只有一部分系统取得实际收益。

第三阶段：控制阶段

要想解决数据不一致性、共享性较差等问题，需要加强组织协调，对信息系统进行统筹规划，各部门协调推进，严格控制代替了自由扩展。这一阶段开始利用数据库解决数据一致性、共享性问题。控制阶段投资增长较慢。

第四阶段：集成阶段

集成就是在控制阶段的基础上，将硬件重新连接，并在软件方面建立集中式数据库以及能充分利用各种信息的系统的过程。这个阶段的出现也代表着信息时代的来临。该阶段由于硬件设备、软件等资源的扩充，投资迅速增长。

第五阶段：数据管理阶段

集成之后进入数据管理阶段，由于当时美国还处于第四个阶段，诺兰对数据管理阶段未做详细描述。

第六阶段：成熟阶段

成熟的信息系统应能满足企业各个管理层（高层、中层、基层）的需求，从而真正实现企业信息资源管理。

诺兰模型以欧美发达国家信息系统建设为实例，总结了信息系统建设过程中的经验和教训，具有较强的指导意义。一般认为，诺兰模型中的各个阶段是不能跨越的。因此，在信息系统建设中，必须明确企业所处的阶段，根据这个阶段的特点制定切实可行的规划，并确定开发策略，避免走弯路。

7.2 MIS 战略规划的基本理论

7.2.1 MIS 战略规划的概念及主要任务

1. MIS 战略规划的概念

MIS 战略规划是企业战略规划的重要组成部分，是关于企业 MIS 建设发展的长远规划。MIS 战略规划可以帮助企业管理层建立以组织战略为导向、以外界环境为依据、以业务流程为重心、以信息技术整合为方向的观念，从而实现信息技术部门在整个企业中的定位，保证信息系统的战略业务目标能够和企业发展目标相协调。

MIS 战略规划的管理目标是在全面分析企业现行系统的基础上，立足当前，着眼未来，提高企业信息系统适应复杂多变的环境的能力，进而实现企业绩效能力。从本质上来看，MIS 战略规划管理兼具科学性与艺术性，强调在科学系统性分析的基础上，艺术性地运用各种管理手段，实现既定的战略目标。MIS 战略规划管理不仅仅是一种重要的企业实践活动，更是一种理念和思维方式。

2. MIS 战略规划的主要任务

管理信息系统是服务于企业管理的，其发展战略必须与整个企业的战略目标保持一致。因此，制定管理信息系统的发展战略，应自上而下安排好具体工作。

首先，要在调查分析企业目标和发展战略，评价现行管理信息系统的功能、环境和应用情况的基础上，确定管理信息系统的使命、任务，制定管理信息系统的战略目标及相关政策。

其次，在调查分析企业信息系统需求的基础上，提出管理信息系统的总体结构方案。根据管理信息系统的战略目标和总体结构方案，合理安排系统开发次序。

最后，根据系统开发任务，制定系统建设的资源分配计划，如系统开发过程中需要的硬件、软件、技术人员、资金等。同时，做好系统建设的概算，并进行可行性分析。

7.2.2 MIS 战略规划的特点及原则

1. MIS 战略规划的特点

MIS 规划阶段是概念形成的阶段，具备以下特点。

（1）MIS 战略规划是面向全局的、长远的关键问题的，具有较强的不确定性，结构化较低。

（2）MIS 战略规划是面向企业中高层管理人员的，是高层次的系统分析。

（3）MIS 战略规划的目的是确定整个企业信息系统的发展战略、总体结构和资源计划，而不是解决系统开发的实际问题。因此，系统规划不宜过细。

（4）在 MIS 战略规划阶段，系统结构着眼于子系统的划分。

（5）MIS 战略规划是企业战略规划的一部分，并随环境发展而变化。

2. MIS 战略规划的原则

MIS 战略规划应遵循以下原则。

（1）支持企业的总体战略目标：企业战略目标是 MIS 战略规划的出发点，MIS 战略规划是从企业目标出发，分析企业管理的信息需求，逐步导出信息系统的战略目标和整体结构。

（2）MIS 战略规划整体上着眼于高层管理者，兼顾各管理层的需求。

（3）降低信息系统对企业组织机构的依赖性：MIS 战略规划是以业务活动为对象，而业务活动可以独立于任何管理层和管理职责。例如，"采购管理"可以定义为"原材料、零件等物资的库存量、采购量、库存容量等方面的计算"。这个过程可以由一个部门完成，也可以由多个部门协同完成。组织机构和职责会有调整和变动，但采购管理的过程大体不变。对业务流程的了解往往要从现行组织机构入手，但只有摆脱对它的依赖性，才能提高信息系统的应变能力。

（4）确保系统结构具有良好的整体性：MIS 战略规划和实现是"自上而下规划，自下而上设计"的过程，具体如图 7-4 所示。采用自上而下的规划设计方法，可以保证系统结构的全局性、完整性和整体性。

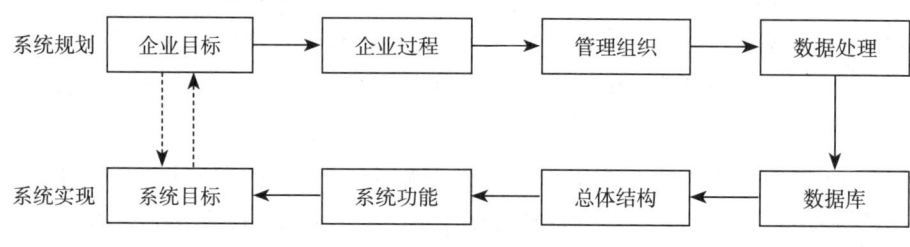

图 7-4　MIS 战略规划和实现过程

（5）坚持便于实施的原则：MIS 战略规划应给后续各项工作提供指导，要坚持便于实施的原则。

7.2.3　MIS 战略规划的关键点

MIS 战略规划攸关企业信息系统长远的发展目标。在制定 MIS 战略规划的过程中，在详细了解企业现行系统的基础上，还得抓住关键环节，主要体现四个方面（见图 7-5）。

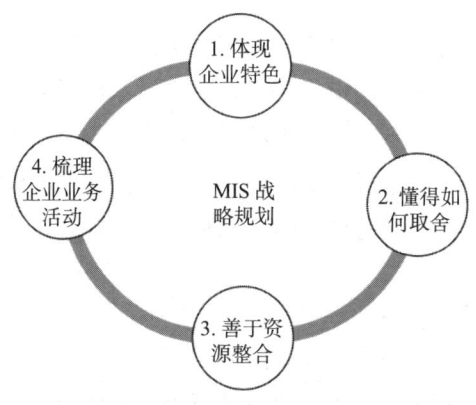

图 7-5　MIS 战略规划的关键点

1. 体现企业特色

对于不同行业、不同企业而言，其业务、市场、技术、文化、服务等一系列资源都各具特色。充分发挥这些特色，才能通过信息系统的独特性帮助企业增加绩效。一般来说，创造特色的信息活动可以从企业流程、客户群体、客户服务等方面开展。

2. 懂得如何取舍

在进行 MIS 战略规划时应该明确：什么是可做、想做、能做、敢做、该做的，什么是不可做、不能做、不想做、不敢做的。对于这些问题的正确界定，是权衡战略能否成功的关键，这也要求决策者在制定 MIS 战略规划时，要懂得"选择"。决策者要结合企业资源、能力、时间成本，结合特色建设做出选择。

3. 善于资源整合

战略是一系列要素的组合，这种组合不是简单的积木累加，应当在洞察各要素的基础上充分融合。如电子商务平台，其发展需要依赖网络信息、资金交易平台、商品多元化、物流设施、活跃用户数量等，仅具备某一方面的优势不能对后续竞争形成强有力的保障。因此，需要将各种资源进行充分整合，形成合力，从而在战略上形成竞争优势。

4. 梳理企业业务活动

MIS 战略规划涉及企业各职能部门，通过信息系统实现各职能部门业务活动的整合，帮助企业提高工作效率，增加绩效水平。因此，企业在进行 MIS 战略规划时，需要清晰界定各职能部门的功能需求，应当立足企业视角，按照业务活动设计、重组、合并功能模块，以此节约成本和时间。

7.3 制定 MIS 战略规划的常用方法

在管理信息系统开发实践中，人们往往通过调查、分析和研讨，实现对新系统的整体描画。对于小型企业而言，这基本可以完成战略目标的转化任务，而对于大中型企业而言，管理信息系统的战略规划还需要利用一定的方法来辅助制定。目前，制定 MIS 战略规划的方法主要有：企业系统规划法（business system planning，BSP）、关键成功因素法（critical success factors，CSF）和价值链分析法（value chain analysis，VCA）等。

7.3.1 企业系统规划法

企业系统规划法即 BSP 法，是 IBM 在 20 世纪 70 年代提出的，旨在帮助企业确立信息系统的规划，以满足企业近期和长期的信息需求，它较早运用面向过程的管理思想，是现阶段影响最广的方法。BSP 法是能够帮助规划人员根据企业目标制定 MIS 战略规划的结构化方法，通过全面调查，分析企业信息需求，确立未来信息系统的总体结构，明确信息系统各子系统以及开发各子系统的先后顺序。BSP法在进行MIS战略规划过程中，重视对数据进行统一规划、管理和控制，明确各子系统之间的数据交换、共享关系，保证整个系统的数据一致性。

用BSP法制定规划是一项系统工程，其主要的工作步骤如下所示。

1. 定义管理目标

为了确定拟建设的信息系统的目标是否与企业战略目标一致，需要组建由最高领导牵头的工作组。为了确定拟建信息系统的目标，项目组成员需要调研了解企业战略目标，以及为了达到这个目标所采取的经营方针及实现目标的约束条件。只有明确了企业的管理目标，信息系统才能在后续的工作中给企业有效的支持。

通过走访调查各级职能部门，帮助其梳理目标。各职能部门的目标应服从MIS战略规划的目标，且各职能部门目标之间不能相互矛盾，也不应该各自独立、互不关联。将各职能部门目标进一步提炼、归纳、汇总，并借助目标树，实现树形结构展示。

2. 定义业务流程

定义业务流程也称为定义管理功能，指的是企业管理中必要且逻辑上相关的、为了完成某种管理功能的一组活动，即识别企业在管理过程中的主要功能活动。定义业务流程是BSP法的核心。

业务流程是管理各类资源的各种相关活动和决策的组合。企业工作人员通过管理这些资源来支持管理目标。BSP法强调管理功能应当独立于企业组织机构，从企业的全部管理工作中析出相应的管理功能。这样设计的信息系统可以相对独立于组织机构，较少受体制变动的影响。例如，不论库存管理工作是属于采购部门还是销售部门的工作范围，其活动过程是一致的。

3. 业务流程重组

业务流程重组是在定义业务流程的基础上，找出哪些流程是正确的，哪些流程是低效的，需要在信息技术支持下进行优化处理，还有哪些流程不适合采用计算机信息处理，则相应取消。

4. 定义数据类

数据类是指支持业务流程所必需的逻辑上相关的数据。对数据进行分类是按业务流程进行的，即分别从各项业务流程的角度，将与该业务流程有关的输入数据和输出数据按逻辑相关性整理出来归纳成数据类。定义数据类是指对能够激发企业管理工作所需数据的识别，目的是了解企业当前的数据状况和数据要求，查明数据共享的关系，并建立过程/数据类矩阵（也称U/C矩阵），为设计信息系统的体系结构提供依据。

BSP 法将业务流程和数据类两者作为定义企业信息系统总体结构的基础，利用 U/C 矩阵来表达两者之间的关系。U/C 矩阵将数据对照业务流程安排在一个矩阵中，矩阵中的行表示数据类，矩阵中的列表示业务流程（见表 7-1）。流程和数据类的交叉点上标记 C（create），表示这个数据类在该业务流程中产生；流程和数据类的交叉点上标记 U（use），表示该业务流程中使用该数据类。

表 7-1 流程／数据类矩阵（U/C 矩阵）

功能＼数据类	客户	订货	产品	操作顺序	材料表	成本	零件规格	材料库存	成品库存	员工	销售区域	财务	计划	机器负荷	材料供应	工作令
财务计划						U				U		U	C			
经营计划						U						U	C			
资产规模												C				
产品预测	U		U									U	U			
产品设计与开发	U		C		U		C									
产品工艺			U		C		U									
库存控制								C	C					U	U	
调度		U												U		C
生产能力计划		U												C	U	
材料需求		U		U											C	
操作顺序				C										U	U	
销售区域管理	C	U	U													
销售	U	U	U									C				
订货服务	U	C	U													
物流		U	U						U							
通用会计	U		U							U						
成本会计		U				C										
人员计划										C						
人员考核										U						

5. 定义信息系统总体结构

定义信息系统总体结构也就是定义信息系统子系统及其相互之间的数据交换，目的是刻画未来信息系统的框架和相应的数据类。这是 BSP 法的最终成果，其主要工作是进行子系统的划分，具体实现可利用 U/C 矩阵（见表 7-2）。

有了 U/C 矩阵之后，根据数据的产生、使用、控制对业务流程进行聚类分组。具体做法是通过 U/C 矩阵行列调整，尽量把 C 汇聚在矩阵对角线上，使得一组紧密相关的数据类和功能形成一簇。U 则表示各个簇间的数据联系。如此调整后，将有密切联系的数据和功能划分在一个子系统中，使得子系统中的信息交换较少，从而形成科学合理、松散耦合的系统结构，也有助于数据管理部门进行有效的数据逻辑结构设计和分布式数据的处理。

表 7-2 子系统划分

功能	数据类	计划	财务	产品	零件规格	材料表	材料库存	成品库存	工作令	机器负荷	材料供应	操作顺序	客户	销售区域	订货	成本	员工
经营计划	财务计划	C	U													U	U
	经营计划	C	U													U	
	资产规模			C													
技术研发	产品预测	U		U									U	U			
	产品设计与开发			C	C	U							U				
	产品工艺			U	C	C	U										
生产制造	库存控制						C	C	U		U						
	调度								C	U					U		
	生产能力计划					U				C	U						
	材料需求										C	U			U		
	操作顺序								U	U	U	C					
销售与物流	销售区域管理				U								C		U		
	销售				U								U	C	U		
	订货服务				U								U		C		
	物流				U			U							U		
财务会计	通用会计				U								U				U
	成本会计															U	C
人力资源	人员计划																C
	人员考核																U

7.3.2 关键成功因素法

组织的信息需求分析方法有两大类，一类是全面调查法，另一类是重点突破法。BSP 法属于前一种方法，关键成功因素法（critical success factor，CSF 或 key successful factor，KSF）则属于后一种方法。CSF 法是在探讨产业特性与企业战略之间关系时常使用的方法，是指对企业能够成功实现目标具有关键性作用的因素。1970 年哈佛大学教授 William Zani 在管理信息系统模型中使用了关键成功变量，首次将这些变量作为管理信息系统成败的因素。1980 年，麻省理工学院教授约翰·罗卡特（John Rockart）把关键成功因素提升为管理信息系统战略的影响因素，用以满足管理高层的信息需求。关键成功因素法是以关键因素为依据来确定系统信息需求的一种总体规划管理信息系统的方法。在现行系统中，总存在着多个因素影响系统目标的实现，其中若干个因素是关键的或主要的。通过对关键成功因素的识别，找出实现目标所需的关键信息集合，可进一步确定系统开发的优先次序。

1. 关键成功因素的来源

企业若能掌握少数几项重要因素（一般为 5～9 个），便能确保相当的竞争力。如果企业想要持续成长，就必须对这些少数的关键领域加以管理，否则将无法达到预期的目标。同一个产业中的企业也可能存在不同的关键成功因素，企业在确定关键成功因素时，不能一味照搬，还要从企业自身入手，在分析论证的基础上确定企业关键成功因素。企业的关键成功因素有四个主要的来源。

（1）产业的结构。不同产业因产业本身特质及结构不同，而存在不同的关键成功因素，该产业内的每个公司都必须注意这些因素。

（2）竞争策略、产业中的地位及地理位置。企业的产业地位是由过去的历史与现在的竞争策略决定的。每家公司因其竞争地位的不同，关键成功因素也会有所不同。对于由一两家大公司主导的产业而言，领导厂商的行动常为产业内小公司带来重大影响，所以对小公司而言，大公司竞争者的策略可能就是其生存竞争的关键成功因素。

（3）环境因素。外在因素（总体环境）的变动都会影响每家公司的关键成功因素。如在市场需求波动较大时，存货控制可能就会被管理高层视为关键成功因素之一。

（4）暂时因素。这类因素大都有具特殊理由，是在某一特定时期对组织的成功产生重大影响的活动领域。

2. 关键成功因素法的步骤

关键成功因素法主要包括以下几个步骤。

（1）确定企业或 MIS 的战略目标。识别企业或 MIS 的战略目标是关键成功因素法的基础和核心，决定着整体工作的方向。

（2）识别所有的成功因素。主要是分析影响战略目标的各种因素和影响这些因素的子因素。

（3）确定关键成功因素。不同行业的关键成功因素各不相同。即使是同一个行业的组织，由于各自所处的外部环境的差异和内部条件的不同，其关键成功因素也不尽相同。

（4）明确各关键成功因素的性能指标和评估标准。关键成功因素法的优点是能够使所开发的系统具有很强的针对性，能够较快地取得收益。应用关键成功因素法需要注意的是，当关键成功因素解决后，又会出现新的关键成功因素，就必须再重新开发系统。

3. 应用工具

确定关键成功因素所用的工具是因果图。因果图又称树枝图、石川图、鱼骨图等，指的是一种发现问题"根本原因"的分析方法。例如，某企业指定"提高产品的市场占有率"的目标，可以用因果图列出影响它的各种因素，以及影响这些因素的子因素（见图 7-6）。

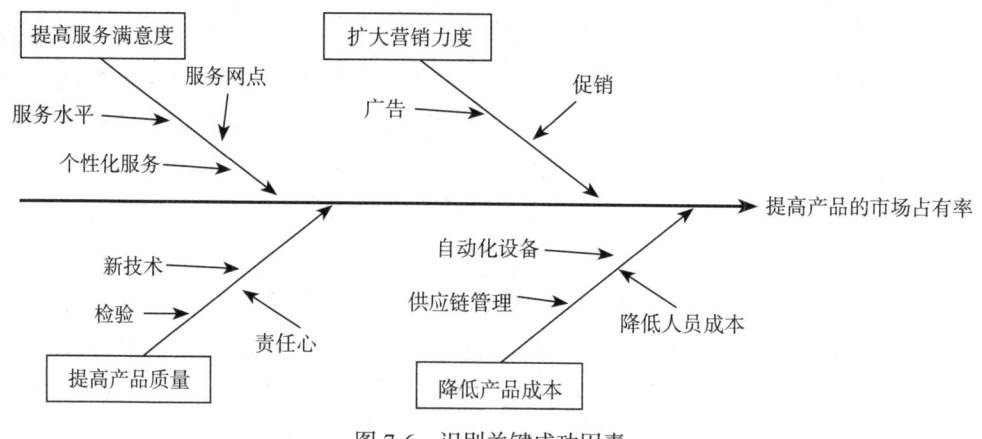

图 7-6 识别关键成功因素

7.3.3 价值链分析法

为了提升企业战略，美国战略管理学家迈克尔·波特（Michael Porter）在 1985 年第一次提出价值链分析法（value chain analysis，VCA）。波特认为企业在设计、生产、销售、人力资源及其辅助过程中进行的各种活动，有可能帮助企业创造收益，从而增强企业的竞争优势。借助该模型可以帮助企业找准支点，以有效利用信息技术，提升竞争地位。

1. 价值链特点分析

（1）价值链分析的基础是价值，各种价值活动构成价值链。价值是企业一切活动的核心，企业不仅要谋求收入最大化，控制成本最小化，更要注重盈利最大化。价值活动是企业所从事的物质上和技术上的界限分明的各项活动。它们是企业制造有价值产品的基石。

（2）价值活动分为主导性活动和辅助性活动。价值链模型将企业视为一个由基本活动构成的链条，每项活动都为产品或服务增值，包括主导性活动和辅助性活动。对制造业来说，价值链的主导性活动包括内部后勤、外部后勤、市场营销、服务；辅助性活动包括企业基础设施（企业运营中各种保证措施的总称）、人力资源管理、技术开发、采购。

（3）价值链的整体性。企业的价值活动不是一些孤立的活动，主导性活动和辅助性活动相互依存，形成一个系统，构成了企业的价值链模型。

（4）价值链的异质性。不同的产业具有不同的价值链。在同一产业，不同企业的价值链也不同，这反映了它们各自的历史、战略以及实施战略的途径等方面的不同，同时也代表着企业竞争优势的一种潜在来源。企业的竞争优势来自价值活动的有效组合，企业通过优化"价值链"可以形成差异化经营并能提高自身的竞争优势。

2. 完整价值链分析的步骤

企业完整价值链是由跨越企业边界的供应链中的顾客、供应商以及价值链上节点企业所有相关作业的一系列组合。因此需要充分考虑价值链上顾客和供应商之间相互依赖的关系，使价值链上所有节点企业具有共同的价值取向，共同进行完整价值链分析。完整价值链分析就是企业将其自身的作业成本和成本动因信息与价值链中节点企业的作业成本和成本动因信息关联起来共同进行价值链分析。具体步骤如下：

（1）把整个价值链分解为与战略相关的作业、成本、收入和资产，并把它们分配到"有价值的作业"中；

（2）确定引起价值变动的各项作业，并根据这些作业，分析形成成本及其差异的原因；

（3）分析跨越整个价值链上的多个节点企业之间的关系，确定与顾客和供应商之间作业的相关性；

（4）利用分析结果，重新组合或改进价值链，以更好地控制成本，产生可持续的竞争优势，使企业在激烈的市场竞争中获得优势。

另外，企业是否能进行完整价值链分析，取决于价值链中节点企业是否自愿参与。而参与的前提就是要使这些节点企业相信，与节点企业自己通过个别行为和权威的力量追求企业自身最优化相比，企业进行整个供应链的合作管理会更加有效。这会增加顾客和供应商的合作意向，从而使公司的完整价值链分析成为可能。事实上，价值链中的节点企业一旦参与企业完整价值链分析项目，便与其他伙伴形成战略联盟，可以共享与价值链有关的成本和业绩信息，比公司从外部角度对这些企业的作业和成本进行假设而进行分析的精确性更高，范围更广。另外，参与完整价值链分析的节点企业具有共同的价值取向，它们共享敏感信息，可以有效地协调和管理供应链上节点企业之间的关系。这样不仅能够增加合作者的互相信任，提高购货方的收货效率，减少存货滞留，降低供应链成本，还可以使供应链上节点企业中相同类型的作业更有效率，从而提高整个价值链的运营效率，并在未来吸引价值链中更多的企业加入企业联盟，使企业在更大范围内进行完整价值链分析。因此，企业与节点企业之间，以及节点企业之间的合作、协调，共享与价值链有关的成本和业绩的信息非常重要。

7.4 企业业务流程重组

7.4.1 企业业务流程重组的概念

业务流程是指为完成企业目标或任务而进行的一系列跨越时间空间的逻辑相关的业务活动。例如，网上购书流程可能是：用户登录线上商城，根据书名检索图书，若平台有书，在线上下单并付款。线上商城看到订单，联系物流完成配送。而线下书店在手工管理方式下运行，已经形成了一个比较成熟的购书流程和管理办法。信息技术的应用可能会改变原有的信息采集、加工、处理、使用等方式，甚至使信息的质量、获取途径、信息传递的手段等发生根本性变化。如果在管理信息系统建设中仅仅用计算机系统去模拟原来的手工管理系统，并不能从根本上提高企业的竞争能力，重要的是重组企业流程，按信息处理的特点对现有的企业流程进行重新设计，这是提高企业运行效率的重要途径。

1990年麻省理工学院教师迈克尔·哈默（Michael Hammer）在《再造：不是自动化而是重新开始》一文中提出了企业业务流程重组的概念。1993年哈默与美国CSC Index咨询公司的CEO詹姆斯·钱皮（James Champy）合作出版了《重组公司：企业革命的宣言》。自此之后，企业业务流程重组作为一种新的管理思想，席卷了整个美国和其他工业化国家，并随之席卷全球。

业务流程重组（business process reengineering，BPR）是对企业业务流程进行根本性的再思考和彻底的再设计，以便在衡量业绩的关键方面，如成本、质量、服务和速度等获得显著改善。其中，"根本性"表明业务流程重组所关注的是企业核心问题，是要对现行系统进行彻底的解剖，这种变革是本质的、革命性的，而不流于表面和枝节；"彻底性"表明要抛弃所有的陈规陋习以及忽视一切规定的结构与过程，设计全新的完成工作的方法。它是对企业进行重新构造而不是进行改良、调整或增强；"显著"表明业务流程重组寻求的不是一般意义的业绩提升或改善，而是能够给企业业绩带来极大的飞跃。

7.4.2 企业业务流程重组的基本思想

企业业务流程重组的基本思想主要体现在以下几个方面。

1. 管理方式：从职能管理转向业务流程管理

企业业务流程重组强调管理要面向业务流程，对业务流程的管理要以顾客为中心，将决策点定位于业务流程执行的地方，在业务流程中建立控制程序，从而大大消除原有的各部门间的摩擦，降低管理费用和管理成本，减少无效劳动并提高对顾客的反应速度。

2. 系统观念：从局部最优转向企业整体最优

对企业进行业务流程重组实际上是系统思想在重组企业业务流程过程中的具体实施，它强调整体最优而不是单个环节或作业任务的最优。

3. 组织结构：从组织决定流程转向流程决定组织

业务流程重组以适应"顾客、竞争和变化"为原则重新设计企业业务流程，然后根据业务流程管理与协调的要求设立部门，通过在流程中建立控制程序来尽量压缩管理层次，建立扁平式管理组织，提高管理效率。也就是说，组织为流程而定，而不是流程为组织而定。

4. 流程扩展：从单个企业竞争转向企业供应链竞争

企业在信息时代仅靠自身的资源不可能有效地参与市场竞争，必须把经营过程中的相关各方，如供应商、制造工厂、分销网络、客户等，纳入一个紧密的供应链中，才能有效地安排企业的供产销活动，满足企业利用全社会一切市场资源快速高效地进行生产经营的需求，以期进一步提高效率和在市场上获得竞争优势。换句话说，现代企业竞争不是单一企业与单一企业间的竞争，而是一个企业供应链与另一个企业供应链之间的竞争。这就要求企业在进行业务流程重组时不仅要考虑企业内部的业务处理流程，还应对客户、企业自身与供应商组成的整个供应链中的全部业务流程进行重新设计。

5. 数据资源：从业务信息分割转向信息资源共享

很多企业甚至建立专门的部门，收集和处理其他部门产生的信息。随着信息技术的发展及其在企业的应用，以及员工素质的提高，信息处理完全可以由不同业务处理流程中的人员自己完成。业务流程重组有助于确定每个流程应该采集的信息，并通过信息系统的应用，实现信息在整个流程上的共享使用。

7.4.3 企业业务流程重组的主要程序

企业业务流程重组在对企业原有生产经营过程的每个环节进行全面的调查研究和细致分析基础上，对其中不合理、不必要的环节进行彻底的变革，使之合理化。

1. 发现现行流程存在的问题

当信息技术、社会需求、商业模式不断发生变化时，项目组需要对企业现行流程进行全面的功能和效率分析，如果现有操作程序难以满足需求，企业工作效率或组织结构的效能就会降低。因此，在重新设计流程前，需要对现行流程做彻底的分析，发现其存在的问题。

2. 提出新流程设计方案，并进行评估

针对现行流程中的问题，项目组需要发挥团队力量，集思广益并鼓励创新，才能设计出更加合理、科学的新流程。在设计新流程过程中，可以从功能模块合并、流程执行顺序、员工参与决策的权利、流程的多样性操作、移动办公需求、结构化管理工作等方面综合考虑。BPR是对企业现行流程进行重新再设计，需要在具体问题上根据本企业实际情况来进行，切忌照搬挪用。

对于提出的新流程的设计方案，还要从效益、成本、技术条件、风险程度、操作性等方面进行评估，选取科学的、可行性较高的方案。

3. 形成系统的企业流程重组方案

企业业务流程的实施，需要组织结构、人力资源、业务规范、沟通渠道、企业文化等提供强而有力的支持和保障。因此，在设计系统的企业流程重组方案之前，要根据新流程的设计方案，配备好各项资源，形成较为系统的企业流程重组方案。只有以流程改进为核心形成系统的企业重组方案，才能达到预期的目的。

4. 组织实施与持续改善

实施企业流程重组方案，必然会触及原有的利益格局。因此，必须精心组织，谨慎推进。既要态度坚定，克服阻力，又要积极宣传，形成共识，以保证企业流程重组的顺利进行。随着社会科技、商业模式、市场环境的不断变化，企业将不断面临新的危机和挑战，企业流程重组方案的实施不是一劳永逸的，需要对企业流程重组方案不断地进行更新迭代，以适应新的挑战。

7.4.4 从流程驱动到数据驱动

数据从应用诞生的那一天开始就存在，但是，数据并不是从第一天就被存储和利用的，应用和数据的发展是不同步的，数据的地位是不断演进、越来越重要的，经历了以下五个阶段（见图7-7）。

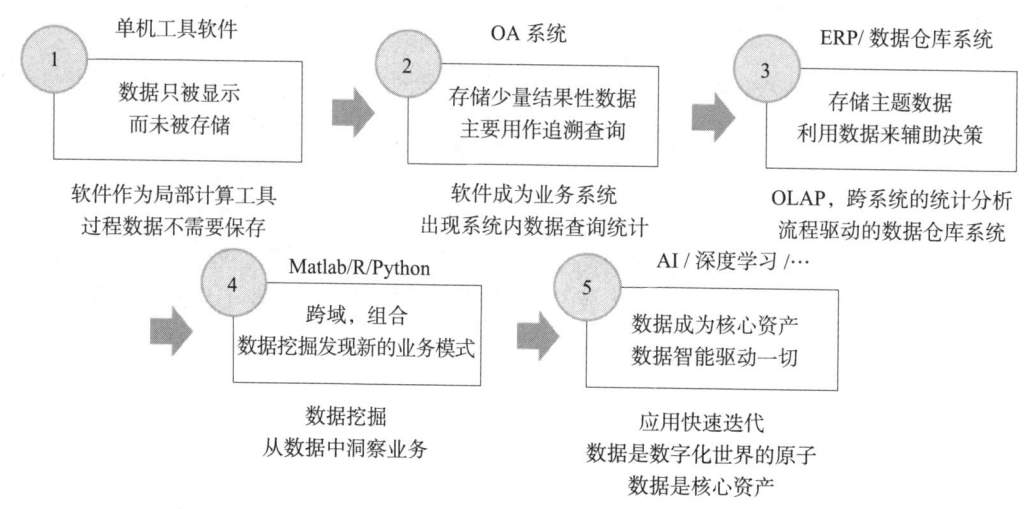

图7-7 数据在软件历史中的变迁：从流程优先到数据优先

1. 数据中台的基本概念

数据中台把数据统一之后，形成标准数据，再进行存储，形成大数据资产层，进而为客户提供高效服务（见图7-8）。这些服务跟企业的业务有较强的关联性，是这个企业独有的且能复用的，它是企业业务和数据的沉淀，其不仅能降低重复建设、减少烟囱式协作的成本，也是差异化竞争的优势所在。

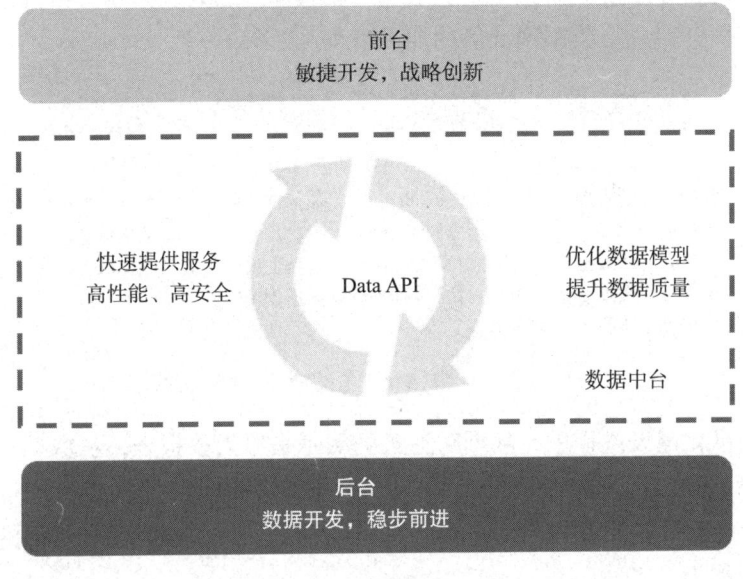

图 7-8　数据中台架构

数据中台需求的出现，是企业数字化转型的一个标志性事件。"信息化是用软件工程技术局部支撑和改良业务，数字化是用数字化技术重塑和转型业务本身"，而数据则是构成数字化业务世界的原子材料。数据在数字化转型中的重要性被提到前所未有的高度，数据驱动的决策、调度、运营给企业装了智能的大脑，带来了巨大的业务价值。

2018 年 10 月，阿里云栖大会上提出"数字外场"的概念，而数字外场的核心就是数据，每一个企业都在努力地成为数据驱动的企业。所以构建数据中台之前，企业需要在企业中推行数据思维，建立自己的数据战略。

Data API（Application Programming Interface，应用程序编程接口）是数据中台的核心，是连接前台和后台的桥梁，通过 API 的方式提供数据服务，而不是直接把数据库给前台，让前台自行开发使用数据。如某现代物流集团，在 2017 年就通过构建企业级数据中台，为业务人员提供了数据资产创新服务，将数据以 API 的形式提供给前台，从而大大缩短了新产品从想法到上线的时间。

电信行业现在的网络建设、网络优化，大部分工作是在电脑上，利用各种工具软件来处理基站和网络的数据，将网络洞察数据转换成网络扩容需求数据，将扩容需求数据设计成网络架构数据，再将网络架构数据处理成不同设备型号的配置数据，同步地产生财务、物流、服务等数据。整个过程 90% 的工作量在于处理各类数据，最后把结果数据传递到现实世界，安排发货、安装、验收等行为。而现在所提倡的工业 4.0，智能制造本身也是将生产过程数据化，在数字化世界里用数据来重构工厂本身，从而利用数字化强大的计算能力、快速的搜索能力、数据的预测能力来增强和优化业务本身。

未来企业的业务运营，从操作本质上来讲就是加工和处理数据。数据中台就是企业的数据服务工厂，完成从数据到价值的加工过程（见图7-9）。

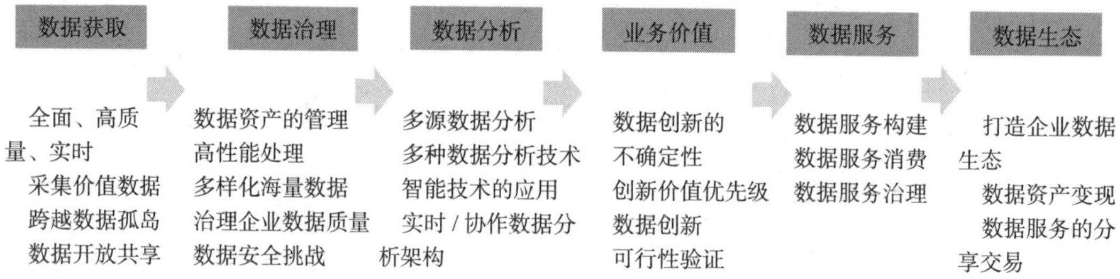

数据获取	数据治理	数据分析	业务价值	数据服务	数据生态
全面、高质量、实时 采集价值数据 跨越数据孤岛 数据开放共享	数据资产的管理 高性能处理 多样化海量数据 治理企业数据质量 数据安全挑战	多源数据分析 多种数据分析技术 智能技术的应用 实时/协作数据分析架构	数据创新的不确定性 创新价值优先级 数据创新 可行性验证	数据服务构建 数据服务消费 数据服务治理	打造企业数据生态 数据资产变现 数据服务的分享交易

图7-9 数据到价值的加工过程

传统的信息化建设过程中，数据对业务的贡献是靠人看报表，从数据中理解和发现了新的思想后，通过传统的沟通方式（如开会、邮件、电话）来对业务产生影响并进行指导的。数字化时代，数据中台对于业务的价值则是加速了从数据到价值的过程，提高了企业的响应能力。

原来从数据报表的生成到改变业务行为是以周为单位计算的，而数据中台的价值是通过抽象和生产数据服务，更快地影响和改变业务行为本身，这就促使有些企业将数据服务直接嵌入交易系统中，实时通过数据洞察来改变业务流程和应用本身。

将传统的数据服务从事后管控的模式提高到事前评估的模式，提高数据响应力是数据中台对于业务的核心价值。数据中台还能够为企业解决数据开发和应用开发不同步的问题。

2. 数据中台和数据仓库、数据平台的关系

早期，企业的数据量很小，尚可利用 Excel 等数据文件处理工具来进行统计和手工分析。随着企业数据量的增加，企业希望能够更快处理更多的数据，同时也希望利用数据来支撑运营和分析，就有了数据仓库。接下来不仅有了结构化数据，还出现了非结构化数据，并且运营对于数据的需求越来越多，数据量也越来越大，这就出现了大数据平台，用于处理不同格式、不同领域的数据，这便是"业务数据化"的过程。在数字化的今天，企业不仅希望事后的运营能够靠数据支撑，更希望构建数据驱动的业务本身。所以，企业需要将这些数据变成一个个业务服务应用到业务本身，参与到业务流程、业务应用的过程中，去改变和驱动业务行为，这也就是"数据业务化"。

因此，数据中台和数据仓库、数据平台不是一个维度的概念：数据仓库和数据平台是提供数据的系统，而数据中台是提供业务服务的系统，是能够直接为业务提供数据服务的，但它需要构建在数据（数据仓库、数据平台）之上。

另外，数据中台能够以提供数据服务的方式直接驱动和改变业务行为本身，而不需要人的介入，数据中台距离业务更近，为业务产生价值的速度更快。

3. 数据中台里的数据质量保障

数据治理是要服务于业务场景的，而传统的数据治理方法更多地将数据和业务独立了出来，最后数据治理项目的成果基本上可以归纳为创造了"三个一"工程。一堆新岗位：传统的数据治理项目一般会产生一堆新职位，比如主数据管理员、物料管理员、数据治理委员会等；一摞新流程：一批新的流程和标准会发布出来，告诉所有的业务项目组，应该遵循这个流程来管理数据；一批新系统：会上线一批数据管理系统，将流程和规则固化到系统中。

但是，很少有数据治理项目能从根本上解决数据质量的问题，并且有些项目还会导致业务推进的速度变慢了，最后流于形式和标准。这是因为传统的数据治理都是管控式治理，而不是服务式治理。它们的目标是把数据标准定出来，然后让业务服从于这个数据标准，却忽视了数据标准是为业务服务的。所以，在精益数据创新体系中，我们提倡和实践新的治理方法——精益数据治理（lean data governance）：服务式治理，重场景轻标准，源数据驱动。

4. 数据中台的典型架构

数据中台是直接服务于业务系统的数据服务工厂，狭义上讲，数据中台就是可复用的数据 API。站在企业架构的角度，从广义上来讲，数据中台（包含数据平台、数据仓库）应该提供的服务如图 7-10 所示。

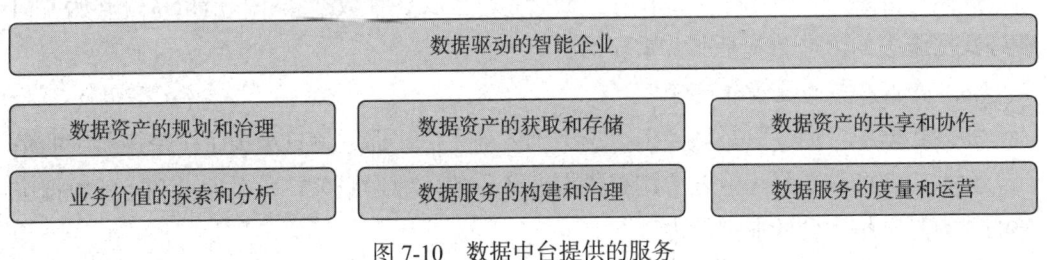

图 7-10　数据中台提供的服务

（1）数据资产的规划和治理

做数据中台之前，首先需要知道业务价值是什么，从业务角度去思考企业的数据资产是什么。数据资产不等同于数据，数据资产是唯一的，能为业务产生价值的数据。对于同一堆数据，不同业务部门所关注的数据指标可能完全不同。怎么让各个跨域的业务遵从统一的标准，就需要规划企业的数据全景图，将所有有可能用上的、所有对企业可能有价值的数据都规划出来，最终梳理出企业的数据资产目录。在这个时候不需要考虑有没有系统、有没有数据，只需要关注哪些数据是对企业业务有价值的。数据治理是数据中台很重要的一个领域，在现在业务边界消失、需求快速变化的情况下，企业需要具备精益数据治理的能力。传统的中心化、事前控制式的数据治理方式，要转变为去中心化、事后服务式的治理方式。

（2）数据资产的获取和存储

从广义上来讲，数据中台要为企业提供强大的数据资产的获取和存储的能力。但这个能力不是数据中台的核心功能，很多企业可以基于原来的数据平台、数据仓库等已有的工具来提供数据采集和存储的能力。

（3）数据的共享和协作

企业的数据中台一定是跨域的，需要让所有人都知道数据资产目录在哪里。不能因为顾忌数据安全，就不让大家知道企业有什么数据。没有共享和开放，数据没有办法流动起来，不流动的话，数据的价值产生的速度就会非常慢。

（4）业务价值的探索和分析

数据中台不仅要建立到源数据的通路，还需要提供分析数据的工具和能力，帮助业务人员去探索和发现数据的业务价值。一个好的数据中台解决方案需要针对不同业务岗位的用户提供个性化的数据探索和分析的工具，并且在此基础上一键生成数据 API，以多样化的方式提供给前台系统。

（5）数据服务的构建和治理

数据中台需要保证数据服务的性能和稳定性，以及数据的质量和准确性，还需要具备强大的服务治理能力。数据服务要在一开始就有整体的顶层设计，从而能够将数据服务做分类、打标签，能够更方便地搜索、调用，让好的服务浮现出来，让质量不高的服务自动退市或将之销毁。

数据中台是一个生态平台，在它上面会不断生长各种数据服务，所以从一开始就构建好数据服务的治理结构是非常重要的。

（6）数据服务的度量和运营

如果数据中台最终只是做到把数据给到业务人员，那它就只承担了一个搬运工的角色。数据中台的核心是为业务应用提供有业务价值的数据服务，所以度量和运营数据服务的能力是数据中台的业务能力。

数据中台应该能够对提供的数据服务及相关行为做持续跟踪和记录，包括哪些数据服务被哪个部门使用、用了多少次等，通过这些去度量每一个数据服务的业务价值。

数据中台的典型逻辑功能架构如图 7-11 所示。这个架构把数据中台比喻为数据工厂，具备数据工厂的典型功能架构。

5. 数据中台和业务中台的区别

目前，与数据中台齐名的还有业务中台，它们都是为业务系统提供服务的中台层，区别在于提供的服务不一样（见图 7-12）。如多个电商渠道使用一个下单服务，一个订单接口同时为多个前台系统提供服务；或将多个支付通道，抽象建立成一个支付 API，暴露给前台业务系统，这些都是业务中台提供的能力。

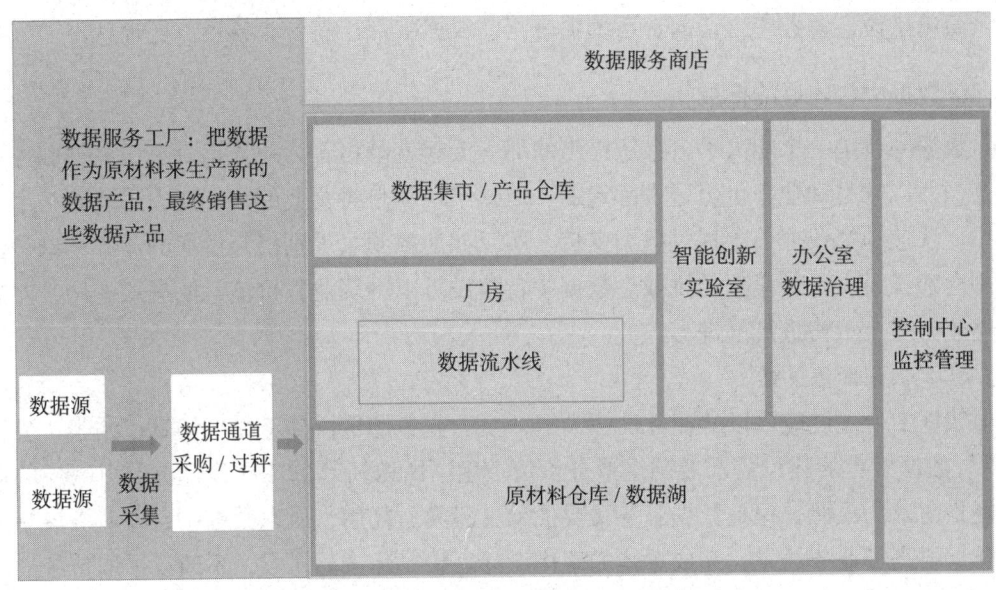

图 7-11　数据中台的典型逻辑功能架构

而多个前台系统，根据一个用户的手机号获取对应的画像及用户的标签，通过一个订单编号来获取可能的商品推荐清单，从而做到交叉销售，这些都是数据中台提供的服务。

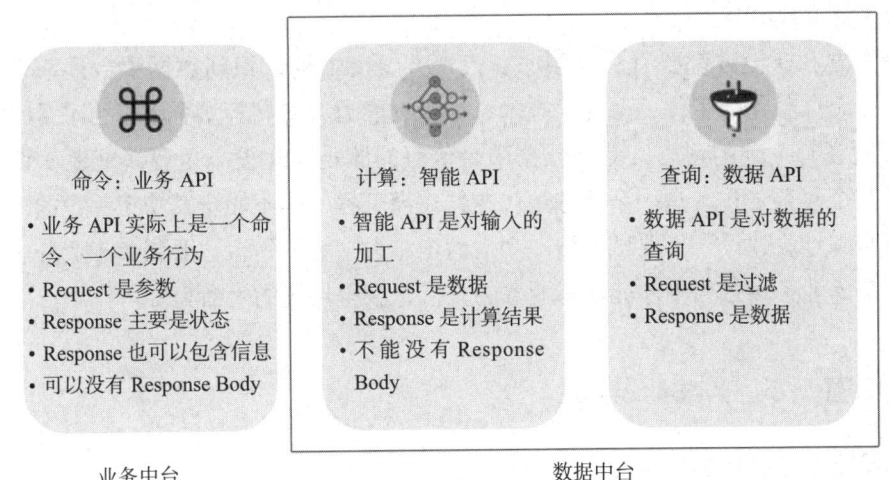

图 7-12　业务中台与数据中台的区别

业务中台提供的是可复用的流程类、交易类服务，是为了让业务交易同口径，让前台系统更标准、更规范，迭代速度更快，解决效率和产生数据不一致的问题。对应到 API，是命令类的业务 API。而数据中台提供的是基于跨域数据的分析、洞察、训练产生的数据服务，是给前台系统提供实时决策依据。对应到 API，是计算类的智能 API 和查询类的数据 API。

简单来说，业务中台让前台系统更敏捷，数据中台让前台业务系统更智慧。

6. 数据中台建设的挑战

数据中台是一个能力平台，从提出的那一天起就承担着为业务提供更快数据服务的使命，所以它是和业务价值紧密绑定的。数据中台就是将企业的数据能力封装到一个平台中，快速地为业务前台提供数据支持。所以如何找到、识别出有价值的业务场景是数据中台建设最大也最紧迫的挑战。数据中台建设可以围绕业务价值、演进式架构、要有战略耐心三个策略进行推进。

（1）业务价值策略

数据中台建设应该以"业务价值为纲，生于业务场景，高于业务场景，始于业务场景"。数据中台的建设需求要围绕业务价值产生，所以所有的功能设计都要以对应的业务场景需求为根源。但是数据服务又要抽象、建模、复用，所以数据中台在业务场景的基础上要高于业务场景，完成总体的架构设计。最终建设的时候，不建议采取传统的分层的方式，而是以总的架构设计为目标，从某一个业务场景出发建设，从业务价值、平台能力和数据治理三个方面同步建设。

（2）演进式架构策略

数据中台的建设应遵循"快规划、重场景、轻标准"。围绕业务价值的场景做探索式规划；要轻标准，不要试图去做一个放之四海皆准的企业级数据中台标准。

（3）要有战略耐心策略

投资方和建设方都要有战略耐心。投资方要清晰地认识到数据中台是一个赋能平台，是一个体系化的工作，融合了技术、组织、能力、机制等多个因素，不是一蹴而就的，所以要有一定的耐心，等待数据中台价值的体现。建设方也要清晰地认识到数据中台是一个复杂工程，是一个演进迭代式的建设工程，是不能毕其功于一役的，要有策略、有步骤地去建设，不要试图做一个大而全、大一统的平台。要服务于业务、高于业务，要深入业务场景当中才能获得业务的支持，获得持续的生命力。

● 思 考 题

1. 简述企业制定 MIS 战略规划的意义。
2. 简述 MIS 战略规划的关键点及主要任务。
3. 简述诺兰的六阶段模型。
4. 制定 MIS 战略规划的常用方法有哪些？具体过程如何？
5. 简述业务流程重组的重要性和主要程序。
6. 简述数据中台对企业的意义。

● 课后案例

招商银行：数据驱动智能获客系统建设

在《亚洲银行家》主办的"2017年度国际零售金融服务卓越大奖"评选中，招商银行第八次问鼎"中国最佳零售银行"。一直以来，零售业务都是招商银行总体战略的核心业务和立行之本。早在2014年，招商银行就开启了"一体两翼"打造轻型银行的战略转型，更加突出了零售银行的战略地位。

目前，信用卡发卡市场采用的传统直销模式，日益呈现出竞争激烈、效率低下等特征，人力驱动的信用卡推广模式难以为继。与此同时，互联网网民数量逐年递增，智能手机用户持续增长，尤其是以80后、90后为主的中坚群体已成为强大的消费力量。用户通过线上自主选择并申请信用卡的需求日益强烈，银行便捷的线上信用卡申请服务可以更好地满足用户的消费行为。银行将线上与线下服务进行双向融合，形成更加有效的客群聚合平台，不仅能提升用户体验，也有助于实现低成本获客。

科技进步日益加快，"互联网+"、云计算、大数据、人工智能的时代已经来临，新科技未来的应用前景十分广阔。融合了新科技的银行在线服务，既具有传统银行业务的无边性，又能融合大数据风控技术，将获客业务下沉到长尾群体，因此潜力巨大。同时，在商业经济及其他领域中，决策将日益取决于数据和分析，而非经验和直觉。

在以"网络化、数据化、智能化"为目标的金融科技战略指引下，招商银行正从以下几个方面发起由技术驱动的渠道优化和服务升级的科技革命，以建设平台、引入流量、内接场景为重点，不断提升零售业务运营能力，开启全行新零售的未来。

一、数据驱动的互联网智能获客系统

1. 系统业务简介

数据驱动的互联网智能获客系统是由用户从线上发起，招商银行实时进行名单收集及数据承接，随后进入"网上申请，上门服务"或"网上申请，网点核身"的业务流程。借助"线上申请+双线下"的体系化服务模式，快速帮助用户办理信用卡，在线获取信用卡价值客户。

目前，该套系统每天实时向各地下发新户申请名单，巨大的数据流量支撑了招商银行全国39个信用卡部门、数千人的信用卡直销队伍以及全国所有的招商银行营业网点，使该行一举成为全国率先实现规模化、集约化、成体系运作的商业银行。

2. 系统建设历程

2013年，招商银行推出数据驱动的智能获客系统，并发力移动互联领域。

2014年,"网上申请,网点核身"功能上线,深挖信用卡用户价值,探索大数据征信领域,实现O2O(online to offline)到O2DO(online to double offline)的升级转型。

2015年,招商银行不断完善垂直功能,推出即时发卡流程。

2016~2017年,招商银行线上不断优化,线下深度挖掘,流程持续改进,使用户体验不断升级。招商银行响应手机优先战略,重点优化移动端的服务体验。

在系统建设过程中,招商银行每年都新增数十个业务需求及技术改进需求,涉及深圳研发中心及杭州研发中心的多个技术开发团队,分散的开发资源对版本的及时发布造成了一定的困难。招商银行为应对挑战,及时将传统的瀑布开发模型转变为演进式架构设计的敏捷开发,并建立起相应的版本追平机制,将月度发布的大版本及可独立发布的小版本计划进行提前规划分析,保证了每一轮系统测试及用户验收测试版本的准确性、一致性。招商银行同时引入DevOps自动化构建工具,彻底消除手工制作版本的落后局面,保障了月度大版本的及时投产。

3. 系统建设的目标

数据驱动的智能获客系统基于开放的体系架构,采用闭环的系统流程,借助多维度参数化设计,支持线下不同业务模式的动态接入,通过多渠道的客户信息实时收集、整理及分配,实现对名单流量的无缝承接;通过智能分流决策引擎,激活网点资源,不断优化资源配置,实现双线下的数据分流以及对名单流量和产能的动态管理;利用海量数据,构建实时互联网大数据征信模型,提升银行内部风险控制水平;通过不同场景下的用户行为分析和挖掘,多版本的转化率建模分析,提升系统的智能化水平,促进业务流程的持续升级,实现智慧增长。系统建设目标如图7-13所示。

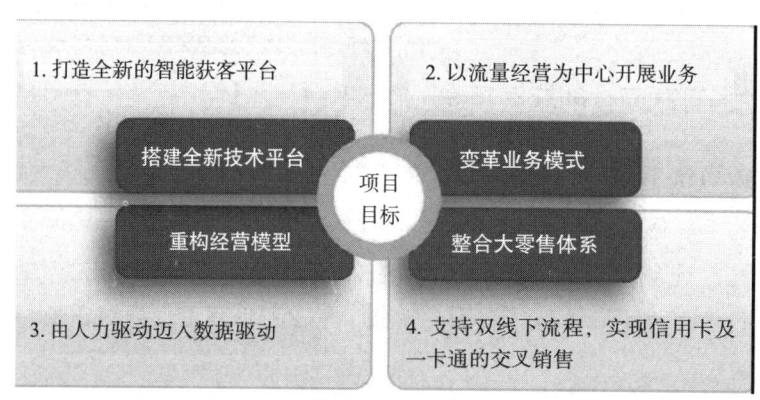

图7-13 智能获客系统建设目标示意图

4. 系统应用架构

智能获客系统应用架构主要包括四大部分,如图7-14所示。

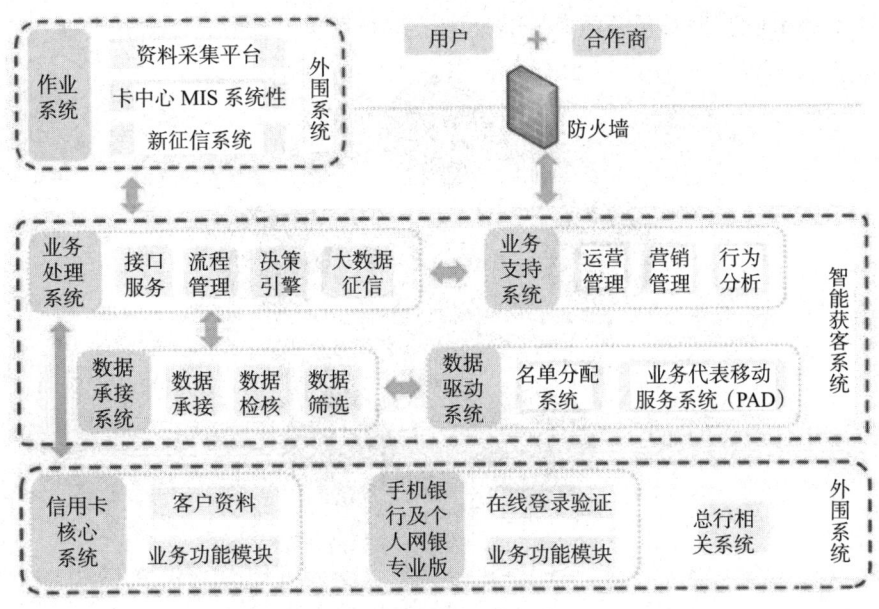

图 7-14 智能获客系统应用架构示意图

（1）业务处理系统：包括接口服务系统、流程管理系统、决策引擎系统、大数据征信系统。其中，接口服务系统允许合作厂商直接提交用户名单到招商银行系统；流程管理系统可以实现新旧户流程管理和双线下流程管理等；决策引擎系统则是用来判断用户的价值所在，比如是否为零售的价值客户。

（2）业务支持系统：包括运营管理系统、智慧营销管理系统和用户行为分析系统。

（3）数据承接系统：包括数据承接、数据检核、数据筛选。其中，数据承接将统一承接各个平台的流量数据。

（4）数据驱动系统：包括名单分配系统、业务代表移动服务系统（PAD）。其中，名单分配系统是将收集到的数据分配到各信用卡部及网点。

5. 数据驱动模型

数据驱动模型以用户数据为核心，形成涵盖数据收集、数据承接、数据驱动、数据经营、数据分析的闭环流程，如图 7-15 所示。运用数据驱动模型，可以在不同的阶段，以不同的方式和目的对用户数据的价值进行充分挖掘。

（1）数据收集：从招商银行网站、手机银行、个人银行专业版、搜索引擎、合作方等途径广泛收集用户数据。

（2）数据承接：有效的用户数据经加工后统一收集及整理。

（3）数据驱动：用户数据被分配给各信用卡部的直销人员或各营业网点。

（4）数据经营：通过直销人员上门服务或营业网点办理，将数据转化为客户，即流量变现。

（5）数据分析：分析用户数据，优化业务流程及用户体验，更好地收集用户数据。

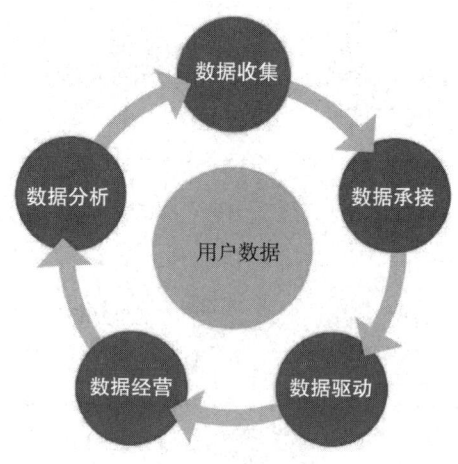

图 7-15　数据驱动模型

二、数据驱动的互联网智能获客系统的创新点

1. 通过智能决策引擎分流机制，实现对流量及产能的动态管理

系统采用了创新的智能决策引擎分流机制，如图 7-16 所示。该系统建立了线上名单数据与双线下业务流程的完美对接，激活网点资源，优化资源配置，实现了对名单流量及产能的动态管理，防止成熟市场因无法及时响应用户需求而导致名单溢出，以及出现无信用卡部门的城市新增网点流量浪费的现象。

今天，即使每天面对海量的名单流量，该系统依然能够有条不紊地驱动着招商银行全国所有信用卡部门、人员及营业网点正常运转。

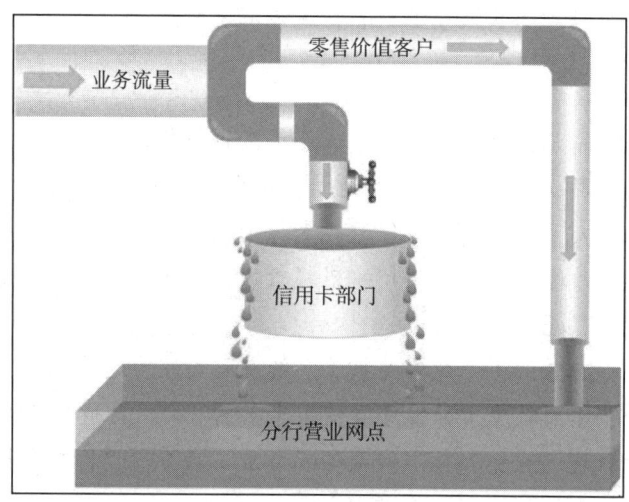

图 7-16　决策引擎分流机制示意图

2. 大数据征信辅助

传统的征信体系是银行业健康发展的基石。在互联网时代,要将风险控制及快速授信做到极致,还需要借助大数据的威力并联合外部优质大数据厂商,组成策略联盟,洞察用户站外行为,不断完善和丰富用户画像,达到利用外部数据解决银行内部风险控制的目的。

3. 借助大数据的用户行为分析,持续优化系统流程

通过数据收集和监测,根据不同的业务场景进行建模,分析用户站内行为,最终实现数据可视化。通过大数据分析,招商银行可以全面了解用户在使用自身服务过程中的行为特点,从不同层面提供决策支持,实现运营内容优化,提升长尾资源和碎片资源的使用能力,这是招商银行在大数据应用方面的有益探索。

4. 以流量经营为中心的业务模式

流量经营以智能管道和聚合平台为基础,以扩大流量规模及释放流量价值为方向,其最终目的是进一步顺应移动互联网的发展,壮大基础用户规模,占领市场的制高点。

招商银行通过建立以流量经营为中心的业务模式,基本解除了对人力驱动模式的依赖,极大降低了营销成本,为实现低成本获客提供了基础保障。

5. 以数据驱动为核心的业务模型

在传统的人力驱动之下,银行通过差异化的产品和服务、高强度的资源投放,基本可以保障其在商业竞争中占据有利位置。但是在移动互联时代,传统的人力驱动成本不断增长,但收益日渐下滑,难以为继。

数据驱动的业务模型是信息技术对银行业界的一大改变,这种改变实际上也是全球产业面临的一场新变革。银行的经营理念现在由人力驱动方式向数据驱动方式转变,两者的对比如图 7-17 所示。

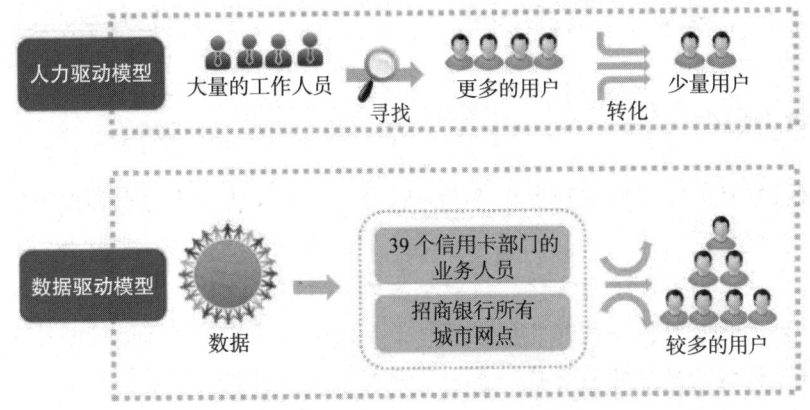

图 7-17　人力驱动及数据驱动模型对比图

通过数据驱动模型，银行经由线上平台获取客户的边际成本接近于零，目标客户群也扩大至所有的互联网用户，直销人员在上门服务过程中更有目的性，成效显著提高。

6. 独创的线下双通道，充分挖掘客户的价值

采用决策引擎分流机制，把零售的价值客户导向"网上申请，网点核身"的业务模式，而普通用户则导向"网上申请，上门服务"的直销模式。在客户办理信用卡业务的同时，引导其同时办理招商银行一卡通，借助双线下业务流程的设计，使客户价值得到充分挖掘，资源得到充分利用。

7. 落实两卡交叉销售，打造大零售体系的全行战略

通过流程设计，招商银行打通了信用卡部门与全行零售部门交叉销售的关键环节，创造了信用卡与零售产品交叉销售的自然场景，在获取信用卡客户的同时也为零售部门贡献了价值客户。信用卡与零售产品交叉销售模式，促进了打造大零售体系的全行战略，提升了客户的综合价值贡献，成功将信用卡获客平台打造成了聚合零售客户的流量入口。

三、系统应用效果

1. 爆发式增长的基础客群，有效提高了招商银行信用卡部门的利润

2013～2016年，招商银行通过智能获客平台直接获取信用卡新户近千万个，2016年的新户获取量更是达到了2013年和2015年的总和，实现了跨越式、爆发式增长。预计其零售获客能力还将进一步提升。每一次技术创新、自身管理和运营能力的跨越都会对整个银行业带来举足轻重的影响。

2. 智能获客系统已成为信用卡获客业务中决定性的领导力量

2013～2016年，通过该平台直接获取的信用卡新户数量在当年全渠道获取新户总量中的占比分别达到29.3%、33.7%、37.3%和45.1%，目前这一比例还在不断提高。

四、系统建设总结

招商银行推行的数据驱动的智能获客系统项目突破了传统人力驱动的获客模式，实现了以互联网流量经营为中心，规模化、集约化、体系化运作的数据驱动的互联网智能获客，同时确立了移动化、数据化、智能化、协同化、模块化、开放化的发展方向，支持低成本、数字化、可度量的经营扩张。线上及双线下的系统流程设计创造了信用卡与零售产品交叉销售的自然营销场景，奠定了招商银行两卡交叉销售的技术基础和永续经营的驱动力量，支撑了全行大零售体系的战略。定位"金融科技银行"的招商银行，其

零售客户数已突破 1 亿大关。作为股份制商业银行，虽然招商银行的网点数量相对有限，但在零售领域却创造了如此傲人的佳绩，这归功于招商银行的内在创新基因。

千帆相竞，技术为王，招商银行数据驱动的智能获客系统利用先进的信息技术，采用创新的智能决策引擎分流机制，运用大数据分析的方法，积极开展业务模式与产品创新，尽可能地优化用户体验，不断完善金融产品、营销方法、服务模式、业务流程、风险控制等。搭建符合用户体验的互联网服务体系已成为构建新零售、新生态的重要保障，对招商银行实施轻型银行的战略意义重大。这一数据驱动的成功实践，改变了招商银行传统的获客方式，展示了技术创新与服务创新的巨大潜力。

资料来源：http://www.cfc365.com/technology/bigdata/2018-07-25/14785.shtml。

案例思考题

1. 招商银行为什么要花费巨资建设智能获客系统？
2. 数据驱动模式与传统的人力驱动模式有什么区别？
3. 智能获客系统建设的难点在哪里？如何应对？

CHAPTER 8

第 8 章

管理信息系统开发过程

学习目标

1. 掌握管理信息系统开发过程。
2. 了解系统分析的主要内容和步骤。
3. 掌握业务流程图、数据流程图的绘制。
4. 了解系统设计的主要内容和步骤。
5. 掌握系统测试及系统切换的方式。

开篇案例

12306 终成大器，变身"全球最大票务系统"

12306 在中国是一个很特殊的存在，每年大型节假日特别是春运期间，都会受到各种批评——"难买""难退""奇葩验证码""付不了款"。过去春运购票是很多中国人心中最大的"痛"，虽然大家对这个能实现春运"买票"的神器有着诸多不满，但不得不说 12306 这十年来闷不吭声，终于迎来了不一样的"春天"(见图 8-1)。

2020 年 1 月 11 日，12306 站点日点击量达 1 495 亿次，售票约 30 亿张。如果把这些票首尾相接，可以绕地球 7 圈。也正因为这个成绩，12306 稳坐"全球交易量最大票务系统"，这个名号绝对算得上实至名归。虽被骂十年，但终于练就了一身深厚内功。

2010 年春运首日，12306 网站试运行；2011 年 12 月 23 日，12306 成功兑现在年底前网络售票覆盖所有车次的承诺。但蜂拥而来的流量导致网站出现严重宕机这种灾难级别的问题（春运人潮见图 8-2）。12306 网站还被网友吐槽网上购票支付渠道单一、流程复杂，而高流量下服务器承载问题一直无法得到彻底解决。

图 8-1　12306 如今的界面

图 8-2　春运场景

2013 年"铁路 12306"客户端 App 上线（见图 8-3），但依然无法完美解决网站平台的"遗传性毛病"，如支付环节复杂、支付方式无法获取……尽管背后有铁道部这棵"大树"甚至各大权威媒体为其宣传，它依然被"全民怒骂""千夫所指"。甚至有网友拿 2012 年订票系统升级费 3.3 亿元大做文章，在经历价值不菲的技术升级后，12306 在 2012 年中秋再次出现全线崩溃，官方与技术提供方都承受了巨大的舆论压力。

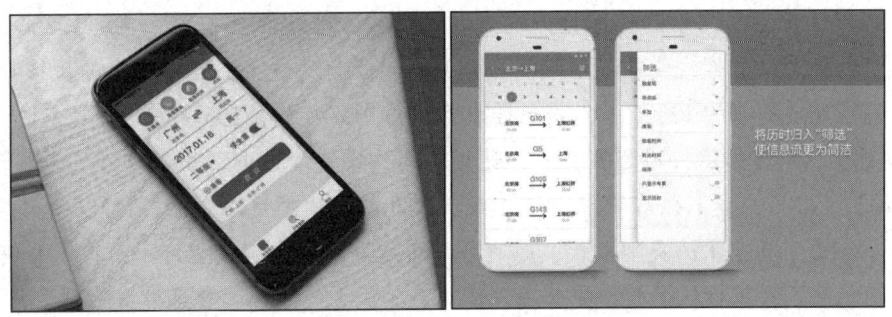

图 8-3　12306App 购票页面

而各路媒体不仅仅指责12306官方，还深挖出中标者的国字号背景，再一次将两者推向风口浪尖。直至近几年，12306各项运营指数才算稳定。曾有程序设计人员质疑："12306是不是世界上最复杂的系统？"2019年12306技术部主任单杏花针对质疑做出回应："12306售票系统已经成为全球最大的票务交易系统，系统拥堵是12306所面临的最大问题。"业界人士也曾对之前3.3亿元的系统升级费做出解读，称"对于用户量极大的火车票客票系统来说，这笔费用不算多"。长江评论也曾经指出，"12306挑战的是全球最难的'算法'"。

而如今这个十年闷不吭声的"受气包"翻了身，创造了三大奇迹。

第一大奇迹：扛住全球最大流量

千万不要拿电商双十一流量与12306对比，因为两者压根没有可比性。超10亿人口、40天、30亿以上出行的数据，相当于欧洲、美洲、非洲、大洋洲总人口集体搬迁，不得不说中国人口及出行数量确实是一个极大的压力。

第二大奇迹：庞大而复杂的票务工作被线上操作所取代

可以简单概括为将不可能的任务变成了可能。用于传统的分布式数据、缓存、负载均衡技术是不能满足12306的需求的。不同于电商平台的购物结算，12306相当于全站所有商品都在秒杀，站点所有标准产品单位（SKU）是在库存动态变换中存在的，复杂程度难以想象。

第三大奇迹：杜绝"黄牛党"

曾经有一段时间，网友吐槽12306的奇葩验证码等一系列怪异行为，但这些都是为了防止"黄牛党"囤票的操作。12306并没有因为被误解而放弃最初的宗旨，铁腕推行"实名制"的操作真正让黄牛党一夜绝迹。

被称作国民App的12306，因其大流量优势扩展出巨大的消费场景空间。据官方渠道消息，12306客户端已正式上线餐饮、电商、旅游、酒店、打车等功能。除此之外，12306在2020年新冠肺炎疫情防控期间与银行谈信贷引流业务，虽然现阶段此项任务属于公益性质，但业内人士预测未来金融业务引入只是时间问题。

12306系统上线运行之初，没有赢得预期的好评，而是遭到了众多批评，究其原因在于铁路部门低估了网站的访问量，没有做好完善的网站性能方案，导致12306系统频频超过负载能力，旅客经常在高峰期买不到票，甚至挤不进去。面对旅客的反馈和质疑，铁路部门开始对原有的12306系统进行改良升级。2018年，12306系统全新改版，系统功能更加完善，并增加了扫码登录功能，让旅客的购票速度更方便快捷。无论是移动端还是PC端的12306系统，旅客都能看到在经历过几次技术的更迭之后，12306系统实现完美蜕变。随着信息技术的更新换代，原有系统将逐渐被新系统代替，不断扩展系统功能，实现界面优化及系统性能提升，提升用户体验，确保系统效益和长远效益达到最优。

资料来源：https://baijiahao.baidu.com/s?id=1661482718542552990&wfr=spider&for=pc.

8.1 系统开发概论

任何事物都有其产生、发展、成熟、消亡（或更新）的过程，信息系统也不例外。企业在使用信息系统的过程中，由于所处的环境不断变化，需要对信息系统进行跟踪维护和更新。如果信息系统已经不能满足企业实际生产运营需求，那就需要开发新系统以替代旧系统。建立一套新系统（系统开发过程）其实是一种有计划的组织变革过程（见图8-4）。

系统开发是指产生信息系统方案，以便解决组织问题或提供可能性的一切活动。系统开发是一种结构化解决问题的形式，包括不同的活动，一般分为五个阶段：系统规划、系统分析、系统设计、系统实施、系统运行和维护。

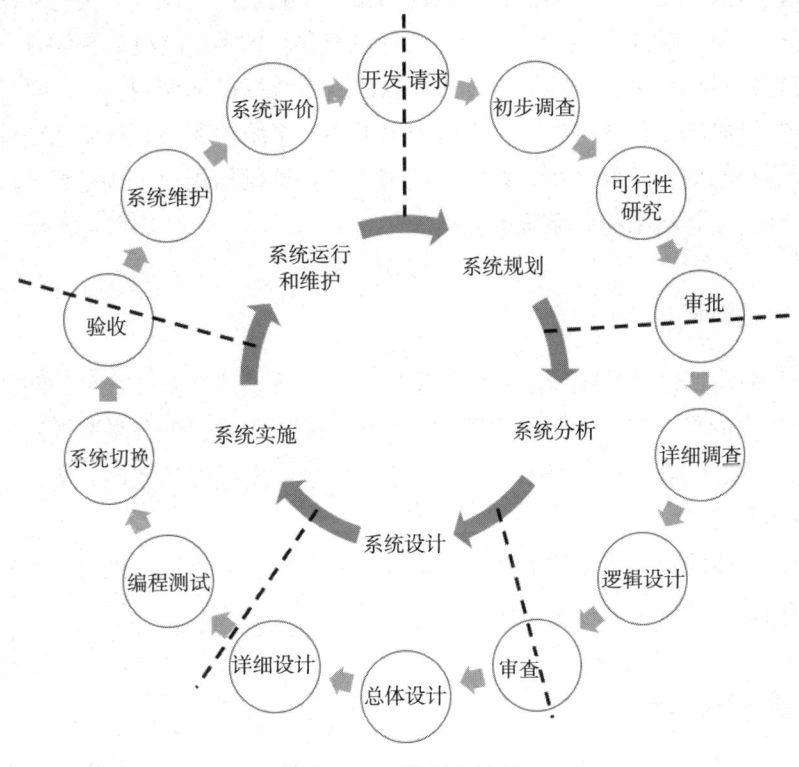

图 8-4 系统开发过程

8.1.1 系统规划阶段

系统规划是信息系统建设中的主要问题，也是管理信息系统研究的主要课题之一。企业在信息系统方面的投资越来越多。市场研究公司 Gartner 在报告中指出，2017 年全球 IT 投入 3.48 万亿美元，较 2016 年增长 2.4%。信息系统建设是一个投资巨大、历时很长的工程项目，规划不好不仅对自身造成损失，由此而引起企业运行不好的间接损失更为惨重。系统规划是系统开发过程的第一步，其质量直接影响着系统开发的成败。

系统规划阶段的主要任务是对企业环境、企业目标及现行系统的状况进行初步调查，根据企业目标和发展战略，对新系统的需求做出分析和预测，并对新系统建设的必要性和可能性进行分析论证，同时对新系统建设中所需要的各项条件进行分析和部署。给出新系统建设的备选方案，对这些方案进行可行性分析，并形成可行性分析报告。可行性分析报告提交企业管理层审批通过后，再将新系统的建设方案和实施计划编写成系统规划报告。

8.1.2 系统分析阶段

系统分析阶段的主要任务是根据系统规划报告所确定的范围，对现行系统进行详细调查，描述现行系统的业务流程，并指出现行系统存在的不足之处和局限性，进一步明确新系统的建设目标和逻辑功能需求，进而提出新系统的逻辑模型。

系统分析阶段的工作成果体现在系统说明书中。系统说明书是信息系统建设的必要文件，既要通俗易懂，又要准确。系统说明书不仅要提供给用户，也是系统设计阶段工作的依据，同时还是将来验收系统的依据。

8.1.3 系统设计阶段

系统分析阶段形成的是系统的逻辑模型，也是回答系统"做什么"的问题，而系统设计阶段要解决的是"怎么做"的问题。系统设计阶段的主要任务是根据系统说明书中规定的功能要求，结合企业自身条件，具体设计实现逻辑模型的技术方案，这也是形成系统物理模型的阶段。

系统设计阶段的工作成果体现在系统设计说明书中。系统设计说明书一般包括总体设计和详细设计两个阶段。

8.1.4 系统实施阶段

系统实施阶段的主要任务是将设计的系统付诸实施。这一阶段的主要工作包括：信息系统依赖的硬件设备的购置、安装和调试，应用程序的编制和调试，职工培训，数据文件转换，系统测试与切换等。

系统实施是按实施计划分阶段完成的，每个阶段应写出系统实施进度报告。系统测试之后写出系统测试报告。

8.1.5 系统运行和维护阶段

系统投入运行后，需要经常进行维护和评价，记录系统运行情况，根据一定的规格对系统进行必要的修改，评价系统的工作质量和经济效益。

一般而言，系统开发活动是按照顺序进行的，但某些活动可能重复或同时进行，这取决于信息系统开发方法。

8.2 系统分析阶段

1945年，兰德公司在研究与咨询活动中，以系统为中心，以系统结构、系统观点为主导，创立了一套解决问题的有效方法，即系统分析法。系统分析法强调从系统的观点出发，对事物进行分析与综合，找出各种可行方案，以供决策者选择。

系统分析阶段，要求系统分析人员在系统规划报告的基础上，与用户密切配合，用系统的思想和方法，对企业的业务活动进行全面的调查分析，并收集、处理和分析有关的数据，分析现行系统的局限性和不足之处，找出制约现行系统的"瓶颈"，据此建立新系统的逻辑模型并形成系统分析说明书，送交主管人员审批。

系统分析是建设信息系统中最重要的阶段，也是最困难的阶段。

8.2.1 系统分析的内容和步骤

系统分析是在详细分析现行系统的基础上，建立新系统逻辑模型的过程。系统分析的主要内容和步骤主要包括以下几个方面（见图8-5）。

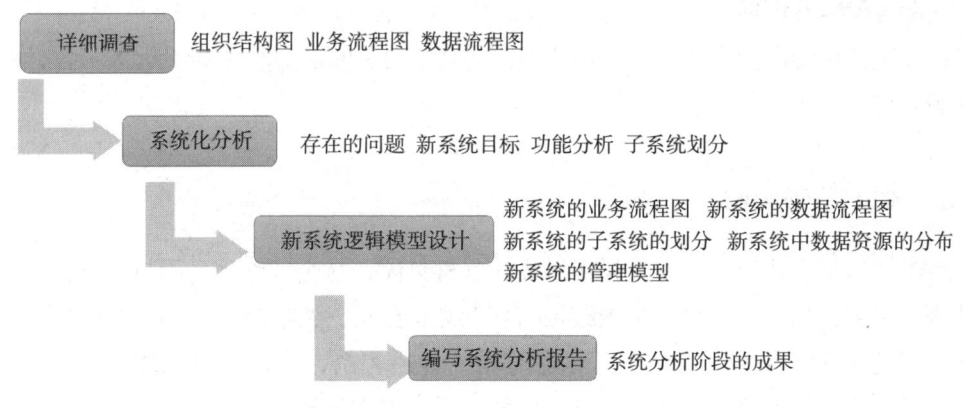

图 8-5　系统分析的主要内容和步骤

1. 详细调查

详细调查遵循用户参与的原则，通过多种途径对企业现行系统的组织结构、业务流程以及数据流程等做细致的调查研究，在充分了解企业物流、信息流、资金流的基础上，获取现行系统运行的详细资料，绘制现行系统的组织结构图、业务流程图、数据流程图，为下一步的系统化分析和提出新系统逻辑模型做好准备。

详细调查阶段主要是对组织结构、业务流程和数据流程进行调查。具体过程在 8.2.2、8.2.3、8.2.4 节中阐述。

2. 系统化分析

在对现行系统进行详细调查的基础上进行系统化分析是提出新系统逻辑模型的重要步骤。这个步骤需要全面分析现行系统的调查结果，找出存在的问题，特别是对不合理的业务流程和业务分解采取重点研究与诊断，提出新系统的目标，并结合系统规划阶段的可行性分析报告进行新系统的可行性审核，并编写可行性审核报告，交给业务主管部门审核。

针对审核通过的可行性报告，以企业战略目标为对象进行管理业务的变革。具体可围绕以下过程开展：首先，全面制定企业业务流程重组的战略方案，着重阐述关键性业务流程；其次，根据企业业务流程重组的战略方案调整组织结构，建立扁平化的企业组织结构，提高管理的灵活性。

3. 新系统逻辑模型设计

系统分析阶段的详细调查、系统化分析都是为了帮助建立新系统的逻辑模型做准备的。新系统逻辑模型设计阶段是系统分析的最终成果，也是今后进行系统设计和实施的依据。新系统逻辑模型设计阶段需要形成新系统的业务流程图、新系统的数据流程图、新系统的子系统的划分、新系统中数据资源的分布、新系统的管理模型等成果。

4. 编写系统分析报告

将系统分析阶段的成果按一定格式编制为系统分析报告，供系统设计人员设计新系统物理模型时使用。

8.2.2 组织结构调查

组织结构是企业管理过程各要素组成的有机整体，是企业管理过程与运行状况的直接体现。组织结构调查就是对组织结构与功能进行分析，弄清组织内部的部门划分，以及各部门之间的上下级领导关系、信息资料的传递关系、物资流动关系与资金流动关系，并了解各部门的工作内容与职责。此外，还应详细了解各级组织存在的问题以及对新系统的要求等。

组织结构中的各种关系可以借助于组织结构图来实现。腾讯公司组织结构图如图 8-6 所示。

组织结构调查是系统分析人员了解现行系统的首要环节，主要是对各部门职责以及部门间的关系进行调查。由于企业的组织结构往往较为复杂，仅仅通过组织结构图很难将部门间所有关系都表达清楚。通常，组织结构图着重反映部门之间的层次关系，各部门的职责通常借助专门的表格详细描述（见表 8-1），廓清各部门的主要职能，部门间的其他关系借助业务流程图表达。

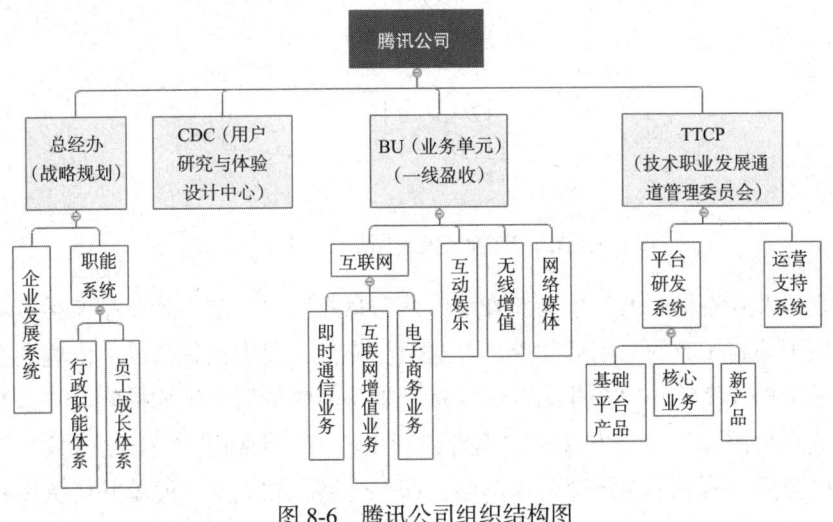

图 8-6 腾讯公司组织结构图

表 8-1 部门业务调查表

公司简介		
部门编号	部门名称	部门职责

8.2.3 业务流程调查

组织结构图描述的是现行系统中各部门之间的上下级关系、物资流动关系、信息流动关系。组织结构图只是一种概括性的描述，不能全面反映现行系统的业务流程情况。因此，在业务流程调查中，应顺着现行系统信息流动的过程，逐个调查和描述各个环节中信息的需求、来源、内容、流向以及信息存储的形式。业务流程调查是对业务功能分析的进一步细化，从而得到业务流程图（transaction flow diagram，TFD），它是反映企业业务处理过程的"流水账本"。

1. 业务流程图的概念及特点

在对各个部门业务流程进行充分调查分析的基础上，可以绘制各个部门的业务流程图和现行系统的业务流程总图，以全面反映现行系统业务流程的整体情况。业务流程图用于描述管理系统内各单位、人员之间的业务关系、作业顺序和管理信息流向。它用一些规定的符号及连线表示某个具体业务的处理过程，帮助分析人员找出业务流程中的不合理流向。

2. 业务流程图的绘制

绘制业务流程图的基本符号如图 8-7 所示。

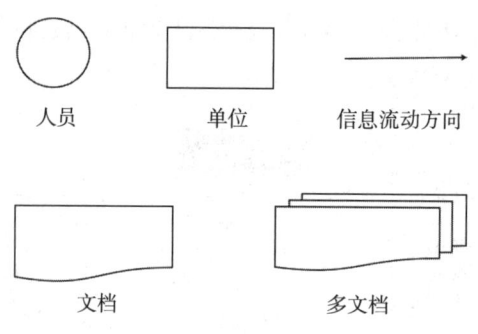

图 8-7 业务流程图基本符号

某企业的采购流程如下:采购部查询库存信息及用户需求,若产品库存量不能满足用户需要,则编制相应的采购订货单,并送至供应商,提出供货请求。供应商根据订单要求,生成采购收货单并向企业采购部发货。采购部收货后,生成检验通知送交企业质检部。企业质检部验货后,发现货物不合格,生成三份采购退货单,一份送交采购部,一份送交供应商,最后一份送交财务部门;如果合格,则生成入库单并将货物移交库房管理员。库房管理员查阅库存台账后,按照入库单登记库存台账。采购流程的业务流程图如图 8-8 所示。

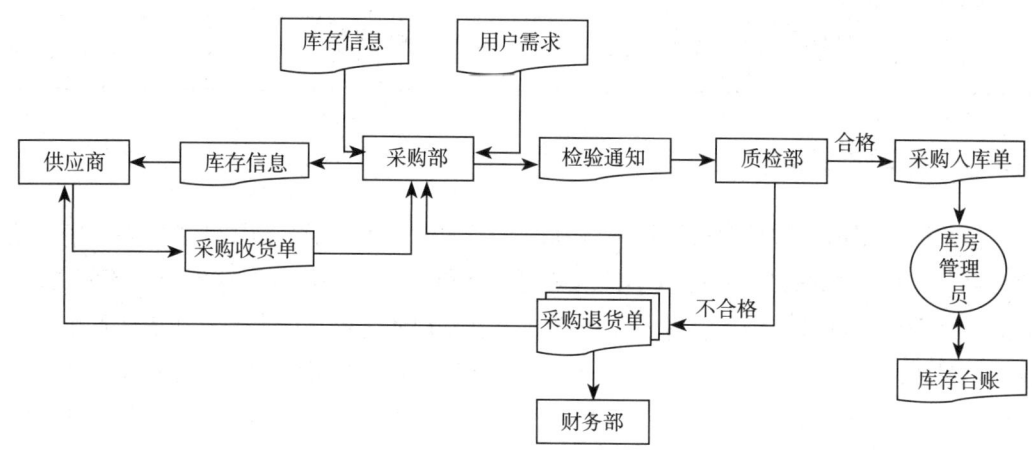

图 8-8 某企业采购流程的业务流程图

业务流程图是系统分析员、管理人员相互交流的工具,可以为进一步分析研究现行系统业务流程的合理性提供方便。

8.2.4 数据流程调查

业务流程图揭示了各部门业务处理过程以及部门间信息传递关系,明确了系统中文档、单据、报表等数据载体的名称、数量以及数据产生与流向,但仍没有完全脱离一些物质要素,很难将单据、报表、文档的内容、数据项的构成等细节描述清楚。而数据流程调查就是把数据在现行系统内部的流动情况抽象出来，舍去了具体组织机构、信息载体、处理工作等，单纯从数据流动过程来考察实际业务的数据处理模式。数据流程调查的目的是要发现和解决数据流动中的问题，调查分析出合理的信息流动、处理、存储的过程，绘制出现行系统的数据流程图（data flow diagram，DFD）。

1. 数据流程调查中需采集的资料

（1）现行系统全部输入信息（如单据、报表、文档、凭证等）、输出信息和数据存储的格式。

（2）弄清各环节上的处理方法和计算方法。

（3）弄清各单据、报表、文档、凭证等数据资料的制作部门、报送部门、发生周期、发生时间、存放介质、发生的高峰时间及发生量。

（4）弄清各数据资料的数据类型、长度、取值范围等。

数据流程调查可以采取分发调查表的形式进行，表 8-2 为调查表的基本格式。

表 8-2 数据流程调查表的基本格式

部门名称：			部门编号：			填报人：		填表日期：	
数据资料名称							报送部门		
发生时间				发生周期			发生高峰时间		
序号	数据项名称	数据类型	数据宽度	小数位数	取值范围		计算方法	处理方法	备注

2. 数据流程图的概念及特点

数据流程图能全面地描述系统数据流程，它用一组符号来描述整个系统中信息的全貌，综合地反映出信息在系统中的流动、处理和存储情况。数据流程图有两个特征：抽象性和概括性。抽象性指的是数据流程图把具体的组织机构、工作场所、物质流都去掉，只剩下信息和数据存储、流动、使用以及加工的情况。概括性则是指数据流程图把系统对各种业务的处理过程联系起来考虑，形成一个总体。

3. 数据流程图的构成

数据流程图的基本成分包括系统的外部实体、处理过程、数据存储和数据流四个。其基本符号如图 8-9 所示。

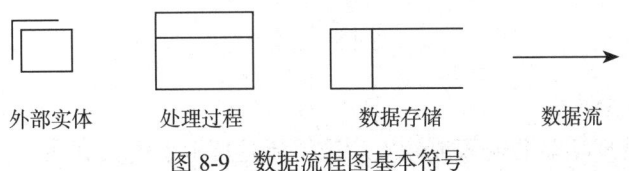

图 8-9 数据流程图基本符号

（1）外部实体

外部实体指系统之外又和系统有联系的人或部门，表明了该系统数据的外部来源和去处，例如顾客、职员、供应商、采购部等。外部实体支持系统数据输入的实体称为源点，支持系统数据输出的实体称为终点。在数据流程图中，用一个正方形并在其左上角加一个直角来表示外部实体，在正方形中标识外部实体的名称。为了减少线条的交叉重合，若同一个外部实体在数据流程图中出现多次，可以在该外部实体符号的右下角画小斜线，表示重复。具体可参看图 8-10。

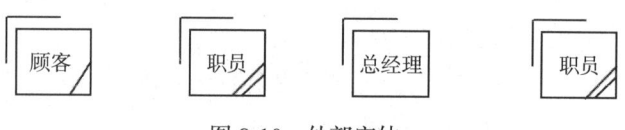

图 8-10　外部实体

（2）处理过程

处理过程指对数据做逻辑处理，也就是数据变换，用来改变数据值。而每一种处理又包括数据输入、数据处理和数据输出等部分。在数据流程图中，用长方形表示处理，长方形分为两层，上半部分为标识，下半部分为功能描述部分，如图 8-11 所示。标识部分用来标识一个功能，一般格式为 P2、P2.1 等。功能描述为这个部分的逻辑功能，是必不可少的一部分。

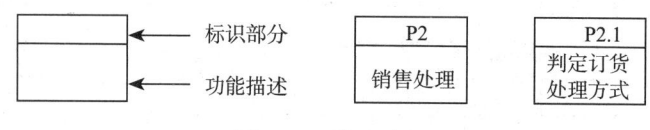

图 8-11　处理过程

（3）数据存储

数据存储表示数据保存的地方。系统处理从数据存储中提取数据，也将处理完成的数据返回数据存储。与数据流不同的是，数据存储本身不产生任何操作，它仅仅响应存储和访问数据的要求。在数据流程图中，数据存储用向右开口的长方形表示。为了区别和引用方便，将长方形分为两部分，左半部分为标识，一般用字母 D 表示，右半部分为数据存储名称，如图 8-12 所示。

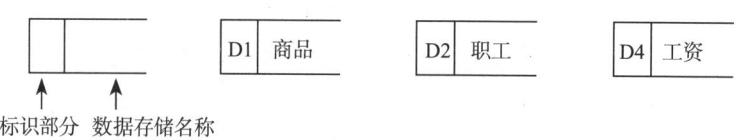

图 8-12　数据存储

（4）数据流

数据流是指处理功能的输入或输出。数据流是模拟系统数据在系统中传递过程的工具。它在数据流程图中用一个水平箭头或垂直箭头表示，箭头指出数据的流动方向，箭线旁注明数据流名称，如图 8-13 所示。

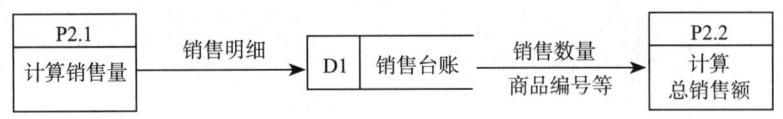

图 8-13　数据的读取与存储

4. 数据流程图的层次

数据流程图是分层次的，绘制的时候采取自顶向下逐层分解的方法。下面我们以高校社团管理系统为例，说明数据流程图绘制的层次关系。社团管理是一项十分复杂的工作，它不仅记录学生从入校到离校整个在校期间的社团活动参与情况，还可以全面进行社团管理和追踪社团活动开展的情况。

我们把整个社团管理系统看成一个功能，称为顶层数据流程图，它说明了系统的整体输入、处理功能、输出。它的输入为社团申请大量的社团活动，供学生去选择；输出是学生管理部门对社团进行管理并了解学生参与社团活动的情况，如图 8-14 所示。

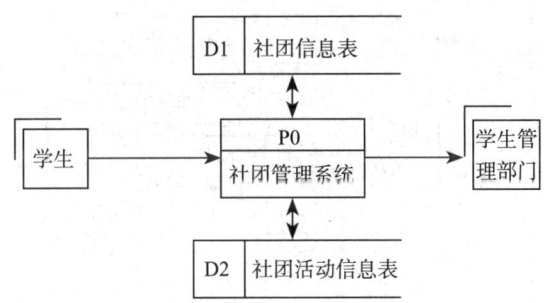

图 8-14　社团管理系统顶层数据流程图

对高校社团管理系统的主要功能做进一步分析，绘制一层数据流程图（见图 8-15）。

普通用户能够进行社团申请，然后由社团负责人进行成员的审批工作。此外，社团负责人还能够发布活动申请，由社团管理员完成审批工作。社团负责人还要对社团成员进行管理，可以开除某社团成员。学生注册功能由社团管理员完成，然后通过学院下发给学生账号。组建社团需要在普通用户界面完成，社团负责人和社团管理员界面没有此功能。

针对每个处理功能做进一步分析，绘制二层数据流程图（见图 8-16）。

数据流程图分多少层次应视实际情况而定，对于一个复杂的大系统，有时候数据流程图可能达到七八层之多。为了提高规范化程度，有必要对图中各个元素加以编号，如 P2.4 代表第二个子系统的第四个处理。

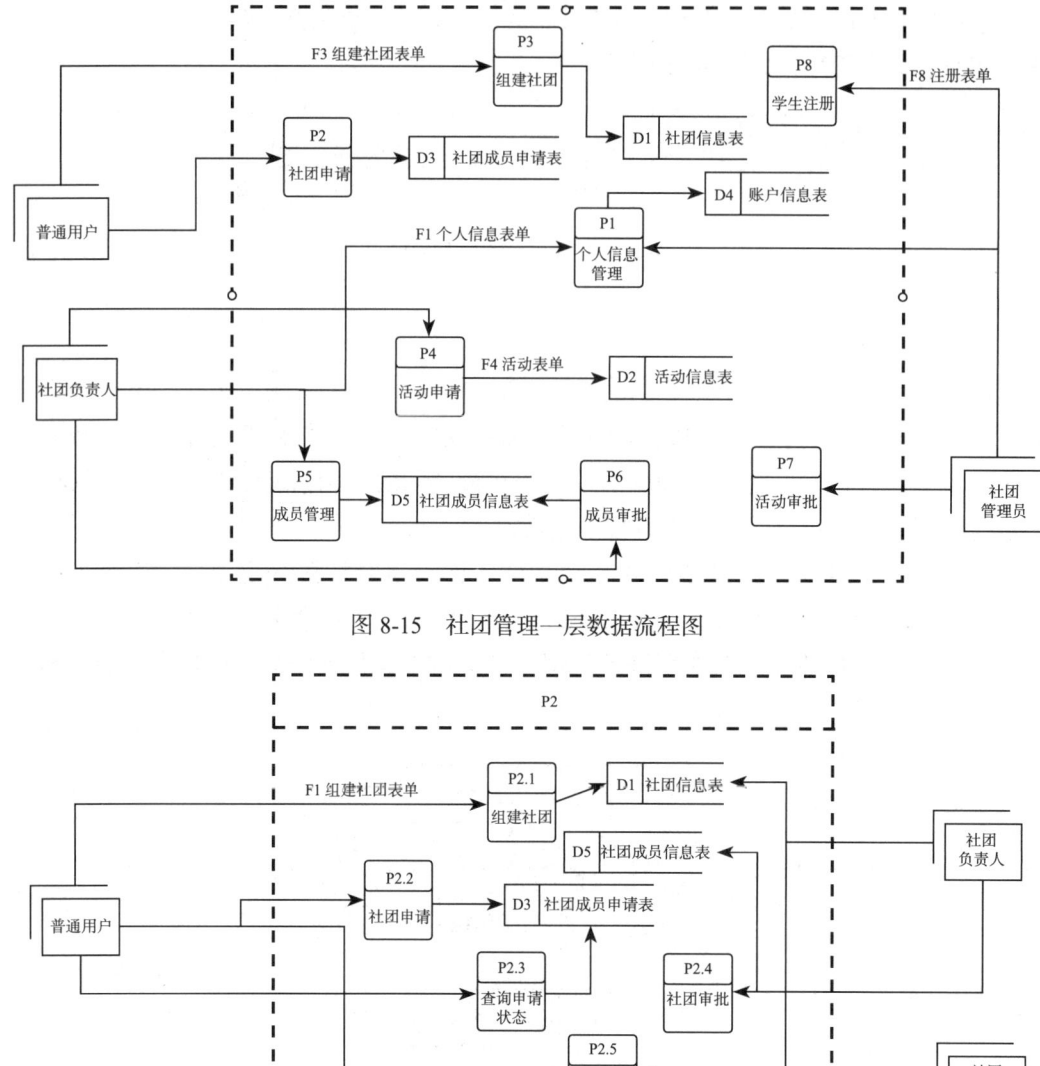

图 8-15 社团管理一层数据流程图

图 8-16 社团管理二层数据流程图

8.3 系统设计阶段

系统设计是系统开发的第二个阶段，该阶段具有规定的设计内容和步骤。系统设计阶段是在系统分析提出逻辑模型的基础上，科学合理地进行物理模型的设计。

8.3.1 系统设计的主要内容和步骤

系统设计一般分为初步设计和详细设计两个阶段。初步设计又称总体结构设计或概要结构设计,它的主要任务是完成系统总体结构和基本框架的设计。详细设计的主要任务是在系统初步设计的基础上,将设计方案进一步具体化、条理化和规范化。具体来说,系统设计的主要内容包括以下几个方面。

(1)总体结构设计。在系统分析的基础上,将目标系统划分为相互联系的子系统和功能模块,并完成信息系统流程图设计、功能结构图设计和功能模块图设计等。

(2)代码设计和设计规范的制定。将系统处理的实体或属性设计成易于处理和识别的代码形式。

(3)系统物理配置方案设计。包括设备配置、通信网络的选择和设计以及数据库管理系统的选择等。

(4)人机交互界面设计。从系统角度出发,按照友好、美观、简洁、清晰的原则,设计人机交互界面。

(5)计算机处理过程设计。包括输入设计、输出设计、处理流程图设计等。

(6)数据库设计。充分考虑数据的一致性、安全性,按照数据规范化原则进行数据库设计。

(7)编写系统设计说明书。按照规定的格式,汇总系统设计的成果,完成系统说明书的编写,为系统实施提供依据。

系统设计的主要工作和步骤如图8-17所示:

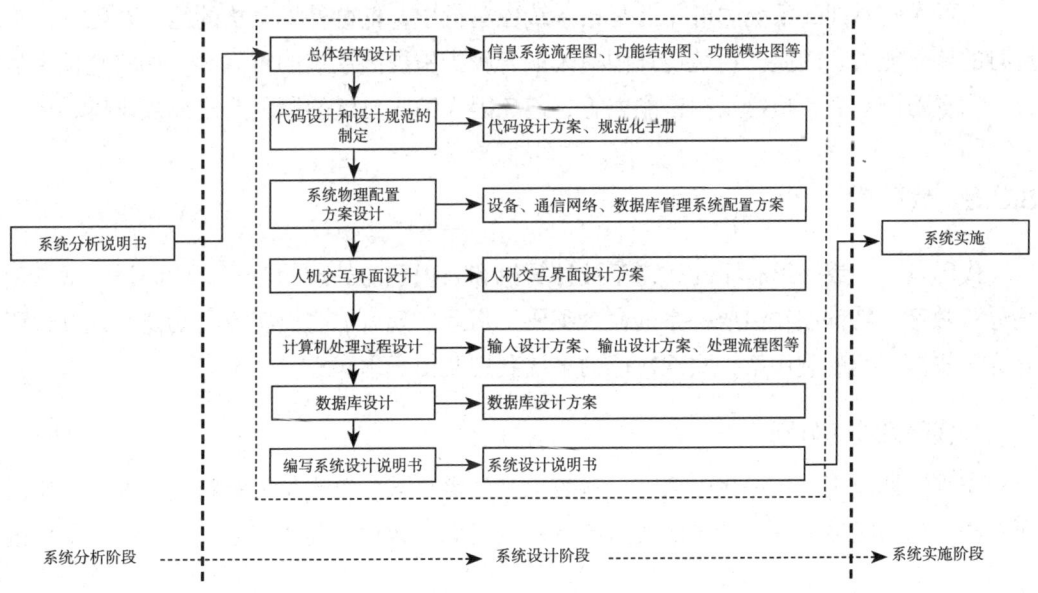

图 8-17 系统设计的主要工作和步骤

8.3.2 系统设计的基本原则

系统设计是在系统分析的基础上进行的,是由抽象分析到具体实现的过程。系统设计的优劣直接影响着新系统的质量和所获得的经济效益。因此，在系统设计过程中，应遵循一定的原则。

①系统性原则。系统是一个有机的整体。在系统设计中，要从系统的整体视角进行设计，如代码设计要统一，设计规范要标准，传递语言要尽可能保持一致，数据库设计要有全局意识。

②简单性原则。在系统达到预定目标、完成规定功能的前提下，应该尽量简单。具体而言，在数据采集设计中，要做到数出一处、全局共享的原则，实现一次输入多次利用的效果，提高数据的共享性；系统输入输出设计中，要使操作简单化，使用户容易理解操作的具体步骤和要求；增加系统的容错、检错能力设计，确保用户的主动地位。

③灵活性原则。为保持系统的长久生命力，要求系统具备较强的环境适应能力。因此，在系统设计中，应坚持模块化设计理念，提高各模块的独立性。同时，系统设计人员要具有一定的预见性，要从通用的角度制定系统设计方案。

④经济性原则。虽然新系统的顺利运行能够给用户带来一定的经济效益，但是系统开发阶段的投资和运行费用往往投入成本过高。因此，系统设计阶段应考虑如何降低设计成本，减少不必要的费用投入。一方面，在软硬件的选择上尽可能提高性能性价比，而不是一味地追求技术上的先进；另一方面，系统设计中应缩短处理流程，减少中间环节处理的费用。

⑤可靠性原则。系统的可靠性是指系统在运行中，抵御外界干扰的能力及受外界干扰时的恢复能力。因此，系统设计中应采取各种措施提高系统的可靠性，如安全保密能力、病毒防御能力、检错及纠错能力等，避免因人为或自然的原因造成系统瘫痪。

8.3.3 代码设计

代码是一个或一组有序的、易于被计算机和人识别与处理的符号。代码设计通常用字母、数字、特殊字符组成一系列命令编码，借此实现人们想要实现的功能。设计代码是为了提高代码的利用率，实现代码的多次利用及便于理解等。

1. 代码设计的原则

①唯一性原则。每一代码都唯一地表示某一类、某一级或某一种特定的要素，同时每一类、每一级或每一个特定的要素有专一的代码，数据项与代码之间建立一一对应的关系。

②可扩充性原则。代码设计时要留有足够的位置，以适应系统的发展。

③标准化原则。在实际工作中，一般企业所用大部分编码都应该尽可能采用国际标准、国家标准或行业标准，以减少今后系统更新和维护的工作量，方便信息的交换和共享。

④合理性原则。编码体系的结构与信息的分类体系相适应，反映客观系统的层次、

机理及其相互联系的特性。

⑤简单性原则。代码的结构尽量简单，长度尽可能短，以方便输入，减少计算机存储空间，同时提高系统处理效率。

⑥适用性原则。代码的含义清晰，反映出分类对象的特点，使用户易于了解，方便记忆。

⑦规范性原则。代码的结构、类型以及编写的格式要统一，便于系统的检索和调用。

2. 代码的类型

代码一般分为两类，一类是有意义的代码，即赋予代码一定的实际意义，便于分类处理；一类是无意义的代码，仅仅是赋予信息元素唯一的代号，便于对信息的操作。常用的代码类型有顺序码、区间码。

（1）顺序码

顺序码是以某种顺序形式组织的编码，如001，002，003……分别是代表不同员工的编号。这种编码方式简单，编码的长度较短，易于系统处理，但可识别性较差。

（2）区间码

区间码是把数据项分成若干组，用一代码区间代表一个组。代码的位置和数值都有一定的意义。例如，身份证号码可分解为四个区间。

1	2	3	4	5	6	7	8	9	10	11	12	13	14	15	16	17	18
*	*	*	*	*	*	*	*	*	*	*	*	*	*	*	*	*	*
籍贯信息						出生日期								性别			校验位

区间码能够反映类目的逻辑关系，便于系统分类处理，排序、分类、插入和使用也比较容易。区间码的缺点在于编码位数较长。

3. 代码的校验

校验码通常是一组数字的最后一位，由前面的数字通过某种运算得出，用以检验该组数字的正确性。常见的校验码有中华人民共和国居民身份证的最后一位，ISBN号码的最后一位等。

校验码的求解一般通过加权方法计算。具体计算过程通常分为两个步骤。

第一步：对代码本体的每一位进行加权求和（S）。如代码本体为 $A_1, A_2, A_3, \cdots A_n$，加权因子为 $P_1, P_2, P_3, \cdots P_n$。计算过程如下：

$$\begin{array}{cccc} A_1 & A_2 & A_3\cdots & A_n \\ P_1 & P_2 & P_3\cdots & P_n \\ \hline \end{array}$$
$$S = A_1 \times P_1 + A_2 \times P_2 + A_3 \times P_3 + \cdots + A_n \times P_n$$

第二步：对 S 除模取余，其中 K 标识模数，R 表示余数。

$$R = S \text{ MOD } K$$

一般情况模数可以取 10，11……

例如，若代码本体为"3203051"，加权因子为"1，3，5，7，9，11，13"，模数为 11，求校验位。

首先，先求 S：

$$S = 3 \times 1 + 2 \times 3 + 0 \times 5 + 3 \times 7 + 0 \times 9 + 5 \times 11 + 1 \times 13 = 98$$

接下来，以 11 为模取余数：

$$R = 98 \% 11 = 10$$

由于校验位一般为一位，而余数为 10 的时候占有两位，这个时候可以用一个字母来代替 10，这也是身份证最后一位出现 X 的特殊情况。

上题中假定余数为 10 的时候用 X 来代替，则"3203051"的校验位就为 X，组成的代码形式为：3203051X。

8.3.4 系统物理配置方案设计

系统物理配置方案是指信息系统运行所依赖的硬件平台、网络平台和软件平台，因此系统物理配置方案的设计就是针对新系统的目标，构建能够支持新系统运行的软硬件环境，以满足新系统逻辑模型的功能和技术需求。

随着信息技术的发展，各种计算机软、硬件产品也在不断更新，这为信息系统建设带来了极大的灵活性。因此，要想从众多产品中做出最明智的选择，需要从以下几个方面坚持系统物理配置方案的设计依据。

（1）系统吞吐量，即每秒钟执行的作业数。系统吞吐量越大，则系统的处理能力就越强。系统吞吐量与系统硬、软件的选择有着直接的关系，如果要求系统具有较大的吞吐量，就应当选择具有较高性能的计算机和网络系统。

（2）系统响应时间，是从用户向系统发出一个作业请求开始，经系统处理后给出应答结果的时间。如果要求系统具有较短的响应时间，就应当选择运算速度较快的 CPU 及具有较高传递速率的通信线路，如实时应用系统。

（3）系统可靠性是系统可以连续工作的时间。例如，对于每天需要 24 小时连续工作的系统，可以采用双机双工结构方式。

（4）集中式（centralized processing）或分布式（distributed processing）。如果一个系统采用集中式的处理方式，则信息系统既可以是主机系统，也可以是网络系统，若系统处理方式是分布式的，则应采用微机网络。

（5）地域范围。对于分布式系统，要根据系统覆盖的范围决定采用广域网还是局域网。

8.3.5 计算机处理过程设计

1. 输出设计

输出是系统产生的结果或提供的信息。对于大多数用户来说，输出是系统开发目的和使用效果评价的标准。尽管有些用户可能直接使用系统或从系统输入数据，但都要应用系统输出的信息，输出设计的目的正是为了正确及时地反映和组成用于生产、服务部门的有用信息，因此，系统设计过程与实施过程相反，是从输出设计到输入设计，即先确定要得到哪些信息，再考虑为了得到这些信息，需要准备哪些原始资料作为输入。

2. 输入设计

输出数据的正确性直接影响处理结果的正确性，如果输入数据有误，即使计算和处理过程正确，也无法获得可靠的输出信息。同时，输入设计决定着人机交互的效率。

输入设计包括数据规范和数据准备过程，提高效率和减少错误是两个最根本的原则。

在输入设计中应尽量做到如下方面。

（1）控制人工输入量。由于数据录入工作一般需要人的参与，数据输入速度与计算机处理比较起来相对缓慢，系统在大多数时间处于等待状态，效率显著降低，这将增加系统的运行成本。因此，在输入设计中，应尽量控制人工输入数据的总量。在实际输入数据时，只需输入基本数据，其他的数据可以通过计算由系统自动产生。

（2）减少输入延迟。输入数据的速度往往成为提高信息系统运行效率的瓶颈，为减少延迟，可以采用周转文件、批量输入等方式。

（3）减少输入错误。输入设计中应采用多种输入校验方法和有效性验证技术，减少输入错误。

（4）避免额外步骤。应尽量避免不必要的输入步骤。

（5）简化输入过程。输入设计在为用户提供纠错和输入校验的同时，要保证输入过程简单易用。

3. 处理流程图设计

信息系统的处理流程图是系统流程图的展开和具体化，所以其内容更为详细。在系统流程图中，只是给出了每一处理功能的名称，而在处理流程图中，则需要使用各种符号具体地规定处理过程的每一步骤。

系统中的每一个功能模块都可以作为一个独立子系统分别进行设计。由于每个处理功能都有自己的输入和输出，对处理功能的设计过程也应从输出开始，进而进行输入、数据文件的设计，并画出较详细的处理流程图。

8.3.6 数据库设计

数据库设计是软件开发过程中的关键环节，数据库设计的好与坏直接影响着软件开发的质量，甚至于决定软件产品的成败。数据库设计一般采用分步设计方法，即遵循自顶向下、逐步求精的原则，将数据库设计过程分解为若干相互独立又相互依存的阶段，每一阶段采用不同的技术与工具，解决不同的问题，从而将问题局部化，减少局部问题对整体设计的影响。数据库的设计步骤包括需求分析、概念结构设计、逻辑结构设计和数据库物理设计四个阶段，如图 8-18 所示。

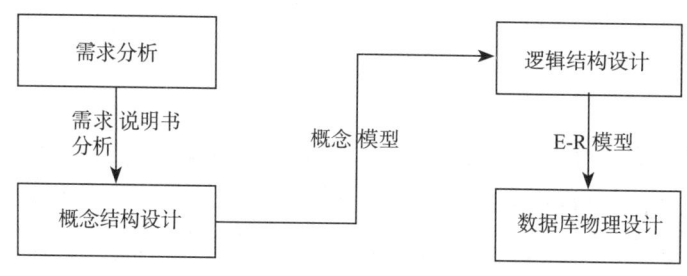

图 8-18　数据库设计步骤

（1）在需求分析阶段，收集和分析用户对系统的信息需求和处理需求，以需求分析说明书为主要成果。其中，信息需求是数据库设计的基础，包括数据库所涉及的数据、数据的特征、使用频率和数据量的估计等。通常在需求分析说明书中，以表格形式描述数据名、属性及其类型、完整性约束等。

（2）在概念结构设计阶段，先设计各个应用的视图，即各个应用所看到的数据及其结构，再进行视图集成，以形成单一的概念数据模型。然后，经过数据库设计者和用户的审查与修改，最后形成所需的概念数据模型。

（3）在逻辑结构设计阶段，使用 E-R 图和 DBMS 提供的数据定义语言（DDL）描述数据模式，具体方法与 DBMS 的逻辑数据模型紧密相关，并满足数据库存取、一致性及运行等多方面的用户需求。

（4）在数据库物理设计阶段，数据库物理设计师使用不同的 DBMS 提供的技术手段，设计数据的存储形式和存取路径，如文件结构、索引设计等。

数据库设计过程不是一蹴而就的，是一个反复修改、反复设计迭代的过程。

8.3.7　系统设计说明书

系统设计说明书从系统设计的主要方面说明系统设计的指导思想、采用的技术方法和设计结果，是系统设计阶段的主要成果，是新系统的物理模型，也是系统实施阶段的工作依据。系统设计说明书中主要包括系统目标和功能概述、计算机系统配置、应用软件系统设计说明、代码设计说明、数据库设计说明、输入输出设计说明、系统安全保密性设计说明、系统实施方案及说明。

8.4 系统实施阶段

系统实施是继系统分析、系统设计之后,管理信息系统开发的又一重要阶段。系统实施的主要任务是将系统设计阶段确立的物理模型转换为实际可用的系统。系统实施阶段需要投入大量的人力、物力、财力,占用较长的时间,必须加强组织协调工作,要有严格周密的计划,确保系统实施的各项任务有计划、有步骤、有保障地进行,确保开发系统的高质量。

8.4.1 系统实施的主要内容和步骤

系统实施一般分为五个主要阶段:物理系统建立阶段、程序设计阶段、系统测试阶段、系统切换阶段、编写系统应用说明书(见图 8-19)。

1. 物理系统建立阶段

根据系统设计说明书所确定的物理系统配置方案,配置相应的机房和硬件设备,并进行安装、调试,为系统正常运行提供保障。

2. 程序设计阶段

程序设计是系统实施过程中最重要的环节。为了保证程序设计工作正确且顺利进行,程序设计人员一方面要仔细阅读系统设计阶段形成的全部文档资料,充分理解功能模块的内部过程和外部接口;另一方面要熟练掌握编程语言、开发环境和工具,确保各个功能的正确实现。

3. 系统测试阶段

按照系统的目标和功能要求,对编制完成的程序逐个进行测试,最后实现系统的总测试。系统测试是发现程序设计阶段中存在的问题,确保系统达到预期目标。

4. 系统切换阶段

这是由手工处理系统或者现行信息系统向新系统转换的过程。

5. 编写系统应用说明书

在系统测试结束并经初步试运行后,在整个系统移交给用户之前,需要写出系统应用说明书,便于用户能够正确操作。

系统实施的主要工作和步骤如图 8-19 所示。

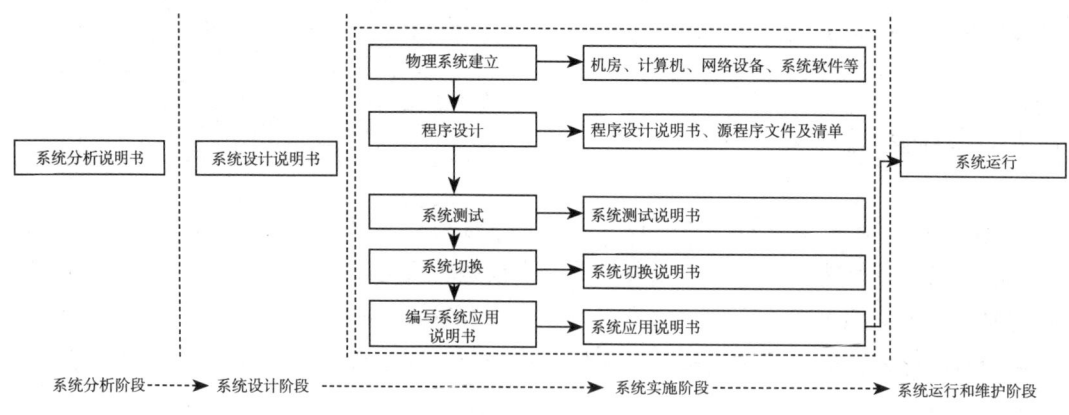

图 8-19　系统实施的主要内容和步骤

8.4.2　系统测试

系统测试是管理信息系统开发过程中的一个重要活动。虽然在系统分析、系统设计阶段均采取了严格的技术审查，新系统仍然难以避免问题的发生。如果信息系统在开发完成后没有经过严格的测试，问题迟早会在运行中暴露出来，当出现问题后再去纠正将会付出更大的代价。

系统测试是检查新开发的信息系统与用户需求是否相符，是否符合系统说明书中的各项描述，发现系统分析和设计中的错误并进行纠正的过程。在系统开发过程中，系统测试所占的工作量一般占系统开发工作量的 40%～50%。

1. 系统测试的方法

以具体实现算法细节和系统内部结构的相关情况为根据，系统测试分为黑盒测试、白盒测试和灰盒测试三种方法。

（1）黑盒测试

黑盒测试是将被测系统看成一个无法打开的黑盒，测试人员在不考虑任何程序内部结构和特性的条件下，根据程序设计说明书设计测试实例，并检查程序的功能是否能够按照规范准确无误地运行。黑盒测试主要是对系统界面和功能模块进行测试。

（2）白盒测试

白盒测试需要借助程序内部的逻辑和相关信息，通过检测内部动作是否按照程序设计说明书的设定进行，检查每一条通路能否正常工作。白盒测试是从程序结构方面出发对测试用例进行设计，主要用于检查各个逻辑结构是否合理，对应的模块独立路径是否正常以及内部结构是否有效。

（3）灰盒测试

灰盒测试介于黑盒测试和白盒测试之间。灰盒测试除了重视输出、输入的正确性，也看重其内部表现，但是它不可能像白盒测试那样详细和完整。它只是简单地靠一些象征性的现象或标志来判断新系统内部的运行情况，因此在内部结果出现错误，但输出结果正确的情况下可以采取灰盒测试方法。

2. 系统测试的类别

按照系统测试的规模和内容的不同，系统测试一般分为模块测试（单调）、子系统测试（分调）、系统测试（总调）。

（1）模块测试

模块测试是对系统功能模块进行测试。模块测试的目的是找出程序中的错误，着重发现任何导致程序失效的可能性。

（2）子系统测试

子系统测试是在模块测试的基础上，解决各功能模块之间相互调用的问题，主要测试各功能模块的外部功能以及各模块之间的接口和调用关系。

（3）系统测试

在所有子系统均测试通过后，就进入系统测试环节。系统测试主要解决各子系统之间的数据通信和数据共享的问题。系统测试通过后，即可进入系统的切换和试运行。

在系统测试完成后，就可以进行新系统的试运行和新老系统的切换，这也是系统开发中很重要的一环。

8.4.3 系统切换的条件和方式

系统测试通过后，就可交付用户使用了。用户可以着手将老系统向新系统转换。系统切换需要做好系统开发文档资料的移交、数据的准备与录入、人员培训、系统试运行等环节。因此，系统切换也不是一蹴而就的，需要一个较长的时间过程。

1. 系统切换的基本条件

（1）系统设备。系统的购置、安装、调试完毕。

（2）系统人员。系统转换前配齐并参与各管理岗位工作。

（3）系统数据。系统转换所需各种数据按照要求格式输入系统。

（4）系统文件资料。用户手册、系统操作规程、系统结构与性能介绍手册。

2. 系统切换的方式

信息系统切换有直接切换、并行切换和分阶段切换三种方式，如图 8-20 所示。

（1）直接切换

在确定新系统运行准确无误时，在某一时刻终止现行系统，启动新系统，如图 8-20a 所示。采用这种切换方式，费用低，方法简单，人力、物力、财力支出最为节省。但直接切换风险大，一旦新系统运行不力，就会给业务和管理工作造成混乱。直接切换方式适于处理过程不太复杂的小型简单系统，或现行系统完全不能使用的情况。

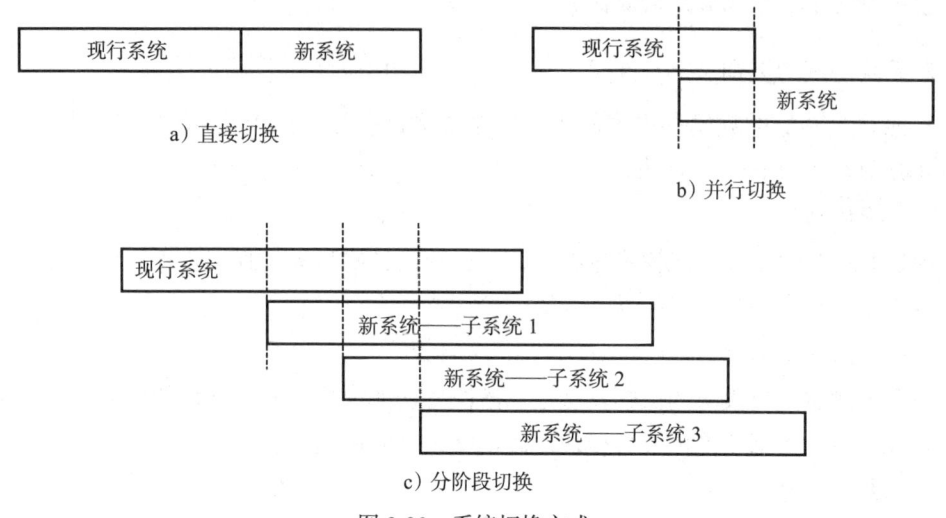

图 8-20　系统切换方式

（2）并行切换

新的信息系统和现行系统并行工作一段时间，新信息系统经过这段时间的考验，确保运行准确无误时，则可替代现行系统，如图 8-20b 所示。采用并行切换的优点是风险较小，在并行工作期间，现行系统和新系统并存，一旦新系统出现问题，可以暂时停止而不会影响现行系统的正常工作；在系统切换期间还可同时比较新、旧两个系统的性能，让系统操作员和其他有关人员得到全面培训。其缺点是在并行期间，两套系统或两种处理方式并存，因而人力、物力、财力支出较大，费用较高。一般情况下，银行、财务和一些企业的核心信息系统经常使用这种系统切换方式。

（3）分阶段切换

分阶段切换又称逐步切换、向导切换、试点过渡切换，是直接切换和并行切换的结合。分阶段切换是采取分期分批逐步切换的方式，在新系统正式使用之前，一部分一部分地替代现行系统，如图 8-20c 所示。这种切换方式既能保证系统平稳运行，人力、物力、财力方面的支出也并不是太高，但要求子系统之间具有一定的独立性，对信息系统的设计和实现也有较高的要求。一般处理过程复杂、数据重要的大型企业信息系统切换采用这种方式较为适宜。

8.5　系统运行与维护阶段

管理信息系统（MIS）在完成系统实施、投入正常运行之后，就进入了系统运行与维护阶段。一般信息系统的使用寿命短则 4～5 年，长则可达 10 年以上，在信息系统的整个使用寿命中，都将伴随着系统维护工作的进行。系统维护的目的是要保证管理信息系统运行得正常而可靠,并能使系统不断得到改善和提高,以充分发挥其作用。因此,系统维护的任务就是要有计划、有组织地对系统进行必要的改动,以保证系统中的各个要素随着环境的变化始终处于最新的、正确的工作状态。

系统维护工作在整个系统生命周期中常常被忽视。企业往往热衷于系统开发,当开发工作完成以后,多数情况下开发团队被解散或撤走,导致在系统开始运行后没有适当的系统维护人员提供支持。这样,一旦系统发生问题或环境发生变化,最终用户将无从下手,这就是有些信息系统长期与旧系统并行而不能切换,甚至最后被废弃的原因。随着信息系统应用的深入,以及使用寿命的延长,系统维护的工作量将越来越大。系统维护的费用往往占整个系统生命周期总费用的60%以上,因此有人曾以冰山来比喻系统开发与维护的关系,系统开发工作如同冰山露出水面的部分,容易被人看到而得到重视,而系统维护工作如同冰山浸在水下的部分,体积远比露出水面的部分大,但由于不易被人看到而常被忽视。另外,相对于具有"开创性"的系统开发来讲,系统维护工作属于"继承性"工作,挑战性不强,成绩不显著,使很多技术人员不能安心从事系统维护工作,这也是造成人们重视开发而轻视维护的原因。但系统维护是信息系统可靠运行的重要技术保障,必须给予足够的重视。

8.5.1 系统维护的内容

系统维护是面向系统中各个构成因素的。按照维护对象不同,系统维护的内容可分为以下几类。

1. 系统应用程序维护

应用程序维护是系统维护最主要的内容。它是指对相应的应用程序及有关文档进行的修改和完善。系统的业务处理过程是通过应用程序的运行而实现的,一旦程序发生问题或业务发生变化,就必然会引起程序的修改和调整,因此系统维护的主要活动是对程序进行维护。

2. 数据维护

数据库是支撑业务运作的基础平台,需要定期检查运行状态。业务处理对数据的需求是不断发生变化的,除了系统中主体业务数据的定期正常更新外,还有许多数据需要进行不定期的更新,或随环境和业务的变化进行调整,其他工作如数据内容的增加、数据结构的调整等。此外,数据的备份与恢复等也是数据维护的工作内容。

3. 代码维护

代码维护是指对原有的代码进行的扩充、添加或删除等维护工作。随着系统应用范围的扩大,应用环境的变化,系统中的各种代码都需要进行一定程度的增加、修改、删除，甚至要重新设置。

4. 硬件设备维护

硬件设备维护主要是指对主机及外设的日常维护和管理，如机器部件的清洗、润滑，设备故障的检修，易损部件的更换等。这些工作都应由专人负责，定期进行，以保证系统工作正常有效。

5. 机构和人员的变动

信息系统是人机系统，人工处理也占有重要甚至主导地位。为了使信息系统的流程更加合理，有时涉及机构和人员的变动。这种变化往往也会影响对设备和程序的维护工作。

8.5.2 系统维护的类型

系统维护的重点是系统应用软件的维护工作，按照软件维护的不同性质可划分为下述四种类型。

1. 纠错性维护

系统测试不可能揭露系统存在的所有错误，系统的实际应用过程中还有可能暴露出系统内隐藏的错误。诊断和修正系统中遗留的错误，就是纠错性维护。纠错性维护是在系统运行中发生异常或故障时进行的，这种错误往往是遇到了从未用过的输入数据组合或是在与其他部分的接口处产生的，因此只是在某些特定的情况下发生。有些系统运行多年以后才暴露出在系统开发中遗留的问题，这不足为奇。

2. 适应性维护

适应性维护是为了使系统适应环境的变化而进行的维护工作。一方面计算机科学技术发展迅速，硬件的更新周期越来越短，新的操作系统和原操作系统的新版本不断推出，外部设备和其他系统部件经常有所增加和修改，这就必然要求信息系统能够适应新的软硬件环境，以提高系统的性能和运行效率。另一方面，信息系统的使用寿命在延长，超过了最初开发这个系统时应用环境的寿命，即应用对象也在不断发生变化，机构的调整、管理体制的改变、数据与信息需求的变更等都将导致系统不能适应新的应用环境，如代码改变、数据结构变化、数据格式以及输入/输出方式的变化、数据存储介质的变化等，都将直接影响系统的正常工作。因此有必要对系统进行调整，使之适应应用对象的变化，满足用户的需求。

3. 完善性维护

在系统的使用过程中，用户往往要求扩充原有系统的功能，增加一些未开发的功能与性能特征，还可能要求对处理效率和编写程序进行改进。例如，有时可将几个小程序合并成一个单一的运行良好的程序，从而提高处理效率；增加数据输出的图形方式；增加联机在线帮助功能；调整用户界面等。尽管这些要求在原来系统开发时并未提出，但用户要求在原有系统基础上进一步改善和提高；并且随着用户对系统的使用和熟悉，这种要求可能会不断提出。为了满足这些要求而进行的系统维护工作就是完善性维护。

4. 预防性维护

系统维护工作不应总是被动地等待用户提出要求后才进行，应进行主动的预防性维护，即选择那些还有较长使用寿命，目前尚能正常运行，但可能会发生变化或调整的系统进行维护，目的是通过预防性维护为未来的修改与调整奠定更好的基础。例如，将目前能应用的报表功能改成通用报表生成功能，以应付今后报表内容和格式可能的变化。

根据对各种维护工作分布情况的统计结果，纠错性维护占21%，适应性维护占25%，完善性维护达到50%，而预防性维护以及其他类型的维护仅占4%，可见系统维护工作中，一半以上的工作是完善性维护。

● 思 考 题

1. 简述系统开发过程。
2. 简述系统分析的内容和过程。
3. 请根据以下描述，分别绘制业务流程图和数据流程图。某企业物资管理处理过程为：车间填写领料单到仓库领料，库长根据用料计划审批领料单，未批准的领料单退回车间，库工收到已批准的领料单后，首先查阅库存台账，若有货，则通知车间前来领取所需物料，并登记用料流水账，否则通知采购员缺货。
4. 简述系统测试有哪些类型。
5. 简述系统切换的方式有哪些。

● 课后案例

库存管理信息系统的分析与设计

问题的提出

1. 开发背景

随着改革的不断深入和经济持续稳定的发展，企业的生产任务日益繁重，从而对库存管理的要求也更加严格。在传统的手工管理阶段，一种物品由进货到发货，要经过若干环节，且由于物品的规格型号繁多，加之业务人员素质较低等因素，易造成物品供应效率低下，严重影响了企业的正常生产。同时，由于库房与管理部门之间的信息交流困难，也易造成库存严重积压，极大地影响了企业的资金周转速度，也使物资管理、数据汇总成为一大难题。

当今企业面临的竞争越来越大，企业间的竞争压力越来越突出，企业要想生存，就必须在各个方面加强管理，这就要求企业有更高的信息化集成，能够对企业的整体资源进行集成管理。现代企业之间的竞争是综合实力的竞争，要求企业具备更强的资金实力、更快的市场响应速度和更集成化的信息系统。这就要求企业各部门之间统一计划，协调生产步骤，汇总信息，调配集团内部资源，实现既独立又统一的资源共享管理平台。随着信息技术的发展，某厂为了提高库存周转率，加快资金周转速度，决定开发"库存管理信息系统"。

2. 项目目标

在充分利用现有设备的基础上，采用 VB6.0 作为开发工具，利用 Access 数据库建立一个高效、准确、操作方便，具有查询、更新及统计功能的库存管理信息系统，以满足管理人员进行综合的、模糊的查询及更新的要求，从而能够更加方便地管理库存物品。该系统的开发与建立将极大地提高管理人员、工作人员的工作效率。

对现有系统进行需求调查

需求调查是信息系统分析与设计的基础。要开发并实施一个完整的信息系统，首先必须理解用户的需求，并形成系统需求分析说明书，在此基础上才能进行系统分析、系统设计和程序设计、编码等工作。该厂在需求调查过程中发放了 8 种不同种类的需求调查表，要求相关人员逐条逐项填写，从而完成详细调查现行系统的业务流程的任务。

1. 现行系统业务流程

通过大量的调查，了解到当前该厂的业务流程为：各车间向物品供应部门提出对某种物料的需求计划，仓库将相应的物料发放给各车间，一般要经过计划、库房管理等流程。具体业务流程图如图 8-21 所示。

2. 现行系统存在的问题

由于采用的是手工管理，账目繁多，加之多个仓库之间距离较远，库存管理员、计划员和有关领导相互之间的信息交流困难，使得物料供应效率低下，直接影响生产。同时每月的月末报表会耗费大量的人力，而且由于手工处理容易造成操作失误，也影响了数据的效率和准确率，易造成不必要的损失。因此，该厂必须打破原有手工管理的模式，建立相应的库存管理信息系统，使其能根据市场情况及时合理地采购所需物料，同时又能科学地对物料进行管理，统筹安排人力、物力、财力，有效地改善当前管理的混乱状况。

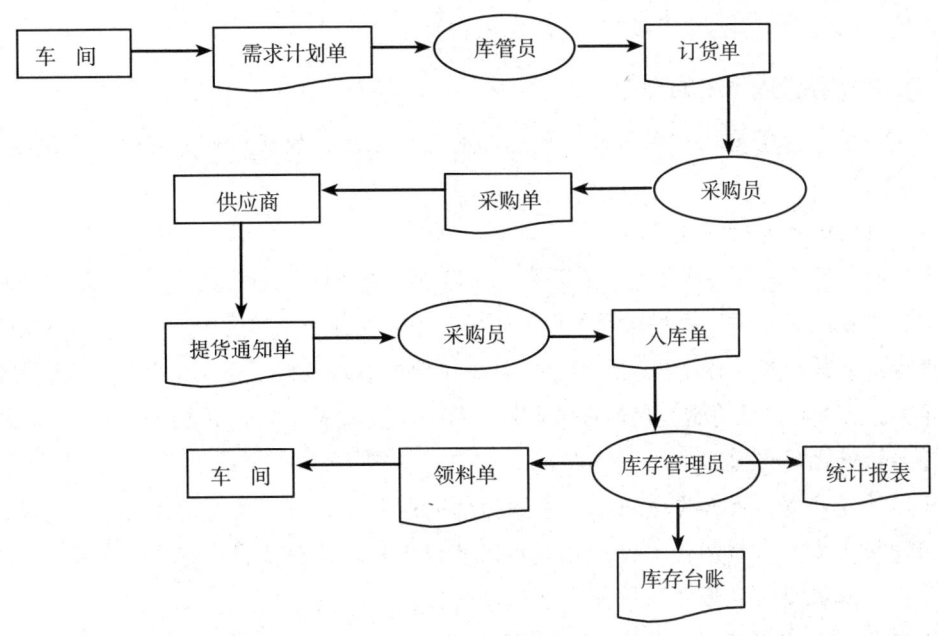

图 8-21 业务流程图

根据对该厂的库存管理情况所做的调查并查阅相关资料,发现目前该厂在库存管理方面存在以下几个方面的问题。

(1) **不能及时获得库存信息**

在企业运作过程中,管理人员必须获知各种物料目前的库存量,在库存数量小于物料的最低库存限度的时候,向供应商进行订货;而在库存数量大于物料的最高库存限度,即物料积压的时候,应该停止进货活动。但在实际操作中,由于物料的种类多、数量大,需要进行仔细核算,这不仅费时,而且容易出错,从而影响了企业的快速有效运转。

(2) **库存信息不够准确**

仓库管理员根据各种入库单、需求计划单和领料单进行物料的入库、出库操作后,要随时修改物料的库存信息和出库、入库信息,以便实时反映库存状况。但在实际工作中仍然存在以下问题:由于物料种类多、数量大、出库入库操作频繁等原因,造成库存记录和实际库存量通常达不到严格一致,这就需要通过盘点来纠正差错,这不仅耽误时间,而且增加了工作量。

(3) **无法及时了解车间对库存物料的需求情况**

在需求计划单下达后,由于库存物料与车间的关系复杂,常常根据送料员的个人经验给各车间分配。而缺少入库、出库信息和相关信息,直至出现车间缺少该物料的时候才知道该物料的需求情况,此时如果库存量不足,将导致车间的停产。无法及时了解车间对库存物料的需求情况,会使企业的生产和销售环节发生混乱,使企业无法正常运转。

随着市场需求日益多样化和个性化,产品更新换代的周期越来越短,这就要求企业必须改变库存管理的现状，以适应时代发展的要求。

3. 企业库存管理系统的特点

传统企业库存管理已难以适应现代库存管理的要求，现代企业库存管理系统要具有以下的特点。

（1）科学的库存管理流程

存货的种类不同，所涉及的业务环节及它们所组成的业务流程也存在差异。一般而言，库存业务包括入库处理、物料保管和出库处理三个主要部分。通畅的业务流程是实现高效库存管理的基础，应具备优化、无冗余、并行作业的基本属性。企业库存管理系统是对企业的业务流程进行流程再造，使其更加通畅，从而有效地提高企业在同行业中的竞争力。

（2）物料代码化管理

代码管理问题，严格说是一个科学管理的问题，设计出一个好的代码方案对系统的开发工作极为有益。好的代码设计方案可以使很多机器处理变得十分方便，还可以把一些现阶段计算机很难处理的工作变成很简单的工作。

库存物料种类繁多，在库存管理过程中极易发生混乱、不一致的问题，而IT技术与层次编码技术的结合为物料的高效管理提供了可能。这种编码技术将所有库存物料按照层次和类别赋予唯一的编码设计。编码是区分不同物料的最主要的标准，具有易读和易记的特点，使得管理者只需知道物料的编码，就可以了解该物料的有关信息。

（3）库存异常报警

当库存数量小于物料的最低库存限度的时候，系统会发出警报，提醒管理人员应该向供应商进行订货；在库存数量大于物料的最高库存限度的时候，也就是物料积压的时候，系统同样会发出警报，提醒管理人员应该停止物料的进货活动。也就是说企业库存管理信息系统不仅能防止物料供应滞后于车间对它们的需求，而且能防止物料过早地进货，以免增加库存。

系统分析

系统分析的主要任务是在全面调查的基础上，通过对现行管理业务的分析，提出系统的目标要求和功能分析的总体逻辑模型。

1. 数据流程图

根据系统调查阶段的数据资料，并依据用户的需求，确定该厂信息系统的基本功能和工作过程如下。

首先车间科室提出需求计划，库房管理员根据库存情况，决定是否需要购货，如不需要购货则通知车间前来取料，否则库房管理员通知采购员购料，当物料到达后进行入库处理并通知车间科室前来取料。

根据相应的功能要求绘制系统的数据流程图，如图8-22所示。

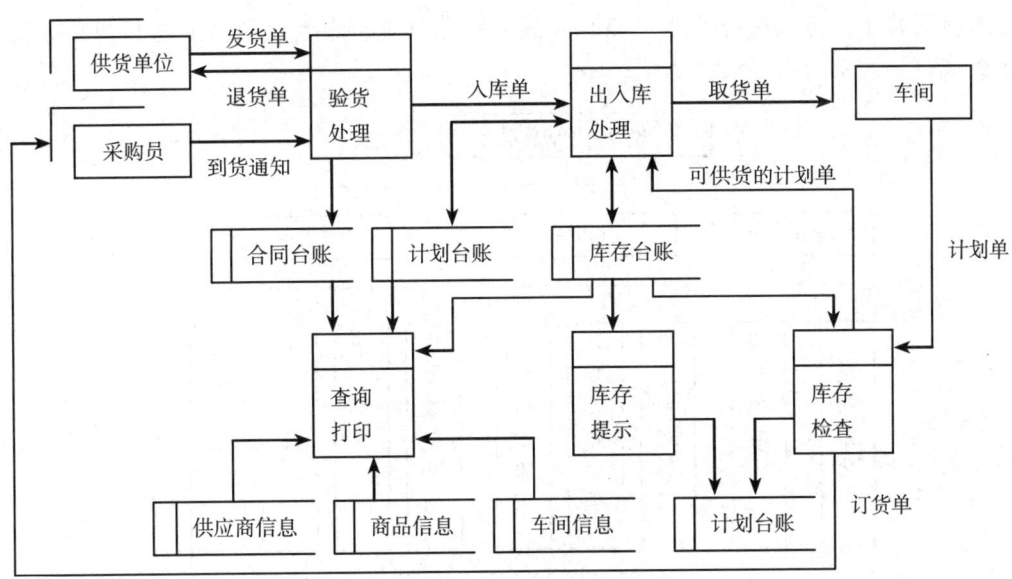

图 8-22 库存管理数据流程图

2. 数据字典

数据字典是对描述数据流程图中的数据项、数据流、数据存储、加工处理逻辑等组成部分的严格定义,图 8-23 本系统的数据字典(仅列出部分)。

① 数据项的定义 数据项名称:物料编号 别名:无 简述:某种物料的编号 类型:字符型 长度:8 字节 取值范围:数字 + 英文字母	② 数据流的定义 数据项编号:1-01 数据流名称:入库单 编号:F1 简述:采购人员填写的物料入库凭单 数据流来源:采购人员 数据流去向:登记库存台账 数据流组成:日期 + 入库单编号 + 物料编号 + 购入数量 流通量:25 份/天 高峰流通量:50 份/天 数据流名称:发货单
③ 数据存储的定义 数据存储的名称:库存台账 数据存储编号:D1 简述:记录物料的编号、名称、单价与库存数量等信息 数据存储组成:物料编号 + 购入单价 + 库存数量 关键字:物料编号	④ 处理逻辑的定义 处理名:库存检查 编号:P1 输入:数据流 F5 输出:数据流 F6 描述:当车间将计划单发给库管员后,库管员要将计划单与库存台账进行比较,看是否需要订货

图 8-23 数据字典示例

系统设计

1. 系统功能结构设计

库存管理信息系统的目标是保障企业生产所需原材料的供给,并通过有效的管理提高库存周转率，降低资金占用。根据系统分析结果可得本系统的功能结构图，如图 8-24 所示。

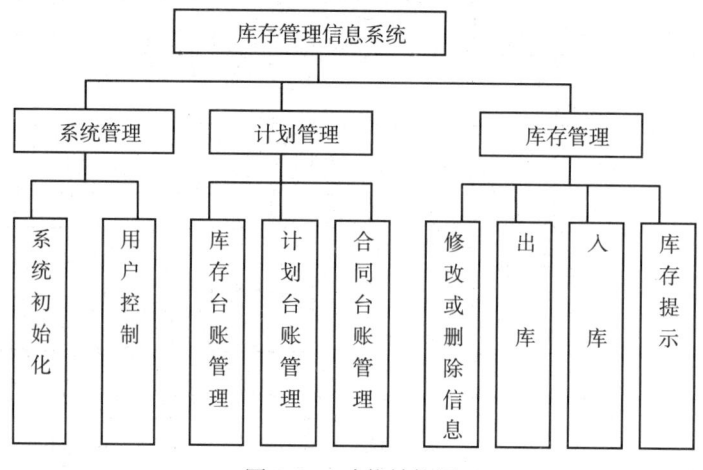

图 8-24　功能结构图

计划管理模块的主要功能是根据各生产部门上报的生产、维修及工程用料计划以及已有的采购合同计划、库存情况等信息建立数据库，并及时根据生产计划的变更修改物料计划，生成物料采购清单。

库存管理模块中的各个子模块都由数据录入、修改、删除、查询等模块构成。其中数据录入模块包括对物料库存文件的数据录入、商品购入文件的数据录入、物料出库文件的数据录入；数据修改是对上述三种文件中的数据进行修改；数据删除则是将记录从相应的数据库文件中删除。

系统管理模块主要是实现系统初始化和完成对用户信息的增加、删除、修改等操作。

2. 系统配置方案

根据开发时期以及计算机市场的性能价格比和本系统的实际情况，选择了 P4 微机及 Access 数据库管理系统。

3. 代码设计

为了和工作人员以往的物料管理习惯一致，物料信息编码以数字形式体现。根据行业标准，所有商品分为 19 大类，用两位数字表示，每大类又分为若干小类，用两位数字表示，在小类中根据物料规格型号的不同以四位数字再进行区分。设计方案如图 8-25 所示。

此外，为了使数据录入、物料信息管理、信息查询、汇总统计等工作方便快速，还应根据需要对物料的去向与来源进行信息编码和部门编码。

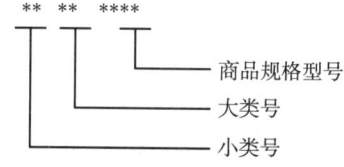

图 8-25　商品代码设计方案

4. 数据库设计

数据库是数据库应用程序的核心。数据库设计是建立应用程序最重要的步骤之一。数据库设计一般要在需求分析和数据分析的基础上，再进行概念设计、逻辑设计和物理设计。

（1）概念设计

经过对该厂的调查，了解到系统中的实体类型有供应商、物料、领用单位等，这些实体之间的相互关系如下所示。

供应商与物料之间存在"供应"联系，是多对多的联系。

物料与领用单位之间存在"出库联系"，"出库"是多对多的联系。

每个实体的属性分别如下。

供应商：供应商编号、名称、地址、电话、传真、银行账号等。

物　料：物料编号、名称、类别、规格、单价、单位、库存量、存放位置、用途等。

车　间：车间编号、名称、联系人、电话等。

通过分析，最终画出库存管理的 E-R 图，如图 8-26 所示。

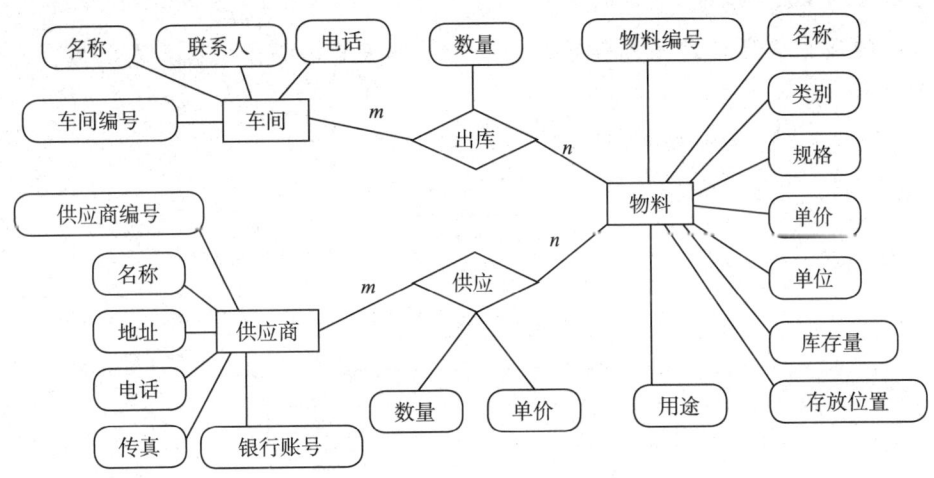

图 8-26　库存管理 E-R 图

（2）逻辑设计

逻辑设计的任务是根据 DBMS 的特征把概念结构转换为相应的逻辑结构。概念设计所得到的 E-R 模型，是独立于 DBMS 的，这里的转换就是把表示概念结构的 E-R 图转换成表示关系模型的逻辑结构。将图 8-26 转换为规范的关系模式为：

供应商（供应商编号、名称、地址、电话、传真、银行账号）；

物料（物料编号、名称、类别、规格、单价、单位、库存量、存放位置、用途）；

供应（供应商编号、物料编号、数量、单价）；

车间（车间编号、名称、联系人、电话）；

出库（物料编号、车间编号、数量）。

（3）物理设计

物理设计的目的是根据具体 DBMS 的特征，确定数据库的物理结构，也就是存储结构。关系数据库的物理设计任务包括两个方面：一是确定所有数据库文件的名称及其所含字段的名称、类型和宽度；二是确定各数据库文件需要建立的索引，以及在什么字段上建立索引等。具体设计结构如表 8-3 所示，仅列举部分。

表 8-3 合同台账

字段名	字段类型	字段宽度	说明
合同编号	Character	8	
供应商编号	Character	8	
物料编号	Character	8	
单价	Numeric	10.2	
数量	Numeric	5	
日期	Date	8	
合同状态	Logic	1	
备注	Demo		合同未执行的原因

5. 系统处理流程设计

该厂的库存管理信息系统包括计划管理、库房管理等子系统。系统运行流程如图 8-27 所示。

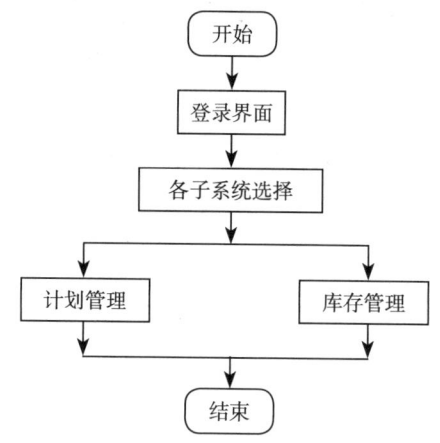

图 8-27 库存管理系统流程图

资料来源：https://wenku.baidu.com/view/38424239eefdc8d376ee3276.html。

案例思考题

1. 你认为系统开发过程中哪个阶段最困难？为什么？
2. 系统开发过程中，为什么需要对现行系统进行详细的调查分析？
3. 系统开发中，在数据库设计环节中如何保证数据的一致性和关联性？

第 9 章

管理信息系统开发方法

学习目标

通过本章的学习,你将了解到:
1. 掌握结构化系统开发的过程及优缺点;
2. 掌握原型化系统开发方法的过程及优缺点;
3. 了解面向对象系统开发方法的概念及基本思想;
4. 了解计算机辅助软件工程的基本思想及开发过程。

开篇案例

原型法在多媒体课件开发中的应用研究

学习是一个不可预测的过程,不同人在不同情景下学习效果各不相同,因此教学软件的需求分析阶段是较难开展的,一般不可能一次就得到恰当的、准确的分析结果。原型可以对教学策略进行较早期的评价,可用于用户界面的设计和导航设计,而这两点对于教学软件来说是特别重要的。原型还能够有效沟通开发人员和教学设计人员以及课件用户之间的思想,是实现教学思想、教学经验与计算机技术三者统一的基础,符合教学设计与软件过程天生的重复和迭代的特征。同时,原型也是进行教学试用、教学效果评价的最基本条件,它对教学软件的快速、高质量开发起到不可替代的作用。

1. 利用多媒体著作工具实现课件原型的一般步骤

(1) 快速分析:根据要开发教学软件的学科特点和教学要求,决定原型要着重放在设计方面,然后选定合适的多媒体著作工具,同时确定原型的使用目的是抛弃式还是演化式原型,一般推荐使用演化式原型。

(2)构造原型:根据设计要求,利用选定的多媒体著作工具制作出所选定教学内容的教学模块的外观模型,这个模型为最初原型。

(3)运行评价:运行原型。通过学科教师、教育专家以及学生的检验、评价和测试,针对最初原型提出修改意见和需求。

(4)修正改进:根据修改意见,不断修正和完善原型,直至符合教学需求。

(5)完善产品:整理原型并提供文档,为软件下一步的运行、开发服务。

2. 一个例子——传统课程的电子化

原型法应用于教学软件开发最常见的例子就是传统课程的电子化工作。传统课程的学科教师在教育教学方面已经积累了相当丰富的教学设计经验,因此转换工作只需要用系统的方法来指导,从而保证系统以经济有效的方式进行。如果学科教师决定开发现有课程的多媒体教学软件,就需要从以下几个方面做好具体的转换工作。

(1)设定教学目标,分析教学对象,给出课程的详细说明。首先,多媒体课件的教学目的和课堂教学的目的不太相同,应重新对传统课堂教学中的目标进行确认,即时发现问题,如在班级教学中有哪些不能实现的目的,多媒体课件能否达到这些目的。试着挖掘计算机能达到而班级上课时不可能实现或者不能经济地实现的那些目标,并且要了解多媒体课件的局限性,比如缺乏面对面的接触等,应认真现实地考虑所有这些目标。其次,课件的使用者不同于上课时班级中的学生,他们可能在背景知识、知识需求等多方面存在较大差异,并且在课件使用中是学习者自己控制学习的进程。最后则要求以比较详细的方式描述课程,认真地进行教学设计,包括章、节、练习、实践活动等各个方面。

(2)素材转换、收集和原型的建立。素材的转换和收集包括一系列从简单到复杂以及一些具有创造性要求的活动,可能需要创建一些模板或其他类似的可复用部件,使用多媒体著作工具制作出初始的界面原型,然后按教学设计的要求逐渐演化为初始功能原型。

(3)评估原型。在课程的原型版本完成以后,甚至没有完成时,就可以让实际的学习者使用,并进行测试,不仅要测试学习者对课程的主观反应,还要判断其在学习过程中是否达到了教学目标。

(4)反馈修改。如果未达到软件期望达到的目标,确定可以改进的具体办法,反复进行,直到一切目标能良好完成。

3. 应注意的几个问题

基于多媒体著作工具的特点,人们可以利用多媒体著作工具快速高效地完成教学软件原型的制作,但著作工具和原型实现过程中也存在一些不足,这就要求在制作软件原型的过程中应着重考虑以下一些问题。

(1) 如何选择合适的著作工具

多媒体著作工具众多，不同的著作工具适用于不同的领域。对于教育工作者、学科专家以及设计人员来说，合适的教学设计方案解决以后，就面临着如何恰当地选取多媒体著作工具的问题。通常在选取著作工具时，应考虑以下问题：课件的发布场合有哪些，使用哪些种类的媒体，课件的交互水平如何，成绩数据如何追踪，课件内容和容量如何更新，开发者技术水平如何，等等。因此，需要详细分析开发项目的需求特点，如制作的多媒体软件是演示型的还是交互型的，抑或是百科全书式的电子读物等，然后根据项目的需求特点，选择合适的多媒体著作工具。好的著作工具不应当使用户将目光仅仅局限于工具本身的特点，而是能够允许用户将更多时间投入概念和教学设计层次上，以此来设计出更具魅力的教学软件，大多数教育专家认为：Macromedia 公司的 Authorware 是开发交互式多媒体教学软件的最佳工具。事实上，它也是使用最为广泛的工具。

(2) 使用原型开发仍应注意遵循软件工程原则

使用著作工具进行原型开发过程中，不像一般软件那样有明显的阶段性，它是一个反复迭代的过程，文档的生成与管理、设计的表述等各个方面要注意保持一致性、完备性，还应遵循国家和国际相关标准。

(3) 原型评价的具体实施

教学软件仅通过界面布局以及简单可运行的原型版本来评估学习的效果是不充分的，因为简单原型几乎无法真正在完成教学目标的这层含义之下工作。因此，对于原型版本的评价必须经过仔细计划，初期界面原型、教学试用原型要分别进行评价，评价可通过大量问卷或实际使用方式进行，评价人员既要包括软件用户，如学科教师、学生，也要包括教育学、心理学，以及美工等方面的专家。试用评价应是一个长期不间断的过程，贯穿于整个教学软件生存期。

资料来源：张永华，黄正杰.原型法在多媒体课件开发中的应用研究[J].阜阳师范学院学报（自然科学版），2004, 21（1）: 3.

由于多媒体课件设计是小型系统的开发过程，开篇案例选择通过原型法进行设计。而在大中型企业中，管理信息系统的开发一直面临着重大挑战：一方面管理信息系统面对的是一个异构的分布式环境，它必须支持与已有系统的集成性和与其他系统的互操作性；另一方面，作为为客户、合作伙伴和企业内部提供信息服务的平台，企业系统还必须具有高可用性、安全性、可靠性和可伸缩性。这些要求再加上复杂多变的用户需求和不断伸缩的交付时间，使得信息系统的开发越来越困难。因此，在系统开发过程中，需要根据系统开发过程的不同特点选择合适的开发方法。管理信息系统开发方法是指导开发者按照科学规范的思想、方式和步骤，开发管理信息系统的有效手段和工具。目前，管理信息系统开发的基本方法主要有结构化系统开发方法、原型化系统开发方法、面向对象系统开发方法和计算机辅助软件工程。

9.1 结构化系统开发方法

9.1.1 结构化系统开发方法的由来及概念

结构化系统开发方法（structured system analysis and design，SSA&D，）又称结构化生命周期法，是目前应用得最普遍的一种开发方法。它是用系统的思想和系统工程的方法，使系统分析员、软件工程师、程序员以及最终用户按照用户至上的原则，结构化、模块化地自顶向下对系统进行分析与设计，逐步实施的建立计算机信息系统的一个过程，是组织、管理和控制信息系统开发过程的一种基本框架。

结构化方法起源于结构化程序设计语言。在结构化程序设计语言诞生之前，程序员都是按照各自的习惯和思路来编写程序，没有统一的标准，这样编写的程序可读性差，更为严重的是程序的可维护性极差，经过研究发现造成这一现象的根本原因是程序的结构问题。1966 年，C. 波姆（C.BÖhm）和 G. 雅科比尼（G.Jacopini）提出了关于程序结构的理论，并给出了任何程序的逻辑结构都可以用顺序结构、选择结构和循环结构来表示的结论。E. 戴克斯特拉（E. Dihkstra）等人主张程序中避免使用 GOTO 语句，而仅用上述三种结构反复嵌套来构造程序。在这一思想指导下，一个程序的详细执行过程可按"自顶向下，逐步求精"的方法确定，即把一个程序分成若干功能模块，这些模块之间尽可能彼此独立，而作业控制语句或过程调用语句把这些模块联系起来，形成一个完整的程序。这种方法大大提高了程序员的工作效率，改进了程序质量，增强了程序的可读性和可修改性，修改程序的某一部分时对其他部分的影响也不太大。

人们从结构化程序设计中受到启发，把模块化思想引入系统设计中来，将一个系统设计成层次化的程序模块结构。这些模块相对独立、功能单一就是结构化系统设计的基本思想。1974 年，L. 康斯坦丁（L. Constantine）、W. 史蒂文斯（W. Stevens）和 G. 迈尔斯（G. Myers）等人在《IBM 系统》杂志上发表了《结构化设计》论文，为结构化系统开发方法奠定了基础。

9.1.2 结构化系统开发方法的基本思想

具体来说，结构化系统开发方法的基本思想主要体现在以下几个方面。

（1）严格区分各开发阶段。先将整个信息系统开发过程划分为若干个相对独立的阶段（系统规划、系统分析、系统设计、系统实施、系统运行与维护等）。

（2）采用结构化和模块化的方法。在前三个阶段坚持自顶向下地对系统进行结构化划分。

（3）坚持面向用户的观点。在系统调查和理顺管理业务时，应从最顶层的管理业务入手，逐步深入至最基层。

（4）坚持全局意识。在系统分析、提出目标系统方案和系统设计时，应从宏观整体考虑入手，先考虑系统整体的优化，再考虑局部的优化问题。

（5）坚持逐步实施的原则。在系统实施阶段，则坚持自底向上地逐步实施，即组织人员从最基层的模块做起（编程），然后按照系统设计的结构，将模块一个个拼接到一起进行调试，自底向上、逐步地构成整个系统。

9.1.3 结构化系统开发方法的开发过程

用结构化系统开发方法开发一个系统，可将整个开发过程划分为首尾相连的五个阶段，即一个生命周期（life cycle），如图9-1所示。

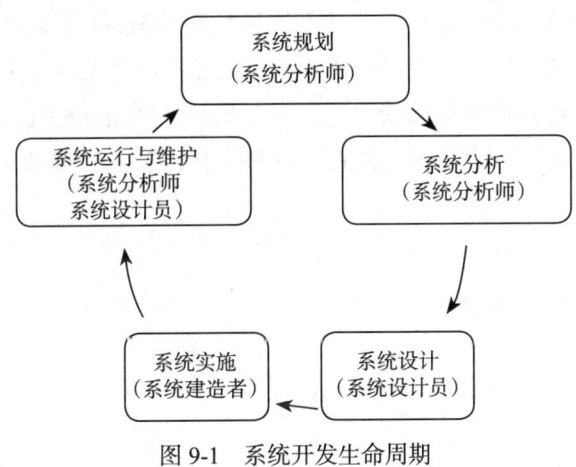

图9-1 系统开发生命周期

（1）系统规划。根据用户的系统开发请求进行初步调查，明确问题，确定系统目标和总体结构，确定分阶段实施进度，然后进行可行性研究。

（2）系统分析。分析业务流程、分析数据与数据流程、分析功能与数据之间的关系，最后提出分析处理方式和新系统逻辑方案。

（3）系统设计。进行总体结构设计、代码设计、数据库（文件）设计、输入/输出设计、模块结构与功能设计。根据总体设计配置与安装部分设备，进行试验，最终给出设计方案。

（4）系统实施。同时进行编程（由程序员执行）和人员培训（由系统分析设计人员培训业务人员和操作员），以及数据准备（由业务人员完成），然后投入试运行。

（5）系统运行与维护。进行系统的日常运行管理、评价、监理审计，以及修改、维护、局部调整，在出现不可调和的大问题时，进一步提出开发新系统的请求，老系统生命周期结束，新系统诞生，构成系统的一个生命周期。

在每一阶段中又包含若干步骤，步骤可以不分先后，但仍有因果关系，总体上不能打乱。

9.1.4　结构化系统开发方法的优缺点

结构化系统开发方法强调了开发过程的整体性和全局性，在整体优化的前提下考虑具体的分析设计问题；严格区分工作阶段，每一阶段及时总结、发现，及时反馈和纠正，避免造成浪费和混乱。每个阶段的工作成果是下一个阶段的依据，工作进度容易掌握，有利于系统开发的总体管理和控制。该方法简单易行，易于实施。

但结构化系统开发方法开发周期长，很难适应需求的变化。由于系统要求不同类型的用户与管理信息系统交互使用，这样就使信息系统的需求分析变得很困难，因此常常需要做阶段回溯，延长系统的开发实践，有时系统开发尚未完成，内外部环境可能已经发生了变化。另一方面，结构化系统开发方法只有到系统运行阶段用户才能看到最终结果，风险较大。在系统分析、系统设计阶段存在的错误一直会延续到系统运行阶段才能发现，而改正这样的错误需要花费较大的成本。最后，采用结构化系统开发方法，文档的编写工作量极大，随着开发工作的进行，这些文档需要及时更新，使开发人员的工作量变大。

9.2　原型化系统开发方法

9.2.1　原型化系统开发方法的由来及概念

原型化系统开发方法简称原型法（prototyping approach）。结构化系统开发方法以结构化系统分析与设计为核心，以其严密的理论基础、严格的阶段划分、详细的工作步骤、规范的文档要求，以及"自上而下"的开发策略，在管理信息系统开发方法中一度发挥了主导作用。然而，随着时间的推移、技术的进步，结构化方法的弊病逐渐暴露出来。首先，开发过程烦琐复杂，灵活性较差；其次，系统开发周期长，系统难以适应内外环境变化。另外，结构化方法需要管理工作程序化、管理业务标准化、数据资料规范化，并且需要相对稳定的管理体制和业务流程，很难用于管理基础薄弱的单位。

原型法是20世纪80年代随着计算机软件技术的发展，特别是在关系数据库系统（relational data base system，RDBS）、第四代程序生成语言（4th generation language，4GL）和各种系统开发生成环境产生的基础上，提出的一种从设计思想、工具、手段都另起炉灶的系统开发方法。它摒弃了那种先经过一步步周密细致的调查分析，然后逐步整理出文字档案，最后才能让用户看到结果的烦琐做法。

原型法是指在获取一组基本的需求定义后，利用高级软件工具可视化的开发环境，快速地建立一个目标系统的最初版本，并把它交给用户试用、补充和修改，再进行新的版本开发。反复进行这个过程，直到得出系统的"精确解"（用户满意）为止。

9.2.2 原型化系统开发方法的基本思想

原型法是在投入大量的人力、物力之前，在限定的时间内，用最经济的方法开发出一个可实际运行的系统模型。用户在运行使用整个原型的基础上，通过对其评价提出改进意见，设计人员据此对原型进行修改。这一过程反复进行，使原型逐步完善，直到完全满足用户的需求为止。

9.2.3 原型化系统开发方法的开发过程

1. 确定用户的基本需求

由用户提出对新系统的基本要求，如功能、界面的基本形式、所需要的数据、应用范围、运行环境等，开发者根据这些信息估算开发该系统所需的费用，并建立简明的系统模型。

2. 构造初始原型

系统开发人员在明确了对系统基本要求和功能的基础上，依据计算机模型，以尽可能快的速度和尽可能多的开发工具来建造一个结构仿真模型，即快速原型构架。之所以称为原型构架，是因为这样的模型是系统总体结构，即子系统以上部分的高层模型。由于要求快速，这一步骤要尽可能使用一些软件工具和原型制造工具，以辅助进行系统开发。

3. 运行、评价、修改原型

快速原型框架建造完成后，就要交给用户立即投入试运行，各类人员对其进行试用、检查分析效果。由于构造原型中强调的是快速，省略了许多细节，一定存在许多不合理的部分。所以，在试用中要充分进行开发人员和用户的沟通，尤其是要对用户提出的不满意的地方进行认真细致的反复修改、完善，直到用户满意为止。

4. 形成最终的管理信息系统

如果用户和开发者对原型比较满意，则将其作为正式原型。经过双方继续进行细致的工作，把开发原型过程中的许多细节问题逐个补充、完善、求精，最后形成一个适用的管理信息系统。

采用原型法的开发过程如图 9-2 所示。

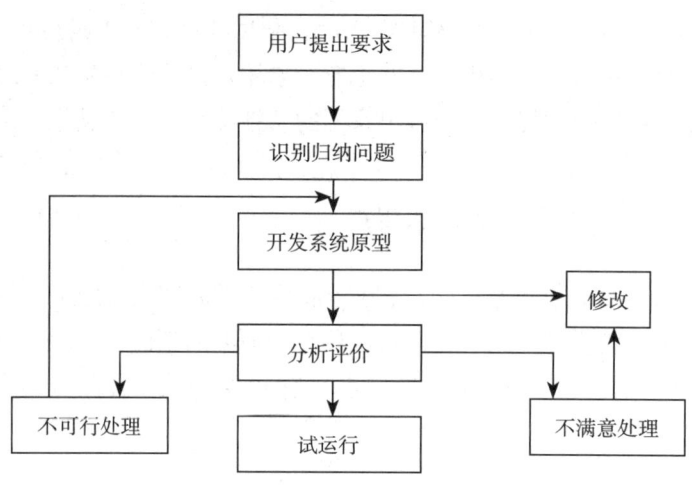

图 9-2 原型法开发过程

9.2.4 原型化系统开发方法的优缺点

原型化系统开发方法符合人们认识事物的规律，系统开发循序渐进，反复修改，确保较好的用户满意度；开发周期短，费用相对少；由于有用户的直接参与，系统更加贴近实际；易学易用，减少用户的培训时间；应变能力强。原型化系统开发方法适合处理过程明确、系统简单、涉及面窄的小型系统，不适合大规模系统的开发。

原型化系统开发方法中对开发过程的管理要求高，整个开发过程要经过"修改—评价—再修改"的多次反复；用户过早看到系统原型，误认为系统就是这个模样，易使用户失去信心；开发人员易将原型取代系统分析；缺乏规范化的文档资料。

9.3 面向对象系统开发方法

9.3.1 面向对象系统开发方法的由来及概念

面向对象系统开发方法将面向对象的思想应用于软件开发过程中，指导开发活动，是建立在"对象"概念基础上的方法学，简称 OO（object-oriented）方法。面向对象方法的本质是主张参照人们认识一个现实系统的方法，完成分析、设计与实现一个软件系统，提倡用人类在现实生活中常用的思维方法来认识、理解和描述客观事物，强调最终建立的系统能映射问题域，使得系统中的对象以及对象之间的关系能够如实地反映问题域中固有的事物及其关系。

OO 方法起源于面向对象的编程语言（简称为 OOPL）。20 世纪 50 年代后期，在用 FORTRAN 语言编写大型程序时，常出现变量名在程序不同部分发生冲突的问题。鉴于此，ALGOL 语言的设计者在 ALGOL60 中采用了"Begin……En"为标识的程序块，使块内变量名是局部的，以避免它们与程序中块外的同名变量相冲突。这是编程语言中首次提供封装（保护）的尝试。此后程序块结构广泛用于高级语言如 Pascal、Ada、C 之中。

60 年代中后期，Simula 语言在 ALGOL 基础上研制开发，它将 ALGOL 的块结构概念向前发展一步，提出了对象的概念，并使用了类，也支持类继承。70 年代，Smalltalk 语言诞生，它取 Simula 的类为核心概念，很多内容借鉴于 Lisp 语言。Xerox 公司经过对 Smautalk72、76 持续不断的研究和改进之后，于 1980 年实现商品化，它在系统设计中强调对象概念的统一，引入对象、对象类、方法、实例等概念和术语，采用动态联编和单继承机制。

从 80 年代起，人们基于已提出的有关信息隐蔽和抽象数据类型等概念，以及由 Modula2、Ada 和 Smalltalk 等语言所奠定的基础，再加上客观需求的推动，进行了大量的理论研究和实践探索，不同类型的面向对象语言，如 Object-C、Eiffel、C++、Java、Object-Pascal 等陆续被开发出来，并逐步地发展建立起较完整的 OO 方法的概念理论体系和实用的软件系统。

面向对象源出于 Simula，真正的 OOP 由 Smalltalk 奠基。Smalltalk 现在被认为是最纯的 OOPL。

正是通过 Smalltalk80 的研制与推广应用，使人们注意到 OO 方法所具有的模块化、信息封装与隐蔽、抽象性、继承性、多样性等独特之处，这些优异特性为研制大型软件、提高软件可靠性、可重用性、可扩充性和可维护性提供了有效的手段与途径。

80 年代以来，人们将面向对象的基本概念和运行机制运用到其他领域，获得了一系列相应领域的面向对象的技术。面向对象方法已被广泛应用于程序设计语言、形式定义、设计方法学、操作系统、分布式系统、人工智能、实时系统、数据库、人机接口、计算机体系结构以及并发工程、综合集成工程等，在许多领域的应用得到了很大的发展。1986 年在美国举行了首届"面向对象编程、系统、语言和应用"（OOPSLA'86）国际会议，使面向对象受到世人瞩目，其后每年都举行一次，这进一步标志 OO 方法的研究已普及到全世界。

9.3.2 面向对象系统开发方法的基本思想

面向对象系统开发方法认为，客观世界是由各种各样的对象组成的，每种对象都有各自的内部状态和运动规律，不同对象之间的相互作用和联系就构成了各种不同的系统。当设计和实现一个客观系统时，如能在满足需求的条件下，把系统设计成由一些相对固定部分组成的最小集合，这个设计就是最好的。而这些不可变的部分就是所谓的对象。

对象是面向对象系统开发方法的主体，对象至少应有以下特征。

（1）模块性。即对象是一个独立存在的实体，从外部可以了解它的功能，但其内部细节是"隐蔽"的，不受外界干扰。对象之间的相互依赖性很小，因而可以独立地被其他各个系统所选用。

（2）继承和类比性。事物之间都有一定的相互联系，事物在整体结构中都会占有它自身的位置。在对象之间有属性关系的共同性，在面向对象系统开发方法中称为继承性层次结构，这种结构是靠继承关系维系的。

9.3.3 面向对象系统开发方法的开发过程

面向对象的开发过程经历了五个阶段，分别为：系统规划，面向对象系统分析，面向对象系统设计，面向对象系统实现（编程）和系统的运行、维护和评价，如图9-3所示。系统规划跟系统运行、维护与评价过程和结构化开发过程中的这两个阶段很相似，这里我们只介绍另三个阶段的主要工作。

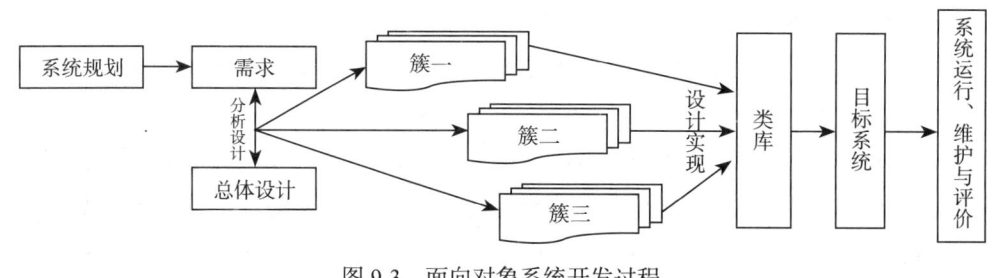

图9-3　面向对象系统开发过程

1. 系统分析阶段

系统分析阶段主要采用面向对象技术进行需求分析。面向对象方法在具体执行过程中坚持以下原则。

一是构造和分解相结合的原则：由基本对象组装成复杂活动对象的过程称为构造；分解则是对大粒度对象进行细化的过程，分解是完成系统模型细化的过程。

二是抽象和具体相结合的原则：抽象强调事物本质属性，忽略非本质细节，具体则是对必要的细节加以刻画的过程。在面向对象的方法中，抽象包括数据抽象和过程抽象；数据抽象是把一组数据及有关的操作封装起来；过程抽象则定义了对象之间的相互作用。

三是封装的原则：封装是指对象的各种独立的外部特性与内部实现相分离，从而减少程序间的相互依赖，有助于提高程序的可用性。

四是继承性原则：继承是指直接获取父类已有性质和特征而不必重复定义。这样，在系统开发中只需一次性说明各对象共有属性和服务，对子类的对象只需定义其特有的属性和方法，如此可以提高程序的可重用性。一般在具体设计过程中，将各对象的公共性质放在较上层的类中描述，通过继承来共享对公共性质的描述。

2. 系统设计阶段

系统设计阶段主要利用面向对象技术进行概念设计。值得注意的是面向对象的设计与面向对象的分析使用了相同的方法，这就使得从分析到设计的转变非常自然甚至难以区分。可以说，从系统分析到系统设计是一个积累型的扩充模型的过程。这种扩充使设计变得很简单，它是从增加属性、服务开始的一种增量递进式的扩充。这一过程与结构化开发方法中从数据流图到结构图所发生的剧变截然不同。

一般而言，设计阶段是将分析阶段的各层模型化的"问题空间"逐层扩展，得到下一个模型化的特定的"实现空间"。有时还要在设计阶段考虑硬件体系结构和软件体系结构，并采用各种手段（如规范化）控制因扩充而引起的数据冗余。

3. 编码实现阶段

编码实现阶段主要是将系统设计阶段得到的模型利用程序设计实现。具体操作包括选择程序设计语言编程、调试、试运行等。前面两阶段得到的对象及其关系最终由程序语言、数据库等技术实现。因此，在具体编码实现中，尽可能采用面向对象程序设计语言，一方面由于面向对象技术日趋成熟，而且这种编码语言已成为程序设计语言的主流；另一方面，选用面向对象语言能够更容易、安全和有效地利用面向对象机制，更好地实现系统设计阶段所选的模型。

9.3.4 面向对象系统开发方法的优缺点

面向对象系统开发方法强调从现实世界中客观存在的事物（对象）出发来认识问题域和构造系统，使系统能更准确地反映问题域。运用人类日常的思维方法和原则进行系统开发，有利于发挥人类的思维能力，有效控制系统复杂性。面向对象系统开发方法始终将对象的概念贯穿于开发全过程，使各个开发阶段的系统成分具有良好的对应关系，显著提高系统的开发效率与质量，并大大降低系统维护的难度。对象概念的一致性，使参与系统开发的各类人员在开发的各阶段具有共同语言，有效地改善了人员之间的交流和协作。对象的相对稳定性和对易变因素隔离，增强了系统对环境的适应能力。对象、类之间的继承关系和对象的相对独立性，对软件复用提供了强有力的支持。

但在获得巨大成功的同时，面向对象的方法也存在自身的局限性，容易带有原系统的不合理成分。首先，面向对象的方法采用局部的认识而后归纳的做法，很难与系统整体最优的要求相吻合。其次，在思考对象的时候，要采用形象思维，而不是程序化的思维。与程序化设计相比，对象设计过程更具挑战性，特别是在尝试创建可重复性使用的对象时。最后，面向对象的理论有待成熟。面向对象思想起源于面向对象的编程，而后推演到面向对象的设计，最终才形成面向对象的分析。

面向对象系统开发方法不适合大型系统开发。

9.4 计算机辅助软件工程

9.4.1 计算机辅助软件工程的由来及概念

计算机辅助软件工程（computer aided software engineering，CASE）原来是指用来支持 MIS 开发的，由各种计算机辅助软件和工具组成的一个大型综合性软件开发环境，随着各种工具及软件技术的发展、完善和不断集成，逐步由单纯的辅助开发工具环境转化为一种相对独立的方法。

自 20 世纪 40 年代电子数字计算机出现之后，软件开发一直约束着计算机的广泛应用。为缓解"软件危机"，60 年代末软件工程的概念应时而起，要求人们采用工程的原则、方法和技术开发、维护和管理软件，从此产生了一门新的学科，即软件工程。

制造业、建筑业的发展告诉我们，当采用有力的工具辅助人工劳动时，可以极大地提高劳动生产率，并可有效地改善工作质量。在需求的驱动下，并借鉴其他业界发展的成果，人们开始了计算机辅助软件工程的研究。80 年代初，许多支持软件开发的软件系统纷纷涌现。从此，术语 CASE 被软件工程界普遍接受，并作为软件开发自动化支持的代名词。

从狭义范围来说，CASE 是一组工具和方法的集合，可以辅助软件生存周期各个阶段的软件开发。广义地说，CASE 是辅助软件开发的任何计算机技术，其中主要包含两个含义：一是在软件开发和维护过程中提供计算机辅助支持；二是在软件开发和维护过程中引入工程化方法。

从学术研究的角度来讲，CASE 吸收了 CAD、操作系统、数据库、计算机网络等许多研究领域的原理和技术，把软件开发技术、方法和软件工具等集成为一个统一而一致的框架。由此可见，CASE 是多年来在软件开发方法、软件开发管理和软件工具等方面研究与发展的产物。

9.4.2 计算机辅助软件工程的基本思想

计算机辅助软件工程是一种软件，是继高级程序语言之后，软件技术进一步发展的产物。它的目的是在软件开发过程中的不同方面给予人们不同程度的支持和帮助。CASE 是借助于计算机及其工具的帮助，开发、维护、管理产品的过程，其目的是加快系统开发的过程，提高所开发系统的质量。

9.4.3 计算机辅助软件工程的开发过程

CASE 工具可以分为分析和设计工具、编程工具、测试工具、运行维护工具和项目管理工具。

1. 分析与设计工具

分析与设计工具统称为建模工具。系统分析阶段需要使用建模工具来严格定义需求规格，并能将应用系统的逻辑模型清晰地表达出来。由于系统分析是系统开发过程中最困难的阶段，它的成功与否往往是决定系统成败的关键。因此，分析工具应具备对建模的结果进行一致性和完整性检查，发现并排除错误的功能。

常用需求分析建模工具有 Sybase 公司的 Power Designer、IBM 公司的 Rational Rose 或 Rational Software Modeler、微软的 Visio 等。上述工具可以用来创建业务流程图、数据流程图、E-R 图、UML 模型图、网络架构图、图形用户界面等。

2. 编程工具

在程序设计阶段，需要为编程人员提供程序开发环境。开发环境一般包括代码编辑器、编译器、调试器、图形用户界面设计器等。它们可以是单独的一种工具，也可以是将代码编辑、分析、编译、调试等一体化的开发软件服务套件，后者即集成开发环境（IDE），这是目前程序员最常用的编程工具。

在以 Web 编程技术为主的工具中，市场占有率最大的可算是 J2EE（Java 2 platform enterprise edition）和 .NET 两大开发平台。Java 技术的出现，尤其是 J2EE 平台的推出，提供了一个成熟、标准的企业平台，从而简化和规范了企业系统的开发和部署。J2EE 本身是一个标准，它为不同厂商创建平台产品提供了标准，使不同 J2EE 平台产品之间的交互成为可能。.NET 战略是将互联网本身作为构建新一代操作系统的基础，并对互联网和操作系统的设计思想进行合理延伸，使开发人员能够创建出与设备无关的应用程序，以便轻松实现互联网连接。.NET 包括一个相当广泛的产品家族，它们构建于 XML 和互联网产业标准之上，为用户提供 Web 服务的开发、管理、应用和体验。

3. 测试工具

软件测试历来是软件质量控制的主要手段，是为了发现错误而执行程序的过程。测试工具应能支持整个测试过程，包括测试用例的选择、测试程序和测试数据的生成、测试的执行及测试结果的评价。

常用的开源测试管理工具有 Bugfree、Bugzilla、TestLink、mantis zentaopms；开源功能自动化测试工具有 Watir、Selenium、MaxQ、WebInject；开源性能自动化测试工具有 Jmeter、OpenSTA、DBMonster、TPTEST、Web Application Load Simulator；其他测试工具与框架有 Rational Functional Tester、Borland Silk 系列工具、WinRunner、Robot 等。

4. 运行维护工具

运行维护的目的不仅是要保证系统的正常运行，使系统适应新的变化，更重要的是发现和解决性能障碍。

属于软件运行维护阶段的工具主要包括支持逆向工程（reverse engineering）或再造工程（reengineering）的反汇编程序及反编译程序、系统日常运行管理和实时监控程序、漏洞扫描工具以及运维审计工具等。

5. 项目管理工具

软件项目管理贯穿系统开发生命周期的全过程，包括对项目开发队伍或团队的组织和管理，以及在开发过程中各种标准、规范的实施。

目前支持项目管理的常用工具有 PERT 图工具、Grant 图工具、软件成本与人员估算建模及测算工具、软件质量分析与评价工具以及项目文档制作工具、报表生成工具等。比如，微软的 Project、惠普的 QC、Atlassian 的 Jira、开源的 redmine、微软的 TFS，还有 IBM 提供了一系列独立的解决方案，如 CR/CQ、Doors、RequisitPro 等。

9.4.4 计算机辅助软件工程的特点

与其他管理信息系统开发方法相比，CASE 方法具有下列特点。
（1）解决了从客观世界对象到软件系统的直接映射，支持系统开发的全过程。
（2）自动检测的方法大大提高了软件的质量。
（3）软件的各部分可以重复使用。
（4）简化了分析设计图表和编写程序的工作。
（5）加速了系统开发过程且系统功能比较完善。
（6）简化了软件开发的管理和维护。
（7）自动生成统一的标准化文档。

9.5 面向服务架构的系统开发方法

9.5.1 面向服务架构的由来及概念

20 世纪 90 年代中期，高纳德（Gartner）首次提出了面向服务架构（service-oriented architecture，SOA）的概念，并于 2002 年 12 月将 SOA 作为"现代应用开发领域最重要的课题"，自此之后 SOA 领域逐渐引起了国内外计算机专家、学者的研究与探索。SOA 是一个组件模型，它将应用程序的不同功能单元（称为服务）进行拆分，并通过这些服务之间定义良好的接口和协议联系起来。接口是采用中立的方式进行定义的，它应该独立于实现服务的硬件平台、操作系统和编程语言。这使构件能在各种各样的系统中的服务以一种统一和通用的方式进行交互。

随着全球信息化的兴起，信息化产业不断发展、延伸，不断改变的商业化应用系统越来越复杂，覆盖了从单一的应用架构到垂直的应用架构，但仍然存在扩容的问题。流量分散在各个系统中，虽然体积可控，但给开发人员和维护人员带来了极大的挑战。此时，将核心的业务单独提炼出来作为单独的系统对外提供服务，达成业务之间复用，系统也将演变成分布式系统架构。分布式架构是各组件分布在网络计算机上，组件之间仅仅通过消息传递来通信并协调运行。因此，SOA 系统架构的出现，将给信息化带来一场新的革命。

这种具有中立的接口定义（没有强制绑定到特定的实现上）的特征称为服务之间的松耦合。松耦合系统的好处有两方面。一方面是它的灵活性；另一方面，当组成整个应用程序的每个服务的内部结构和实现逐渐地发生改变时，它能够继续存在。与之相反，紧耦合意味着应用程序的不同组件之间的接口与其功能和结构是紧密相关的，因而当需要对部分或整个应用程序进行某种形式的更改时，它们就显得非常脆弱。对松耦合系统的需要来源于业务应用程序必须根据业务的需要变得更加灵活，以适应不断变化的环境，比如经常改变的政策、业务级别、业务重点、合作伙伴关系、行业地位，以及其他与业务有关的因素，这些因素甚至会影响业务的性质。我们称能够灵活地适应环境变化的业务为按需（on demand）业务，在按需业务中，一旦需要，就可以对完成或执行任务的方式进行必要的更改。

9.5.2 面向服务架构的基本思想

SOA 就是以"服务"为基本元素来组建企业 IT 架构。在技术层面上，SOA 是一种"抽象的、松散耦合的粗粒度软件架构"；在业务层面上，SOA 的核心概念是"重用"和"互操作"，它将企业的 IT 资源整合成可操作的、基于标准的服务，使其能被重新组合和应用，如图 9-4 所示。

面向服务架构，从语义上说，它与面向过程、面向对象、面向组件一样，是一种软件组建及开发的方式。与以往的软件开发、架构模式一样，SOA 只是一种体系、一种思想，而不是某种具体的软件产品。SOA 要解决的主要问题是：快速构建与应用集成。在 SOA 中，可以用一个服务替换另一个服务而无须关心其底层的实现技术，唯一要考虑的就是服务接口。SOA 还可以充分利用企业现有的 IT 资源，包括企业已有的应用和数据库。新系统可以通过将已有应用和数据融入 SOA，而不是替换它们，使其成为企业整体解决方案的一部分。这种方式最终将使企业的 IT 架构能够更快速、更有效地适应业务需求的变化。SOA 与其他 IT 架构的最大区别在于它与业务的关联性。它以"服务"为基本单元来组织 IT 资源，其中的每一项服务都可以完成实际业务流程中的一项任务。例如，你可以把一项服务叫作"打印发票"，它可能包含计算收入、查找相应税率、计算应缴税款、打印发票等一系列操作。这样一来，服务就与业务产生了密切的联系，业务人员也可以参与服务的创建并用它们定义新的业务流程。

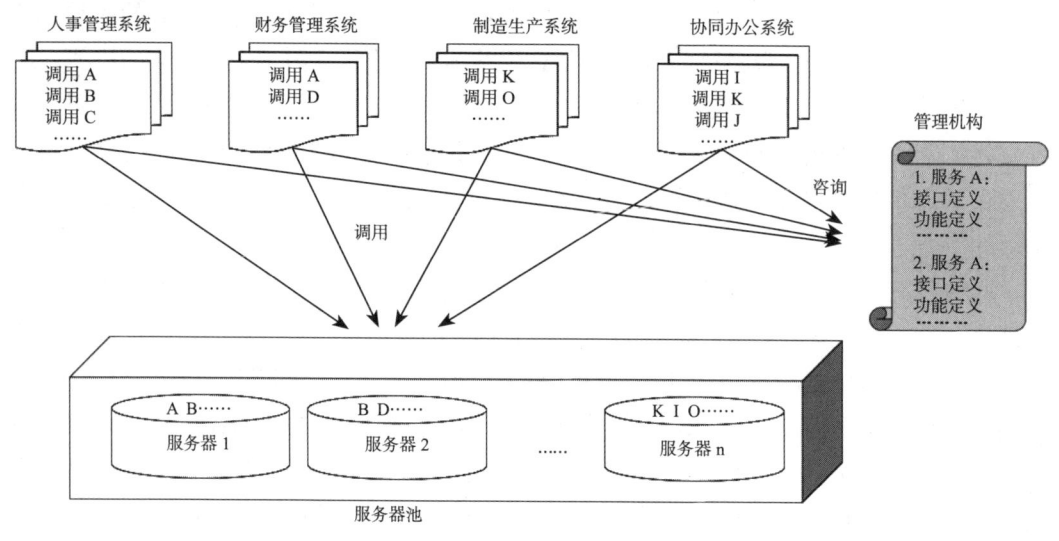

图 9-4　SOA 模式

9.5.3　面向服务架构的开发过程

1. 引入 SOA 的思想

实施 SOA 需要企业改变以往对待 IT 系统的观念，从新的角度来看待它。尽管 SOA 并非一个新的概念，但企业高层、中层的人员真正理解 SOA 内涵的并不多。SOA 是一个架构思想，并不是一个产品。企业不可能通过引入某一个产品就能实现 SOA，企业需要的是一个 SOA 的框架结构。

2. 做好前期规划准备

在实施 SOA 前，一定要做好前期规划。首先要正确评估企业现状，包括企业的管理水平、业务流程、IT 系统、企业上下游的关联等。其次，在正确评估的基础上，与 SOA 专家进行沟通，确认企业实施 SOA 的时机是否成熟，与专家一起构建企业未来的 SOA 蓝图。其中最重要的工作就是对企业的业务流程进行分析，找出业务流程与 IT 系统的结合点，使企业的业务与 IT 系统紧密地联系在一起。

3. 选择正确的平台

要将不同的系统和应用统一到一个大框架内，因此基础平台的选择尤为关键。一定要关注平台所支持的标准以及所拥有的功能，如企业可选择含有企业服务总线功能的基础平台。

9.5.4　面向服务架构的优缺点

SOA作为一种面向服务的架构，是一种软件架构设计的模型和方法论。在具体操作中，它具备以下优点。

（1）SOA可以简化系统的开发。由于SOA具有组合性，可以利用现有的SOA资源，根据同样的开放标准，在不受平台限制的基础上，可以直接利用现有的资源进行组合，然后按照自己的客户需求，进行进一步的开放。

（2）SOA面向企业商业流程。SOA是基于服务的构造，所以开放的出发点就是如何解决企业流程中出现的问题。

（3）SOA具有更好的适应性和扩展性。由于SOA的组件性、优良的扩展性以及其组件性等特征，SOA可以根据不同的需求进行重新组合和构造。

（4）SOA具有很强的重用性，优化了系统的升级和维护过程，简化了查找和使用服务的过程，并通过共同资源的利用减少了开支。

虽然SOA能够更快地提供业务价值、应变迅速、允许重用，但在具体操作中也存在系统的性能不高，在向标准化过度的转换过程增加了间接费用，对商业流程的计划要求甚高等问题。

● 思 考 题 ●─○─●─○─●

1. 简述结构化系统开发方法的概念及开发过程。
2. 简述原型化系统开发方法的概念及开发过程。
3. 对比分析结构化系统开发方法及原型化系统开发方法的优缺点。
4. 简述面向对象系统开发方法的开发过程。
5. 简述计算机辅助软件工程的基本思想。

● 课后案例 ●─○─●─○─●

基于SOA的数字化校园资源整合

高校信息化建设是融合各种平台、业务应用系统于一体，功能模块涉及学校方方面面的工作，是一个庞大的系统工程，也是提高学校综合办学能力和创建一流大学的重要组成部分。从目前情况来看，许多高校的教学与管理业务系统已经逐步得到应用，构建信息化校园的基础硬件环境也已形成，但是想要实现全面的校园信息化建设，仍然存在一些关键性问题，如信息资源分散、共享程度低、重复建设、信息标准不统一等。为了从根本上解决这些问题，就必须从整个学校工作出发，遵循"整体规划、分步实施、强化集成、加强协作"的建设原则，做好项目分析和规划设计工作，以促进信息化水平的逐步提高。因此，应根据学校实际情况对校园内现有信息系统进行资源整合，建立统一标准的数字化校园平台，从而使现实校园在时间和空间上得到多方位的延伸。

1. SOA 介绍

SOA（software-oriented architecture，面向服务架构）将应用程序中不同的功能模块通过接口联系起来，形成服务组件。该接口采用中立的方式进行定义，并独立于底层的硬件平台、操作系统和编程语言，使得构建在不同系统中的服务可以使用统一和通用的方式进行交互，其实质是一种以服务为导向的软件组件模型。利用 SOA 的这种松耦合的特性，可以灵活地构建应用程序和业务流程，既可以把校内现有的应用系统作为服务，也可以按照模块化的方式来更新现有服务或添加新的服务以满足新的业务需求。基于以上特性，SOA 在对校园资源信息整合方面表现出独有的优势。SOA 的基本结构如图 9-5 所示。它使用基于 XML 的 WSDL（Web services definition language，Web 服务描述语言）来描述接口，所以 WSDL 既是机器可阅读的，又是人可阅读的，使 Web 服务的动态和灵活性得以保证。

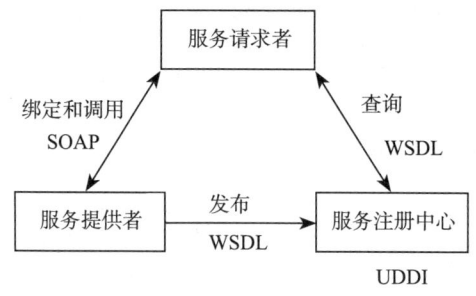

图 9-5　SOA 介绍

在 SOA 模型中，主要有三种角色。

（1）服务请求者。使用服务，通过服务注册中心查询所需服务，再根据其反馈信息与服务提供者绑定以调用服务，从而执行服务功能，它不一定是一个人，也可能是一个应用程序或软件模块。

（2）服务注册中心。存储服务，提供注册和查询检索功能，它是一个实体，既允许服务请求者通过网络进行查询检索操作，从而得到服务的地址目录，同时又接受服务提供者注册并存储服务。

（3）服务提供者。创建服务，并进行严格测试，测试通过后将服务接口信息发布至服务注册中心。

2. 数字化校园资源整合模式

数字化校园资源整合的目标是：在保证学校现有各应用系统正常使用的前提下，建立数字化校园平台，将各系统统一集成到该平台上，实现数据间的共享与交流，既打破原有应用系统相互之间信息孤立、数据分散的格局，又解决各系统对数据管理、用户信息、操作界面等方面存在的不统一等问题，以此实现为全校师生员工的工作、学习与生活提供更加方便、快捷服务的目的。

数字化校园资源整合模式如图 9-6 所示，包括平台整合和数据整合两个层面。平台整合是将各个应用系统集成在一起形成统一应用，并给用户提供一个统一的访问入口（即校园信息门户），经过身份认证后可以方便地访问整合的各种资源；数据整合是将各应用系统的底层数据，无论是异构或者同构数据、结构化或者非结构化数据，形成逻辑统一、物理分散的数据中心。

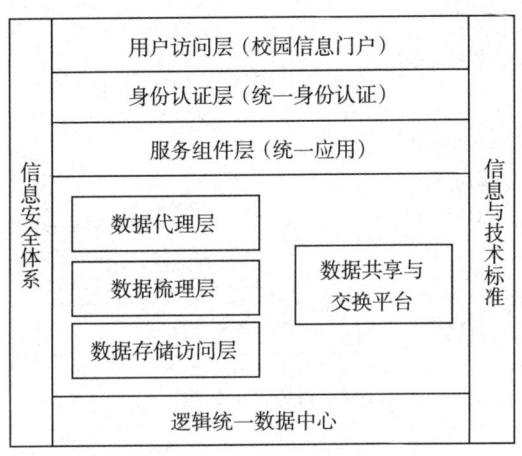

图 9-6　数字化校园资源整合层次结构

3. 基于 SOA 的数字化校园资源整合方案

根据图 9-6 中描述的数字化校园资源整合模式，采用 SOA 技术实现数字化校园的资源整合，建立数字化校园平台，其体系结构如图 9-7 所示。

在图 9-7 中，数字化校园平台架构有四层：资源层、数据抽象及访问层、服务管理层以及应用层。其中，资源层主要是为各个业务应用系统提供数据存取的数据库，存储学校各类信息数据；数据抽象及访问层是通过 ADO.NET 类库来连接数据库，获取数据源创建服务；服务管理层包括了服务配置、服务寄宿、服务整合和服务发布，通过封装应用系统功能形成一组服务组件，并基于 SOAP（简单对象访问协议）来传递消息；应用层包括对外提供的所有服务，以及为这些服务提供统一访问入口的校园信息门户，并提供调用接口，将其在校园信息门户中进行展现，最终用户可以通过 HTTP 来调用。

（1）校园信息门户

校园信息门户（CIP）是整个数字化校园的统一访问入口。通过 Portlet 技术构建的校园信息门户，将已有的 Web 应用程序和信息系统进行资源整合，最终以一个整体形象展现在用户面前。用户通过信息门户登录校园数字平台，根据所拥有的权限，可以方便地访问和提取数字平台中已经集成的各种信息资源，解决了各应用系统管理分散、登录重复、数据分散、数据重复等一系列问题；而且用户可以根据自己的需要和习惯，选择和定制数字平台中的服务，有目的地获取自己需要的相关信息或服务；同时，校园信息门户采用 B/S 架构，只要联网的设备，都可以随时随地轻松地实现访问。

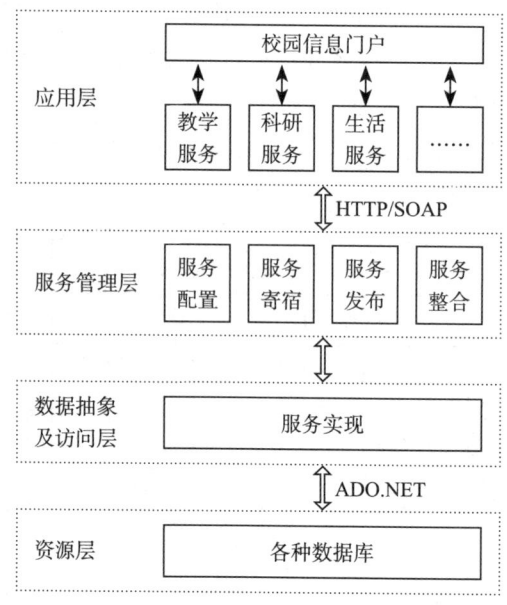

图 9-7　基于 SOA 的数字化校园平台系统框架图

通过校园信息门户对校内各系统进行集成、资源整合，既可以提供个性化服务，又便于统一管理，同时还可以简化工作流程，提高工作效率，降低整个学校对系统的管理维护和运行成本。

（2）统一身份认证

身份认证，就是判断一个用户是否为合法用户的处理过程。统一身份认证作为获取用户有效身份信息的唯一入口，是数字化校园平台实现资源整合、提供个性化服务的前提和基础。统一身份认证服务系统包括用户信息的统一管理、统一授权。统一管理是通过提供的安全服务协议，对用户的身份信息、登录密码等资料进行安全保护。系统在数据传输过程中，支持 HTTPS 方式的数据加密传输，有效地阻止数据被监听、分析，保障了数据的完整性和保密性，从而实现安全读取、安全传输、安全存储。统一授权则是根据校内不同应用系统、不同业务需求和不同安全策略，对所有系统用户进行分组，并对不同的组别和用户统一分配操作权限。

通过统一身份认证对所有用户进行集中管理，保证了数据来源的统一和完整，为校内不同应用系统提供用户信息共享，保证了同一用户在不同的应用系统中身份的一致性，实现了单点登录，简化了用户的操作流程，减少了各应用系统用户权限管理的工作量，降低了运行维护成本，同时在后期开发新系统时，可以提供身份信息认证，节约了成本，提高了工作效率。

（3）统一应用

数字化校园建设是一个长期的过程，有着阶段性建设的特点。建设之初，各应用系统之间是相对独立的松耦合关系，即在改变一个应用系统时不会引起其他系统的改变。目前，由于各高校已经存在很多的应用系统，有的应用系统已经用了很长时间并且比较成熟，为了充分利用现有应用系统，数字化校园平台与各应用系统间也应该是一个松耦合的架构，以降低系统的依赖性。因此，利用SOA松耦合的特性，采用SOA架构，将应用系统中业务功能相对独立的模块所对应的程序逻辑单元封装为服务，并公开其调用接口，通过标准协议SOAP进行访问和调用。每个服务通过用不同的组件封装，形成一组服务组件，构成业务应用的基本服务单元，同时定义统一的标准，如信息标准、编码标准、管理规范、实施规范、维护规范等，对这些服务组件实现集中管理，使多个服务可以快速、灵活地组成新的应用系统。

基于SOA技术构建的数字化校园平台，可以有效整合校内各应用系统，实现对信息资源的共享和充分利用，同时利用SOA技术良好的扩展性和灵活性，更便于新系统的开发和整合。

数字化校园建设将在全校范围内形成数字空间和共享环境，给全校师生带来一种全新的、方便的现代化学习、工作和生活方式。但数字化校园建设涉及面广、范围大，实施过程中采用的技术更新快，一方面要求学校信息化管理部门及时掌握最新信息技术，不断优化建设方案，并积极组织实施；另一方面需要学校领导层高度重视、全力支持，各业务部门提高认识，积极配合。

资料来源：王平.基于SOA的数字化校园资源整合研究[J].信息技术，2016（01）:159-161.

案例思考题

1. SOA开发方法有什么优缺点？
2. 高校为什么要进行数字化校园资源整合？
3. 利用SOA技术构建的数字化校园平台有哪些优点？

第四部分

管理信息系统应用

第 10 章

协同办公系统

学习目标

1. 了解协同办公系统的基本理论。
2. 掌握协同办公系统的功能与构成。
3. 理解协同办公系统在企业或商业组织中的具体应用。

开篇案例

宁夏某企业集团协同办公系统（OA）实施案例

宁夏某企业集团是当地著名的民营高科技企业集团。四五年来，企业发展迅速，业务不断壮大，从业人员迅速增加。目前，企业有六大业务布局，分布在宁夏回族自治区各地市。公司核心业务包括油田专用物资、油田技术、石油化工催化剂及添加剂调配分装、货物专用运输、LED 等的研发与生产，年产值数亿元。由于企业发展迅速，作为企业的创始人兼管理者，王总从原有的企业管理模式中感受到越来越大的压力。为此，他两次邀请国内著名管理咨询专家对企业进行咨询，对企业文化建设、人力资源管理、财务管理、企业管理结构等方面进行重组和优化。经过两次管理咨询、重组和优化，管理结构更加清晰合理。然而，企业的问题仍然十分明显，因此希望通过协同办公系统的实施来改善企业的管理环境。

初步分析

针对该企业所反映的管理问题，提出如下项目实施推进计划。

（1）项目实施人员到企业与各管理层级进行讨论交流，了解系统实施可能面临的核心管理问题；

（2）根据沟通交流结果进行诊断，拟定系统实施内容和关键点。

方案确立

常规 OA 系统的主要内容如下所列。

（1）即时通系统：实现内部信息的实时通信，与 OA 系统充分集成，提高整个系统的使用效果，包括用户系统、系统消息和界面。

（2）工作流平台系统：可以完成表单设计、流程设计、流程监控、流程管理等。

（3）合同业务管理系统：重点参照长庆油田系统，实现合同的全方位流程化管理。

（4）手机移动系统：可基于苹果、安卓手机使用，系统内容可定制，满足管理层移动办公的需求。

（5）财务业务流程管理：包括各种费用分类报销、经营成本分析、借款管理、应收/付款管理等一系列内容。

（6）人力资源全生命周期管理：实现企业人员全过程、系统化管理。

（7）行政事务流程管理：如各种假务管理、内务管理、办公用品管理等。

（8）其他系统管理内容：如短信、日志管理、智能备份系统、用户和权限管理、系统使用评估管理等。

实施过程

按照实施计划，项目实施分为两个阶段。第一阶段为正常实施期，如表 10-1 所示。

表 10-1　项目正常实施期计划

进程	进度	备注
需求调研、设计	1 周	深入了解和调研管理需求，并进行系统设计、规划
系统开发、测试	2 周	根据设计进行程序开发，并完成内部测试
系统移植、安装、调试、数据初始化		在客户方/IDC 进行系统移植、安装、调试
系统应用培训	1 周	分别针对系统管理员和系统用户进行培训，重点是对系统管理员的培训
系统正式上线		

第二阶段为改进优化期。系统正式投入运行 1～3 个月后，对问题进行梳理和优化，以达到客户满意的程度。工作流程如图 10-1 所示。

改进优化

经过两个月的实施，公司在协同办公系统的使用过程中发现新问题以及新需求如下：个别流程流转存在设置错误；某些业务流程需要增加节点、批准人。同时需要添加以下流程：合同/项目流入（流出）审批流程，合同/项目履行（回款/付款）及银行转账审批流程等。经过对协同办公系统的改进优化，公司办事效率得到了很大提升。

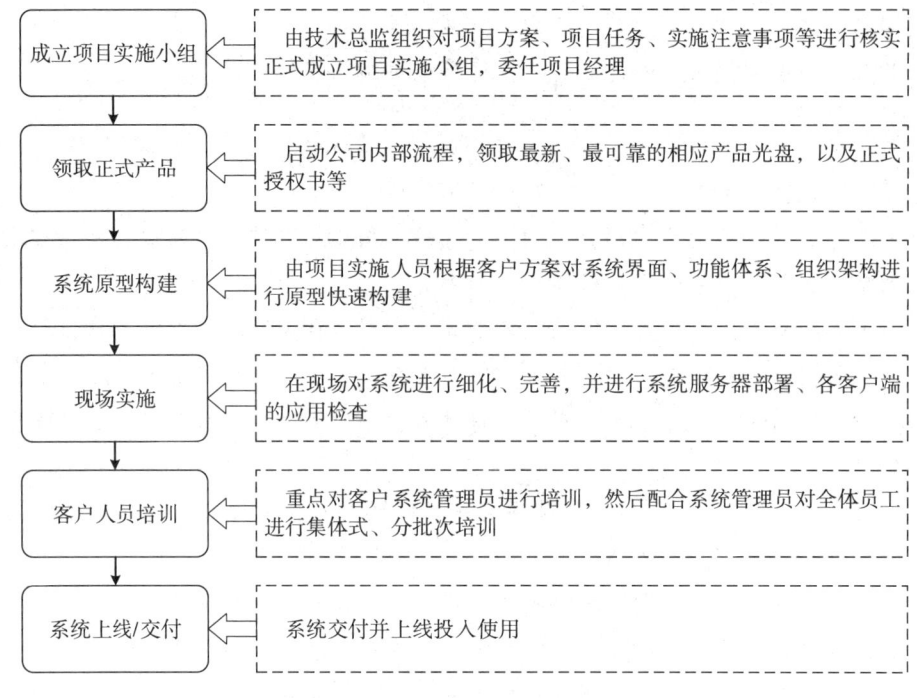

图 10-1 项目的工作流程

资料来源：王泉．互联网＋时代下的协同 OA 管理 [M]．北京：清华大学出版社，2016．

宁夏某民营高科技企业通过协同办公系统提供的即时通信、人力资源管理和行政事务流程管理等服务，使公司各部门的问题得以解决，改善了企业管理，提升了企业的综合竞争力。企业的管理层认为企业借助协同办公系统能够更好地发展，因此协同办公系统的推行未遭受内部阻力。

虽然协同办公系统满足了当时企业的基本需求，但是随着企业规模的不断壮大，该企业还需要根据实际发展状况对协同办公系统进行完善。这里有些问题需要思考：协同办公系统如何改善该民营高科技企业的管理效能？你认为协同办公系统有哪些功能模块？它们的作用是什么？

10.1 协同办公系统的基本理论

10.1.1 协同办公系统的概念

早期的办公室自动化仅限于简单的设备，如打字机和复印机，这些设备取代了大多数体力劳动。随着计算机技术、电子技术、网络技术和通信技术的引入以及互联网的使用，办公自动化不断增加新的内容。现代协同办公系统的主要功能包括数据处理、文字处理、图形和图像处理、声音处理、数据复制、电子日常管理、电子文档管理、电子邮件和决策协助等。

办公不仅是一种公司管理方法，还包括对产品设计、生产、销售和贸易过程中的信息资源进行利用和协作工作，这种广义的办公概念包括资源共享、查询、交换和知识管理等全面的应用范围。综上所述，协同办公系统（OA）是一种结合现代办公和计算机网络功能的新型办公方法，是一种利用先进的科学技术，使部分办公业务物化于人以外的各种现代化办公设备中，由人员和设备组成的可以满足一定的办公业务目标的人机信息处理系统。它使企事业单位内部人员能够方便、快捷地共享信息，实现快速、全面的信息收集和信息处理，为企业的管理和决策提供科学依据。通过实现协同办公，或者说实现数字化办公，可以优化现有的管理组织结构，调整管理体制，在提高效率的基础上增加协同办公能力，强化决策的一致性，最后实现提高决策效能的目的。随着网络通信技术、计算机技术和数据库技术的成熟，协同办公系统已发展到新的层次，主要体现以下几个特点。

（1）集成化。软件、硬件和网络产品的集成，人员和系统的集成以及单个办公系统与公共信息系统的集成，组成了"无缝集成"的开放式系统。

（2）智能化。面向日常事务处理，协助人们完成智能工作，例如通过汉字识别来理解和深入处理正式文件的内容，辅助决策及处理事故等。

（3）多媒体化。包括对数字、文字、图像、声音和动画的综合处理。

（4）运用电子数据交换（electronic data interchange）。通过数据通信网络，计算机之间可以交换和自动处理信息。

10.1.2 协同办公系统的发展

1. 我国协同办公系统的发展过程

我国的 OA 起步较晚，相关理念到 20 世纪 70 年代才传入我国，20 世纪 80 年代才开始发展。纵观协同办公系统在我国的发展历程，可以分为以下几个阶段。

第一代 OA，硬件配置阶段

20 世纪 70 年代末，随着企业开始在办公过程中使用现代办公设备，例如计算机、传真机、打印机和复印机，以单机为主、面向个别事务的处理，即实现个人事务处理为目的的第一代办公自动化系统开始兴起。

第二代 OA，数据处理自动化阶段

从 80 年代中期开始，以 IBM 的 LOTUS 为代表的办公自动化系统得到迅速发展，以数据处理自动化为标志的第二代 OA 阶段由此展开。此阶段 OA 主要以传统的档案管理、收发文管理为主，还具备公告板、图书管理、日程安排等一些辅助功能。由于该过程无法实现流程自动化，第一代及第二代 OA 都不能称为真正意义上的"办公自动化"。

第三代 OA，CIS 架构下的工作流自动化阶段

随着企业内部网的发展，第三代 OA 开始关注企业各个部门间业务流程的自动化，使不同部门及各员工间的协作大大加强，从而较大程度地提高了企业办公的效率，所以从某种意义上说这是"办公自动化"的开始。此时，OA 无论在功能还是其他方面都有极大的加强，如加入了资产管理、人事管理、文档管理、流程管理等新功能。但是，第三代 OA 只能实现有限的工作流程自动化，难以实现随时随地、移动的办公，因此很难实现企业资源的延展和最大利用。

第四代 OA，无障碍工作流自动化阶段

从 20 世纪 90 年代中期开始，第四代 OA 以互联网为基础实现了移动办公，企业资源不再受到通信技术的限制。因此，它被称为"无障碍工作流程自动化办公"(unlimited workflow)。这种 24 小时不间断办公的管理模式为企业实现全天候服务和为客户开展业务活动提供了广阔的舞台。但是，由于受到企业传统的文化环境、管理模式和业务流程的束缚，各系统间易形成信息孤岛式建设，协同工作的模式难以建立，工作流程自动化的效益也难以全部实现。

第五代 OA，协同工作型办公自动化阶段

从 90 年代末期开始，随着协同管理思想的发展，第五代协同工作型 OA 开始兴起，此时 OA 系统不再局限于流程管理，而是以办公流程自动化（workflow）、知识管理（KM）为核心，强调实现项目团队协同、部门之间协同、业务流程与办公流程协同以及跨越时空协同。其缺点在于过分关注办公事务本身与企业的利益，缺乏长期的发展战略。因此，第五代 OA 难以支持企业及员工的长期协同发展。

第六代 OA，协同发展型办公自动化阶段

第六代 OA 已经超越了传统办公的狭义范畴，是一种领先的企业管理思想。在实施方面，它仍然以工作流程自动化和知识管理为核心。从两者的关系来看，一方面工作流程自动化是实现协同的重要手段，任何 OA 系统缺少工作流程的自动化都无法实现工作的协同；另一方面知识管理仍然是 OA 的核心，但与第五代 OA 相比，第六代 OA 最终目标是要实现企业及员工的协同发展，而不是关注办公事务与企业本身的短期利益，因此更注重知识的收集、积累与继承。

第七代 OA，移动 OA 阶段

随着计算机技术、移动技术和移动终端技术的发展，协同办公系统已经进入了第七代 OA 发展阶段，也就是移动 OA 阶段。移动办公是移动通信、移动终端与计算机技术集成的最新信息化成果，它能通过手机实现企业或政府办公信息化。当前，移动 OA 在企业或政府内部构建一套移动信息化平台，通过在手机客户端安装相关的信息化软件，实现手机与企业的各种信息化系统和数据源等的互联互通，使手机也可以用以操作、浏览、管理政府或企业的全部工作事务。"移动办公"是当今高速发展的 IT 行业与通信行业交融的产物，它将 IT 行业中成熟的软件应用和丰富的业务内容，与通信行业中大规模的用户和便捷的沟通很好地结合到一起，成为继无纸化办公、互联网远程化办公之后的新一代办公模式。

2. 我国协同办公系统的整体现状

我国的协同办公系统建设经历了一个较长的发展阶段，目前各企事业单位的协同办公程度相差较大，大致可以划分为以下四类：①起步较晚，还停留在使用没有联网的计算机，使用 Microsoft Office 系列、WPS 系列办公软件以提高个人工作效率；②已经建立了企业内部局域网，但仍然是个人办公，没有好的应用系统协同工作；③已经建立了内部局域网，员工通过电子邮件交流信息，实现了有限的协同工作；④已经建立了内部局域网，正在使用经过二次开发的通用协同办公系统，且正着手开发或已经使用针对业务定制的综合协同办公系统，能较好地支持信息共享和协同工作，可以通过互联网发布、宣传单位的有关情况，能与外界保持畅通的联系渠道，此时网络已经对单位的管理产生更明显的效益。

目前，各企事业单位已将构建单位内部互联网平台，实现协同办公，进而实现电子政务或电子商务作为其发展的重中之重。此外，设计信息系统方案、添置硬件设备、建设网络平台、构建协同办公系统也成为各企事业单位日常工作的重要组成部分。

10.1.3 协同办公系统的商业价值

1. 规范管理

在办公事务工作中，由于办公人员素质存在差异，在处理公文、协调工作和公文写作中往往存在规范不同、标准不一的现象。而在协同办公系统中，由于采用计算机参与管理，各种工作都要按照一定的规程和模板进行格式化处理，使工作程序标准化和规范化，有利于信息流的一致性流动和分发、处理，便于办公质量的提高，从而保证了办公事务的准确性。同时由于系统设定的工作流程是可以变更的，可以随时根据实际情况来调整不合理的环节，为企业流程重组提供了有效的事实依据。

2. 提高工作效率

由于在组织中采用协同办公系统，因此可以用计算机或相关的办公设备代替日常的办公任务，如文本处理、联络交接、实验、设计，从而明显提高了办公效率。传统的公文发送是通过印刷、分发、封袋、签发信封、交送及送达等工作程序，周期长且劳动强度大。现在使用电子邮件（E-mail），采用"发送""抄送"和"暗送"方式，可以在几秒钟内将正式文档发送给数百个用户，从而大大提高了工作效率。

3. 节省企业运营成本

协同办公系统的主要特点之一是实现无纸化办公，从而节省了大量纸张和表格打印成本；工作审批流程的标准化可以节省员工大量的工作时间；完善的信息沟通渠道甚至可以大幅降低电话费及差旅费用。

4. 促进知识传播，提高企业竞争力、凝聚力

实现企业对其最重要资产——知识的高效管理、积累沉淀、传播和应用，完全摆脱因人员流动造成的知识流失。此外，员工与上级沟通非常方便，信息反馈畅通，为员工智慧和积极性的发挥提供了一个舞台，大大增强了企事业单位的内部凝聚力。

5. 实现机构内信息的实时在线控制，消除信息孤岛、资源孤岛

协同办公系统的协同性可以彻底消除由于企业内部各业务系统相互独立、信息共享程度不高、数据不一致、管理维护工作量大、管理分散等因素形成的一个个"信息孤岛""资源孤岛"，实现信息的实时在线控制，从而减少损失、降低成本、增加收入。此外，协同办公系统与日常管理中的工作点的控制信息相联系，使决策高层能及时获取各个控制点的信息，便于决策，也使下属能够快速获知决策信息，可以避免较长的时间周期和破坏性影响出现后才采取措施的尴尬局面，有利于企业的成本控制和行政、服务行业服务质量的提高。

10.2　协同办公系统的功能与构成

10.2.1　协同办公系统的功能

随着企业中协同办公要求的出现，协同办公系统应运而生。协同办公系统不仅解决了日常办公、业务管理和信息交流等常规办公需求，而且提供了即时沟通、数据管理和门户管理等新板块。信息时代下，组织日常事务处理较多依赖协同办公系统的高效运行，其功能直接关系着组织的行政效率。目前协同办公系统的功能大致分为以下八种（见图10-2）。

1. 即时沟通功能

协同办公系统必须具备跨地域、跨组织、跨系统、跨网络的互通性，因此系统提供了远程通信、远程监控和即时提醒等服务，这些服务促使组织各部门间可进行即时协同工作，支持多分支机构、跨地域的办公模式，实现远程办公，提高整体办公效率。

2. 数据处理功能

协同办公系统需要将组织中混乱的数据输入处理为可传输、查询和存储在系统中以

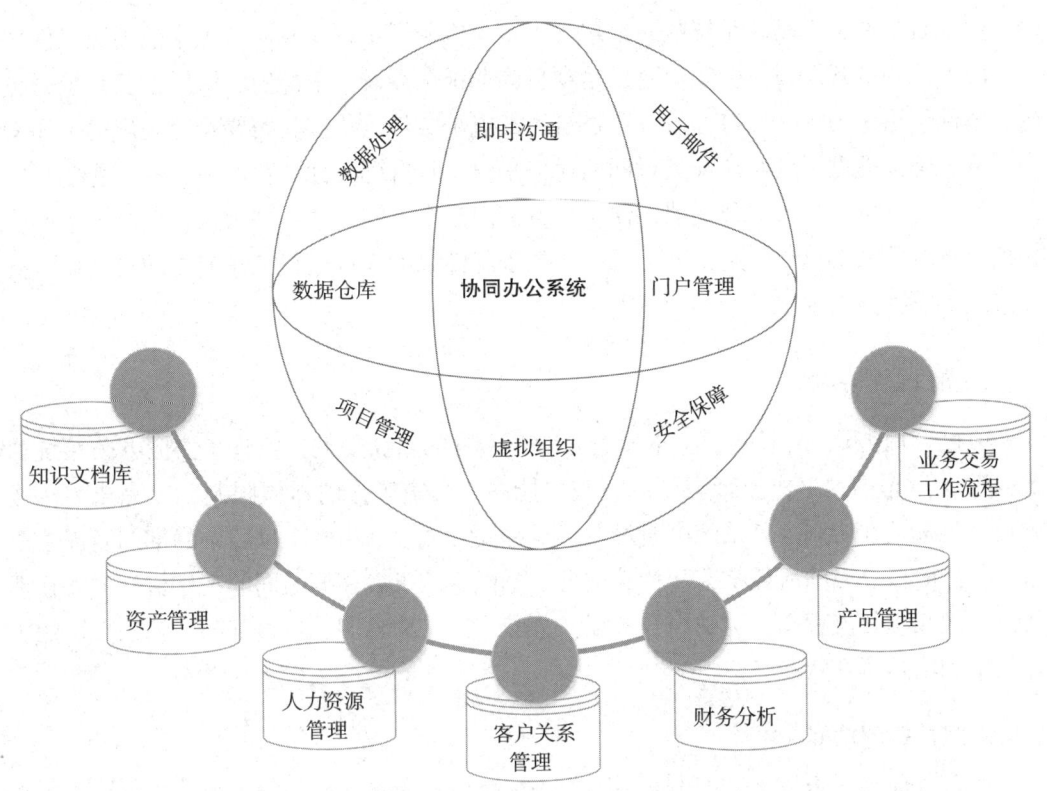

图 10-2 协同办公系统的功能

供人员使用的信息。协同办公系统内的数据类型分为结构化数据以及包括音频、图像、视频和电子报表等多媒体信息在内的非结构化数据。各类数据输入后,协同办公系统开始集中并做分类,将这些混乱无序的数据处理成为可供存储和分发的办公文档。系统自身也提供了关键字检索、全文检索和逻辑表达式检索等检索服务,供员工根据业务需要检索和阅览办公文档。

3. 数据仓库功能

协同办公系统内的数据类型多种多样。为了便于存储和管理,协同办公系统内置某些机制对这些复合文档数据进行存储和管理。例如,采用网络附加储存(NAS)解决方式,即借助分散存储和集中管理的存储原理,使用户可以直接访问存储服务点,从而减轻了服务器的访问压力。数据仓库是一个数据积累的工具,可用于清理、抽取和转换事务处理过程中的各类数据,根据组织人员的工作需要和决策需求对其进行重组,并进行全面的分析与利用。数据仓库的实施将来自不同部门的数据集成并标准化,一定程度上提升了数据的质量并提高了决策的准确性。

4. 电子邮件功能

作为协同办公系统中较为常见的功能之一,电子邮件是信息传递与共享、进行异步协作的主要工具和手段。系统中通常包含了多个应用子系统来对应组织中的不同工作部门，而不论是日常汇报、会议纪要还是项目沟通都会涉及多个部门，协同办公系统可将电子邮件信箱作为统一接口，员工通过自己的电子邮件信箱接收需要及时处理的工作文档。电子邮件提供了点对点或点对面的通信平台，具有延时性和存留性，方便起草、发送、浏览、分类和归档办公文档，便于在各部门或个人间传递办公信息。系统可将办公文档通过电子邮件自动传递给下个部门。电子邮件帮助实现组织工作流程的自动化，提高组织协同办公效率。

5. 项目管理功能

项目管理（即工作流管理）本质上是业务流程的重新规划，实现了协同办公系统的数据整合。先进的工作流管理可以突破只能在办公室工作的地域限制，以完成工作或项目为目标，在协同办公系统中通过图形流程图方式表示出每个项目中的部门及岗位要求、完成阶段、当前所处状态和特殊情况。不同组织可以依据不同的工作目标或项目需要自行定义项目流程图。定义内容包括任务顺序、工作日期、负责部门、组织人员的工作权限和项目所处状态等。

6. 门户管理功能

门户可视为某类信息的集中展现，提供了组织内部和外部的网络连接。作为组织管理的重要手段，它可以实现组织不同信息的分类汇总，满足不同组织的个性化需求。在协同办公系统内通过门户组织可以用相同的、唯一的界面相互访问，实现销售、客户、资产和采购等处理，彻底消除组织内部存在的信息孤岛问题。

7. 虚拟组织功能

协同办公系统提供了一个数字化的虚拟办公环境。组织各部门之间存在大量流程化的工作，涉及多个部门或多个单位之间的协同合作，而协同办公系统为组织整体提供各种实时的办公和联网的服务，如工作文档的处理、审批和查询等，解决了一人多岗和多部门协作的难题。虚拟办公环境的程度越强，工作流程的自动化程度越高，工作效益也越高。

8. 安全保障功能

随着信息化技术的发展，组织已经意识到数据、应用、操作和身份登录等安全风险，因此协同办公系统内部必须慎重考虑安全体系的建设问题。为此，系统提供了权限控制、存储和传输加密、电子签名、数据备份、在线监测和防伪签名、防病毒、防止非法进入等服务。

10.2.2 协同办公系统的构成

协同办公系统是在办公自动化系统的基础上,根据组织协同办公的工作需求不断改善演化而来。因此协同办公系统本质是办公自动化系统,主要由办公人员、组织机构、办公制度、办公设备、办公信息及办公环境六个要素构成(见图10-3)。

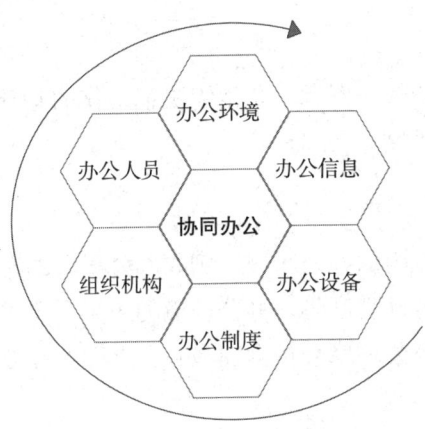

图 10-3 协同办公系统的构成

1. 办公人员

办公人员主要指各类使用人员,是协同办公系统的第一要素,同时也是协同办公系统的服务对象。按照工作内容可将办公人员可分为如下三类。

(1)上层决策人员。上层决策人员通常决定组织的发展方向,负责制定组织的各项发展方略,进行重大决策,包括各级行政管理部门首长、企业厂长、公司经理等高层管理人员。

(2)中层管理人员。他们是企业战略的执行者,是战术决策的制定者,帮助判断和决策本部门的工作,是上层决策人员与基层人员沟通的纽带。

(3)基层办公人员。包括技术人员、业务员、文秘档案人员,他们负责采集和处理信息,直接管理业务工作,为中层管理人员提供决策的基础资料。

2. 组织机构

组织机构决定系统的管理层级,如中央部委、省(市)、中心城市(地)、县(区)的不同层次。它还确定了相应的办公职能级别,如日常事务处理,控制管理和策略决策等。应尽可能保持系统对组织结构的改革和调整的相对灵活性与适应性。

3. 办公制度

办公制度决定了办公业务的流程。办公制度明确了每个办公人员的职责,使分工更加具体,工作更加规范化。随着组织的不断发展,办公制度也将随之变化,使组织生产关系不断适应生产力发展的需要。

4. 办公设备

办公设备是指构成协作办公系统的各种计算机硬件和软件、通信、文档打印和其他设备。

5. 办公信息

信息是信息社会重要的战略资源，是组织决策工作的基础和依据，信息的开发程度关系着组织的进步和发展程度。

6. 办公环境

办公环境是指办公室在内的办公区域，例如办公场所的布局，办公设备的摆放，工作场所的大小、温度、湿度和亮度等。办公环境的边界受多种因素的限制，例如组织机构、系统规模和功能等。办公环境会在生理和心理上影响办公的效果。

10.3 协同办公系统的实施与应用

10.3.1 协同办公系统的实施过程

协同办公系统的实施是供应商基于协同办公软件为客户提供的所有后期服务和流程的统称。协同办公系统的实施过程一般包括三个阶段：项目建设阶段、切换准备阶段和项目验收阶段。

1. 项目建设阶段

对项目的建设主要从以下几方面进行。

（1）系统安装和初始化配置。供应商在客户的服务器上安装软件，进行初始化设置，使软件能够正常运行。

（2）注册用户并构建组织机构。在系统内注册使用人员，并根据客户的组织架构图构建组织机构。

（3）业务流程调研。业务流程调研是实施的关键步骤。实施人员在调研和分析过程中首先要了解客户各种业务的操作流程及其所涉及的各种单据，以及各种单据在各个部门之间是如何传递的，各个岗位人员的工作职责，每个人员的工作内容等。调研要了解公司的业务处理情况，只有这样才能在软件实施中有的放矢，确立详细的实施解决方案。实施人员还应对软件的调研过程有一个总体的把握，即实施人员不能仅仅局限于具体业务的处理，还应从总体的业务流程上进行分析，把各个部门零散的业务处理结合成一个整体，把各个断开的业务连贯起来，从宏观的角度来把握调研、分析的进程，保证此阶段工作顺利完成。

（4）核心模块定制。定制业务流程所需各种表单和文档，实现业务流程运转顺畅并满足实际需求，实现文件的有序管理。

（5）辅助模块定制。完成系统各辅助模块的定制。

（6）系统调试。项目小组在基本掌握软件功能的基础上，将各种必要的数据录入系统后进行实战性模拟，解决调试阶段出现的不合理处并及时对系统进行调整。

2. 切换准备阶段

客户小范围切换系统前，需要从以下几方面进行准备工作。

（1）人员培训。人员培训可分为管理者培训及一般用户培训：管理者培训需要使之掌握协同办公系统的基本操作并了解系统的各级权限设置；一般用户培训仅仅需要掌握协同办公系统的基本操作。培训完成后对各学习人员进行考核，考核合格方可进行系统模块的模拟操作。

（2）模拟运行。由通过考核的培训人员试用协同办公系统，对其进行实际操作，熟悉系统的使用。并对其展开测试，测试内容包括系统可靠性测试、安全性测试、数据运行的正确性测试等。若在系统运行中发现问题，需要对问题进行归纳总结并做详细记录，形成文档。

3. 项目验收阶段

系统运行进入正常状态后，要实施项目验收。在项目正式验收之前，供应商需要完成项目的自我检验，编制《项目竣工文件》并将项目有关的技术文档整理成册交付使用单位。待准备工作完成之后，供应商向组织申请验收，确认验收方案及验收会议的时间、地点和参会人员。验收会议上，供应商需要介绍协同办公系统的具体实施历程、各阶段成果和实施效果，对系统进行现场测试和评估，最终完成验收报告，双方确认签字。

10.3.2 协同办公系统的应用

近年来，随着组织将信息化建设的目光从业务管理转移到内部运营管理，协同办公系统作为组织内部运营管理的首选系统迅速成长，越来越多的组织开始借助协同办公系统推动办公模式向信息化和移动化转变。同时，国家近年来大力推动的中小企业信息化进程是协同办公系统增量市场的重要推动力。伴随着我国经济社会信息化的全面推进，企业间的信息系统业务关联度持续提升，越来越多的中小企业在日常经营中迫切需要构建各种信息化系统以满足客户沟通和内部管理的应用需求。协同办公系统作为企业信息化、标准化套件之一，正渗透至越来越多的中小企业客户中去。

案例

协同办公系统应用三例

青岛农商银行

1. 公司背景

青岛农商银行是经国务院同意、中国银行业监督管理委员会批准的全国副省级城市中七家全市整体改制成立的农商银行之一。青岛农商银行于 2019 年 3 月 26 日在深圳证券交易所上市。以"服务'三农'主办银行、城乡统筹主力银行、中小企业伙伴银行、城乡居民贴心银行"为市场定位的青岛农商银行在改制之后快速发展,已成为青岛市银行业骨干力量,是山东省系统性重要法人银行,全国农商银行转型创新的模范。

2. 应用需求

随着资产和业务规模的不断扩大以及互联网技术的不断发展,原有功能单一的办公系统已不能满足银行的办公需求,逐渐出现业务信息汇总难、公文收发规范难的管理难题。因此,为加强内部管控、提供高质量的金融服务以及全面助力全行经营与办公提效增速,青岛农商银行决定构建协同办公系统。

3. 功能亮点

(1)公文管理,内外一体化

青岛农商银行的公文主要分为省联社发来的公文、针对下级管辖行的下行文以及银行内部发文。内外兼顾的收发文模式,对公文的规范性、高效性提出了很高的要求,因此,新建的协同办公系统力求实现统一分发和自动接收省联社发文的功能。银行可在行文发文流程中使用"主子流程"功能,触发"分支行收文流程"和"部门收文流程",在触发发文流程之后全行可以进行统一接收、审核和咨询。此外,银行与省联社建立发文通道，直接转入协同办公系统，通过解密之后可以查看。

（2）督察督办管理，任务进度随时可知

青岛农商银行通过发文流程、收文流程、会议流程等规制，将工作安排和领导安排等任务进行督办，并形成任务反馈和进度核查，实现了督察督办任务依据来源自动下派和随时反馈。银行在工作流程审批完成之后，通过督察督办信息库，可自动转化为督察督办数据，完成任务下派操作。并且通过"督办事项管理"列表，督办领导和办理部门不用反复询问，可随时了解督办任务的执行情况和进度。

（3）SAP集成，人事高效管理

青岛农商银行在协同办公系统中统一显示人力资源数据。通过OA-SAP的集成，青岛农商银行的组织架构、部门、职位和人员数据达成同步统一，同时实现了请假流程、外出流程、护照申请和申领流程的综合流通。

（4）员工奖惩积分管理

银行需要建立严格的奖惩制度，从而严格执行规章制度，促使一切业务按制度规定办理。因此，需要系统维护每个人的积分，设置不同职位的红线值，以此为标准来实现对相关员工的提醒。通过流程功能，实现对员工积分调整、累计和冲减等操作，流程流转结束之后，员工的积分情况将会自动更新。

4. 实施效果

通过一体化的协同办公系统，青岛农商银行实现了信息、人事和业务的一体化管理：①通过与省联社公文对接，实现公文内外收发统一；②通过搭建督察督办全程管理，实现随时跟踪工作进展；③实现单点登录，同步人事信息和证照数据；④加入奖惩积分变化流程管理，实行员工有序考核。

山西省阳泉市财政局

1. 建设背景

山西省阳泉市财政局（以下简称"市局"）是负责阳泉市财政监督、财税政策、财政收支、行政事业单位国有资产管理工作的市政府组成部门。随着信息技术的飞速发展以及财政改革持续推进的迫切需要，市局围绕财政改革与管理，有条不紊地推进信息化建设，并在信息系统硬件建设、网络建设、应用系统建设等方面取得进步。

目前，随着传统电子政务、网络协同办公等信息应用技术与移动应用场景的快速融合发展，以移动互联网为代表的新兴政务应用平台、舆论媒体平台已成为党和政府高度重视的新型政务管理与宣传舆论阵地。因此，迫切需要建立一套兼容移动互联网的新型电子政务和网络协同办公的协同办公系统，从而加强部门协同工作能力，促进信息共享，提高工作效能。

2. 功能亮点

（1）建立三网协同、业务完备的一体化办公管理平台

该协同办公系统以市局实际办公管理业务为基础，包括目标责任制考核、移动办公、档案管理、公文管理、综合信息管理、预算单位文件数据交互、市县文件数据交互、出差管理、电子签章等功能，同时涵盖实时数据、公务提醒、在线编辑、电子签名、痕迹保留、智能核稿、配置管理、流程记录、查询统计等多项辅助功能。

（2）与财政核心业务系统流程、数据的无缝对接

鉴于指标发文和资金审核支付流程、指标文件与支付资金缺乏有效的实时同步及自动关联机制，该协同办公系统通过待办提取和支付监测、统一身份认证等功能，实现指标发文、基于数据下达资金、流程层面的交叉验证和实时交互，形成高效的内控机制和完整的管理链条，实现各业务部门与对口预算部门文档数据的实时交互，加强监管日常资金动态。

3. 实施效果

本项目将各项日常办公管理制度固化在系统中，实现了行政管理制度"无纸化""系统化"；同时将重要事务、业务数据等以图表简报、事项提醒等形式直观展现，减轻了工作负担；此外，协同办公系统改变传统手工办公模式，为机关工作人员提供了数据无缝对接的新型办公模式，提高了行政效能。

中冶京诚

1. 用户背景

中冶京诚工程技术有限公司（简称"中冶京诚"）于2003年11月28日成立，是我国最早从事冶金工程咨询、设计和工程承包业务的国家级大型科技型企业，涵盖工程承包、招标代理、工程咨询、工程设计、工程监理、环境评价、设备制造、设备

成套供货、项目管理服务等主要业务，拥有国家甲级资质证书，项目涉及市政、建筑和公路等行业。公司曾承担了 50 余项国家和省部级重点研发项目，主持或参加 340 余项国家和行业标准的编制工作，荣获中国专利奖、国家和省部级科技成果奖近 400 项，国家和省部级优秀工程设计奖等 530 多项，累计获得专利授权 2 000 余件，其中发明专利 300 余件，在科技创新、成果推广、标准规范等方面为勘察设计行业的发展做出了重要贡献。

2. 信息化需求

2000 年建设部组织发布的《全国工程勘察设计行业 2000～2005 年计算机应用工程及信息化发展规划纲要》提出了"建成以网络为支撑，专业 CAD 技术应用为基础，工程信息管理为核心，工程项目管理为主线，使设计与管理初步实现一体化的集成应用系统"的发展目标。此外，2006 年勘察设计协会在关于勘察设计行业"十一五"期间信息化工作的建议中指出"一个中心、两条主线、三个为主和四个提升"，实现勘察设计信息化的发展目标。中冶京诚作为全国勘察设计行业的龙头企业，在其业务发展过程中不断加深对信息化的需求，面临管理信息化的迫切需要。

3. 应用效果

一是实现费用管理可控，以规范化的费用管理实现费用审批有依据、费用支出可控制。二是行政制度的规范化落地，规范化的流程管理促进行政制度在总部和分公司的落实，开展监控。三是集成人力资源优化考勤管理，实现考勤数据自动读取到系统，结合请假和旷工等情况自动生成考勤报表，实现电子化考勤管理。四是进行资产管理，实现各类资产的有效管理，避免出现资产紧缺、丢失和过剩等异常情况。五是集成多系统，与腾讯通、短信和邮件等应用集成，实现流程的邮件、短信、腾讯通提醒，提高流程处理效率。六是建立多级门户，及时送达业务信息，帮助用户利用碎片化时间快速地查阅和处理日常事务。七是创建各类报表，使组织人员快速了解业务情况，满足管理者办公需求。

资料来源：https://wenku.baidu.com/view/7d0cfa73760bf78a6529647d27284b73f24236e0；
http://www.mydoip.com/newsinfo/841916.html；
https://www.weaver.com.cn/subpage/case/case-detail-2447.html；http://www.ceri.com.cn/.

● 思 考 题

1. 如何全面理解协同办公系统的概念？
2. 简述协同办公系统的主要功能。
3. 简述协同办公系统的要素构成。
4. 简述协同办公系统的发展方向与趋势。

课后案例

大庆油田：以知识化协同门户提升企业核心竞争力

随着我国油气消费的快速增长，油气短缺已成为制约国民经济和社会发展的重要因素。大庆油田作为国有控股特大型企业，应义不容辞地肩负起维护国家石油战略安全的重任。要在新形势下具有较强的竞争力、成长性和活力，实现大庆油田的重大责任，除了拥有技术优势、一流人才优势、先进文化优势外，还必须构建一套与企业业务紧密联系的管理支撑体系。在此背景下，大庆油田启动了大庆油田勘探开发研究院协同门户（EKP）建设，实现了科研协同、勘探协同和办公室协同的一体化。

客户背景

大庆油田有限责任公司成立于 2000 年，是中国石油天然气股份有限公司的全资子公司。公司经营范围涉及技术服务、产品销售、管道运营、科研设计及勘探开发等多个领域，是一家以油气勘探开发为主的特大型资源开采企业。

关键需求

为了与全球近 30 个子公司沟通，大庆很早就建立了办公系统。在新形势下，原有的办公系统已不能满足公司需求，具体表现如下。

一是适用范围窄，功能单一，主要用于行政管理，对业务支持不足。由于集成能力弱，扩展性能差，很难与现有业务系统集成，导致系统之间相对独立，形成信息孤岛，不利于信息共享。

二是用户界面集成度不高：原有办公系统界面固定单调，增加链接或板块则需要调整程序代码，难以满足用户业务变化和个性化显示的需要。

三是现有流程配置功能不灵活，流程应用开发的通用性和复用性差，不支持上层业务流程，不能封装成通用组件，开发周期长，日常维护管理工作繁重。

四是业务集成能力不强，技术和应用方面反映出原有办公系统缺乏集成能力，无法满足现有业务的需求。

五是系统架构落后：原有的办公系统是 C/S 结构，不支持 Web 端访问，开发手段单一，只适用 LotusScript 语言和公式语言。

解决路径

大庆油田勘探开发研究院协同门户的建设分为三期。

第一期以建设大庆油田协同办公系统为主，使大庆油田办公门户成为统一、个性化的信息系统入口，保证公司员工可以在恰当的时间和场所获取合适的知识。

大庆油田勘探协同办公系统是面向勘探相关业务人员的勘探业务协作平台和面向勘

探系统管理层的协同管理平台,目的是实现业务人员和勘探管理在统一的工作平台上进行协同工作。涉及的用户单位包括地质录井公司、钻井公司、钻井研究院、测井公司、试油试采公司、采油工艺研究院、井下作业分公司、油田公司勘探部、勘探分公司、勘探开发研究院等。旨在为油田勘探系统建立统一的联合办公环境,提高整个勘探系统的透明度,最大限度实现信息共享,开展在线合作、交流和知识沉淀。

第二期主要实现大庆油田研究院 ISO9000 质量管理电子化,对大庆油田研究院"设计控制过程"和"科研控制过程"中产生的记录文件提供审批表和统一的管理审批流程。自 1998 年以来,研究院通过了 1994 版质量管理体系认证审核,2001 年实施了 2000 版质量管理体系。ISO9000 质量管理电子化正是大庆油田研究院为提高质量管理水平而提出的,具体工作如下。

一是通过开发质量体系文件控制管理模块,包括专项制度、质量手册、质量标准、作业文件、程序文件等,使研究院 ISO9000 质量管理文档的保存方式由纸质文件转变为电子文件。

二是定制开发质量记录控制管理模块,包括基层部门、职能部门和科研设计项目的发布与审批流程管理。利用协同办公系统的电子审批功能,将 ISO9000 质量管理的审批方式由手工签字提升为电子审批。

三是在研究院项目管理中实现受控文档的监控,所有受控项目文件的提交必须按照科研控制过程的顺序进行,以保证文件提交的及时性,防止项目文件的后续补充。

四是实现工作门户集成管理(将 ISO 系统集成到 EKP 平台中)。ISO9000 系统内容包括建立基于蓝凌 EKP 的工作门户,并将设计的视图、表格和文档与研究院协同门户集成。同时,实现大庆 AD 账号统一管理。

资料来源:http://blog.sina.com.cn/s/blog_648a13150100t6v7.html。

案例思考题

1. 结合案例,简述大庆油田改革前信息化存在的问题。
2. 结合案例,简述大庆油田新建的协同办公系统的特点。

CHAPTER 11

第11章

ERP

学习目标

1. 理解ERP的概念与管理思想。
2. 了解ERP的发展历程。
3. 掌握ERP系统的类型与功能。
4. 理解ERP在企业或商业组织中是如何具体应用的。

开篇案例

两分钟让你明白什么是ERP：把专业的问题通俗化

一天中午，丈夫在外往家里打电话："老婆大人，晚上我想带几个朋友回家吃饭，可以吗？"（订货意向）

妻子："当然可以了，几个人来家里做客，几点来，想吃什么菜？"

丈夫："我们6个人，大约7点左右回来，准备一些酒、烤鸭、番茄炒蛋、凉菜、蛋花汤……你看行否？"（商务沟通）

妻子："没问题，我会按你说的准备好的。"（订单确认）

妻子记录下需要做的菜（*MPS计划*），具体要准备的东西有鸭、酒、番茄、鸡蛋、调料……（*BOM物料清单*），需要1只鸭、5瓶酒、10个鸡蛋……（*BOM展开*），炒蛋需要6个鸡蛋，蛋花汤需要4个鸡蛋（*共用物料*）。打开冰箱（*库房*）一看，只剩下2个鸡蛋（*缺料*）。

于是她来到自由市场，问小贩："请问鸡蛋怎么卖？"（采购询价）

小贩："1个1元，半打5元，1打9.5元。若过秤就8元1斤。"（采购报价）

妻子："只需要8个，但我这次买1打。"（经济批量采购）

妻子："这有一个坏的，换一个。"（验收、退料、换料）

妻子回到家中，准备洗菜、切菜、炒菜……（工艺线路）厨房中有燃气灶、微波炉、橱柜、电饭煲……（工作中心）妻子发现拔鸭毛最费时间（瓶颈工序，关键工艺路线），用微波炉自己做烤鸭可能来不及（产能不足），于是准备在楼下的餐厅里买现成的（产品外购）。

下午4点，接到儿子的电话："妈妈，晚上有几个朋友想来家里吃饭，你帮忙准备一下。"（紧急订单）

妈妈："好的，你们想吃什么？爸爸晚上也有客人，你们愿意和他们一起吃吗？"

儿子："菜你看着办吧，但一定要有番茄炒鸡蛋。我们不和大人一起吃。大约6点半左右回来。"（不能并单处理）

妈妈："好的，肯定让你们吃得满意。"（订单确认）鸡蛋又不够了，打电话叫小贩送来（紧急采购）。6点30分，一切准备就绪，可烤鸭还没送来，急忙打电话询问："我是李太太，怎么订的烤鸭还没有送到？"（委外单跟催）

烤鸭店："不好意思，送货的人已经出发了，可能还在路上，马上就会到的。"

门铃响了，"李太太，这是您要的烤鸭。请在单上签一个字。"（验收、入库、转应付账款）

6点45分，女儿来电话："妈妈，我想现在带几个同学回家吃饭可以吗？"（又是紧急订购意向，要求现货）

妈妈："不行呀，女儿，今天妈妈要准备两桌饭，时间实在是来不及，真的非常抱歉。下次早点说，一定给你们准备好。"（这就是ERP的使用局限，要有稳定的外部环境，要有一个起码的提前期）

……

送走了所有客人，疲惫的妻子坐在沙发上对丈夫说："亲爱的，现在咱们家请客的频率非常高，应该要买些厨房用品了（设备采购），最好能再雇个小保姆（HR接口）。"

丈夫："家里的事你做主，需要什么你就去办吧。"（审核通过）

妻子："还有，最近家里花销太大，用你的私房钱补贴一下，好吗？"（应收款催要）妻子拿着计算器，准确地算出了今天的各项成本（成本核算）和节余原材料（车间退料），并计入了日记账（总账），把结果念给丈夫听（向领导汇报）。

丈夫："值得，花了123.45元，今天我和儿子分别请了好几个朋友，感情储蓄账户增加了若干。"（经济效益分析）

现在还有人不理解ERP吗？

记住，每一个合格的家庭主妇都是生产厂长的有力竞争者！

资料来源：https://blog.csdn.net/binove/article/details/331379.

给大家讲这个家宴小故事的根本目的是揭开 ERP 神秘的面纱。通过这个通俗的小故事让读者思考：故事里所涉及的工作中包含哪些数据实体？要完成这个家庭宴请活动，主要的工作任务有哪些？这些工作任务之间彼此的逻辑关系是什么？通过认真思考这几个问题，可能会让你对 ERP 的面貌有个初步的认识。下面让我们开启 ERP 的学习旅程。

11.1 企业资源计划（ERP）

11.1.1 ERP 定义

随着全球信息技术的迅猛发展，现代企业的组织结构趋向扁平化，企业内部各部门间的联系越来越紧密，部门之间的信息共享、业务关联、协同工作等业已常态化。为了有效地利用企业资源，统一协调与控制企业采购、生产、销售、财务及人力等工作，产生了一些新的企业管理思想与方法，如企业资源计划（enterprise resource planning，ERP）。企业资源计划或称企业资源规划，由美国著名管理咨询公司 Gartner Group Inc. 于 1990 年提出的，然后迅速被全世界商业企业所接受，现已发展成为现代企业管理理论之一。下面从两个层面给出 ERP 的定义：从广义层面来看，ERP 是建立在信息技术基础上，以系统化的管理思想，为企业决策层及员工提供决策运行手段的管理平台；从狭义角度来看，ERP 是对企业所拥有的人、财、物、信息、时间和空间等资源进行综合平衡和优化管理，协调企业各管理部门，围绕市场导向开展业务活动，提高企业的核心竞争力，从而取得最好的经济效益。企业资源计划同时也是实施企业流程再造的重要工具之一，是一个大型的资源管理系统。目前 80% 的世界 500 强企业都在用 ERP 软件作为其决策的工具，管理日常工作流程，其功效可见一斑。所以，ERP 首先是一个软件，其次是一个管理工具，同时它也是 IT 技术与管理思想的融合体。因此，ERP 的定义可以从管理思想、管理系统、软件产品三个层次来理解。

首先，ERP 是一种先进的管理思想与管理模式。

ERP 是由美国著名的计算机技术咨询和评估集团 Garter Group Inc. 提出的一整套企业管理系统体系标准，其实质是在 MRP II（manufacturing resources planning，制造资源计划）基础上进一步发展而成的面向供应链（supply chain）的管理思想，体现精益生产、并行工程和敏捷制造的思想，体现事先计划与事中控制的思想，体现了业务流程管理的思想。

其次，ERP 是一种集成的网络化管理信息系统。

ERP 是整合了企业管理理念、业务流程、基础数据、人力物力、计算机硬件与软件的企业资源管理系统。ERP 是一种主要面向制造行业进行物质资源、信息资源及资金资源集成一体化管理的企业信息管理系统。同时 ERP 也是为企业生产经营与管理提供有效信息的管理信息系统，并且可以实现跨时间、空间的信息传递与共享。

最后，ERP 是一款商业化的软件产品。

ERP 是综合应用了客户机/服务器体系、关系数据库结构、面向对象技术、图形用户界面、第四代语言（4GL）、网络通信等信息产业成果，以 ERP 管理思想为灵魂的软件产品。ERP 是一个可以提供跨区域、跨企业、跨部门整合实时信息，针对物流、人流、信息流及财务流集成一体化的企业管理软件。

11.1.2 ERP 的发展历程

ERP 是整合企业内部资源的企业经营管理系统，使企业业务数据统一化、全部在线处理。从技术层面看，它是利用信息技术成果，对企业内部的各类资源包括人、物、财、信息等进行规划、统筹与整合，从而减少环节，提高生产率，增强企业竞争力；从管理层面看，它又是一个较完整的集成化管理信息系统，包括分销、制造、会计、质量控制、售后服务、人力资源、运输等。从电子商务运作系统角度看，ERP 是基础工程，没有 ERP，供应链管理就失去了支持，整个电子商务的品质就要打折扣。因此，ERP 作为崭新的现代管理手段，它的核心管理思想就是实现对整个供应链进行有效的管理。从其发展轨迹看，ERP 大致经历了如下几个阶段（见图 11-1）。

1. ERP 的初始阶段

ERP 的初始阶段包括 MRP、闭环 MRP、MRPII 三个发展时期。

首先，MRP 由"订货点法"发展而来。"订货点法"是 20 世纪 40 年代提出的一种新的管理思想，为了解决库存控制问题。在这一时期，由于计算机系统还没有出现，在管理工作中，它还仅仅是一种库存的订货点计划。进入 50 年代后，计算机系统的发展，使得在短时间内对大量数据进行复杂的运算和梳理成为可能。在这一背景下，MRP 理论在订货点法的基础上开始兴起。所谓 MRP（material requirements planning），即物料需求计划，它是由美国库存协会在 20 世纪 60 年代初提出的。MRP 将物资分为相关需求与独立需求来进行管理。相关需求根据物料清单、库存情况及生产计划制定物资的相关需求时间表，按需求情况提前采购，这样就可以大大降低库存。这一技术理论的发展，改变了传统以产品组织生产的方式，明显地压缩了库存周期，保证了及时供货与降低库存。

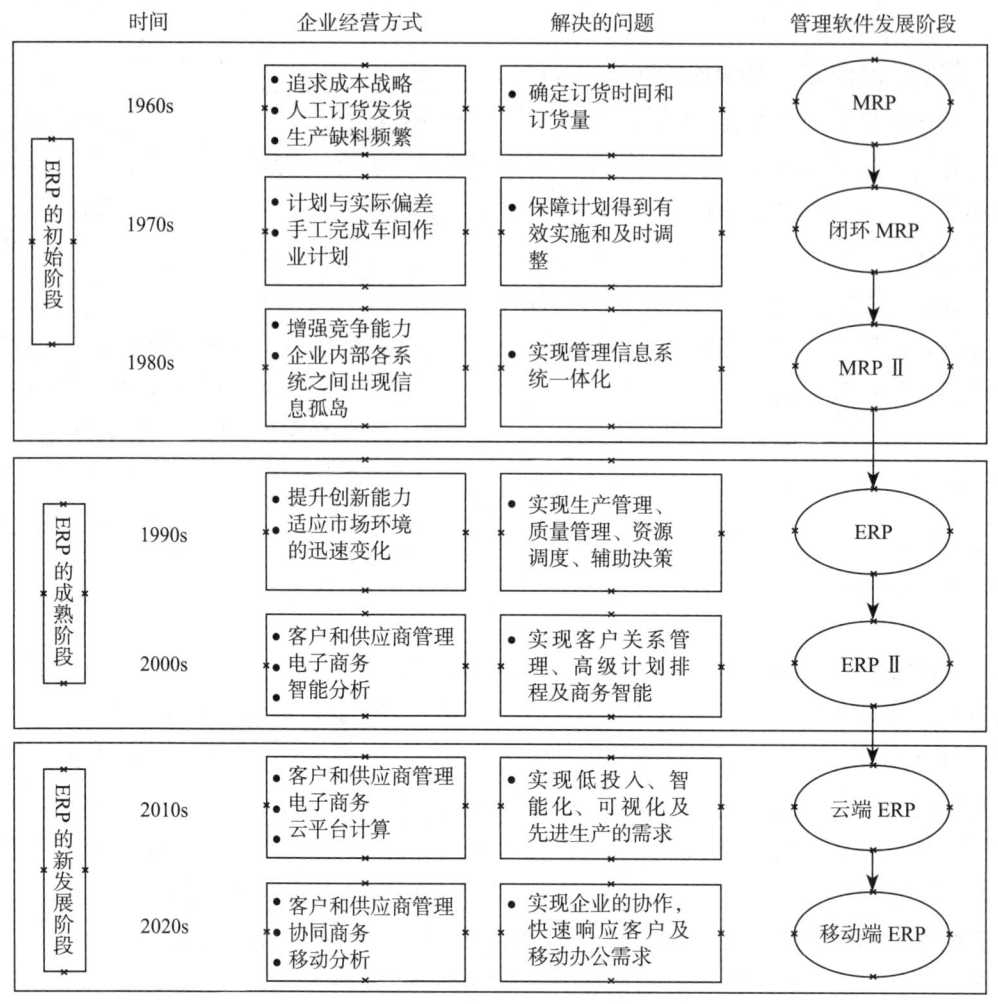

图 11-1 ERP 的发展阶段

其次，闭环 MRP 是在 MRP 的基础上，增加了对投入与产出的控制，形成一个结构完整的生产资源计划及执行控制系统。闭环 MRP 是一个集计划、执行、反馈为一体的综合性系统，它能对生产中的人力、机器和材料等各项资源进行计划与控制，使生产管理的应变能力有所加强。闭环 MRP 系统是一个围绕 MRP 建立的系统，除了 MRP 外，它还将生产能力需求计划、车间作业计划和采购作业计划也全部纳入，形成一个封闭的系统。

最后，制造资源计划（MRPII）是对制造业企业的生产资源进行有效计划的一整套生产经营管理计划体系，是一种计划主导型的管理模式。MRPII 在 MRP 管理系统的基础上，增加了对企业生产中心、加工工时、生产能力等方面的管理，以实现利用计算机进行生产排程的功能，同时也将财务的功能囊括进来，在企业中形成以计算机为核心的闭环管理系统，这种管理系统能动态地监察产、供、销的全部过程，是以探索生产规律而开发出的一套完整的计算机辅助企业管理的原理与方法。从 MRPII 管理思想在企业的实际应用来看，其所呈现的特点包括数据共享、物流与资金流的统一性、模拟预见性、管理体制系统性等。因此，20 世纪 70 年代以来，越来越多的企业开始采用这种计算机辅助管理模式。

2. ERP 的成熟阶段

首先，MRPII 的兴起与应用为 ERP 的发展奠定了良好的基础。到了 20 世纪 90 年代初，美国著名的咨询公司 Gartner Group 总结了 MRPII 的实践经验和发展趋势，提出了企业资源计划（ERP）的概念。ERP 除了具有 MRPII 系统的功能外，还有其独特的内涵。进入 ERP 阶段后，以计算机为核心的企业级管理系统更为成熟，系统增加了包括财务预测、生产能力、资源调度等方面的功能。该系统配合企业实现准时生产管理、质量管理、生产资源调度管理及辅助决策的功能，成为企业进行生产管理及决策的平台工具。

其次，进入 21 世纪，互联网技术的成熟为企业信息管理系统增加了与客户或供应商实现信息共享和直接的数据交换的能力，从而强化了企业间的联系，形成共同发展的生存链。传统的 ERP 向基于 Web 的 ERP 发展，形成第二代企业资源计划（ERPII），出现了客户关系管理、商务智能、高级计划排程等高级分析和组织间合作的应用，使决策者及业务部门实现跨企业的联合作战，体现企业为达到生存竞争的供应链管理思想。

3. ERP 的新发展阶段

随着云计算时代的到来，云端 ERP 系统随之出现。云端 ERP 是通过云计算运行 ERP 系统软件，它在系统内部属于云服务器端，然后用户可以通过 PC、平板电脑等终端设备接入到互联网来访问云服务器，从而获得 ERP 系统软件的应用服务。对于云端 ERP 系统软件，企业尽早使用可能会获得更大的优势，尤其是对中小生产型工厂、电商等行业。对于企业来说，云端 ERP 系统软件可以说是今后的必行之路。云端 ERP 系统软件为不同的客户提供强大的报表与分析功能，可以根据云端 ERP 系统软件来实时了解公司的财务状况，帮助企业实现智能化、实用性、先进性的多维度数据分析与可视化，可以帮助公司高层管理者的决策更加科学与明智。

其次，无线通信技术和嵌入式应用技术的发展，带动了智能手机、平板电脑等移动应用的发展，个人移动应用的普及推动了企业级的信息化管理的移动化，这种背景下，移动端 ERP 应运而生，对企业的生产管理起到了积极的促进作用。面对瞬息万变的市场环境，企业需要随时根据市场以及客户需求的变化进行快速响应。移动端 ERP 由于与生俱来的优势而被各界所倚重，国际市场调研表明，欧洲、美国市场中接近 10% 的企业 IT 预算被投入移动端 ERP 应用，而且这一比例正在以惊人的速度逐年增加。移动端 ERP 大大提高了公司工作流程效率，少量的投资实现了随时随地的沟通，主动安全地掌握公司业务状况，为企业发展注入了活力。它能结合企业现有办公系统，有效提高企业运营效率，改善工作流程，从而提高企业收益；显著缩短了业务受理时长，提高员工的办公效率；还显著缩短了业务处理时间，提高了企业信息化、标准化管理水平，提高了客户服务质量。

11.1.3 ERP 的商业价值

ERP 是一个可以跨地区、跨部门甚至跨公司整合实时信息，针对物资资源管理（物流）、人力资源管理（人流）、财务资源管理（财流）、信息资源管理（信息流）集成一体化的企业管理软件。ERP 从提升管理理念、提高业务运行效率、快速响应客户需求及提供公司运营信息帮助管理人员做出科学决策等方面提供商业价值。跨国、跨地区的大公司用该系统增强实务与数据的标准化。

1. 提升管理理念

ERP 项目建设的主要工作在于企业业务流程重组（business process reengineering，BPR），在配置阶段还要持续地进行流程优化工作。BPR 并不是把企业现有的工序图纸化，而是把企业的业务工作先进行流程化，再进一步优化业务流程，同时融入企业战略规划中，期望推进新的管理理念。所以 ERP 系统将 BPR 的成果（已经优化的企业流程）在企业中推行，将管理理念与企业业务统一，其管理效益是不可估量的。当然前提是 BPR 成果是通过认真、结合实际的分析、通过验证而最终得出的，从而进一步提升企业管理理念。

2. 挖掘数据价值

ERP 作为一种计算机软件系统，对数据的要求非常严格，所以通过对 ERP 的实施与使用，可以保证企业的日常运营业务数据日益精确与完善。一方面，这保证了各业务本领域内数据的精确性；另一方面，也保证了各业务领域间数据的高匹配度，如物资与财务、物资与维修、财务与合同的数据形成匹配。在企业具体业务中，ERP 不仅具有数据保存、计算的功能，更重要的还具有数据检查功能。精确的数据是日常业务运营的基础之一，也是企业决策层对企业运营状况进行了解的有效参考。

3. 扩大生产效益

ERP 系统为企业提供有助于业务决策的信息与数据，以便公司管理人员可以更加准确地预测产品生产与销售，对公司扩大生产提供重要保障，并在生产中直接产生价值。因此，合理利用 ERP 系统可以降低业务成本，从而充分利用设备资源，促使平均库存下降、库存周转率上升、采购费减少、加班时间减少，并在一定程度上降低设备投资，从而提高企业生产效益。

4. 改善绩效管理

ERP 不仅是业务层的业务操作平台，更重要的也是企业决策层的管理平台。通过这个平台，决策层可以及时了解企业丰富的业务运转数据，宏观上可得到统计分析数据，微观上亦可细化到每一个工单的操作情况；通过 ERP 系统的数据展示，能够将企业的状态客观反映出来；通过把握全局，剖析局部，供决策者分析企业现状及提供改进方向。把握了大部分业务数据，可以对绝大部分业务环节进行数据分析，找出问题，针对性地做出改进，并且通过对改进后的业务进行分析，改进的效果也可以有直观的反映，形成一个良性的优化循环过程。因此，在 ERP 系统完全投入实际运行后，企业可根据管理需要，利用 ERP 系统丰富的数据源，动态进行数据查询和分析，从而及时了解企业各业务运转情况，并做出科学的管理决策。

11.2 传统 ERP 的主要模块

ERP 是在 MRP、MRPII 的基础上，不断改进与完善，满足企业在现代化外部环境下对企业信息管理需求的管理系统。ERP 的基本构架与基本逻辑与 MRPII 并无本质上的不同，从功能上看，仍是以制造过程为中心，核心仍是 MRP，并体现了制造的通用模式，只是向内进行了延伸，向内主张以精益生产方式改造企业生产管理系统，向外则增加了战略决策功能与供应链管理功能。ERP 是将企业所有资源进行整合集成管理，简单地说是将企业的四大流（物流、人流、资金流及信息流）进行全面一体化管理的管理信息系统，它不仅可用于生产企业的管理，而且在许多其他类型的企业，如一些非生产、公益性的企事业也可导入 ERP 系统进行资源计划和管理。这里我们将以典型的生产企业为例来介绍传统的 ERP 功能模块。在生产制造企业中，一般的管理主要包括三个方面的内容：生产管理（计划、制造）、物流管理（分销、采购、库存管理、质量管理）及财务管理（会计核算、财务管理）。这三大系统本身就是集成体，它们互相之间有相应的接口，能够很好地整合在一起来对企业进行管理。随着企业对人力资源管理重视的加强，越来越多的 ERP 厂商将人力资源管理视为 ERP 系统的一个重要组成部分。ERP 具体的模块构成如图 11-2 所示。

11.2.1 生产管理

生产管理是 ERP 系统的核心所在，它将整个生产过程结合在一起，支持产销平衡、有效库存等。同时，将原本分散的生产过程自动连接，使生产过程能够前后连贯，避免出现生产脱节、交货延误。生产管理与控制是以计划为导向的生产、管理方法，由企业先确定它的一个总生产计划，再经过层层细分后，下达到各部门去执行，即生产部门以此生产，采购部门以此采购等。

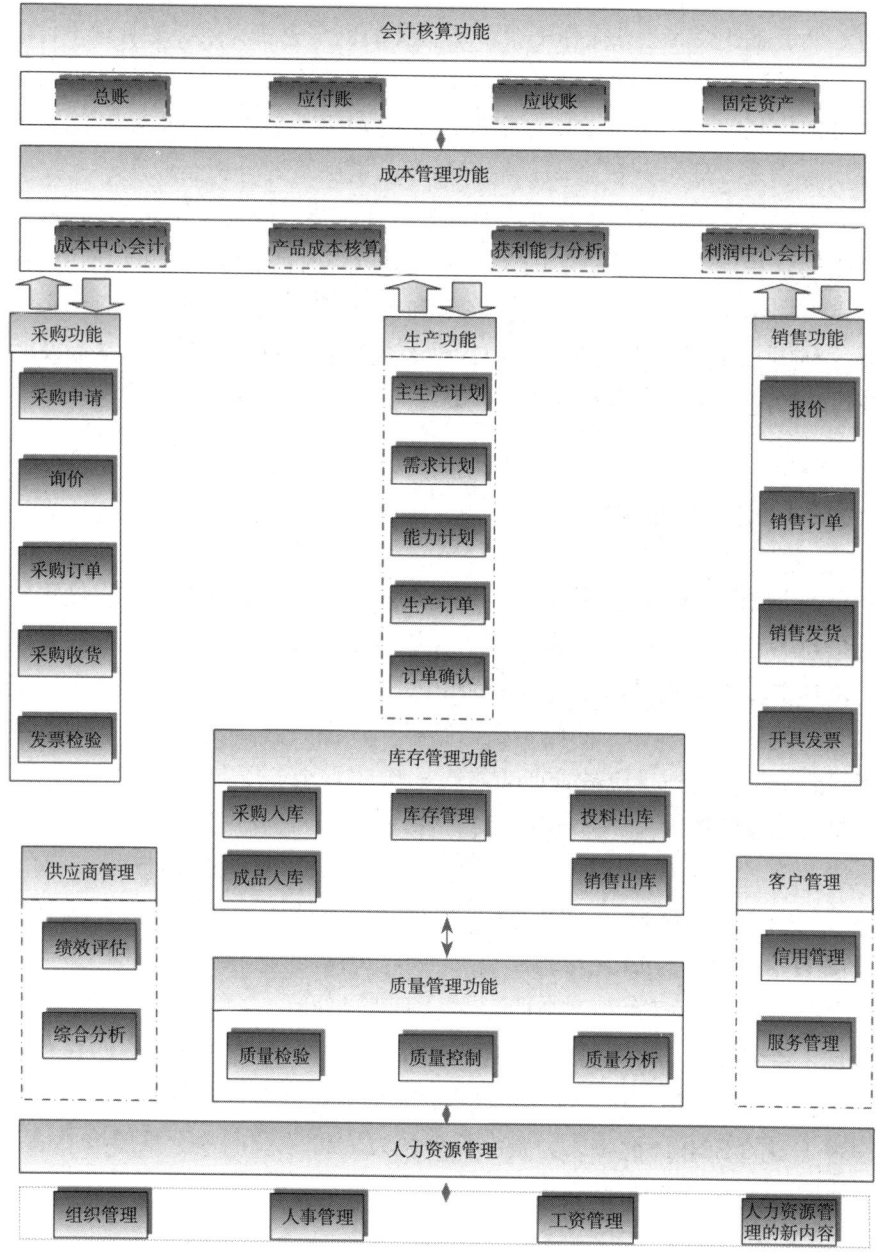

图 11-2　ERP 基本模块关系图

1. 主生产计划

主生产计划（master production schedule，MPS）将生产计划转为产品计划，在平衡了物料供应和设备能力后，产生精确到时间、数量的详细的进度计划。主生产计划是企业根据客户订单、预测和生产计划安排将来各周期中提供的产品种类和数量，是企业在一段时期内活动的总体安排。

2. 物料需求计划

在主生产计划决定生产多少最终产品后，物料需求计划（material requirement plan，MRP）根据物料清单，把企业要生产的产品数量转变为生产需要的物料数量，并对照现有的库存量，计算出还需加工与采购的物料数量。

3. 能力需求计划

能力需求计划（capacity requirements planning，CRP）是在初步制定出的物料需求计划后，对所有工作中心的负荷能力进行平衡后，得出的详细工作计划，用以确定生成的物料需求计划是否是企业生产能力可负荷的需求计划。能力需求计划是一种短期的、当前实际应用的计划。

4. 车间控制

车间控制同采购作业一样都是计划的执行层次，只是执行计划而不能改动计划。因此，在 MRPII 中对车间作业用"控制"而不用"计划"。车间控制是随时间变化的动态作业计划，是将作业分配到具体各个车间，再进行作业排序、管理与监控。

5. 生产标准

编制计划时需要许多生产基本信息，这些信息其实就是制造标准，其中包括物料清单、零件代码、工艺路线及工作中心等，可以通过唯一的代码在 ERP 系统中识别它们。物料清单是定义产品结构的技术文件，用来编制各种计划；零部件代码是定义每一种物料的唯一代码，以实现对物料资源的识别与管理；工艺路线是描述加工步骤及生产和装配产品的操作顺序，包含工序的顺序和额定工时，指明加工设备及所需的工具和资源；工作中心由相同或相似的机器设备或人员组成，用以安排生产进度、核算生产能力、计算成本等。

6. 质量管理

阿曼德·费根堡姆（Armand Feigenbaum）认为，质量管理是为了能够在最经济的水平上，充分满足顾客要求的条件下，进行市场研究、设计、制造和售后服务，把企业内各部门的研制质量、维持质量和提高质量的活动合为一体的一种有效的体系。质量管理模块不仅对生产过程进行质量管理，也对采购过程中供应商的货物进行质量检验，在生产过程结束后，还要对所生产的产品进行质量控制。质量管理中的批次管理通过对批次进行系统管理与跟踪，可以精确地计划与控制产品质量，其中批次跟踪功能还能使企业根据客户的具体需求与技术条件分配最合适的批次。

11.2.2 物流管理

物流管理主要包括销售管理、采购管理与库存管理。

1. 销售管理

销售管理是从产品的销售计划开始，对其销售产品、销售地区、销售客户等多种信息的管理和统计，并可对销售数量、金额、利润、绩效、客户服务做出全面的分析。该模块大致有三方面的功能。

（1）客户管理

它能建立一个客户信息档案，对其进行分类管理，进而对其进行有针对性的客户服务，以最高效率地保留老客户、争取新客户。

（2）销售订单管理

对于大部分制造企业来说，销售订单是 ERP 的入口，所有的生产计划都是根据它下达并进行排产的，而销售订单的管理则贯穿了产品生产的整个流程。它包括：客户信用审核及查询（客户信用分级，审核订单交易）；产品库存查询（决定是否要延期交货、分批发货或用代用品发货等）；产品报价（为客户做不同产品的报价）；订单输入、变更及跟踪（订单输入后，变更及跟踪分析订单）；交货期的确认及交货处理（决定交货期和发货事务安排）。

（3）销售统计与分析

根据销售订单完成情况，依据各种指标做出统计，如客户分类统计、销售代理分类统计等，再就这些统计结果对实际销售进行评价。

2. 采购管理

确定合理的采购量，保持最佳的安全库存和选择优秀的供应商。

（1）采购订单管理

采购管理为计划提供重要的交货情况和市场供应情况，并且控制采购物料从请购到收货、检验、入库的详细流程。当货物接收时，相关的采购订单进行自动检查。通过建立和维护采购订单方式，可以实现采购合同跟踪，安排供应商交货进度和评价采购活动绩效等需求目标，从而提高采购活动的效率，降低采购成本。

（2）供应商管理

建立供应商的档案，用最新的成本信息来调整库存的成本。通过对供应商的谈判及报价的管理和比较，对价格实行控制，以取得最佳的效益。对供应商和采购部门的绩效评估可以协助采购部门确定采购环节中尚待完善的地方，同时在应付账款、收货和成本核算部门之间建立有意义的信息通信，以保证企业的某一环节所提供的信息能在其他所有有关的环节中反映出来。

（3）采购统计与分析

为订购、验收提供信息，跟踪与催促外购或委外加工的物料，保证货物及时到达，保证采购成本合理，保证物料质量。

3. 库存管理

库存管理的主要作用是控制存储物料的数量，占用最少的流动资金，保证正常的生产。库存管理模块能够精确地反映库存现状，动态地调整库存，实时地进行库存控制。

11.2.3 财务管理

企业中，财务管理的清晰分明是极其重要的，它在 ERP 系统中是不可或缺的一部分。一般 ERP 系统包括会计核算与成本管理。财务管理是 ERP 系统的重要组成部分。会计核算是财务管理的基础。成本管理是对基于会计核算的数据加以分析，进行预测决策、管理控制。

1. 会计核算

会计核算主要是记录、核算、反映和分析资金在企业经济活动中的变动过程及其结果。它由总账、应收账款、应付账款、固定资产、工资核算等部分构成。

（1）总账

总账是整个会计核算的核心。总账管理的功能是处理记账凭证输入、登记、输出日记账、一般明细账及总分类账，编制主要会计报表。应收账款管理、应付账款管理、固定资产管理、预算会计、工资管理等都是以总账管理为核心来传递信息的。为了适应企业集团会计核算的需求，财务管理模块还提供了合并报表的功能。

（2）应收账款

应收账款是指企业应收的由于商品赊欠而产生的正常客户欠款账。它包括发票管理、客户管理、付款管理、账龄分析等功能。它和客户订单、发票处理业务相联系，同时将各项事件自动生成记账凭证，导入总账。

（3）应付账款

应付账款是企业应付购货款等账，包括发票管理、供应商管理、支票管理、账龄分析等。它能够和采购模块、库存模块完全集成，以替代过去烦琐的手工操作。

（4）固定资产

固定资产模块完成对固定资产的增减变动以及折旧有关计提和分配的核算工作。它有助于了解固定资产的现状，能借助该模块提供的方法来管理资产，并进行相应的会计处理。它的具体功能如登录固定资产卡片和明细账，计算折旧，编制报表及自动编制转账凭证，并转入总账。

（5）工资核算

工资核算模块自动进行企业员工的工资结算、分配、核算以及各项相关经费的计提。它能够登录工资、打印工资清单及各类汇总报表，计算计提各项与工资有关的费用，自动生成凭证，导入总账。

2. 成本管理

成本管理模块是对会计核算数据加以分析，进行预测、决策、管理及控制。成本管理模块功能包括成本中心会计、产品成本核算、获利能力分析、利润中心会计几个部分。成本中心会计和基于业务活动的成本核算，用于短期成本控制；订单与项目会计用于分析与控制企业资源的使用；产品成本核算用于分析有关生产和产品的业务活动；获利能力分析用于分析售出的产品与服务；利润中心会计协助一个全面的会计系统，用于指定的时间区间或一般的时间区间；企业控制与一个强大的执行信息系统共同服务于高层管理部门。

11.2.4 人力资源管理

以往的 ERP 系统基本是以生产制造及采购销售为中心的。随着企业人力资源的发展，人力资源管理现在越来越受到企业的关注，被视为企业的资源之本。因此，人力资源管理作为一个独立的模块被加入 ERP 系统，与 ERP 系统中的生产、物流及财务等系统组成了一个高效的、高度集成的企业资源系统。

1. 组织管理

组织管理模块包括组织结构管理、员工计划、工作岗位描述及人事成本计划。其中，组织结构管理具有帮助企业管理转型与再造的功能，并提供准确的组织结构图，使人事主管能够创建全新的组织机构。员工计划与工作岗位描述可以为每个员工定制职位发展规划，包括职位要求、成长路径及培训计划，并给出一系列的员工个人成长与发展规划。

2. 人事管理

人事管理模块包括招聘管理、出差管理与福利管理。其中，招聘管理是企业招聘符合要求的员工的模块，它支持招聘过程的优化，可以减少业务工作量，降低成本。出差管理负责对出差的申请、批准及报销进行控制，支持从出差申请、批准、报销一直到最终销账，包括事后的补充、更改等全过程。福利是员工的间接报酬，一般包括健康保险、带薪假期或退休金等形式。这些奖励作为企业员工福利的一部分，奖给员工个人或者员工小组。福利管理是指对选择福利项目、确定福利标准、制定各种福利发放明细表等福利方面的管理工作。

3. 工资管理

工资管理模块包括工资核算、工资处理、薪资管理等。其中，工资核算能够按不同部门、不同工种以及跨地区的工资结构制定相应的工资核算方法；工资处理可以进行在线工资处理，如提醒工作人员处理何种工资，并可以自动启用审核功能进行自行记录，为未来查阅提供依据；薪资管理主要提供薪资管理的设计与审批决策、奖金发放及薪资计算等功能。

4. 人力资源管理新内容

人力资源管理的新内容包括工作流管理与员工自助服务。其中，工作流管理为人力资源管理提供了新的工作方式，自动地把任务在适当的时间分配给合适的员工；员工自助服务使员工能够查看和更新个人数据，帮助企业提高信息的质量。

11.3 ERP 的新发展

目前，国内软件市场上的 ERP 系统种类很多。有国内软件开发商的产品，也有国外的商业化软件。既有已经成功应用于国内外数百个企业的，也有刚刚开发完成、尚未实际应用于企业的 ERP 系统。面对众多的种类、纷繁的品牌，作为 ERP 系统的最终使用者——企业，往往很难在短时间内从中选择出最适合本企业使用的 ERP 系统。ERP 出现不久，计算机技术适逢互联网技术、网络计算、云计算及移动计算的热潮，生产制造业国际化倾向与信息技术深化，这将 ERP 的发展推向一个新的阶段。

11.3.1 云端 ERP

当前不少企业由于自身规模与资金的限制，在硬件、网络、技术及 IT 人才方面的投入有限。因此，在技术上无法做到实时、大规模、异地备份，在一定程度上阻碍了 ERP 的发展。云计算模式 ERP 的架构如图 11-3 所示。从图中可以看出，传统的 ERP 系统供应商处于体系架构的中间环节，它既是数据中心云计算服务提供者的用户，又是 ERP 系统最终云端用户的 SaaS 服务供应商。ERP 供应商的硬件依赖于云计算的基础设施，云端用户依赖于 ERP 供应商提供的软件服务。这样不仅节省了云端用户的硬件投资，维护了数据安全，也加快了 ERP 系统的发展速度。

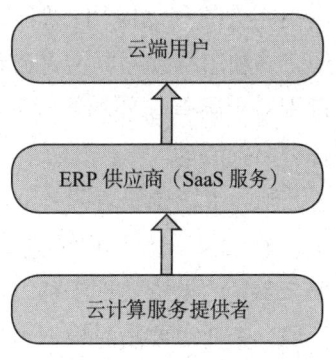

图 11-3　云端 ERP 服务体系架构

首先，满足企业硬件低投入的需求。基于云计算的 ERP 系统，可以减少企业在硬件方面的投资，企业只需从云计算服务提供者那里租用部署 ERP 系统所需的硬件与网络资源即可，大大减少了企业的资金投入。

其次，满足企业业务信息安全的需求。云计算服务平台拥有配置较高的硬件环境、最先进的技术手段以及尖端的技术人才，为 ERP 系统实施环境的安全性与稳定性提供了可靠的保障。对于云端 ERP 系统软件这一新模式，企业更早使用可能会获得更大的优势，尤其是对中、小、微型生产工厂、电商等行业。

再次，满足企业即时管理的需求。在云计算模式下，ERP 系统供应商只需要关注 ERP 软件的安装、维护及版本的集中控制，以及根据用户的需求提供相关的服务。ERP 系统的云端用户只需要按需支付相应的租用费用，就可以随时随地访问相应的服务，共享数据与相关信息，并安全地将数据存储在基础系统中。

最后，满足企业管理人员科学决策的需求。云端 ERP 系统为不同的客户提供强大且便于使用的报表和分析功能，由此可实时了解公司的财务业务状况，在帮助企业管理实现智能化的同时增添了实用性。先进的多维度分析和可视化数据能够帮助公司的决策更加明智、更加科学。

对于企业来说，云端 ERP 系统可以说是 ERP 今后的发展之路，而传统 ERP 企业管理信息系统也必然会因为种种原因落后于时代浪潮。因此，对于中、小、微企业本身来说，升级转型也迫在眉睫，使用更优秀的工具能让企业更具竞争力和市场适应性。

11.3.2 移动端 ERP

无线通信技术和嵌入式应用技术的发展，带动了智能手机、平板电脑等移动应用的发展，个人移动应用的普及推动了企业级的信息化管理的移动化。这种背景下，移动端 ERP 应运而生，对企业的生产管理起到了积极的促进作用。移动端 ERP 的架构如图 11-4 所示。企业可以租用云端服务器或企业内部服务器部署 ERP 软件，通过无代码定制相应的移动应用，如订单查询、库存查询、审批流程、查询财务报表等多方面应用，并利用移动互联网基础设施，通过手机的 Web 浏览器或微信与服务器端进行交互。特别对于出差在外的管理人员与业务人员，用手机进入 Web 手机系统，可方便地处理各种商务活动。

国际市场调研表明：欧洲、美国市场中接近 10% 的企业 IT 预算被投入移动 ERP 应用，而且这一比例正在以惊人的速度逐年增加。移动 ERP 大大提高了公司工作流程效率，少量的投资实现了随时随地的沟通，为企业发展注入了活力。面对瞬息万变的市场环境，企业需要随时根据市场以及客户需求的变化进行快速响应。搭载于移动终端的移动 ERP 具有诸多的优势。

首先，满足即时管理的需求。在经济全球化背景下，企业面临瞬息万变的市场环境，对管理的时效性的需求越来越高，而移动端 ERP 可使出差在外的商务人士利用手机、PAD 等智能终端设备随时随地处理重要的商务问题。

● 思考题

1. 如何全面地理解 ERP 的概念？
2. 简述 ERP 系统的财务管理功能。
3. 简述 ERP 系统的物流管理主要包括哪些模块，每个模块有哪些主要功能。
4. 根据你的日常实践，你是否感受到了信息技术和信息系统对社会、伦理所产生的影响？
5. 简述 ERP 最新发展方向。
6. 简述 ERP 系统如何与商务智能系统集成。

● 课后案例

"一把手"心痛：东阿阿胶

山东东阿阿胶集团有限责任公司是 1997 年 5 月经山东聊城市政府批准成立的国有独资公司。集团核心企业东阿阿胶股份有限公司是全国最大的阿胶生产企业，1996 年成为上市公司，2001 年进入全国 10 家最具发展潜力的上市公司之列。在制药行业，东阿阿胶声名赫赫，但鲜为人知的是，在企业信息化方面，东阿阿胶同样十分出色。一把手东阿董事长刘维对信息化十分重视。

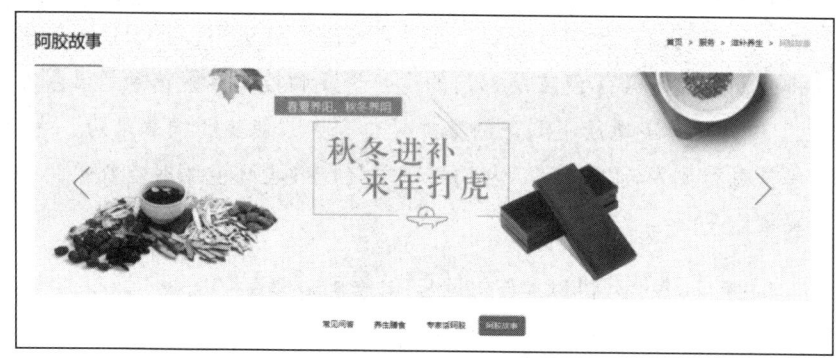

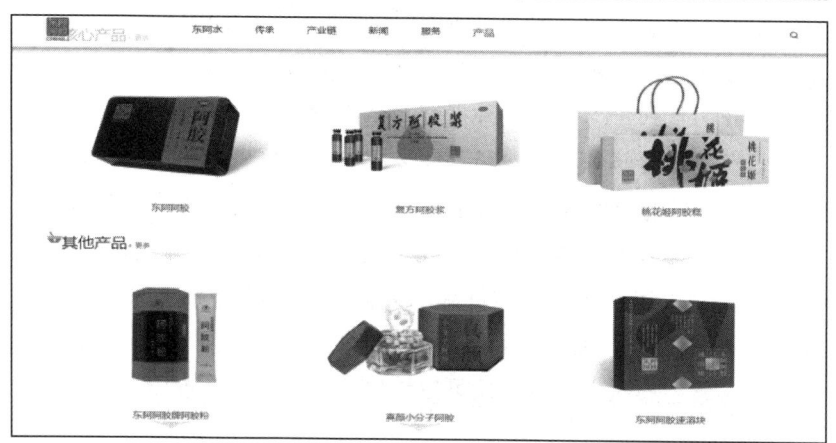

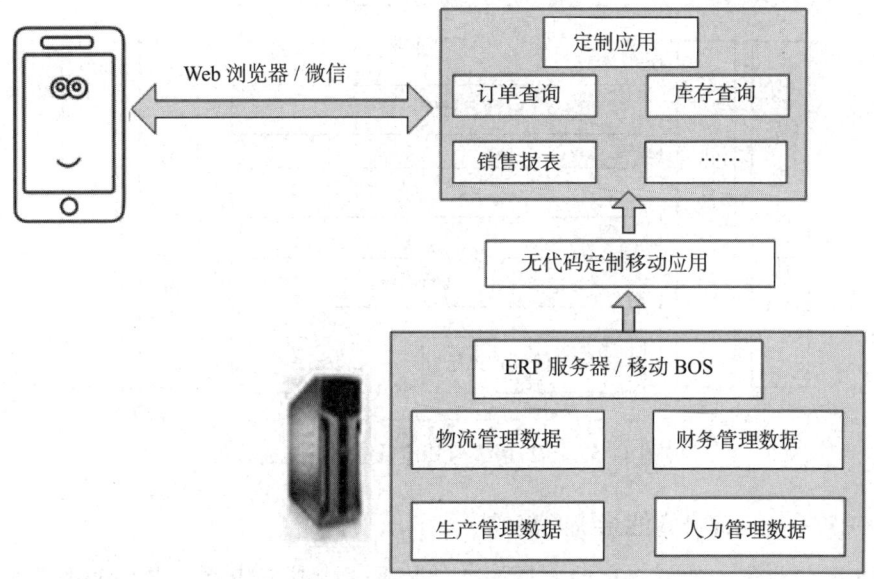

图 11-4 移动端 ERP 服务体系架构

其次,满足低成本投入的需求。目前国内中、小、微企业的资金有限,它们的很多业务终端并没有配备传统 ERP 系统运行所需的计算机,而是利用经济实用的手机、PAD 等移动终端来进行业务处理。

最后,满足对业务灵活性的需求。中、小、微企业的业务模式是随着市场的变化而变化的,而移动 ERP 的出现为中、小、微企业的业务拓展提供了更大的灵活性。

移动端 ERP 结合企业现有办公系统,能有效地提高企业运营效率,改善工作流程,从而提高企业收益;显著缩短业务受理时长,提高员工的办公效率;还能显著缩短业务处理时间,提高企业信息化、标准化管理水平,提高客户服务质量。

11.3.3 集成化 ERP

随着信息技术和管理科学的不断发展,ERP 越来越面向企业的商务过程,以及产品生命周期的相关过程与资源的管理,其业务领域和功能不断扩充。ERP 系统除了在功能上的扩展外,还能够与企业的客户关系管理系统、供应链管理系统、商务智能系统等进行集成,从而构成功能强大的企业管理与决策集成化信息系统。图 11-5 从企业内部与企业外部两个维度描述了 ERP 系统与其他系统的集成。

1. ERP 系统与生产执行系统的集成

为了加强对生产过程的控制与协调,可将 ERP 系统与生产执行系统(MES)有机结合起来。生产执行系统控制若干个生产单元(PU),与 ERP 系统对接,便形成了实时化的 ERP/MES/PU 一体化系统,这一趋势在工业企业的管控流程中体现得最为显著。

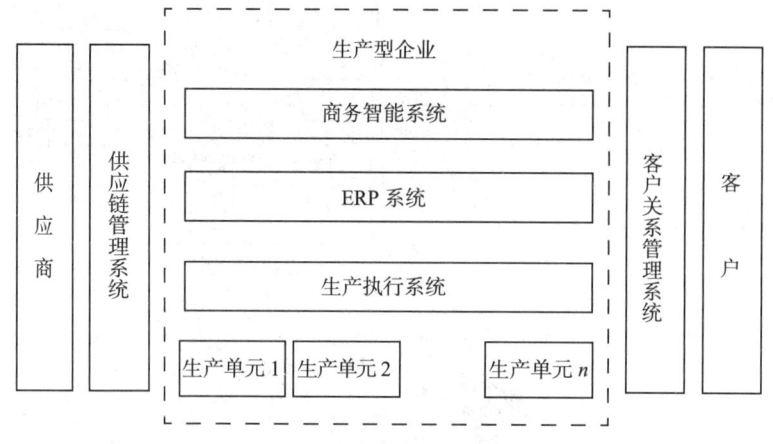

图 11-5　ERP 系统与其他系统间的集成关系

2. ERP 系统与商务智能系统的集成

ERP 系统收集、处理与存储大量的基础数据，构成 ERP 系统与商务智能系统集成系统的数据源，给商务智能系统提供数据。在集成系统中，商务智能系统中的联机分析处理与数据挖掘模块作为集成系统的数据分析和挖掘工具；在技术层面上，ERP 系统的任务是快速、准确、安全、可靠地将数据收集到数据仓库中；商务智能系统中的数据仓库用于组织与存储数据；联机分析处理侧重于数据的分析与决策；数据挖掘则侧重于发现重要的、隐藏的知识。它们之间相互协作、相辅相成、互相促进，为企业高层提供决策支持。

3. ERP 系统与供应链管理系统的集成

为了支持企业与业务合作伙伴、客户之间的合作，ERP 系统与供应链管理系统的集成支持数字化业务的交互协作。因此，ERP 系统的供应链管理功能将进一步加强，并可以通过集成系统进行企业间的商务供需协作。与此同时，为了支持企业应对全球市场采购环境，集成系统将辅助企业建立供应商、制造商与分销商之间基于供应链、价值链共享的战略合作伙伴关系，以便于企业在协同商务中做到计划准确、过程优化、管理到位。

4. ERP 系统与客户关系管理系统的集成

为了使 ERP 系统更加面向市场、面向客户、面向消费者，ERP 系统与客户关系管理系统的集成支持了企业在全球化市场环境下的优化协调能力。因此，ERP 系统的客户关系管理能力将进一步加强，并通过基于知识的市场预测、订单处理与生产调度等功能实现市场、销售、服务一体化，以促使 ERP 系统的后台处理过程与客户关系管理系统的前台服务的集成，为客户提供个性化服务，提高客户对企业及相关产品的满意度。

11.4 ERP 的实施与应用

11.4.1 ERP 系统的实施

ERP 系统的实施是 ERP 软件厂商基于 ERP 软件为客户提供的所有后期服务和流程的统称。因为 ERP 软件的实施是"三分软件,七分实施",其在 ERP 项目中是至关重要的环节。ERP 的实施流程如图 11-6 所示。从图上可以看出,ERP 实施一般分为项目启动阶段、需求调研阶段、实施规划阶段、系统模拟阶段、切换上线阶段、项目验收阶段六个阶段,每一个阶段都有其特有的工作内容与过程文档。

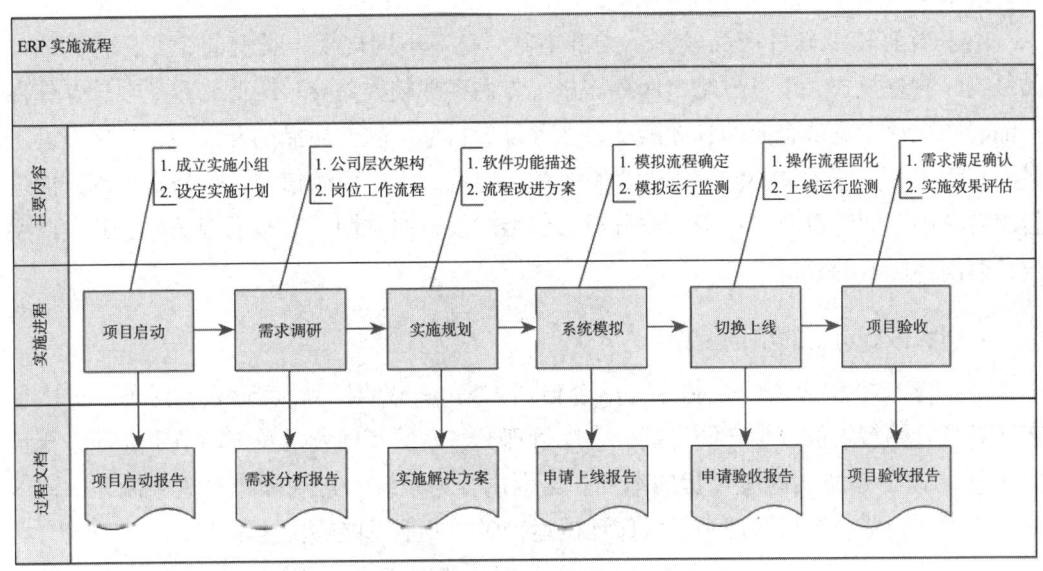

图 11-6 ERP 系统实施流程

从企业 ERP 系统的实施流程可以看出,ERP 系统的实施是一项复杂且细致的系统工程,一般以项目形式完成。项目领导小组一般由企业高层领导和服务方组成,通过定期和不定期会议指导项目的运作,排除项目团队难以解决的困难。成功的 ERP 系统项目必须做到以下几点。

1. 确立 ERP 实施团队与领导者

在企业内部选择一定数量的人员组成完善的三级 ERP 实施组织机构:团队领导者、职能团队、实施小组。团队领导者也是 ERP 项目实施的决策者,决策者需要掌握整个企业各方面的情况,对企业的整体发展目标比较了解,才便于确定 ERP 的实施步骤、细则及任务分工,通常由具有一定号召力与人格魅力的企业高层领导担任。职能团队成员是各个任务的具体负责人,其主要任务是做好任务的分解与实施计划,并监督团队成员保质保量地完成任务。实施小组执行各个职能团队负责人分配的具体任务,并按计划完成其承担的工作。

2. 做好前期调研与咨询工作

调研就是弄清楚企业生产与业务构成、服务需求，掌握 ERP 供应商的开发能力、软件产品特点及其成功案例，供应链的构成环节，市场供求关系及未来发展方向等情况。企业当前发展和管理中存在的问题及不足可以通过咨询来诊断与分析，并重新调整组织分配，设计业务流程。前期的调研与咨询工作都是为了实施 ERP 做好必要的前期准备。

3. 确定合适的 ERP 软件产品

由于当前 ERP 软件产品较多，类型丰富，针对不同规模、类型的企业，它们的产品结构、管理模式、市场战略、库存体量等方面存在较大差异。因此，企业在选择软件产品时，应该着重从企业的具体需求、业务发展目标、软件功能的开发性、二次开发工具、售后服务、技术文档的完善性、系统的稳定性、供应商的信誉、价格定位等方面进行综合考虑。同时也要做投资效益分析，包括对投资回收期、实施周期、二次开发或用户化时间等因素的分析。

4. 切实做好员工的培训工作

企业与 ERP 供应商联合制定一整套培训方案，分别对部门负责人、财务人员、生产计划员、销售人员、生产统计员、仓库管理员、高层管理人员及部门负责人等进行贯穿于整个 ERP 系统实施全过程的培训。培训内容为系统的常规操作、业务流程、错误处理、安全防范、授权管理等，以保证试运行时企业上下能够快速融入角色。

5. 组织人员进行 ERP 系统试运行

试运行主要是为了详细了解 ERP 系统目前的功能与实际需求的差异，通过实际的业务进行功能检验。差别明确后，企业与 ERP 系统供应商进行商谈，确定解决方案，由 ERP 系统或企业流程做出调整，再进行重新验证，直至问题全部解决。试运行也是考验 ERP 系统柔性的重要阶段，不同的系统表现差异很大，好的 ERP 系统就可以很快地进行业务调整，而陈旧的系统则会更多地要求企业做出相应的调整与改变。

6. 建立健全工程项目管理体制与运行机制

ERP 系统项目是一个投资大、周期长、高风险及系统复杂的企业管理系统工程。因此，企业需要制定一套完善的管理制度与运行机制，以确保 ERP 项目的成功实施。

11.4.2 ERP 系统的应用

从整体上来看，我国企业在应用 ERP 上呈现出不平衡的发展态势。各个企业差距较大，能够真正成功地全面实施 ERP 管理系统的企业并不是非常多。而且，ERP 实施成功的模块主要集中在财务和供应链上。其原因主要是：首先，对 ERP 的认识不够，片面认为 ERP 是单纯的技术问题，只重视信息流，忽视物流，对物流的控制作用认识不足；其次，企业领导重视和参与程度不够，特别是中小企业，许多主管对此既没有充分认识，支持也不力；最后，对咨询服务的价值认识不够，这使企业在软件选型和实施过程中遇到的问题不能得到及时解决。ERP 在我国企业的应用中出现上述问题并不奇怪。因为这些都属于发展中的问题，它既有技术层面的问题，但更多的是观念更新问题。因此，今后必须加大对 ERP 的相关知识进行普及、宣传的力度，更广泛地扩大 ERP 培训和教育的宽度与深度。这是一项基础性的工作。依托这一基础，ERP 在我国企业的应用势必走向一个新的高度。

从我国企业应用 ERP 的发展态势来看，目前主要向两个方向发展，一是量的扩张，二是质的提升。从前者来看，企业应用 ERP 的领域，不只是生产制造业，还包括服务业与其他领域。其中，近年来特别是流通领域的企业应用 ERP 的比例明显上升。也就是说，为了适应全球经济一体化，并能在激烈的国际竞争中求得生存与发展，我国企业已开始重视企业管理，并重视应用 ERP 企业管理软件。从后者来看，由于我国企业数目庞大，各个企业的发展阶段、技术水平、市场结构存在着很大的差异，因此，在 ERP 应用上，多数是走"量身定制"这一模式。下面给出两个 ERP 应用案例。

案例

管家婆分销 ERP 助力蒙牛集团智网赋能

1. 企业背景

内蒙古蒙牛乳业股份有限公司建立于 1999 年 7 月，在短短数年内主营业务收入升至全国第二。其中，UHT 牛奶销量位列全球第一，液态奶销量排名全国第一，冰激凌销量排名全国第一。2004 年，蒙牛销售收入已达到 72 亿多元，年收奶量达 150 万吨，发放奶款近 30 亿元，成为中国乳业收奶量最大的"第一龙头"企业。2004 年 6 月，蒙牛正式于香港联交所主板上市。2017 年，蒙牛正式成为 2018 FIFA 世界杯全球官方赞助商。蒙牛与中国航天事业进行战略合作，还陆续成为 NBA 中国官方市场合作伙伴、上海迪士尼度假区官方乳品合作伙伴、北京环球度假区官方乳品及冰激凌独家供应商。截至 2017 年 12 月，蒙牛依据市场潜力及产品策略布局产能，在全国建成 38 个生产基地，新西兰 1 个基地，年产能合 922 万吨。

当我们每天喝蒙牛牛奶时，想的可能只是哪种口味是我喜欢的，哪种是我亲戚朋友喜欢的。而蒙牛想到的是乳制品行业的机遇与挑战：如何在确保任务量的同时，突破价格、利润的壁垒，实现市场经营的可持续发展。

2. ERP 应用的管理需求

蒙牛有以下管理需求。

（1）手工报表：易错、低效、失真。

（2）第三方数据：可供战略参考，难以全局应用。

（3）库存货龄：库存周转难以实时把控，终端动销无法及时反馈。

（4）费用投入：费用投入失衡，针对改良难度大。

（5）如何掌握经营主动？准确的市场投入、准确的市场反馈、人员高效率、完善的基础配置缺一不可。

蒙牛与经销商共同成长，需要的不仅是转型，还有升级。智网系统以客户利益为先，由管控转为助力赋能。打造一套经销商财务业务一体化，支持多品牌经营的经销商运营系统势在必行。

3. ERP 系统的模块

蒙牛的全国经销商系统推进，得力于管家婆分销 ERP 携手北京赢销通软件技术有限公司。赢销通 App 下单，实时传输至管家婆分销 ERP，管家婆分销 ERP 开放数据共享，达成企业一体化管理。具体包括以下模块。

销售：帮助业务人员和配送站更便捷地完成拜访、下单、配送流程。

后勤：帮助后勤人员提升效率、降低成本，为更快捷有效地服务于销售团队赋能。

管理：协助业务管理者全面了解业务，为决策提供明确、可靠的数据支持。

4. ERP 系统应用效果分析

管家婆分销 ERP 携手赢销通助力蒙牛的智网赋能，产生了以下应用效果。

首先，驱动行业实现全数据业务链的完整闭环：涵盖从品牌商、经销商、门店到消费者的业务链，打造出全面数字化的 RTM 平台。

其次，实现全面数字化赋能经销商：该系统可以支持经销商多品牌多业态经营，支持所有经销商业务财务一体化。可以优化规范业务代表的工作流程，并可以为不同规模的经销商提供灵活多样的技术组合方案。

最后，智网系统的又一亮点就是人工智能的充分应用：通过人工智能优化终端拜访流程。同时，帮助经销商对人力资源做智能优化，在业务快速增长的情况下，提高效率的同时减少了成本的支出。

2019 年 ERP 系统开始试运营。经销商代表纷纷表示："智网项目初期测试，解决了终端覆盖困扰和信息流传递瓶颈等多项问题，大幅降低了沟通成本。同时，门店管理水平以及人员工作效率飞速提升，带动市场整体运营能力、盈利能力的增长。"

新一轮数字化战役的号角已吹响，数字化信息时代蒙牛砥砺奋进、改革图强的信念，更表达了蒙牛赋能所有客户的坚定决心。同时，这也预示着数字化管理已翻开了时代篇章,"以数字化赋能经销商"的理念将会被越来越多的企业和经销商认可和实践,必将成为企业和经销商未来生意增长的核心竞争力!

案例来源:http://www.ttgrasp.com.cn/CaseDetails/mengniu。

案例

ZL面粉集团实施ERP系统

1. 企业背景

ZL面粉集团是国内最大的面粉加工企业之一,是食品工业及连锁餐饮领域的领头羊,当前已拥有多家生产企业,分布在全国各地。ZL面粉集团设备先进,原料精选优质小麦,产品粉质细腻、色泽自然,已获得多项荣誉,也得到了广大消费者的一致认可与好评。同时借助ERP系统这一先进管理工具,通过挖掘企业内部的潜力,提升企业的整体管理水平,在行业整体经营不利的情形下,ZL面粉集团依然取得了很好的经营业绩。ZL面粉集团在未上ERP系统之前,所有的下属企业已各自建立了ERP系统,服务器分散部署在不同地方。每个企业的ERP系统各不相同,有用友的、金蝶的和Oracle的,即使是同一厂家提供的ERP系统,使用的版本也多不相同,且ERP系统中所使用的模块也不一致,有的上线模块多,有的上线模块较少。另外,ERP系统基础设置、组织架构及产品名称也不尽相同,这是ZL面粉集团上线前ERP系统应用的基本情况。由于各企业没有统一的ERP系统,给集团公司的日常管理带来非常大的困难,日常报表全部通过手工汇总和整理,而数据的源头没有统一分类和统一的名称,汇总工作难度较大。更重要的是,集团管理团队也不能实时了解各企业的经营数据,所有数据都是下月才能看到上月的,造成了管理比较被动,时间上也有延迟,遇事只能是事后管理。以上是没有上线ERP系统前ZL面粉集团面临的主要问题。

2. ERP应用的管理需求

ZL面粉集团在上线ERP系统之前,已经确立了明确的管理业务需求,并在系统上线之前对这些需求做了进一步的明确和细化,详细需求概述如下。

(1)实现集团公司"一套账"的ERP系统,统一各企业的基础档案分类,统一存货、供应商、客户、组织架构等。

(2)实现企业生产过程中的批次化管理,并能够对产品的质量全过程进行追踪与管理。

(3)统一各企业的组织架构与岗位,建立统一的人员档案管理平台。

(4)建立全集团统一的基础数据信息化管理平台,统一规划集团财务核算主体、核算期间、核算账簿、会计科目,实现标准化、制度化的全覆盖。

（5）建立一个从供销管理、库存管理到财务管理的一体化业务管理平台，实现全面集成的物流、资金流、信息流一体化管理，提升企业管理水平。

（6）梳理并优化企业业务流程，规范业务管理、库存管理，减少库存资金占用，提升工作效率，使各部门数据能准确及时地得到传达与共享。

（7）建立全面、统一的数据分析报表，实现订单、出入库情况、库存量等信息的实时查询分析。

（8）建立标准的报表格式，统一报表上报制度，实现集团报表的汇总、归集，更有效地进行财务指标对比分析，为进一步提升企业信息化管理打下基础。

针对以上需求，经过集团公司管理团队反复研讨，认真评估，最终选择用友ERP系统完成本次集团信息化的建设与整合。

3. ERP系统的模块

ZL面粉集团ERP应用较为广泛，涉及企业日常业务的各个环节，大模块主要包括4大类，分别是财务管理、供应链管理、人力资源管理及二次开发管理，共计15个小模块（见图11-7）。在企业的实际应用过程中，又开发了许多管理报表，这些报表分别放在对应的模块内展示，没有用单独的模块进行管理。

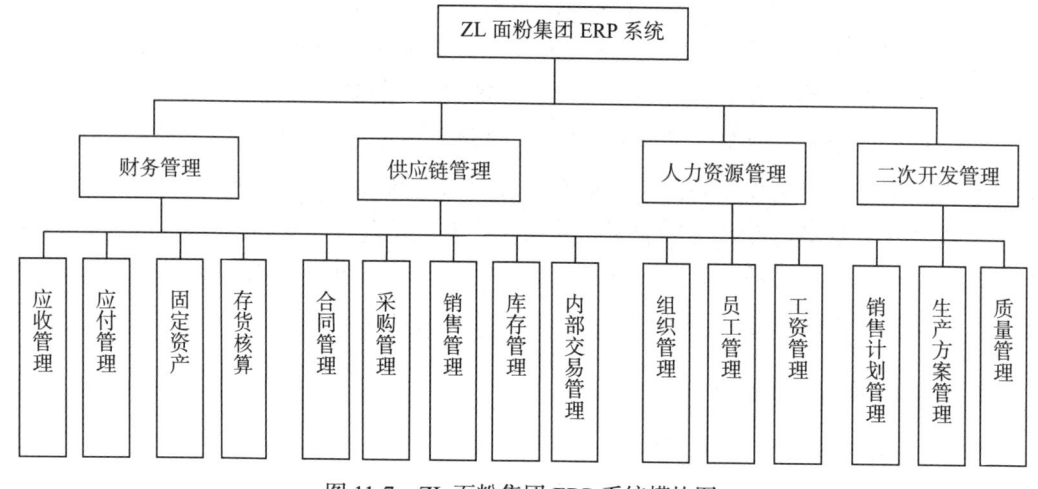

图11-7　ZL面粉集团ERP系统模块图

4. ERP系统应用效果分析

ZL面粉集团上线ERP系统后取得了较好的效果，得到了企业管理层的认可，也增加了员工对ERP系统的信心，以下是具体应用效果分析。

（1）建立了真正的"一套账"。ERP系统统一了平台，统一了业务规则，统一了基础数据，完成了数据的集中管理，为各项业务的集中管理打下了坚实的基础。

（2）统一制定会计科目体系。会计科目体系的集中式管理有效保证了公司会计数据信息的规范、标准及统一，实现了集团公司总部及下属企业对经营期间的任意数据进行实时监控查询。

（3）构建了统一的物料档案。物料档案使材料的计划、采购、验收、入库、领料、盘点均有编码可查，避免了一物多名、一名多物或物名不正确现象的发生。

（4）构建了统一的采购平台。平台提高采购行为的透明度，有效避免了各种采购漏洞，实现了请购单、采购订单、到货、入库及结算的一体化，数据一致，信息共享，减少了沟通成本，大大提高了账务处理效率。

（5）构建销售业务信息化平台。平台实现了对销售业务全过程的物流、信息流、资金流的有效管理和控制，与财务、库存无缝连接，高效集成使用。销售部门和客户达成销售订单后，从订单信息传递、预收款、出货直到回款，整个业务的执行情况实现了全程实时跟踪和管理。

（6）加速企业的决策。ERP系统上线前，对于集团而言，数据全部要到月底才能查询，所有的管理都是事后分析，造成决策不及时，给管理上带来较大的被动。系统上线后，管理者可在任何地方，实时准确地查询到相关数据，为快速解决问题提供了最基本的保证。

（7）有效控制采购成本。ERP系统上线后，统一了所有的供应商与物料。每个企业采购的物料全部是同一套物料，即使选择不同的供应商，系统也可以实时对同一物料做不同企业间的对比分析，方便企业间的对标管理，便于管理者更好地掌握物料的采购价格，降低企业的采购成本。

（8）提高了集团纵向化的高效管理。在手工管理的环境下，由于信息传递的方式落后，速度很慢，高层领导要了解基层部门的运作情况和搜集有关信息是很困难的。上线ERP系统后，系统自动实现从下到上的数据汇总查询，使集团内的采购、生产、库存、销售、财务等信息得到及时的传递，从而突破了传统管理环境的时空瓶颈，大大提高了企业管理和决策水平。

案例来源：王春燕.ZL面粉集团ERP应用案例研究[D].秦皇岛：燕山大学，2014.

从企业的类型上来看，服务型企业ERP与生产型企业ERP存在很大的差别。服务一般是以无形的方式，在顾客与服务人员、有形商品或服务系统之间发生的，其具有非实体性，是一种或一系列行为，在某种程度上生产与消费同时发生，顾客在一定程度上参与服务生产。现代社会服务型企业经营环境的改变，经营业务的多元化，经营机构的分离性，需要处理的信息与日俱增，要求信息在公司内部高度共享，为领导者进行最优决策提供准确、全面、及时的参考依据，从而促进服务型企业管理的规范化和科学化，降低成本，提高效益，实现公司各类资源的最佳配置。传统ERP系统囿于制造业是远远不能达到这些要求的。上面给出两个ERP案例，一个是生产型企业ERP，另一个是服务型企业ERP，读者通过学习分析，可以看出两种类型ERP的异同。

一、企业的发展不能迁就

为什么这样说？因为东阿人认识到，若没有一支高素质的管理队伍，再先进的 ERP 也只能是空中楼阁。信息化是企业管理井然有序之后的需求，没有适应 ERP 的现代管理体系与管理环境，东阿上 ERP 是一种极大的浪费。或者说，规范的管理、高素质的人才储备是实施 ERP 的"许可证"，在没有起码资格和许可的条件下，ERP 对企业只能产生破坏力。这意味着，企业管理层实际上对 ERP 承担着巨大的责任，管理层若无所作为，东阿将与 ERP 系统无缘。

2000 年底，也就是东阿 ERP 准备正式上线的时候，董事长刘维感到十分苦恼：他必须说服数十名跟随他多年，为东阿立下汗马功劳的老伙伴提前退休。刘维的眼前常常浮现出这些老伙伴的影子，多年来，他们忠心耿耿、任劳任怨。而令刘维不得不狠下心来的是，这些元老虽然"功劳"不小，但是文化程度低，接受新知识的能力差。随着企业管理水平的提高，公司要求每个人都要学会使用电脑，以便适应无纸办公，不学会不准上岗，很多老员工感到力不从心，具有很强的抵触情绪。"市场竞争越来越激烈，企业管理效率越来越高，不使用新手段与新工具，不掌握新知识就无法生存。谁希望东阿在一夜间崩溃？不希望就得想办法，就要忍得一时之痛。"刘维想，东阿的老员工们内心一定有障碍，可是，企业的发展不能迁就这些因素，否则，ERP 就没有上的必要，就算上了，也达不到预期效果。

二、说不出来的滋味

于是，刘维开始私下做工作。他将自己的想法一抛出，接受谈话的人就问：我犯了什么错误？刘维回答：你没有犯错误，但是你已经无法胜任你现在的工作了。现在和从前不一样了，并不是只有犯错误才下去。他和所有拟定提前退休的老员工交谈过，谈到过去与将来，彼此常常泪流满面。刘维对老员工们说，现在退休，公司给几万元的补贴，还拿着退休的工资，真正到了退休的时候，按照国家的规定享受退休的一切政策，但是现在不愿退休，以后就享受不到公司补贴的政策了。刘维拍着一位中层干部的肩意味深长地说：形势逼迫我们要竞争，你岁数大了，知识陈旧了，要参与中层竞争，肯定竞争不上，就算让你做，你也吃不消。你当工人，现在行，5 年以后就干不动了，所以，公司一定要替你们考虑实际问题。令刘维万分感动的是，出于对东阿未来的考虑，这些"元老"们最终平静地接受了他的建议——设备处长说，他有技术，出去带几个人一定能养活自己；人事处长说，他可以去卖驴皮。当时，刘维心里有一种说不出来的滋味。集团引入了 ERP 系统，工作一定要适应这个变化。让昔日一起打江山的伙伴提前退休，刘维不是没有犹豫过，有时候思来想去，彻夜无眠。藕断丝连的情谊和企业的未来发展真是一对艰难的抉择——最终，刘维挥泪选择了后者。刘维斩钉截铁地对记者说：地处偏僻落后地区的东阿，希望尽量符合现代企业的要求。这也是东阿能够走到今天的原因。东阿要上 ERP，必须先解决这些问题。

三、精确测试

据介绍，东阿的每一个岗位都是经过精确测试而非领导一言而决的。一个人一天做多少事情由专人测试、计算，然后按照标准原则进行评估。比如，按照高效率的要求，一个人完成一天的工作量只需 5 小时而非 8 小时，则必须找到与 3 小时相近的工作量加上去。有时候，主持评估的管理人员在会上提出，某些岗位还需要精确测算，降低成本、提高效率，这些建议经常遭到刘维的反对。"我反而成了阻力"，刘维说，他不忍心那样做。有人说东阿人待人接物冷淡，比如，不管谁来视察，东阿除了一两个专人陪同，其他工作人员很少抬头，因为"没有时间抬头，稍微停顿两秒钟，手头的东西就从流水线上过去了"。在东阿，除了刘维有时间看看报纸了解经济大势外，其他人在 8 小时内几乎抽不出时间聊天，埋头忙自己的事情已经成为东阿人的习惯。

"管理全面、细致、精确是东阿的特色，"刘维说，1952 年建厂，地处欠发达地区的东阿 2000 年完成销售收入 4.33 亿元，实现利税 1.626 亿元，2001 年被评为全国上市公司最具发展潜力的 10 强企业，靠的就是科学、精确的管理机制，以及实现这种管理机制的工具 ERP。

东阿决定上 ERP 实际是出于进一步发展的需求。刘维说，东阿面对激烈的市场竞争，没有一套先进的管理信息系统是不行的。但是，企业需要什么不需要什么和企业的发展阶段有关，当企业的发展尚未达到一定阶段的时候，无论怎么启发，要么听不懂，要么无能为力。东阿正是走到了必须要上 ERP 的节骨眼上，才没有对自己的决定犹豫再三。

四、领导小组

班子顺了，管理顺了，还要落实。当管理队伍和体系都基本建立之后，如何使 ERP 成功上线并真正产生效用就成为最重要的事情。刘维的"责任"基本完成之后，总经理、副总经理、财务总监、信息中心主任和项目实施经理等角色出场了。这些角色组建了"东阿 ERP 项目领导小组"，组长是总经理章安。领导小组的主要职责是：提出企业与计算机系统不相适应的管理机构、体制和制度；协调各业务部门的关系，解决 ERP 系统与现有管理发生冲突的问题；提出解决方案，调动及组织有关管理部门和项目实施小组，按计划逐步实施管理信息系统，并批准进行新老系统的切换；决定项目实施小组的人选；研究企业工作流程的调整以及机构的重组；审批新系统的工作流程以及工作规程，保证项目高质量地进行，监控项目的进度等。据说，领导小组至少每周举行一次例会，主要用于检查落实情况。章总规定自己，把重点放在抓培训效果、企业人员素质的提高、定期检查工作、制定奖惩制度、转变企业职工的管理观念以及推进企业管理的深化改革上。信息中心主任沈渴望认为，领导者的参与是 ERP 实施成功的第一保障。领导者不理解信息化，不参与信息化，不知道该做什么，则成为 ERP 实施的另一个障碍。

五、技术分析

1. 东阿实施 ERP 的动因

在实施 ERP 前，东阿有初步的计算机信息系统，但是各系统相对独立，开发环境和应用平台差异很大，信息代码没有统一的标准，应用水平也参差不齐，信息孤岛现象非常严重，具体表现在以下三个方面。

（1）内部产供销脱节，库存、在制品储备高；流动资金占用大；生产周期长，不能及时交货；设备利用率低；缺乏多品种、中小批量和复杂产品的组织及生产能力；企业生产、经营活动中的许多环节缺乏先进的管理方法；采购成本居高不下，缺乏有效的办法；产品利润率低；信息沟通不畅；上市公司对外披露信息速度很慢；成本计算欠准确；对异地销售分公司产品库存及资金不能有效控制；管理人员素质参差不齐，团队意识差；缺乏科学的监督和决策机制；企业对市场应变能力差。

（2）外部政策变化快，企业难以及时应对；部分原材料供应不足/不稳定；市场需求多变，产品需求日趋高技术、多样化；要求产品交货期短而准确；产品生命周期越来越短；客户要求高质量、低价位的产品；售后服务日趋个性化。

（3）企业竞争加剧，如何提升集团公司的核心竞争力成为重要课题；集团整体战略需要计算机系统与国际接轨。

2. 东阿 ERP 系统

东阿 ERP 系统包含系统控制、采购管理、库存管理、生产管理、销售管理、财务管理、设备管理、质量管理及综合查询、领导决策等功能模块。

（1）生产管理

做到了用计算机编制各级生产计划及实际各级生产统计，实现了生产与销售、供应、财务等各个部门的协调与统一的综合管理。其中，生产计划子系统是生产管理子系统的切入点，根据销售预测数据，能自动生成生产计划排产项目；能力需求计划子系统实现了企业管理人员将生产计划转换成相应的能力需求计划；物料需求子系统是生产管理的核心，它实现了将主生产计划排产的产品分解成中间产品的生产计划和采购计划，同时和主生产计划、车间作业管理、连续式生产、能力需求计划、库存管理、生产数据等子系统形成了一个能及时反映企业需要生产什么、什么时候生产、生产多少的动态闭环计划系统。

(2)库存管理

包括对出库、入库、移库、盘点等操作的管理以及对原料、半成品、产品等各类生产辅助物资的管理。通过库存管理可以准确知道各种物资的库存数量以及资金占用情况，知道它们的日平均使用量、积压和超储情况。尤其是能够实现库存与生产、销售、财务、供应、质量等各个业务环节的信息集成与共享。

(3)销售管理

做到物、票、账的统一，使销售部门在销售过程中实现对入库、提货、开票和发货的管理。另外，针对东阿在销售管理中涉及质检部门和生产分厂的管理业务，做到质量管理和库存管理在销售业务管理中的统一，并使企业领导及时掌握销售情况，随时了解库存信息、客户信息、发票信息、质量信息等。同时建立合同档案、汇总合同量和预计销售额，监督合同执行情况。

(4)财务管理

通过账务管理、财务分析、费用管理、成本模拟等，把东阿的财务工作上升到管理的高度。特别是通过财务与供应、库存、生产、销售、质量等各个业务环节的信息集成，实现现代企业的人、财、物、产、供、销的一体化管理。如账务子系统的应用，不仅可以指导库存、生产、采购、销售等系统的管理，还可以为领导决策提供重要的信息来源；财务报表子系统可以直接从账务子系统读取数据，可完成表内和表间的数据运算，还可以通过定义将不同的账务数据合并生成报表，从而适应集团公司的财务管理等。

3. 实施效果分析

(1)东阿 ERP 经济效益分析报告

东阿 ERP 实施一年以后，实施成果已经在财务、生产、库存以及销售、办公自动化等方面得到体现，对资金的需求计划上升到管理的高度，实现了对资金运用的有效监控；对生产流程和生产过程进行了规范，形成了对生产过程的严格控制和跟踪；对销售发货及业务流程进行了规范；对库存管理进行了整顿，按照标准严格划分了货区、货位，并对库存物资进行了分类，做到了科学管理；对企业的组织机构进行重新规划，实现了组织机构扁平化。

(2)直接经济效益

降低消耗 1.5%，年增效益 1 200 万元；按期交货履约率达到 92% 以上；采购提前期缩短 50%；等工待料时间减少 60%；制造成本降低 12%；生产能力提高 13.46%；库存资金占用降低 35.5%，库存资金周转次数提高 158.35%，降低采购成本 300 多万元；主要原料阿胶单位耗皮降低 2.86%，优等品年提高 7.07%，吨煤产汽提高 5.1%，年增效益 420 万元；从生产流程管理程序入手，各分厂从管理上节约的工时相当于一年少用 40 人，减少各类管理人员 20 人，财务对账人员 10 人，直接增效 800 万元；通过 OA、内部网站和互联网实现了协同办公、移动办公、无纸办公，电话、传真、纸张等费用节省了60多万元。

（3）间接经济效益

通过ERP项目的实施，建立了以财务为中心的企业管理新机制，加强了集团公司对成员企业资金使用的监管力度，使资金效益最优化，销售公司、分厂和成员企业实现了资金流、物流、信息流的一体化管理；实现了管理规范化、决策科学化，决策靠数据，调研论证有依据，减少了决策的简单化、盲目化和失误；实现了全面计划管理，公司各项活动费用开支全部按计划、定额支付，提高了资金使用效率和效益；提高了整个企业计算机管理系统和软件应用系统的集成度，彻底解决了信息孤岛，企业内外信息资源得到充分共享，整体上提高了企业对市场迅速做出反应的能力；企业所有常规产品和新开发产品的技术参数实行统一标准化管理，减少了数据冗余，增加了信息的准确化、标准化和集成化；全面建成与外协供需商业伙伴的网络化商务往来；规范并细化了仓库管理，有效控制了各类库存资源，提高了对客户的服务质量；促进了企业体制、机制的管理创新，提高了新产品开发的速度，使企业从传统的制造模式转变为现代先进的制造模式；为企业建立了科学的管理体系，推动了企业业务流程、管理流程的精细化、规范化和制度化，使各部门职责明确、决策科学合理。

资料来源：选自《东阿阿胶ERP项目总结材料》。http://www.dongeejiao.com/index.html.

案例思考题

1. 东阿阿胶集团有限责任公司的发展战略是什么？
2. 东阿阿胶集团有限责任公司实施ERP系统的动因是什么？
3. 东阿阿胶的ERP系统包括哪些模块？
4. 分析东阿阿胶ERP系统的实施效果。

第 12 章

供应链管理系统

学习目标

1. 掌握供应链管理的概念与管理思想。
2. 了解供应链管理系统的发展历程。
3. 掌握供应链管理系统的分类及其功能。
4. 了解物流网技术、区块链技术在供应链管理系统中的应用。

开篇案例

美的空调的供应商如何管理库存

价格大战、库存灾难、产能过剩、利润滑坡——过度竞争压力之下，除进行产品和市场创新外，压缩成本成为众多空调厂商的生存之道。每年阴晴无定的 4 月，历来是空调市场战云密布的季节。"价格战"已成为所有空调生产厂家话题中的热点。一线品牌近期正在悄悄地为广东地区终端经销商上"金算盘财务进销存"软件项目。这正是美的采取的"业务链条前移"策略：实现"供应商管理库存"（以下简称 VMI）和"管理经销商库存"中的一个步骤，也是应对一触即发的凶险价格战的一个策略。

1. "零库存"梦想

美的虽已名列空调产业的三甲，但是不无一朝城门失守之忧。近年来，在降低市场费用、裁员、压低采购价格等方面，美的频繁变招，其路数始终围绕着成本与效率。在供应链这条维系着空调企业的生死线上，美的更是出招不断。据业内统计数据，全国厂商估计有 700 万台空调库存。长期以来，美的空调一直自认为成绩不错，但是依然有最少 5～7 天的零部件库存和几十万台的产成品库存。在强敌如云的市场中，这一数字显然不能让美的释怀。相对其他产业的优秀标杆，这一存货水准甚至让其有些"汗颜"。例如，戴尔（DELL）等跨国公司的供应链管理就让美的大为心动。在厦门设厂的戴尔，其自身并没有零部件与成品仓库。零部件实行供应商管理库存，成品则完全是订单式的，用户下单，戴尔就组织送货，因此，"戴尔的供应链管理和物流管理世界一流"。美的空调的流程总监匡光政为之叹服。而实行 VMI 的，并不仅仅限于戴尔这样的国际 IT 厂商，国内家电公司海尔也早已尝试。有了戴尔的标杆和海尔的压力，美的在 2002 销售年度也开始导入供应商管理库存，美的作为供应链里的"链主"（通常也叫核心企业），供应商则追求及时供货。

2. 与供应商一道压缩库存

对于美的来说，相对稳定的供应商共有 300 多家，零配件（出口、内销产品）加起来一共有 30 000 多种。60% 的供货商在美的总部周围，还有部分供应商在车程三天以内的地方，如广东的清远一带，只有 15% 的供应商与美的距离较远。这个供应链为美的实现 VMI 降低了难度。

针对这 15% 的远程供应商，美的在顺德总部（美的出口机型都在顺德生产）建立了不少的仓库，并且仓库被分成了很多片区。运输距离较长的外地供应商一般都会在美的这个仓库里租赁一个片区（仓库所有权归美的），把零配件放到片区里储存。当美的公司用到这些零配件的时候，就会联系供应商，然后完成资金划拨、取货等工作流程。这时，零配件的产权便由供应商转移到美的公司。在此之前，所有的库存成本都由供应商承担。此外，美的在 Oracle 的 ERP 基础上与供应商建立了直接的交货平台。供应商在自己的办公地点就可以看到美的公司的订单内容，如品种、型号、数量和交货时间等。供应商也不需要安装一整套 ERP 系统，而是通过互联网浏览器（Web）的方式，登录到美的公司的系统上。原来供应商与美的每次采购交易都要签订非常多的协议，而现在进行了大量的简化：美的在每年年初时确定供应商，并签下总协议；当价格确定下来以后，美的就在网上发布每次的采购信息，然后由供应商确认信息，这样，采购订单便合法化了。

实施 VMI 后，供应商也不需要像以前一样疲于应付美的公司的订单，备上适当的库存即可。美的具有比较强的 ERP 系统，可以提前预告供货的情况，告诉供应商需要零件部的品种、型号及数量。供应商不需要提前备下很多的存货，通常满足三天的需求即可。实施 VMI 以后，美的零部件库存周转率在 2012 年就提高到 80～90 次/年。零部件库存也由原来平均的 3～5 天存货水平大幅降低为 2 天左右，而且这 3 天的库存也是由供应商管理并承担相应成本的。库存周转率提高后，一系列相关的财务"风向标"也随之"由阴转晴"，让美的公司欣喜不已：资金占用率降低，资金利用效率提高，资金风险下降，库存成本直线下降。但是，美的供应链上还有相当大的优化空间——一部分长线材料、10%的进口材料（主要是集成电路等），因为整个国际订货周期和运输周期都比较长，还需要美的自己备货，如镀锌板就需要两个月左右的库存，有些材料甚至更长——需要六个月的库存。

3. 消解分销链存货

美的公司不仅优化居于业务链后端的供应体系，也在加紧对前端销售体系的渗透。

在经销商环节上，美的几年前已经有基于Oracle开发的销售系统，可以统计到经销商的销售信息（分公司、代理商、型号、数量、日期等），近年来则公开了与经销商的部分电子化往来。在前端销售环节，美的以宝洁公司为新"标杆"。宝洁为全国几大区域总代理都安装了软件，据说每一套软件都价值五六百万元。这样区域经销商的销售、库存情况宝洁都能了然于胸，并做到自动配送。这种管理模式启发了美的公司的管理思路，未来的经销商管理模式也将走向供应商管理库存。即美的作为经销商的供应商，为经销商管理库存。理想的模式是，经销商不用备货了。经销商缺货，美的立刻就会自动送过去，而不需经销商提醒。经销商的库存"实际是我们自己的库存"。这种存货管理上的前移，被认为是提高服务水平和服务质量的重要一步及家电业可能的发展趋势。这样做，美的可以有效地削减和精准地控制销售渠道上昂贵的存货，减少占用经销商的资金。

但是，现有的经销商管理水平显然和美的公司的设想存在着一道"鸿沟"。很多经销商没有系统，自己的库存常常是一个月或最多一个星期统计一次。美的公司难以掌握经销商的存货，这是一种普遍的现象。因此，美的下一步要做的是订单与系统集成，直接掌握每个经销商两个品种的存货量，并实现网上直接下订单。这种集成有点像DRP（分销资源计划），但以前的DRP限于企业内部的物流和货源分布，现在则注重加强与经销商的互动和信息共享。为推动经销商的信息化，美的悄然在广东进行东大金算盘进销存软件的安装试点。对于有兴趣的经销商，美的与经销商各分担一半费用，并由美的协助实施。而美的对金算盘的付费方式是也是比较灵活的：经销商用一套软件，美的就购买一套。目前，试点的经销商一般是中小型的直销型经销商，在全国有1 000家。在此基础上，美的准备大规模推广这套系统。

目前，美的空调成品的年库存周转率接近10次，而美的公司的短期目标是将成品空调的库存周转率再提高1.5～2次。目前美的空调成品的年库存周转率不仅远低于DELL等电脑厂商，也低于年周转率大于10次的韩国厂商，因此美的高层对挖掘周转率潜力寄予厚望。从美的零库存运动中可以明确地看出，零库存是在供应链一体化基础上，本企业与供应商和销售商的协同行动，某个环节不存在库存，但相邻的环节必定存在库存。

资料来源：https://doc.mbalib.com/view/d97ab676f11fd9c11e707b13e1b0870f.html.

美的供应商管理库存的案例启发我们思考：美的实现供应商管理库存具备哪些条件？美的公司的后端供应商库存管理（即美的作为客户）的运作流程是怎样的？美的公司的后端与前端（即美的作为供应商）供应商库存管理在运作过程中的差异有哪些？通过认真思考这几个问题，会使你对供应链管理的面貌有一个初步的认识，下面让我们开启供应链管理的学习旅程。

12.1 供应链管理系统

12.1.1 供应链管理系统的定义

迈克尔·E.波特在1985年提出管理学中的一个新概念，即供应链管理（supply chain management，SCM），其中供应链是由供应商、生产商、分销商、零售商及最终消费者构成的一个完整的链模式。即一条完整的供应链应具有供应商、生产商、分销商、零售商及最终消费者等环节，其围绕核心企业，通过信息流、资金流及物流实现从原材料采购、半成品加工、产成品完成，最后由销售网络把最终产品送到消费者手中的过程。对于供应链管理的概念，不同学者有不同的理解，下面从广义和狭义两个方面对供应链管理进行阐释。广义的供应链管理是描述从原材料开采到使用结束，整个过程中的采购、物流、生产、库存及销售管理的宏观流程。但是，由于广义供应链管理描述的价值链相对复杂，企业无法获得供应链管理提供的全部利益，因而又产生了狭义的供应链管理定义，即供应链管理是指在满足一定的客户服务水平的条件下，为了使整个供应链系统成本达到最小，而把供应商、生产商、仓库、配送中心和渠道商等有效地组织在一起，进行产品生产、转运、分销及销售的管理方法。供应链管理包括计划、采购、生产、配送、退货五大基本内容，下面一一介绍。

（1）计划。这是SCM的策略性部分。企业需要一个策略来管理所有的资源，以满足客户对产品的需求。好的计划可以建立一系列的方法监控供应链，使它能够有效、低成本地为顾客递送高质量和高价值的产品或服务。

（2）采购。选择能为产品和服务提供货品与服务的供应商，和供应商建立一套定价、配送和付款流程并创造方法监控和改善管理，并把对供应商提供的货品和服务的管理流程结合起来，包括提货、核实货单、转送货物到制造部门并批准对供应商的付款等。

（3）生产。安排生产、测试、打包和准备送货所需的活动，是供应链中测量内容最多的环节，包括对质量水平、产品产量和工人的生产效率等的测量。

（4）配送。很多"圈内人"称之为"物流"，是调整用户的订单收据、建立仓库网络、派递送人员提货并送货到顾客手中、建立货品计价系统、接收付款。

（5）退货。这是供应链中的问题处理部分。建立网络接收客户退回的次品和多余产品，并在客户应用产品出问题时提供支持。

现代商业环境给企业带来了巨大的压力，不仅仅是销售产品，还要为客户和消费者提供满意的服务，从而提高其满意度，让其产生幸福感。要在国内和国际市场上赢得客户，必然要求企业的供应链能快速、敏捷、灵活和协作地响应客户的需求。面对多变的供应链环境，构建网状供应链成为现代企业的发展趋势（见图12-1）。

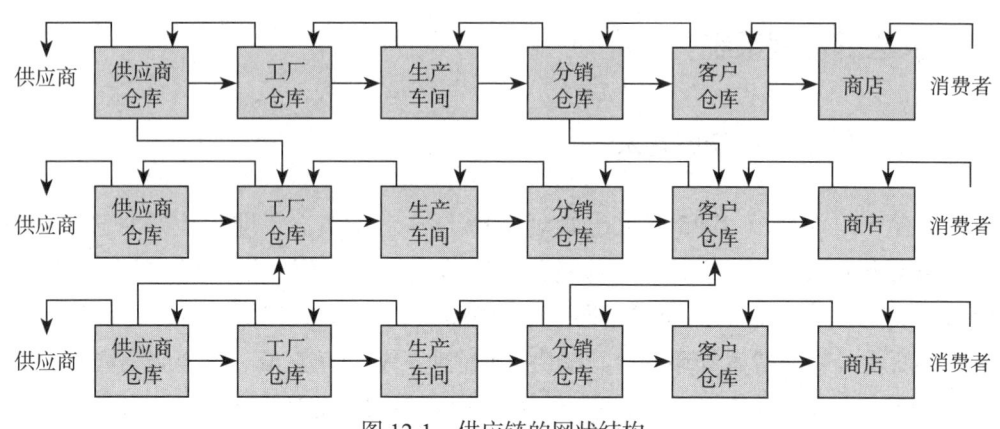

图12-1　供应链的网状结构

供应链管理同时也是一种先进的管理理念，它的先进性体现于以顾客和最终消费者为经营导向，以满足顾客和消费者的最终期望来生产和供应。对供应链管理的理解有以下几点。

（1）以客户为中心。在供应链管理中，顾客服务目标的设定优先于其他目标，它以顾客满意为最高目标。供应链管理本质上是满足顾客需求，它通过降低供应链成本的战略，实现对顾客的快速反应，以此提升顾客满意度，获取竞争优势。

（2）集成化管理。供应链管理的关键是采用集成的思想和方法。它是一种从供应商开始，经由生产商、分销商、零售商，直到最终客户的全要素、全过程的集成化管理模式，是一种新的管理策略。它把不同的企业集成起来以增加整个供应链的效率，注重的是企业之间的协作，以达到全局最优。

（3）对物流一体化的管理。物流一体化是指不同职能部门之间或不同企业之间通过物流合作，达到提升物流效率、降低物流成本的目的。供应链管理实质上是通过物流将企业内部各部门及供应链各节点企业联结起来，改变交易双方利益对立的传统观点，在整个供应链范围内建立起共同利益的协作伙伴关系。供应链管理把从供应商开始到最终消费者的物流活动作为一个整体实行统一管理，始终从整体和全局上把握物流的各项活动，使整个供应链的库存水平最低，实现供应链整体物流最优化。

（4）供应链管理是"外源"整合组织。供应链管理与垂直一体化物流不同，它是在自己的"核心业务"基础上，通过协作的方式来整合外部资源以获得最佳的总体运营效益。

（5）节点企业密切合作、利益共享和风险共担。在供应链管理中，把供应链中的所有节点企业看作一个整体，企业已经超越了组织机构的界限，通过与供应链参与各方实行跨部门、跨职能和跨企业的合作，建立共同利益的合作伙伴关系，发展企业之间稳定的、良好的、共存的互助合作关系，建立双赢的合作关系。

供应链的无效率，如零件的短缺、工厂生产能力利用不足、超额成品库存、物流运输成本增大等问题，均由不正确或不及时的信息引起。如制造商在其库存中存放过多的零件，因为它们不知道或不能准确地知道，下一批货何时从供应商处运到。供应商可能订的原材料过少，原因可能是没有精确的需求信息。这些供应链的无效信息可能浪费的运营成本高达25%。如果制造商要准确地知道顾客需要多少产品、何时需要、何时生产，必须实现一个高效率的准时制（just-in-time，JIT）策略。零件在需要它们的时刻刚好到达，成品在它们刚下线时就被运走。

在一条供应链中，不确定性总会产生，因为在供应链中有许多事件不可能预测，如不确定产品的需求、来自供应商的运输延迟、有缺陷的原材料或零件、生产过程中断等。为了使顾客满意，制造商往往在其库存中保持比它们实际需要还多的库存，以应付这种不确定性与不可预测性。这个安全库存对供应链中灵活性的缺乏起着一个缓冲器的作用。虽然超额库存招致高成本，但满足率低也是昂贵的，因为企业可能因失去订单而蒙受损失。

在供应链管理中一个反复发生的现象，称为牛鞭效应，即需求信息在从供应链一个实体传递到另一个实体时被扭曲了。不准确的信息会造成产品需求的小波动，随着供应链的传递逐渐放大，产品零售中的小波动会造成分销商、制造商与供应商的大量库存。如零售商的某一件商品的需求微小的上升，可能引起分销商、生产制造商、一级供应商、二级供应商（一级供应商的供应商）、三级供应商（二级供应商的供应商）……N级供应商（$N-1$级供应商的供应商）存在大量的库存，使供应链上的每个成员均保有大量的库存，以应对库存的"万一"。供应链末端组织最初计划订单的微小变化经过供应链传递后被无限放大，导致超额的库存、运输、生产及仓储成本（见图12-2）。

当供应链上的所有成员都能获取准确且及时的信息时，成员企业就可以通过减少需求与供应的不确定性克服牛鞭效应。若供应链中的所有成员都可以共享其库存数量、生产计划、动态运输信息，那么各个成员就都能及时动态调整其相应的原料库存、生产计划以及资源分配计划，以帮助供应链的各个成员做出更好的原料采购与生产调度计划。

供应链管理系统（supply chain management systems，SCMS）能够改进与优化供应链活动，其对象是供应链的相关组织与它们之间的信息流、物资流及资金流，应用的方法是协同与集成，其目标为满足客户需求，最终提高供应链的整体竞争能力。供应链管理系统可以帮助企业管理它们与供应商之间的关系，提供订单、生产、库存量、产品和服务递送等信息，并在供应商、采购公司、经销商和物流公司之间实现信息共享，从而使企业在组织和安排采购、生产和销售时能更好地决策。总之，供应链管理系统的最终目标是以最短的时间和最低的成本，掌握从工厂到销售点的产品的准确数量。供应链管理信息系统包括供应链计划系统与供应链执行系统两部分，两者将在12.2节展开介绍。

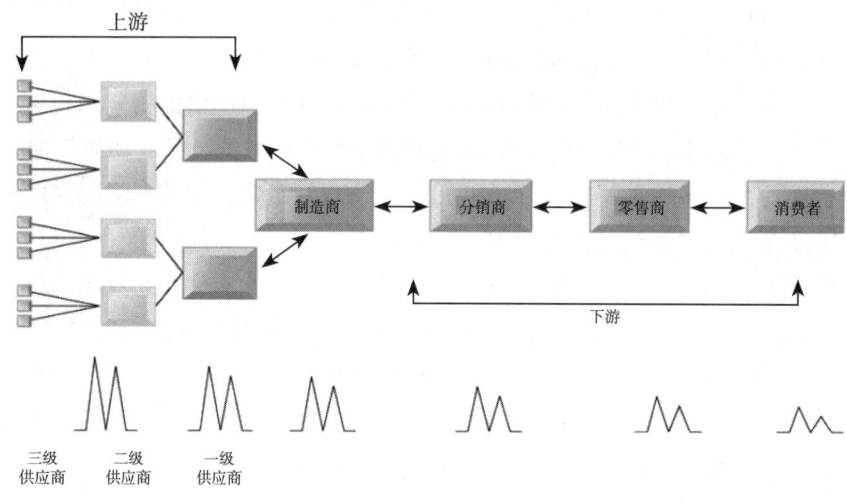

图 12-2 牛鞭效应

12.1.2 供应链管理系统的发展

社会组织和自然界的一切生命体一样，都存在一个起源、成长、发展、成熟及衰退的生命周期。企业要想达到供应链管理系统的最高阶段，一般需要经过五个发展阶段，由企业内部的协调分工到企业间的协作与联盟，最后实现智慧供应链系统。

SCM从其发展轨迹看大致经历了如下几个阶段，如图12-3所示。

1. 初级供应链系统

初级供应链的特点是企业关注其内部部分功能、流程的改进与集成，例如把原材料采购与库存控制集成为物料管理功能，送货与分拣、拣选等集成为配送功能。在美国，为了指导早期的实践，许多企业采用供应链协会开发的"计划、采购、制造、运输"供应链运作参考模型（SCOR）。在这一阶段，几乎所有的企业都将最初的关注焦点放在原材料采购和物流两大功能上。然而，大多数企业在这一阶段不能实现整个企业的均衡发展，它们只满足于由部分功能集成化带来的少量利润，认识不到功能一体化能够给企业带来的益处。因此，它们反对各职能部门之间的协作，也就不会建设对整个公司有利的信息系统。

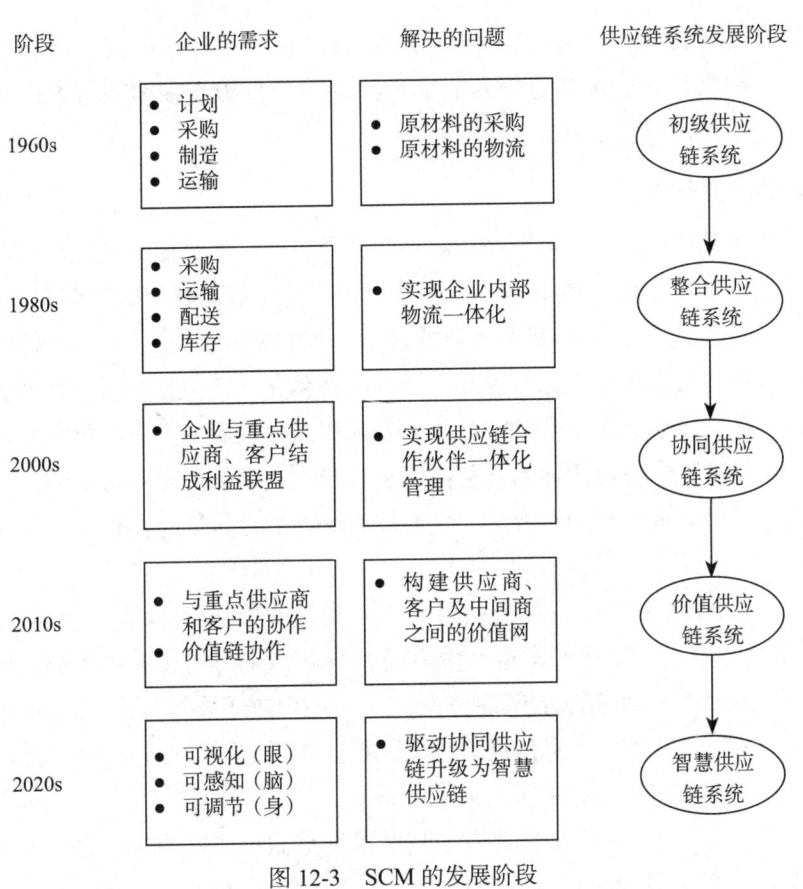

图 12-3 SCM 的发展阶段

资料来源：https://www.sohu.com/a/146068638_610682.

2. 整合供应链系统

整合供应链的特点是企业内部物流一体化，即整个企业供应链系统的优化，把各项分散的物流功能集中起来作为一个系统管理。过去，企业多为分项管理，即把采购、运输、配送、储存、包装、库存控制等物流功能割裂开来，各自为战。各职能部门都力图使自己的运作成本最小化，却忽略了整个企业的总成本，忽视了各功能要素之间的相互作用。而事实上，各部分的优化并不能保证整个企业的最优化，因为企业的各功能要素之间存在冲突。

在整合供应链系统阶段，企业开始意识到企业实施供应链一体化管理所产生的利润，并力求在这一进程中领先。原材料采购上升到了具有战略意义的地位，并且承担了决定供应链整合阶段全部交易成败的责任。随着企业把注意力集中于最有战略意义的供应商，企业间的关系发展为更高级的买卖关系。同时，企业的物流部门开始关注资产的利用和配送系统的效率，但关键之处在于寻求最好的物流服务供应商承担准确、及时的运输配送业务。交易活动的自动化与信息化使得各部门之间保持信息畅通，有助于装卸、搬运及仓库管理人员满足顾客的需求。此外，需求管理在这一阶段成为一个很重要的因素，原因是企业逐渐意识到需求预测的准确与否直接影响着生产和制造的准确性。

3. 协同供应链系统

企业逐渐意识到产品的竞争力并非由一个企业决定，而是由产品的供应链决定，于是开始与关系较近的合作伙伴实施一体化管理。以前企业尽量将成本转嫁给供应链上、下游的企业，这样或许会降低某个企业的成本，但它好比把钱从一个口袋放入另一个口袋，钱的总数并没有发生变化。因此，成本的转移无法减少整个供应链的成本，最终仍要反映在产品售价上。由于产品的竞争力并未提高，最后受损失的仍将是供应链中的所有企业，所以牺牲供应链伙伴的利益以谋求自身利益的做法是不可取的。于是，有战略眼光的企业开始寻求一种变通方法，先与关系密切的合作伙伴协作，共同寻找降低成本、改善服务的途径。

从供应商的角度来看，随着企业与重点供应商结成利益同盟，供应商关系管理（SRM）变得日益重要。企业经常邀请供应商参与其销售与运作计划（S&OP）的筹划，提出能够更好地满足顾客需求的解决方案。企业还引进了仓库管理系统和运输管理系统，加强了与关键供应商的信息沟通。总之，企业与重点供应商在物流、运输和仓储等方面建立了长期的合作与战略伙伴关系。

从顾客的角度来看，企业对顾客与市场需求能够做出快速响应，力求更好地理解和满足顾客需求，提供更为贴切的服务和产品。任何供应链只有唯一的收入来源——顾客。顾客是供应链中唯一真正的资金流入点，其他所有的现金流动只不过是发生在供应链中的资金交换，这种资金交换增加了供应链的运作成本。因此，顾客是核心，企业只有尽早、充分地意识到这一点，密切与顾客的关系，通过互联网等高新技术了解顾客想要什么、什么时候想要，然后快速地交货，才能实现整条供应链的利润"共赢"。总之，在第三阶段，企业利用各种工具、技术与重点供应商和客户协作，能够缩短产品生命周期，更快地占领市场，更有效地利用资产，实现"双赢"。

4. 价值供应链系统

企业不仅要与重点供应商和客户协作，而且需要整合企业的上下游企业，将上游供应商、下游客户及服务供应商、内容提供商（ICP）、中间商等进行垂直一体化的整合，构成一个价值链网络，追求系统的整体最优化。这一阶段的协作被称为"价值链协作"。企业试图通过价值链中其他合作伙伴的帮助来建立其在行业中的支配地位。当每个价值链成员的活动都像乐队队员按相同乐谱演奏那样时，延误程度将降到最低。供应商知道何时增加生产，运输公司能够掌握何时提供额外的车辆，分销商也可以及时地进行调整。价值链成员之间利用网络共享信息，因此它们能够更加敏捷地发现机遇，达到更高的绩效水平。

在这个阶段，电子商务、网上交易和电子通信技术的应用对实现价值链的可视化是至关重要的。这个阶段的两个特征是协同设计与制造（CDM）以及协同规划、预测和补货（CPFR）。

5. 智慧供应链系统

这是供应链发展的最高阶段。在这一阶段，所有供应链的成员能够实现有效沟通、密切合作以及技术共享，以获得市场的支配地位。当今时代，大数据、人工智能、机器人、无人机、物联网、VR/AR、区块链等新技术层出不穷，让人眼花缭乱，茫然不知所措。假如没有一双慧眼，没有一颗清醒的大脑，没有一个灵活的身体，即便投入再多的资金，拥有再先进的技术，也同样无济于事，对于建立真正的智慧供应链毫无价值可言。只有当技术的应用围绕三大目标展开，才能真正驱动协同供应链升级为智慧供应链。这三大目标是：Visibility 可视化（眼）、Sensibility 可感知（脑）、Adaptability 可调节（身）。

（1）可视化 Visibility（眼）

供应链管理中有个概念叫作端到端（end to end），上端延伸到原材料的采购，一级、二级、三级、N级供应商，直至原料开采的源端，下端延伸到一级、二级、三级、N级分销商，直至最终用户。对于这个长长链条上的企业，存在着所谓的"神龙效应"：犹如一条神龙穿梭在云中，要不就是见头不见尾，要不就是见尾不见头，根本看不清全貌，即可视化程度不高。如果连供应链的全貌都看不清楚，智慧更是遥不可及。因此，智慧供应链首先要做到可视。

（2）可感知 Sensibility（脑）

"可感知"指的是，我们是否有能力快速捕捉到供应链体系中出现的问题，并为下一步行动发出信号和预警。"可感知"不同于"可视化"，却建立在"可视化"的基础之上。"可视化"类似于我们在商场里安装的摄像头，它的覆盖面有多宽，清晰度有多高，表示了我们的可视化程度有多高，但是仅仅有全面覆盖的摄像头还不能保证商场不丢东西，故需要"可感知"。"可感知"是在摄像头上增加了动态图像捕捉系统，能够对可疑事件进行分析，并及时对风险进行预警和报告。在供应链架构中，"可感知"意味着一系列由事件激发的管理流程，即当A事件发生时，触发了B动作，以及后续一系列相应的动作。犹如我们在供应链上构建了一套神经网络，让供应链具备了感知能力。

（3）可调节 Adaptability（身）

智慧供应链不仅要做到可视、可感知，还要可调节。简单而言，就是看见了（可视），也感受到了（可感知），但是假如没有办法做出及时的反应和调整（可调节），前面的可视、可感知就失去了意义。可调节也被称为供应链的柔性（Flexibility）。供应链架构设计应遵循结构化或模块化的设计原则，体系内部逻辑清晰，具备可拓展性。当客户的需求、市场条件等发生变化时，供应链体系能够快速进行响应和调整。缺乏可调节能力（柔性）的供应链将会面临巨大的危机，即便知道了危机所在，也没有能力做任何调整，或者调整的难度巨大、成本太高，导致企业在危机面前无能为力。

12.1.3 供应链管理系统的商业价值

供应链管理是借助信息技术和管理技术，将供应链上业务伙伴的业务流程相互集成，从而有效地管理从原材料采购、产品生产、分销、零售，直到交付给最终用户的全过程。供应链管理系统则贯通企业的内部与外部供应链过程，并为管理人员提供精确的采购、生产、储存、运输等相关信息，以实现供应与需求相匹配，减少库存水平，改善物流服务，加快产品上市，并在提高客户满意度的同时，降低整个系统的成本，提高供应链上各个企业的效益。因此，供应链管理系统的商业价值可以从以下几个方面来阐述。

1. 数据传输安全，提升供应链管理效率

系统将企业管理与外围企业管理有机地结合在一起，解决了因供应商不集中、产品品种太多、订单过于频繁等情况而导致的供应商、生产商及分销商之间存在的沟通问题、数据传输及时性问题、数据安全性问题、数据完整性问题等，整合生产商与上游资源，实现供应链管理效率，加快产品上市时间。

2. 供应和需求进行有效匹配，降低库存水平

信息沟通及时，以促进采购、生产、销售、物流等环节完美整合。分销商或零售商通过供应链管理系统发布需求信息，从而使供应商与生产商能及时组织采购、生产、发货等工作，能通过供应链管理系统知道货品从供应商、生产商、分销商到零售商的整个物流过程。生产商也能通过供应链管理系统了解到自己所生产商品在分销商的库存及销售情况，与供应商与分销商互动，以有效降低库存水平。

3. 缩短生产周期，降低企业运营成本

企业采用供应链管理系统可以缩短与供应商的业务洽谈时间，大幅度减少采购成本。供应商也能通过系统了解企业自身的产品应用情况，及时做出合理的补货策略，缩短物料加工、信息处理、产品开发以及信息基础设施建设等环节的周期，提高对产品上市时间的要求，进而开展基于时间的竞争。

4. 促进业务合作，建立良好的供应商关系

通过改善与供应商的业务处理流程，与供应商进行协同办公，进行密切的信息交换，加强了对例外事件管理的能力和响应速度，与供应商建立稳固、长期的合作伙伴关系，同时与上游供应商及下游客户建立一种长期、互相信赖的关系。

12.2 供应链管理系统的功能

12.2.1 供应链计划系统

供应链计划系统（supply chain planning systems，SCPS）是参考供应链管理的思想，模拟公司实际供应链业务，生成产品的需求预测计划，制订最佳的采购与生产计划。SCPS 能够帮助管理人员做出更加科学的决策，如在当前生产期间内生产多少产品，需要多少原材料、半成品及辅助生产材料，确定如何放置与存储产成品，如何选择合适的产品物流模式等。SCPS 包括生产计划、采购计划、营销计划与运输计划等模块。

1. 生产计划模块

利用营销计划功能，在销售预测和其他选择的关键指标基础上，生成实际可行且一致性强的生产计划和日期。然后，在生产计划子模块中，将这些计划数字分解成各种产品级别，从而生成采购计划。在采购计划子模块中，系统会计算出所需物料的采购数量和日期。在此计划阶段，可同时规划出物料需求计划，从而利用生产计划子模块及时发现可能出现的生产能力瓶颈，以采取必要的预防措施。

2. 采购计划模块

采购计划是对所有生产中心的负荷能力进行平衡后得出的详细生产计划。采购计划是一种短期的、当前实际应用的计划。生产计划与生产订单处理和重复制造功能是集成在一起的。各种派工策略和灵活的工作计划表可以帮助进行生产资源规划。如利用看板技术控制生产，一旦物料数量低于看板水平，系统就会自动触发一个补货或生产需求。在供应链管理系统的看板模块中，存在各种补货策略，它们可以用于内部生产、外部采购与存货调配，其补货信号可以由条形码或图形看板来触发。

3. 营销计划模块

营销计划模块可以解释为供应链的调度系统。营销计划模块帮助企业管理分销中心，并保证产品可订货、可盈利以及生产能力可用。营销计划帮助企业分析原始信息，协助企业建立优化的存货管理策略。它可以提供生产商与分销商终端到终端的透明度，减少存货投资。

4. 运输计划模块

运输计划是对整个供应链的运输需求做出计划，帮助确定将产品送达客户的最佳途径。运输计划模块对采购计划与营销计划进行归类，并充分利用现有的运输能力。供应链计划系统中的运输计划模块集成采购计划、生产计划、营销计划所派生的运输需求，在运输资源限制和成本约束条件下，以最小化供应链总运输成本为目标制订计划。运输信息必须与其他计划系统之间保持良好的共享，这样才能保证与其他计划系统之间的信息同步性，客户可以了解到自身订单的运输状态，采购计划可以检索所需要原材料的在途信息，营销计划可以随时掌握产品动态。

供应链计划系统提供了大量的工具。这些工具可以确保对企业生产流程中的物流进行高质量的策划和控制，有利于企业管理人员做出必要的调整以适合企业内部的特定需要，将计划人员、作业排程人员和生产排程人员从大量日常烦琐的工作中解放出来，省出更多的时间集中处理更重要的经营活动。

12.2.2 供应链执行系统

供应链执行系统（supply chain execution systems，SCES）负责管理分销中心与仓库物流，保证以最高效的方式将产品送到正确的地点。SCES可以跟踪产品的物理状态，管理供应链成员的原材料、半成品、产成品、运输模式与财务信息。

传统的供应链管理系统由推动式供应链模型所驱动，亦被称为基于库存的生产。在推动式供应链模型中，主生产计划基于对产品需求的最佳猜测，将产品"推"向客户（见图12-4）。随着信息技术的快速发展，基于互联网的工具使协同信息集成成为可能，供应链管理更易于实现由拉动式供应链模型驱动。拉动式供应链模型亦被称为需求驱动生产模型。在拉动模型中，客户的实际需求或采购行为触发供应链的响应。根据客户订单实际需求形成的生产计划与运输计划逆供应链而上，从零售商到分销商，再到生产商，最后到达供应商（见图12-5）。反之，按照订单计划生产出来的产品顺着供应链再回到零售商。生产商按照订单的实际需求信息，驱动其生产计划与原材料采购计划，安排生产日程。

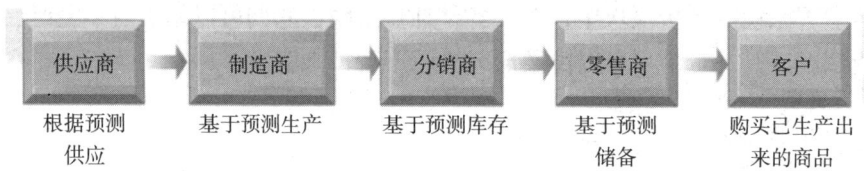

图12-4　推动式供应链模型

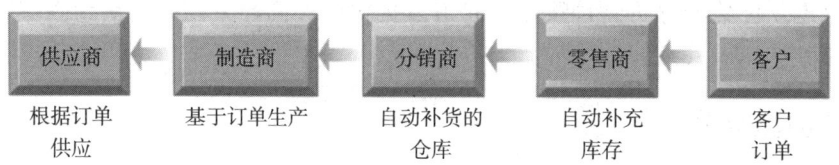

图12-5　拉动式供应链模型

供应链执行系统由订单计划、采购、生产、存货和分销等模块组成。供应链执行系统不仅包含了用于简化需求计划的管理模块，还具有货仓管理及发票校验这些业务流程所必需的所有功能，而且对采购、生产、存货及分销等标准工作程序进行了高度自动化。

1. 采购管理模块

根据生成的采购计划，参考客户的重要性、满足订单履行时间的要求可制定订单履行计划，系统把这些请购单传递给采购模块，将它们转换成采购订单。采购人员可以任意应用各种高级工具，从特殊的采购主数据维护、询价请求，再到报价及框架协议。如采购人员可以在采购过程中自动比较价格，自动进行供应商选择或自动输入采购订单。供应商评估功能可以按照预先设定的选择条件找出最满意的供应商，也可以在采购文档被进一步处理之前对它们选择应用下达和批准程序。采购活动可由被授权员工利用电子签名批准。采购人员可以将采购订单或预测交货日程表通过硬拷贝或电子手段（如 EDI）发送给供应商。采购历史可以帮助监控订单的状态并跟踪已收到的物料或发票。

2. 生产管理模块

生产管理主要指在特定场所进行的组装，包括装配、包装及贴标签等活动；根据企业的生产方式，可以选用生产订单处理、重复性制造或看板生产控制方式。生产订单主要用于离散型灵活作业。它提供广泛的状态管理功能、逐单控制功能以及与各种生产作业相关的功能。重复制造，适用于某些特定生产线在相当长的期间进行产品重复生产的制造商，其生产计划和控制以及监控作业通常都是基于时间段及数量进行的。供应链管理系统重复制造模块利用生产率和生产线方式来满足这种类型生产的需求。能力计划与生产订单处理和重复制造功能是集成在一起的。各种派工策略和一个灵活的工作计划表可以帮助生产管理人员进行生产资源规划。如利用看板技术控制生产，一旦物料数量低于看板水平，系统就会自动触发补货或生产需求。

3. 存货管理模块

存货管理策略的目标是尽可能减少流水线的库存。在存货管理模块中的物料存货是基于价值与数量来进行管理的，这个模块支持最通用的收货、发货和存货调配业务流程，并能帮助企业管理特殊存货（如批次管理、托管存货、项目存货、可退回的运输包装材料或承包商库存的转包元件），货物移动的自动过账会令财务会计、资产会计和管理会计三方面的存货价值更新。不管企业是进行阶段性或连续性盘点，还是进行大盘点，甚至应用抽样或周期性盘点手段，系统都可以提供一系列方法帮助库存管理人员输入数据并提供各种自动评估功能。存货管理模块可以灵活而自动地处理货物的移动，维护所有当前在高度复杂货仓结构中的存货记录。存货管理应用模块与供应链管理系统其他应用模块是相互集成的并直接连接在一起，包括采购管理、生产管理、分销管理和生产计划管理（PP）。采用先进的入仓和拣货技术，存货管理模块优化了物流和仓储能力，将货物存放于最佳位置，在需要的时候立即就能找到。

4. 分销管理模块

分销（销售）管理模块是对产成品从制造商到配送中心再到最终消费者的整个过程的管理。分销模块还可以帮助管理各种合同。这些合同可以是一般性合同，也可以是更具体的租约合同。利用这些合同，系统可以设定交货数量、交货日期和价格。系统还支持日程交货协议和更复杂的诸如准时（JIT）交货时间要求。可以利用服务管理应用软件功能来跟踪产品情况。服务管理应用软件提供一整套的功能，包括电话请求管理、保修管理以及维护维修合同处理，可以使按时交货成为企业销售的运营规范。

12.3 供应链管理系统的实施与应用

12.3.1 供应链管理系统的实施

供应链管理系统的实施分成规划、内部整合、外部整合、跨企业协作四个阶段。在实施供应链管理系统之前，供应链中的核心企业应具备完善和成熟的信息系统。

1. 规划

在进行供应链管理系统实施之前，我们强烈建议进行一个系统建设规划，它可以保证系统顺利实施。规划阶段的工作主要有如下方面。

第一，成立规划项目组，可以由供应链管理咨询专家和各成员企业信息中心相关人员组成。

第二，选择先进的技术平台和技术标准，主要有 B/S 三层或多层架构、J2EE 平台规范和 Web Service 标准等。

第三，制定数据编码标准，选择数据描述和转换技术。成员企业之间数据编码方式往往不同，这就需要制定交换数据的编码方式以及转换标准。通常采用 XML 技术来进行数据描述和转换。

第四，设置系统规划和实施阶段里程碑，并制定进度表。

第五，对系统所需的资金进行估算。

第六，成立实施项目组。

2. 内部整合

为了适应供应链协作的需要，企业内部原有的相关业务流程也需要进行业务流程重组（BPR），剔除和整合无效率环节，以实现供应链上关联流程的一体化、全过程的管理。同时，对企业内部与其他成员企业功能相同或相似的职能部门进行改组、合并或者撤销，以实现集约化管理，为供应链管理系统的实施打下基础。

3. 外部整合

企业之间的 BPR 是在企业内部 BPR 的基础上，充分利用企业之间的信息，进一步对不同企业成员的业务流程进行重组或者优化，以缩短采购环节以及对顾客的响应时间，缩短提前期，提高客户满意度。主要包括如下方面。

第一，建立战略合作伙伴关系。

第二，确定共同商业目标和行动计划。

第三，确定和执行共同的供应链流程。

第四，确定需要共享和传递的数据范围。

第五，确定共同的绩效指标并进行考核。

4. 跨企业协作

在内外部整合的基础上，要建立合作伙伴之间的 IT 和电子商务环境下的协作供应链战略和支撑系统，主要包括如下方面。

第一，在整合协作企业的共同商业目标和流程的基础上，实施基于互联网的供应链管理系统，实现计划的实时制定、决策和执行。

第二，核心企业将相关上下游企业的 Web Service 集成到自身系统中，在上下游企业间建立起 Internet 连接，使相关企业都能交换和共享信息。

第三，根据"外部整合"工作中制定的绩效指标，对电子化供应链的运作情况进行评估，协调各成员间的运作方式，并根据实际需要对信息平台进行调整。

12.3.2 供应链管理系统的应用

任何供应链的过程都是从原材料到产品，再到终端客户。使用供应链管理可以获得更多的销售额和回报，减少欺诈和多余的成本，提高质量。更重要的是，这也会提升产能和销售。供应链在理论上看起来很简单，但实际上维护供应链是个非常困难的任务，哪怕对于很小的企业。将供应链中的不同元素互相集成在一起，最终达到解决效率的问题。为了解决这些低效率并节省企业的成本，不同的技术（如人工智能和机器学习）都可以应用到供应链管理上。在这些技术里面，物联网与区块链这两种新技术也能够对供应链管理的方法产生影响。

1. 物联网在供应链管理中的应用[⊖]

物联网支持的供应链将生产商与最终消费者（企业或个人）通过智能设备网络连接起来。该网络不仅能够以最精细的形式从一端到另一端收集和传输实时信息，还使供应链所有者能够控制每个阶段的活动。这将确保供应链可以在适当的时间向适当的人交付

⊖ 资料来源：http://www.elecfans.com/iot/1040818.html。

适当数量的货物或信息。物联网可以从以下几个方面为供应链助力。

（1）跟踪货物移动

物流是供应链的关键推动者，因为它负责将货物和资源从供应链的一端转移到另一端。物流通常由第三方服务商提供。虽然可以以固定时间和距离间隔报告货物的运输状态，但货物的预计到达时间通常被误判，这可能会在供应链中造成不必要的麻烦。此外，如肉类、牛奶和农产品等易腐货物必须在适当的储存条件下运输，这意味着运载车厢必须保持在特定的温度和湿度水平下。利用物联网网络，企业可以监控货物在运输过程中的维护条件。当这些条件处于非最佳水平时，可以远程更改储藏条件，或者，物联网网络也可以根据情况自动调节货箱内的温度。物联网还可以帮助保护运输中的货物，防止被盗和丢失。利益相关方可以使用GPS和其他跟踪方法随时掌握货物的位置。

（2）监控库存

现代供应链在其库存中保持最佳数量的原材料以实施精益生产操作。要做到这一点，需要保持足够的供应量，以避免耗尽和停止运营，同时确保不积压货物。这要求在库存达到特定水平时，根据多种因素订购补充原材料。物联网传感器可用于监控生产商的库存，并在数量降至临界水平时通知相关人员。这可以使生产商及时订购补货，以确保最低成本、最小浪费和不间断运行。

（3）维护设备

供应链通常涉及许多设备，无论是生产工具（重型机械）还是运输工具（卡车）。这些设备必须始终保持在最佳的状态和性能水平，以确保业务运营的连续性。由于设备故障导致的任何停工都可能引发连锁反应，从而影响整个供应链，并可能导致严重的财务损失。物联网传感器可用于持续监测生产流程和设备，以捕获任何异常情况，这样可以让维修人员在故障变得严重之前检查和修复任何问题。及时进行此类维修与维护操作，不仅有助于防止任何不必要的停机，还可以防止严重的、不可修复的设备损坏，这些损坏可能导致未来的巨额开支。物联网传感器也可以安装在运输的车辆上，以跟踪其性能和健康状况。这可以通过在需要时触发预防性维护，来最大限度地减少材料、组件和成品的运输和交付延迟。

（4）评估需求

物联网已经在零售业转型中发挥了重要作用，而零售商店则是供应链的销售和分销渠道。在商店中可以安装物联网传感器，以便跟踪货架上不同商品的数量。这些传感器可以连接到供应链的其他部分，包括仓库、配送中心和生产厂商。当商店中的某种商品即将售完时，传感器会检测到它，并通过物联网网络通知最近的仓库。当仓库中某种货物的储量不足时，可以通知制造商，或触发位于那里的物联网设备与供应商进行通信，等等。因此，物联网可以自动化供应链不同部分之间的协调，以最大限度地提高整体生产力。

物联网助力的供应链管理优势明显。其一是可见性。供应链的所有其他成员都可以实时了解其他合作伙伴的流程和需求。这使所有供应链中的合作伙伴能够同步它们的运营，以实现最高效率。其二是可控性。除了能够监控自己和合作伙伴的流程之外，它们还能自动、即时控制流程参数，从而更好地应对紧急情况，完全由物联网支持的供应链可以将时间、材料和资金的浪费降到最低。此外，物联网支持的供应链通过持续的沟通、可见性和可控性，来实现合作伙伴之间的完美协调，这意味着可以在适当的地点和时间提供适当数量的货物或资源——确保最大的运营效率。

为了应对日益复杂的供应链，企业将需要多种形式的数字技术，而物联网恰好就是其中之一。除了物联网之外，区块链等技术在供应链管理中的应用也被认为会给行业带来革命性变化。然而，行业中引入的任何新技术都必须建立在物联网支持的供应链框架之上并与之集成。

2. 区块链在供应链管理中的应用[⊖]

你是否想过，每天使用的手机来自何处？或者说，你买的衣服、吃的食物都来自何处？在这些产品的背后，有着不同因素相连接的整个产业链。这条连接的链，也被称为供应链。例如衣服供应链，包括了成衣、针织物以及制造产业在内的诸多环节，全球大约有 6 000 万劳动力从事相关工作。服装行业的供应链是通过互相连接来实现的。区块链可以解决供应链中的很多问题，例如记录以及追踪产品。以下是区块链在供应链行业的用处。

（1）物源追踪

在基于区块链的供应链管理体系中，记录存储和溯源都比较容易，因为企业的信息可以通过内置感应器和 RFID 标签来获得。产品从起源地到终点所有的过程都可以通过区块链来追踪。而且，这类准确的溯源方式，可以用来检测供应链中的缺陷。大型企业在供应链管理上涉及很多因素，利用区块链技术可以对供应链上下游企业，甚至跨国企业的每个记录进行跟踪，这将有效地降低追踪成本，进而维护了客户关系。

（2）降低成本

通过区块链，产品在供应链中的实时追踪会降低整体转移的成本。根据供应链工作人员的相关调查，以及数字供应链协会的数据，超过 1/3 的人认为降低成本是区块链在供应链中的主要作用。当区块链被用来加速供应链的管理流程，就会自动减少系统中多余的成本，同时还能保证交易的安全性。在供应链中减少和去除中介减少了欺诈成本，解决了产品的问题，也达到了省钱的效果。客户和供应商可以使用数字货币在供应链中进行支付，而不是依赖于 EDI。而且，效率可以提高，产品丢失的风险也会因为准确的记录而降低。

⊖ 资料来源 //www.inpai.com.cn/news/new/20180815/752.html。

（3）建立信任

在复杂的区块链中，多方之间的信任是十分必要的。如当生产商和供应商分享产品信息时，产品的规格、等级、所含主要成分的名称及含量等信息都依赖于生产过程中的各种安全标准。同时，当讨论到监管条例，如海关条例，信任就会显得很重要。区块链的不可更改性可以防止造假并建立信任。

将区块链技术应用到供应链管理的最突出的优势之一，就是它可以让数据的交互性更强。由此，企业可以更容易地同制造商还有供应商等来分享信息和数据。区块链的透明性可以帮助减少延迟，同时防止产品停滞在供应链上。每个产品都能实时追踪，产生错误的概率很低。区块链技术为大型数据库扩容性提供了可能，也提供了更高级别的安全性和根据数据进行自定义的能力。而且，区块链可以通过私人方式来创建，可以让数据在获得权限的不同个体之间流转。

使用区块链的价值就是可以获得连接不同账本和数据的价值，同时也能保证多个参与者能够维持数据的完整度。区块链技术的透明和不可更改特性，能够解除供应链中的欺诈情况，并且保持系统的完整性。

案例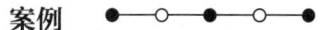

基于物联网技术的农产品供应链管理

农产品供应链管理是当今国内外研究的热点之一，农产品供应链管理是其中的一个重要研究方向，并成为农产品生产、加工、交易和流通企业有力的竞争工具之一。随着农产品贸易自由化、全球化进程的加快，农产品从最初的生产到最终用户的管理行为日趋复杂，对农产品安全与质量的要求日益严格。在这种情况下，农产品的生产经营单位应从组织生产、满足日益变化的个性化需求、降低物流运作成本、严把农产品安全与质量关出发，由从农产品生产者到消费者组成的供应链管理来协调解决这些问题。

农产品供应链是由农民（农产品生产者）、农产品交易商、农产品采购加工企业、农产品分销、零售商和物流配送者以及最终消费者等"从田间到餐桌"的上下游构成的供应链网络体系。农产品供应链管理是农产品与食品生产销售等组织为了降低食品和农产品物流成本、提高其质量安全和物流服务水平而进行的一体化运作模式。农产品生产的区域性、季节性、分散性等特点十分突出。同时，生鲜农产品又是人们的生活必需品，消费弹性小，具有消费普遍性和分散性的特点。由于农产品的诸多特性，农产品供应链具有资产专用性高、市场不确定性较大、市场力量不均衡、对物流的要求高等特点。

目前国内农产品供应链管理实践发展相对滞后，影响了食用农产品的质量安全，也影响了供应链参与者的经济效益，主要体现为如下方面。

（1）对农产品供应链管理的市场导向观念认识不足

当前难以形成计划、生产、运输、交易销售、服务和监管为一体的食用农产品供应链。大部分农户、经销商一盘散沙,农户生产或养殖的产品直接交由经销商收购,或者直接去农贸市场销售,没有计划性,对市场变化反应慢。生产组织分散,经营规模小,组织化程度低,削弱了供应链组织的竞争优势。

(2)食用农产品供应链组织中缺乏真正有领导能力的核心企业

在现实的管理实践中,食用农产品供应链的核心企业多是加工生产企业或销售企业,然而这些企业受自身规模的影响,或过多地考虑自身的利益,在供应链中所起的领导作用不明显,这削弱了食用农产品供应链作为战略联盟的整体竞争优势。社会化资源整合能力的不足等使得供应链管理中参与各方处于断裂或较少关联的自流状态下,无法形成供应链的一体化组织协同运作。

(3)市场竞争的无序导致供应链人为割裂,供应链一体化程度低

首先,食用农产品市场法律法规建设的薄弱和区域性壁垒导致市场分布的人为割裂;其次农产品交易的市场体系、交易方式、服务手段建设的落后,很难使全国农产品供应链形成统一高效的一体化网络。

(4)农产品供应链流通基础设施建设相对落后

当前缺乏统一的食用农产品供应链质量安全管理信息平台,冷链物流建设落后,食用农产品供应链质量监管体系不健全等。

(5)不重视供应链管理中极为关键的信息化平台的搭建,造成信息不对称

忽视供应链管理中极为关键的信息化平台的搭建,造成信息分享不及时,从而引起经营成本、管理成本、决策成本、采购成本、运输成本、包装成本、生产加工成本、市场成本无形中被加大,农产品市场价格波动比较大。

农产品供应链链条长,流通环节多,各节点之间信息流通不畅,不仅影响了食用农产品的质量安全和供应链参与者的经济效益,而且严重制约了我国现代农业的发展。"物联网"成为目前国内的研究热点,也为农产品供应链的优化带来了契机,使农产品供应链的高效管理成为可能。物联网在农产品供应链管理中的应用也代表了未来农产品流通信息化发展的方向,必将为农产品生产、流通的信息化发展带来极其深刻的影响,进而引领现代农业的发展。因此,物联网在农产品供应链管理中的应用具有非常重要的意义。

资料来源:https://www.sohu.com/a/408684547_120752328?_trans_=000014.

案例

基于区块链技术的食品供应链

食品供应链的复杂程度越来越高,由此食品生产者,供应商和零售店很难确保整个供应链上产品的真实性。食品安全的问题包含跨供应链认证和食品问题的泛化,都是因

为缺乏数据的可追踪性，导致溯源工作困难重重。如果想查询真正的原因，往往需要花费几天甚至几个月的时间。这导致了食品相关的问题往往久拖不决。

消费者逐渐明白，在食品供应链中，透明性是非常重要的。目前，大约有12%的消费者相信品牌，同时有94%的消费者认为，了解他们所购买产品的信息则更加重要。区块链解决了复杂供应链的问题，能够通过平台提供准确的信息。由于将区块链应用到供应链系统中，不要任何第三方的验证，以及任何基于共识的东西，用户和操作者都必须按照规则来办事。

区块链给食品供应链带来了很多优势。食品生产商可以保证货物的来源和质量，同时追踪供应链中的任何虚假情况。如果遇到身份欺诈，供应商就会被警告，然后消息就会发送给零售商，甚至是在商品到达目的地之前。

类似地，对于零售商而言，如果食品在存储的时候被破坏，它就能够验证并且移除这些产品，而不是检查所有库存。通过区块链技术，食品的安全状况变得透明和开放，这就让消费可以识别和消费高品质的食品。

资料来源：http://www.nyguancha.com/bencandy.php?fid=71&id=11690.

● 思 考 题

1. 如何全面地理解 SCM 的概念？
2. 简述牛鞭效应。
3. 简述供应链计划系统主要包括哪些模块，每个模块有哪些主要功能。
4. 简述供应链执行系统主要包括哪些模块，每个模块有哪些主要功能。
5. 简述供应链系统的商业价值。

● 课后案例

百胜物流降低连锁餐饮企业运输成本之道

百胜中国控股有限公司控股品牌

百胜中国控股有限公司是中国领先的餐饮公司,致力于成为全球最具有创新性的餐饮先锋。自从1987年第一家餐厅开业以来,截至2020年3月31日,百胜中国在中国的足迹遍布所有省市自治区(港澳台除外),在1400多座城市经营着9295家餐厅。2020年,百胜中国位列《财富》美国500强排行榜第361位。百胜中国于2019年、2020年连续两年入选彭博性别平等指数,并荣获中国杰出雇主认证。

对于连锁餐饮业来说,靠物流手段节省成本并不容易。然而,作为肯德基、必胜客等业内巨头的指定物流提供商,百胜物流公司抓住运输环节大显身手。通过合理的运输安排,降低配送频率,实施歇业时间送货等优化管理方法,百胜物流有效地实现了物流成本的"缩水",给业内管理者指出了一条细致而周密的降低物流成本之路。由于原料价格相差不大,物流成本始终是企业成本竞争的焦点。有关资料显示,在一家连锁餐饮企业的总体配送成本中,运输成本占到60%左右,而运输成本中的55%~60%又是可以控制的。因此,降低物流成本应当紧紧围绕运输这个核心环节。下面介绍一下百胜物流降低运输成本的途径。

1. 合理安排运输排程

运输排程的意义就在于,在货量许可的条件下,尽可能地使车辆满载,并对运输路线做相应的调整,以减少总行驶里程数。由于连锁餐饮业餐厅的进货时间是事先约定好的,这就需要配送中心就餐厅的需要,制作一个类似列车时刻表的主班表,此表是针对连锁餐饮业餐厅的进货时间和路线详细规划制定的。餐厅的销售存在季节性波动,因此,主班表至少有旺季、淡季两套方案。有必要的话,应该在每次营业季节转换时重新审核运输排程表。安排主班表的基本思路是,首先计算每家餐厅的平均订货量,设计出若干条送货路线,覆盖所有的连锁餐厅,最终达到总行驶里程最短、所需司机人数和车辆数最少的目的。规划主班表并不简单,具体问题十分复杂。

运输排程的构想最初起源于运筹学中的路线原理,从起点 A 至终点 O 有多条路径可供选择,每条路径的长度各不相同,要求找到最短的路径。实际问题的建模要比这个模型复杂得多。首先,需要了解最短路线的点数,从图上的几个点增加到成百甚至上千个,路径的数量也相应增多到成千上万条;其次,每个点都有一定数量的货物流需要配送或提取,因此要寻找的不仅仅是一条串联所有点的最短路线,而是每条串联几个点的若干条路线的最优组合;最后,还需要考虑许多约束限制条件,如车辆装载能力、车辆数目、每个点在相应的时间开放窗口等,问题的复杂度随着约束条件的增加呈几何级数增长。要解决这些问题,需要用线性规划、整数规划等数学工具。目前市场上有一些软件公司能够以这些数学解题方法作为引擎,结合连锁餐饮业的物流配送需求,开发出优化运输路线安排的软件。

在主班表确定以后,就要进入每日运输排程,也就是每天要审视各条路线的实际货量,根据实际货量对配送路线进行调整,通过对所有路线逐一进行安排,可以去除几条送货路线，以减少某些路线的行驶里程，达到增加车辆利用率、增加司机工作效率以及降低总行驶里程的目的。

2. 减少不必要的配送

对于产品保鲜要求较高的连锁餐饮业来说，尽力与餐厅沟通，以减少不必要的配送频率，可以有效地降低物流配送成本。如果连锁餐厅要将其每周配送频率增加1次，会对物流运作的哪些领域产生影响？

首先，在运输方面，餐厅所在路线的总货量不会发生变化，但配送频率上升，结果会导致运输里程上升，相应的油耗、过路桥费、维护保养费和司机工时都要上升；其次，在客户服务方面，餐厅下订单的次数增加，相应的单据处理作业也要增加，餐厅来电打扰的次数相应上升，办公用品（纸、笔、电脑耗材等）的消耗也会增加。再次，在仓储方面，所要花费的拣货、装货的人工会增加。如果涉及短保质期物料的进货频率增加，那么连仓储收货的人工都会增加。最后，在库存管理上，如果涉及短保质期物料进货频率增加，由于进货批量减少，进货运费很可能会上升，处理的厂商订单及后续的单据作业数量也会上升。由此可见，配送频率增加会影响配送中心几乎所有职能，最大的影响就在于运输里程的增加所造成的运费上升。因此，减少不必要的配送，对于连锁餐饮企业显得尤其关键。

3. 提高车辆的利用率

车辆的利用率也是值得关注的。提高卡车的利用率可以从增大卡车尺寸、改变作业班次、二次出车以及增加每周运行天数四个方面着手。

首先，考虑运输车型。由于大型卡车可以装载更多的货物，一次出车可以配送更多的餐厅，由此延长了卡车的在途时间，增加了其有效作业的时间。这样做还能减少干路运输里程和总运输里程。虽然大型卡车单次的过路桥费、油耗和维修保养费高于小型卡车，但其总体上的使用费用绝对低于小型卡车。

其次，考虑运输成本。运输成本是最大的物流成本，所有别的职能都应该配合运输作业的需求。所谓改变作业班次就是指改变仓库和别的职能的作业时间，适应实际的运输需求，提高运输资产的利用率。否则朝九晚五的作业时间表只会限制发车和收货时间，从而限制卡车的使用。

最后，考虑车辆的利用率。如果配送中心实行24小时作业，卡车就可以利用晚间二次出车配送，可大大提高车辆的时间利用率。在实际物流作业中，一般会将餐厅分成可以在上午、下午、上半夜、下半夜四个时间段收货，据此制定仓储作业的配套时间表，从而将卡车利用率最大化。

4. 尝试歇业时间送货

目前城市的交通限制越来越严，卡车只能在夜间时段进入市区。由于连锁餐厅运作一般到夜间 24 时结束，如果赶在餐厅下班前送货，车辆的利用率势必非常有限。随之而来的解决办法就是利用餐厅的歇业时间送货。歇业时间送货避开了城市交通高峰时段，既没有顾客的打扰，也不会干扰餐厅运营。由于餐厅一般处在繁华路段，夜间停车也没有白天那许多顾忌，有充裕的时间进行配送。由于送货窗口拓宽到了下半夜，使卡车可以二次出车，这提高了车辆利用率。

在餐厅歇业时段送货的最大顾虑在于安全。餐厅没有员工留守，司机必须拥有餐厅钥匙，掌握防盗锁的密码，在餐厅安全方面相对增加了一层隐患。卡车送货到餐厅，餐厅没有人员当场验收货物，一旦发生差错很难分清到底是谁的责任，双方只有按诚信的原则妥善处理纠纷。歇业时间送货要求配送中心和餐厅之间有很高的互信度，如此才能将系统成本降低。所以，这种方式并非在所有地方都可行。

资料来源：选自《百胜中国 SCM 项目总结材料》。http://www.yumchina.com/.

案例思考题

1. 试述运输成本的分类与构成。
2. 结合实际讲讲如何提高车辆的利用率。
3. 你认为百胜物流降低成本的方法存在哪些局限？

CHAPTER 13

第 13 章

客户关系管理系统

学习目标

1. 了解客户关系管理的起源和发展,理解客户关系管理的定义及其价值。
2. 掌握 CRM 系统的概念、类型和功能模块。
3. 掌握和理解 CRM 系统的应用。
4. 熟悉 CRM 系统的功能及其商业价值。

开篇案例

Salesforce 制造业解决方案[一]

Salesforce 借助 Sales Cloud、Service Cloud、Marketing Cloud、Analytics Cloud、Community Cloud 和 Salesforce Platform 帮助企业以全新方式联系客户。

以制造业为例,我们看看制造商如何使用 Salesforce 以全新的方法将客户、员工和合作伙伴联系起来(见图 13-1)。你将了解到市场营销部门如何把握当前的趋势,并衡量广告投放的效果;销售部门如何在社交渠道中发现销售线索,并以新的方式与客户互动;如何在 Salesforce 平台上提供创新的在线、移动和车载体验;如何才能促进团队之间的协作,并团结公司里的每名员工;以及如何通过各种渠道提供优质的客户服务,将客户价值最大化。

下面让我们来看一个案例。最近刚毕业的大学生珍妮想要购买新的电动汽车,于是给她的朋友发送了推特征求意见。在汽车制造商 Electra Motors 的办公地点,社区经

[一] 资料来源:www.salesforce.com/manufacturing; https://v.youku.com/v_show/id_XNTgxMjE3MTYw.html.

理斯科特运用 Marketing Cloud 关注社交网络、博客和社区论坛中的评论意见，从中找到展示品牌、服务客户以及发掘潜在客户的机会。借助 Marketing Cloud，斯科特可以了解到讨论发生的具体地点，分享的关键词是什么，甚至发现关于 Electra 的社交会话。斯科特看到了珍妮的推特，就在 Sales Cloud 中根据珍妮的社交客户资料自动创建了销售线索，这样 Electra Motors 就可在与经销商合作的网络中增加客户珍妮的信息。斯科特直接在推特上回复了珍妮，劝说她通过 Facebook 链接了解 Electra Flint。珍妮看到斯科特的回复后，点击汽车模型链接的网页，并浏览相关正面的评论，然后决定制作自己的 Flint。运用 Marketing Cloud，Electra 发布和维护自己的 Facebook 网页。Electra 借助 Salesforce 平台，提供了汽车配置应用程序来帮助客户设计他们想要的汽车，并可将设计分享给朋友。珍妮首先选择了 Flint 的基础模型，之后在 Electra Motors 选择车辆的颜色、配置包和个人偏好的选项。她在每次进行选择时都能查看相应价格、库存数量以及自己的家人朋友和熟人对这个选择的看法。珍妮配置完自己的汽车，会收到订购的详情摘要，然后 Electra Motors 就会安排她去当地经销商处试驾了。接着，她选择了试驾的日期和时间，并确认了预约，然后在 Facebook 上与朋友分享了此次预约。

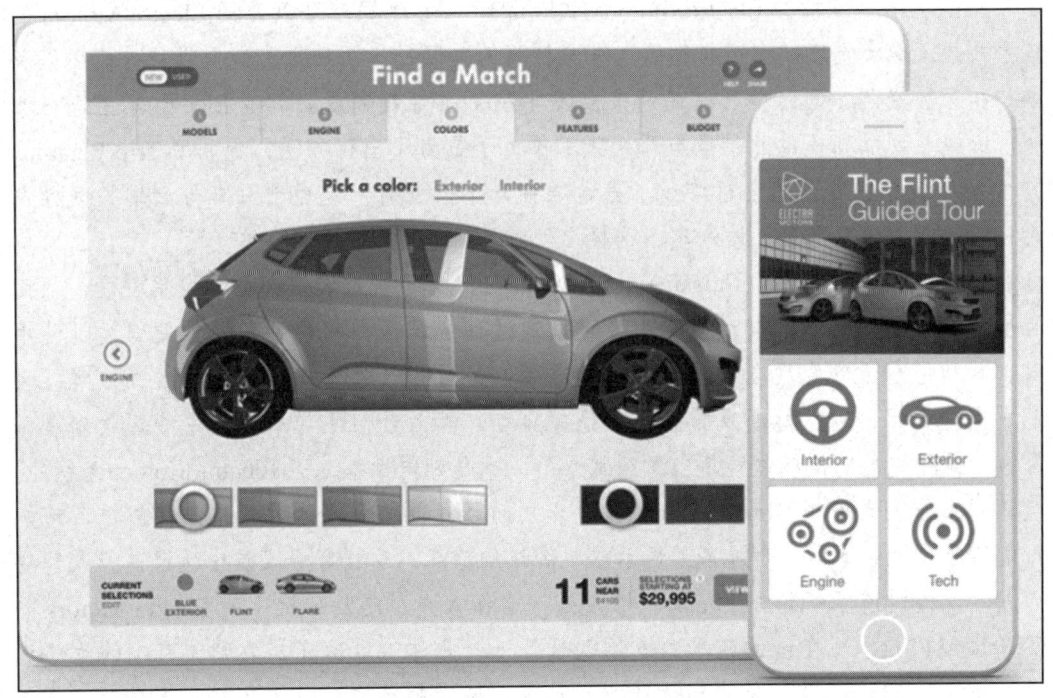

图 13-1　Salesforce 的汽车 CRM 界面

紧接着，我们看一看位于旧金山的 Electra Motors 经销处。现在，珍妮的试驾预约安排给了旧金山的 Electra Motors 销售人员克里斯。克里斯每天最先做的事就是在自己的 iPad 上打开由 Salesforce 平台和 Sales Cloud 提供技术支持的销售 App。克里斯使用该应用程序管理自己的日常预约，并从销售 App 中获取关于自己的客户、潜在客户以及自己销售的产品和服务的一些关键信息。他浏览了一下日历，发现下一个预约试驾者是珍妮。克里斯选中了这一预约。为了详细了解珍妮，为珍妮的到来做好个性化体验的准备，克里斯快速查看珍妮的社交帖子，注意到珍妮是刚毕业的大学生。珍妮到达后，克里斯打开 iPad 预览了珍妮列入心愿单中的汽车，跟她详细介绍了她想要的汽车车型，并让珍妮开始试驾。珍妮试驾体验结束后，认为红色 Flint 正是她想要的车型，于是克里斯根据珍妮的选择提供了报价，并一一确认了她所选的颜色、配置包及选项等相关信息。同时，他还查看了经销商选项，看到了珍妮要增加延长保修附加服务，要求珍妮在所做的选择上完成签名确认，然后将报价提交给财务经理做进一步处理。由于信息存储在云端，因此不仅克里斯和珍妮在整个过程中可以看到报价，其他与销售和运送相关的人员也都能看到报价。

Electra 还使用 Sales Cloud 来管理经销处的业绩。经销经理萨姆借助信息中心实时查看旧金山经销处的业绩。萨姆看到了克里斯登上了员工业绩排行榜的首位，以表彰他优秀出色的工作，于是他直接通过信息中心分享了顶级销售员排行原图，并做出了评论，这时克里斯和整个团队都会看到顶级销售员排行榜。

现在，作为自豪的 Electra Motors 的 Flint 新车主珍妮，可以访问 Electra Motors 的车主社区，最大限度地利用自己的汽车与社区的关联性。该社区为她提供特殊优惠以及维护和保修提醒，同时她可以通过该社区与 Electra 经销商或者其他 Electra 车主进行交流。珍妮要到加利福尼亚千橡市开始新工作，于是为了出行方便，她利用 Trip Planning 应用程序来规划自己的出行路线。当她准备开车出发时，她运用汽车与云端关联性及时将这次出行分享到自己的汽车，这样启动汽车时就可以看到相关信息了。稍后，珍妮可通过车中关联内置的由 Salesforce 提供技术支持的导航系统访问关键应用程序，从而为出行做准备。在她的电动汽车中，可以通过许多社区门户网站获得方便驾驶员使用的工具和信息。珍妮现在已做好了出发准备，她选择了去千橡市的出行规划方案，浏览了出行步骤，包括她朋友推荐的中途停靠点，然后开启了导航。途中珍妮收到一条警报，提醒她电池消耗速度超出了正常水平，于是她电话联系了 Electra Motors 经销处。经销处工作人员使用 Service Cloud 管理客户问题，以便更快地为客户排忧解难。珍妮打电话时系统会弹出一个屏幕，显示珍妮的详细信息，这样客服人员琳达迅速投入解决问题。琳达快速了解到如下信息：珍妮是一名新客户，是从旧金山的 Electra Motors 购买了这辆 Flint，现在她的汽车的电池电量较低。此外，琳达还能看到该汽车的维修记录、珍妮与 Electra 及其经销商的所有互动等。珍妮解释自己收到的警报消息时，琳达直接将系统与汽车关联起来以获取诊断信息，从而得知部件已过期。琳达打开一个案例，Service Cloud 根据她输入的详情，知识库自动推荐有助于解决问题的知识文章。琳达通过阅读该文章找到了问题的答案，然后告知珍妮：她会通过无线传送固件更新。这样，琳达远程更新了汽车，珍妮的问题就得到解决了。那天晚些时候，珍妮将自己在 Electra Motors 的美好体验分享到了推特上，从而激发了人们对该品牌的更多兴趣，并给 Electra Motors 带来了全新的销售线索。以上这些仅仅是制造商以前所未有的方式将客户、合作伙伴和员工联系起来的几种途径。

在 Salesforce 的汽车客户关系管理系统的案例中，客户可以从多种体验中获益，通过有影响力的指南，指引他们寻找最符合自身需求的汽车，然后在购物之后延续这种积极的关系，构建持续一生的客户忠诚度。Salesforce 汽车客户关系管理系统可以帮助企业倾听客户的需求，并在每一个联络点与客户互动，包括在线、移动设备、社交媒体、展厅和互联汽车在内，从而提高工作效率，推动客户取得更大成功。

通过本案例，我们知道客户关系管理系统不只是一个软件。那么，客户关系管理系统究竟是什么系统？为什么客户关系管理系统很重要？企业为什么需要客户关系管理系统？客户关系管理系统的功能和作用又有哪些？客户关系管理系统到底能为企业实现怎样的商业价值？本章将为大家一一讲述。

13.1 客户关系管理系统

13.1.1 客户关系管理系统的概念

客户是企业的一项重要资产，企业的产品价值或者服务价值往往都需要在它的客户身上体现，那么如何与客户建立长期和有效的业务关系，如何在与客户的每一次接触中更加接近客户、了解客户，并且与客户建立合作共赢，就显得十分重要了。近年来 CRM 日益流行，受到越来越多的企业重视，那么到底什么是客户关系管理呢？

CRM 的 C 是 Customer，R 是 Relationship，M 是 Management，合在一起即为客户关系管理（customer relationship management，CRM），这个概念最早由美国 Gartner 集团率先提出，但是不同的企业对它的定义是不一样的。

由于客户关系管理界定的提出者所从事的领域各不相同，各有侧重，所以到目前为止仍没有形成一个公认的权威定论。但基本理念总体来说是一致的，即人们都认为"客户"是企业必须重视的重要战略性资源，"客户关系"是企业与客户之间积极的、双赢的关系，同时肯定了技术对客户关系管理的成功实施作用巨大。就其功能来看，客户关系管理是通过采用信息技术，使企业市场营销、销售管理、客户服务和支持等经营流程信息化，实现客户资源有效利用的一套应用软件系统。其核心思想是以"客户为中心"提高客户满意度，改善客户关系，从而提高企业的竞争力。不过，无论怎么定义，有一点是大家公认的：CRM 是指以客户为核心，以信息技术为手段，对客户资源进行集中管理的经营策略。该策略的顺利实施需要相关客户关系管理软件系统的支持，完成企业和客户之间在品牌推广、销售产品或提供服务等场景下所产生的各种关系的处理过程，其最终目标就是吸引新客户关注并将其转化为企业付费用户、提高老客户留存率并帮助介绍新用户，以此来增加企业的市场份额及利润，增强企业竞争力。

为此，客户关系管理可以定义为：企业以提高核心竞争力为目的，确立以客户为中心的发展战略，以先进的信息技术、硬软件为支撑，应用现代管理技术，不断优化与客户服务相关的业务流程，变革组织结构和管理制度，提高客户满意度，培育客户忠诚，维系并改善客户关系，最终获得竞争优势和提升企业总体效益。

客户关系管理可以分解为理念、技术、实施三个层面，其中理念是客户关系管理成功的关键，它是客户关系管理实施应用的基础和土壤；信息系统、IT 技术是客户关系管理成功实施的手段和方法；实施是决定客户关系管理成功与否、效果如何的直接因素。总之，企业客户关系管理中，理念、技术、实施，一个都不能少，只有借助先进的理念，利用发达的技术，进行完美的实施，才能优化资源配置，在激烈的市场竞争中获胜。

客户关系管理系统是一个以客户数据管理为核心，利用现代信息技术，记录企业在市场营销和销售过程中所进行的与客户的各种交互行为，以及各类有关活动的状态，提供各类数据模型，实现市场营销、销售、服务等活动的自动化，并建立一个客户信息收集、管理、分析和利用的系统，帮助企业实现以客户为中心的管理模式。其实施要取得成功，必须有强大的技术和工具支持，是实施客户关系管理必不可少的一套技术和工具集成支持平台。客户关系管理系统基于网络、通信、计算机等信息技术，能实现不同职能部门的无缝连接，能够协助管理者更好地完成客户关系管理的两项基本任务：识别和保持有价值客户。

客户关系管理系统的主要功能主要体现在：帮助企业记录、管理所有与客户交易和交往的记录，并能够通过分析来辨别哪些客户是有价值的，以及这些客户的特征等，从而实现自动处理，动态地跟踪客户需求、客户状态变化和客户订单，记录客户意见。通过自动的电子渠道，如短信、网站、邮箱、社交平台等，对客户进行自动化管理。客户关系管理系统也就是客户关系管理的细分，因为客户关系管理本身既是一套系统，也是一个管理手段，客户关系管理系统只不过是分化了客户关系管理的职能。

因此，客户关系管理系统是指利用软件、硬件和网络技术，为企业建立一个客户信息收集、管理、分析和利用的信息系统。以客户数据的管理为核心，记录企业在市场营销和销售过程中和客户发生的各种交互行为，以及各类有关活动的状态，提供各类数据模型，为后期的分析和决策提供支持。

13.1.2 客户关系管理系统的发展

客户关系管理的理念由来已久。国际知名的 CRM 专家，NCR 数据仓库事业部副总裁史蒂夫认为，客户关系管理的起源可追溯到上千年前的中国，那时走街串巷的小商贩就是客户关系管理的高手，他们可以记住方圆几十里内许多客户的需求和偏好，及时送上令他们称心如意的商品。随着信息技术的发展，客户关系管理系统可以让企业在更短的时间内处理更多的客户信息，服务于更多的客户。

最早发展客户关系管理的国家是美国，这个概念由 Gartner Group 提出。在 20 世纪 80 年代初期便有所谓的"接触管理"（contact management），即专门收集客户与公司联系的所有信息，到 90 年代则演变成包括电话服务中心和客户资料分析的客户关怀理论（customer care）。最近开始在企业电子商务中流行。

随着社会经济的发展，产品日益丰富，市场格局由卖方市场过渡到买方市场。企业的经营管理思想也逐步从以产品为中心向以客户为中心转移。客户关系管理是在"产品为中心"向"客户为中心"的转变过程中的必然产物，它使企业的关注焦点从企业的内部运作拓展到与客户的关系上来。它能帮助企业广泛获得客户的真实信息，在客户需求的拉动下重组企业内部资源，以及供应链上其他企业的优势资源，通过个性化的客户服务提高客户价值和企业价值。

传统企业一直着眼于企业的内部生产职能，对客户缺乏科学的认识和管理。当面对哪种产品受欢迎、原因是什么、有多少关键客户和合适客户、从哪些客户身上获得了多少利润、客户服务有哪些问题、广告有多大的作用等一系列问题时，企业往往只能凭经验揣测或从结果倒推。进入信息时代，客户资源已成为企业最宝贵的财富。面对着最宝贵的财富，企业只有进一步了解客户，为他们提供个性化服务，才能提高本企业的利润和长久的竞争能力。

未来成功的企业必须能够智能化地运用顾客信息，传送客户满意的服务方案，实现有效的客户挽留，从而构筑与客户之间的长期关系。因此，理解并管理与客户之间的密切关系也就成了企业成功与否的关键。无论你察觉与否，客户关系时代已经来临。面临新的挑战，有效的客户关系管理无疑是一种新的竞争利器。任何企业都必须树立"以顾客为中心"的观念，并积极引入先进的信息技术，有效地分析客户行为和偏好特性，积累和共享客户知识，有针对性地为客户提供产品或服务，发展和管理客户关系，培养长期的客户忠诚度，以实现客户价值最大化和企业收益最大化之间的平衡。一旦拥有了大量的良性客户资源，企业就能在激烈的竞争中站稳脚跟，立于不败之地。

1. PC 端的 CRM 系统

在传统的观念里，本地部署 CRM 系统意味着投资大、维护成本高。而基于 SaaS 模式，企业可以花极少的钱来租用 CRM 软件，于是大家普遍认为中小企业要用 CRM 就找 CRM 厂商租用。但随着使用的深入，SaaSCRM 的问题也暴露了：安全性问题、个性化需求无法满足的问题、长期费用更贵，等等。规模更大、结构更复杂的企业也许不太倾向于使用云 CRM 系统，其中的原因有很多。如果一家企业拥有足够的资源来支撑本地 CRM 系统的运行，它就可以利用本地 CRM 以更安全的方式来追踪记录客户和委托人的相关信息。

（1）高可控性的数据库。本地 CRM 系统可以让企业对客户信息的控制能力达到最高水平。当企业有能力架设私有服务器时，自然就没有必要再将数据库建立在互联网公有服务器之上了。

（2）更高的安全性。如果企业存储的信息是仅供内部使用或是通过服务级别协议而处在高度管制下的话，本地 CRM 系统就正好派上用场了。类似的情况，比如说医疗机构，在处理那些比较敏感的病人数据时，就不应该外包给外部服务供应商。

（3）数据实时更新。虽然云计算 CRM 系统的自动化企业应用对于某些企业来说确实是非常实用的工具，但仍有企业喜欢直接控制其数据的更新过程。

（4）性价比可能更高。有些情况下按使用者数量付费的方案并不能为企业节省成本，这时本地 CRM 系统就显得更为划算了。如果企业数据库的日常访问量非常大，自行安装的系统也许会更省钱。

（5）不易受外部因素干扰。将日常维护工作交给外部服务供应商来处理确实能减轻企业管理者的压力，但企业也容易受到与服务供应商之间的连通性问题的影响。企业自行安装的信息系统能够有效降低无法访问数据库情况出现的概率。

然而，本地部署的缺点是：必须购买、安装、部署、监视、维护和升级本地系统。它们可能很昂贵，需要花费大量时间进行安装和升级，并且需要内部 IT 资源来进行日常维护。

2. 云端的 CRM 系统

自 20 世纪 90 年代传入中国以来，CRM 作为一种新型管理机制，对企业的经营理念产生了巨大冲击。一个企业若想获得长久发展，就必须高度重视客户关系管理工作。在信息技术高速发展的今天，基于云技术的云 CRM 产品应运而生，展现了前所未有的特性。史上第一个基于云端的 CRM 系统是由 Salesforce 于 2007 年推出的 Force.com，从此之后，云 CRM 系统就因其灵活性和便利性受到越来越多的关注。

CRM 系统业界近来最大的进展要数转向采用云计算。世界各地的企业都无须再为成千上万的台式机和移动设备安装软件，大家都能体会到将数据、软件及服务转存于安全的在线环境的好处。云 CRM 系统是基于软件即服务（SaaS）模式的 CRM 软件，将企业相关数据都存储在服务器上，由 CRM 系统的提供商来负责处理软件安装、数据更新以及备份、软件的升级维护、安全等。

什么是云 CRM 系统？通俗而言即基于云计算，部署在"云端"的 CRM 系统。与本地部署 CRM 系统不同，云 CRM 系统不需要企业拥有独立 IP 即可随时随地访问，速度更快、耗能更低！它让企业使用 CRM 系统的同时，无须安排专人维护服务器。云

CRM 速度更快、访问更便捷、门槛更低，毫无疑问云 CRM 系统是一个趋势。云端 CRM 客户管理系统是基于网络共享的一套解决方案，系统注重于多用户使用，适用于各类中小型企业，特别是对于各地有分公司的企业，云系统是一个不错的选择。在企业局域网内，通过云客户管理系统，企业可以为每位员工分配登录账号，每位员工均可自由地录入自己的客户资料，管理自己的客户信息，如此一来企业就可以积累大量的客户资源，并且不必担心员工的离职而丢失已开发的客户，当某一员工离职后，企业可以将其以往跟进过的客户分配给其他员工跟进。云端 CRM 客户管理系统不仅可以使客户资源得到循环使用，而且解决了以往客户系统存在的查询方式单一、客户资料不能同步更新等问题。

云计算 CRM 系统早已不是新名词了，很多人认为基于云计算的 CRM 系统能够使企业业务以更加快捷、准确的方式与客户关系管理数据库进行对接。尽管有很多软件供应商在向用户大力推荐云 CRM，但事实上作为企业的管理者，最先考虑的问题应该是云 CRM 系统是否真的适合企业。因为无论是云 CRM 系统还是本地 CRM 系统，都有各自的优缺点。为了确定哪种 CRM 系统更适合企业，决策者首先要明确企业运营的需求，考虑如下五个关键问题。

- 企业是否拥有充足的 IT 支持力量来管理本地 CRM？
- 企业在安全方面的需求有什么侧重点？是数据库可访问性，还是数据本身？
- 企业需要何种程度的定制化服务？
- 按人数收费的方案是否对企业更加有利？
- 企业是否需要将 CRM 与其他软件系统进行整合？

对中小企业而言，运行于云端的 CRM 客户关系管理系统也许是最好的选择。云 CRM 系统能够极大提高成长型企业的运营效率，同时让员工每天的工作变得更加轻松。其主要优势有如下方面。

（1）高可访问性的数据库。将数据接入云端网络，可以让员工在更远的距离下完成访问。假如不同的办公室或者部门需要共享信息，云端网络可以让共享连接变得更容易。销售人员在陪同客户外出时，依然可以通过移动设备来访问公司的数据库查找想要的信息。

（2）第三方服务供应商。外部服务供应商的介入，可以有效减轻日常维护工作所带来的压力。服务供应商可以对系统配置、测试的过程进行监管，还能够管理企业应用程序数据。

（3）能源消耗。采用云 CRM 系统可以为企业数据与信息的存储节省更多能源。在互联网服务器上存储数据所要消耗的能源显然要比在本地私有服务器上少得多。

（4）成本效益。成本问题可能是众多小型企业纷纷转向云 CRM 系统最主要的原因。云 CRM 系统的收费方式为依照用户的数量，以月或者年为使用周期，先使用后交费。

3. 移动端的 CRM 系统

互联网用户从台式机到移动设备的大规模迁移带有全球性和普遍性。手机移动端不限制时间、地点、空间，给人们的工作带来了很多的方便。企业客户关系管理系统移动端的出现，更是拓展了原有的使用环境，企业负责人员能够随时查看最新信息，合理利用碎片时间，填补了传统 PC 端客户关系管理系统操作的空白。移动客户关系管理系统可以让企业销售人员及时跟进企业客户，实时与客户沟通，企业管理人员则能随时查看最新的销售进展，提升了工作效率，变通了管理的方法。移动端的 CRM 系统借助先进的移动互联网技术，嵌入了企业管理方法，能够适应现代企业的管理需求，帮助企业在移动互联网的环境下轻松应对各种销售的问题，集管理销售团队、客户信息记录、客户服务于一体，实现一站式智能企业管理。

通过移动客户关系管理系统，可在手机等移动设备上管理业务。使用移动客户关系管理系统解决方案能够确保销售团队紧跟业务流程；借助移动客户关系管理软件，企业能够随时随地达成交易、服务客户并提供一对一的移动市场营销活动。

（1）移动客户关系管理系统管理日常工作

企业管理人员通过移动客户关系管理系统实现了随时随地了解销售的进展、管理企业员工、审批销售人员的各种申请等，即使身在外地也能全程监控企业的销售进展，了解客户的情况，及时发现问题并寻求解决的方法，提升了企业整体工作效率。有了移动客户关系管理系统，从查看预定活动到随时随地获取客户最新信息，都可直接在移动设备上进行，所有变化尽在管理人员的掌控之中。通过移动客户关系管理软件，用户可以使用手机等移动设备快速接听电话会议，会议结束后轻松访问和更新客户数据，还可以根据需要随时获取所需信息。

（2）移动客户关系管理系统管理销售进程

销售部门通过移动客户关系管理系统，可以随时查看客户信息，并通过系统查询客户的沟通记录、以往的合作记录，第一时间了解客户的需求，增加客户满意度。通过移动客户关系管理系统，可使用移动设备随时随地销售，快速达成交易；利用系统发送的相关通知，随时随地在任何设备上采取行动；直接在企业接收到的反馈中访问企业与发布商的所有销售活动；在记录电话内容、创建和更新商机的同时完成销售任务。

（3）移动客户关系管理系统访问数据仪表盘

通过移动设备上的移动客户关系管理软件可获取仪表盘上实时更新的信息以及业务的实时进况，随时随地了解所需信息，做出明智的决策。使用客户关系管理系统，一切数据变化尽在掌握之中。

（4）通过搜索访问所有文件

通过移动设备上的移动客户关系管理软件可以做到：即时查找系统中的所有内容；利用全面搜索随时查找企业所需的内容；访问所有文件；与企业的团队和客户共享最新版文件。

13.1.3 客户关系管理系统的商业价值

真正有价值的客户关系管理系统融合了先进的经营管理理念和 IT 技术，对企业竞争实力是有力的补充和增强，能为企业增加新的利润点。其商业价值主要体现在以下几个方面。

1. 挖掘客户规律

企业利用客户关系管理系统，可以采集信息，跟踪并分析每一个客户的购买行为和消费模式。当掌握了该客户的消费行为模式后，企业可以有针对性地提供个性化的产品或服务，挖掘客户的潜在价值，形成企业与客户互动的良性循环，使企业拥有稳定的客户资源，在市场竞争中保持优势。客户关系管理系统将客户关系贯穿客户的整个生命周期，通过对客户资料的管理和挖掘，能够根据客户特定的需求为他们量身定做产品和服务。客户关系管理系统的应用提高了客户的满意度，保留了更多的老客户，吸引了新客户，能够扩大企业经营的范围，及时把握新的市场机会，占领更多的市场份额，优化市场增值链条。

2. 整合企业资源

客户关系管理系统可以朝企业的各个发展方向伸展，不仅可以综合传统的电话中心和机构，还能结合企业的门户网站、网上客户服务等电子商务内容，构架"动态"的企业前端。同时，它还能逐步渗透至生产设计、物流配送和人力资源等部门，整合 ERP、SCM 等系统，使企业的信息和资源流在网络经济的商业模式中高效顺畅地运行。客户关系管理系统使原本"各自为战"的销售人员、市场推广人员、服务人员、售后维修人员等真正围绕市场需求协调合作，为满足客户需求这一中心组成强大的团队；也为企业各个业务部门信息共享和自动化提供了工作平台，降低了企业的运营成本，打通企业所有的业务环节，满足客户需求，达到了保留现有客户、发掘潜在客户并提高企业盈利的目的；同时为企业后台的财务、生产、采购、储运等部门提供了有关客户需求、市场分布和产品销售状况等重要信息。

3. 辅助企业决策

客户关系管理系统能够提供多维度决策分析，通过可视化的客户分析、商机分析、产品分析等进行多维度的数据分析，从而全面了解业务的执行情况，为销售决策提供依据。数据让管理决策更加科学，客户关系管理系统的成功在于数据仓库和数据挖掘。客户关系管理系统能够全面地记录企业的关键数据，并通过大数据的分析和统计，得出有规律性的结论，对客户的规模、行业、交易额、利润贡献、服务情况等指标进行综合评估，让企业的管理者透视整个销售进展、销售过程及销售结果，进而做出最适宜的决策。

4. 转变经营战略

企业借助客户关系管理系统可实现企业经营战略从以产品为中心向以客户为中心转变，立足企业长远发展目标，能够为企业带来最大价值。客户关系管理系统的使用促使企业管理的视角从"内视型"向"外视型"转换，从而提升企业建设自身核心竞争力的速度和深度。

13.2 客户关系管理系统功能与构成

13.2.1 客户关系管理系统的类型

客户关系管理系统在发展初期，是没有类别之分的，所有供应商开发的系统都是一个类别，但是随着行业的不断发展，并且企业的需求逐渐开始多样化，为满足用户的需求，系统的供应商们逐渐开始侧重开发，以便凸显自身的优势，这才形成了目前的三大类型。目前客户关系管理系统可以分为三大类型：协作型 CRM 系统、分析型 CRM 系统和运营型 CRM 系统（见图 13-2）。

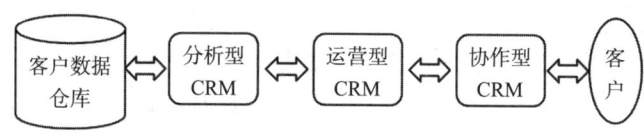

图 13-2 三类 CRM 系统的关系

1. 运营型 CRM 系统

在互联网时代，由于人们的联系越来越方便，客户的耐心指数大大下降。在与客户打交道时，无论电话、E-mail 或其他方式，迟缓、拖拉的办事方式都会使客户很快流失。由于信息高度畅通，客户很容易从多种渠道获得多个产品的信息，对供应商的选择余地很大。对企业来说，保持老客户变得越来越难。运营型 CRM 系统主要针对企业的销售（业务部门）、市场营销（决策部门）、客户服务和支持（客服中心）等同客户有关的部门，提升企业业务处理流程的自动化程度和效率，从而全面提高企业同客户的交流能力。

运营型 CRM 系统也被称为前台运营管理系统，主要的运用领域为营销、销售、服务方面的自动化，让系统本身可以为客户提供相对较简单的服务，同时确保客服人员能够通过多种渠道来收集客户的各类信息，并建立数据文档，存到数据库中，以便在后期需要的时候随时共享和调用。运营型 CRM 系统建立在"客户管理对企业的成功很重要"的理念上，它要求所有业务流程流线化和自动化，包括对多渠道"客户接触点"的整合，前后台运营之间的无缝连接与整合。

运营型 CRM 系统是 CRM 系统的"躯体"，是整个 CRM 系统的基础，可为分析和客户的服务支持提供依据。运营型 CRM 系统主要包括销售、市场和服务三个过程的流程化、规范化、自动化和一体化。

2. 分析型 CRM 系统

分析型 CRM 系统是 CRM 系统的"心脏"和"大脑"。它为我们的决策提供指导。但如果没有运营型 CRM 系统和协作型 CRM 系统为其提供大量的数据，分析将完全是一句空话。

分析型 CRM 系统主要是分析运营型 CRM 系统和原有业务系统中获得的各种数据，进而为企业的经营、决策提供可靠的量化依据。分析型 CRM 系统一般需要用到一些数据管理和数据分析工具，如数据仓库、联机分析处理（OLAP）和数据挖掘等。

把合适的产品和服务，通过合适的渠道，在适当的时候提供给适当的客户，这是 CRM 系统的核心。它能把海量的销售、服务、市场以及业务数据进行整合，使用数据仓库、数据挖掘、OLAP 和决策支持技术，将完整、可靠的数据转化为有用、可靠的信息，再将信息转化为知识，进一步为整个企业提供战略上和战术上的商业决策支持，为客户服务和新产品的研发提供更准确的依据，提高企业的竞争能力，使得企业能够把有限的资源集中于高价值的客户群体，并同这些客户保持长期、有效的关系。分析型 CRM 系统使这一切成为可能，它是一种处理海量客户数据的方法，其目标是获得可靠的信息支持策略和佐证商业决策。

分析型 CRM 系统主要在后台用于对客户数据进行分析（见图 13-3）。前台 CRM 系统获得的客户数据都会被传递到分析型 CRM 系统的数据库当中，通过分析这些数据可以把数据变为信息，再将信息转化为知识。这类 CRM 系统所涉及的技术领域比较多，如数据仓库、数据挖掘和决策技术等，可以把这些统一称为商业智能。分析型 CRM 系统侧重在分析客户数据上，能够使企业更为清晰地了解客户类型，把握不同类型客户的准确需求，从而最大限度地挖掘客户一级更好地服务客户。

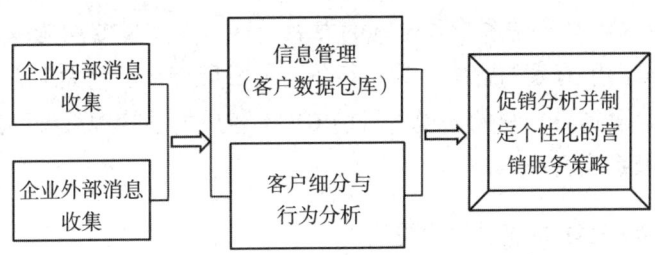

图 13-3　分析型 CRM 的组成与运作

3. 协作型 CRM 系统

与运营型和分析型相比，协作型 CRM 系统整合各"接触点"的客户信息数据，运用数据挖掘等技术，将多个渠道的交流方式融为一体，以多媒体联系为中心，建立统一的接入平台，为客户和企业之间的互动提供多种渠道和方式。

协作型 CRM 系统应用试图让企业客户服务人员同客户协作完成某项活动。由于协作型CRM系统参与对象只有两类，即企业客户服务人员和客户，因此在员工与客户互动时，要求CRM系统应用能够帮助员工快速、准确地记录客户请求的内容，快速找到解决问题的方案。如果问题无法在线解决，协作型CRM还必须通过智能路由对请求进行升级处理，员工必须及时做出任务转发的决定。

协作型CRM系统是指企业直接与客户互动（通常通过网络）的一种状态，它能全方位地为客户提供交互服务和收集客户信息，形成与多种客户交流的渠道。协作型CRM系统是一种综合性的CRM解决方式，可将多渠道的交流方式融为一体。

协作型CRM系统可以跨越客户"接触点"（包括各种客户与其交流沟通的方式，如电子邮件、电话、传真、网站页面等），同时也包括伙伴关系管理（partner relationship management，PRM）应用。协作型CRM系统是沟通交流的中心，它通过协作网络为客户及供应商提供相应路径。它可能意味着门户、PRM或客户交互中心（customer interaction center，CIC）；也可能意味着交流渠道，如Web或电子邮件、语音应用；还可能意味着渠道战略，即它可能是任何CRM系统的职能，为客户和渠道提供交互点。

协作型解决方案将实现多种客户交流渠道，如呼叫中心，面对面交流、Internet/Web、Email/Fax等，使各种渠道融会贯通，以保证企业和客户都能得到完整、准确和一致的信息。

协作型CRM系统主要用于实现多元化的沟通方式，特别是对类似于银行的金融机构，它们需要通过CRM把营业网点、网上银行、手机银行和客户数据中心等集成在一起，以保证不管客户在哪个终端请求服务，金融机构都能得到完整、精准且统一的信息。协作型CRM系统让企业客户服务人员与客户能够协同工作，实现多种客户交流渠道的集成，使各种渠道信息相互流通，保证企业和客户都能得到完整、准确、一致的信息。

近年，随着CRM客户关系管理系统的发展，这三大类型的功能越来越完善，企业的多样化需求也得到了有效的解决，为各行各业的发展带来了巨大助力，让众多企业的管理效率得到了显著提升。总的来说，目前CRM客户关系管理系统已经成为众多企业日常管理中的标配系统之一。

4. 三种类型的CRM系统之间的关系

在这三种类型中，运营型CRM系统和协作型CRM系统主要解决企业内部工作效率和交易数据采集问题，并不具备信息分析的能力，而分析型CRM系统则具有信息分析能力，因而最具有价值。三种类型的CRM系统分别侧重于某一方面的问题，因此都是不完全的。事实上，企业要实现与客户之间的联动机制，需要将三种类型的CRM系统结合在一起（见图13-4）。在实际应用中，这三种类型的CRM系统之间往往是相互补充的关系，一个完整的CRM系统在实际应用中并没有严格意义上的运营型、协作型和分析型之分。

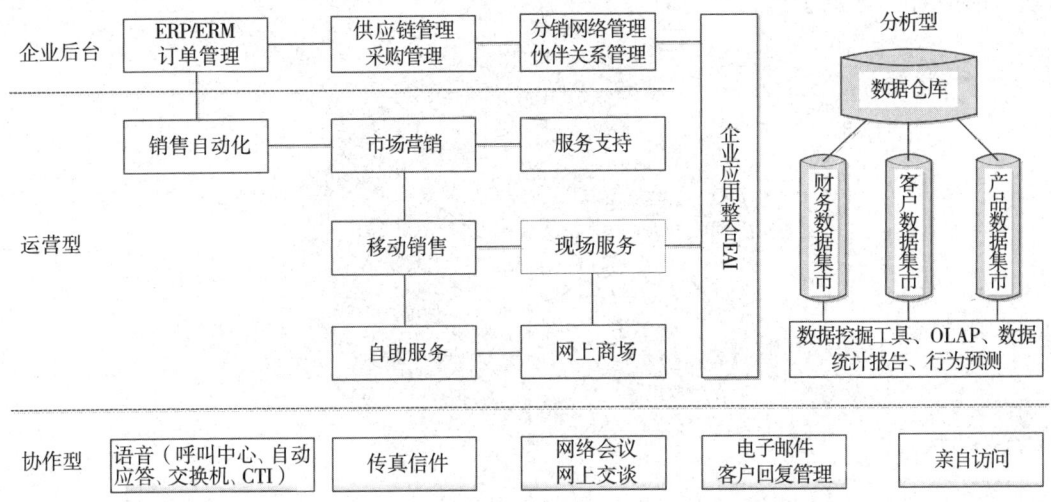

图 13-4　三类客户关系管理系统应用的功能定位

整体 CRM 解决方案是一个闭环，企业先上分析型、还是先上运营型或者协作型，完全取决于企业的现状。不论怎样，一定要整体设计，从小处着手（"想大做小"的原则）。从最紧迫的需求做起，则投资小、见效快、风险少。

13.2.2　客户关系管理系统的功能模块

客户关系管理系统的主要作用就是帮助企业管理与客户间的业务关系，帮助企业不断发展壮大。但实际上，客户关系管理系统所管辖的不限于客户，它还可以帮助企业集中管理多方面的人际关系，包括同事、供应商、服务用户以及客户。

实质上，客户关系管理系统最基本的功能就是为企业提供一个平台，方便企业存储客户及潜在客户的联系信息以及与同事分享这些信息。在这个平台上，你可以跟踪与客户相关的所有互动记录：所有的通话、发送的电子邮件、举行的会议、提供的产品介绍、收到的资讯等。客户关系管理系统可以将同一客户在不同渠道的信息进行汇集，包括公司的官方网站、热线、实时对话、邮件联系、营销材料和社交媒体等。客户关系管理系统还可以向员工提供客户个人信息，实现对客户行为的清晰把控，包括历史购买记录、购买偏好和关注问题等，以便向客户提供更优质的服务。总而言之，为了满足每个客户的特殊需求，CRM 系统同每个客户建立联系，通过同客户的联系来了解客户的不同需求，并在此基础上进行"一对一"个性化服务。

客户关系管理系统的功能可以归纳为三个方面：对销售、市场营销和客户服务三部分业务流程的信息化；与客户进行沟通所需要的手段（如电话、传真、网络、E-mail 等）的集成和自动化处理；对上面两部分功能所积累下的信息进行加工处理，产生客户智能，为企业的战略战术的决策提供支持。一般来讲，当前的客户关系管理产品所具有的功能都是图 13-5 的子集。

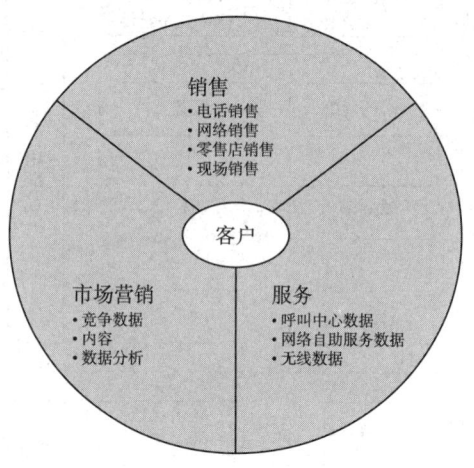

图 13-5　CRM 产品基本功能

客户关系管理系统的功能包括系统管理、数据统计分析和报表、客户管理、潜在客户管理、销售管理、日常活动管理、产品管理、服务管理、图表、任务分配、任务提醒、通信中心管理等。对于实施客户关系管理系统的企业，就是通过它的功能模块来帮助企业（含 B2B 电商）达到精准营销、提升销售业绩的最终目的。客户关系管理系统主要包括以下五个功能模块。

1. 市场营销模块

（1）组成。市场营销模块主要包括市场营销活动计划与管理、营销及销售协同工具、信息分析与报表制作、客户细分以及数据提取与清除等基本部分。客户关系管理软件还能根据企业的要求设计出不同的功能组合。

（2）功能。客户关系管理系统市场营销模块实现的主要功能有如下方面。

① 营销。使营销部门能够实时地跟踪活动的效果，执行和管理多样的、多渠道的营销活动。

② 针对具体行业，附加特色营销部件。如基于基本营销功能，针对电信行业的 B2C 的具体需要，该模块增加了一些特色功能。

③ 其他功能。可帮助营销部门管理其营销资料，生成客户列表与管理，授权和许可，预算，回应管理。

运用市场营销模块进行营销管理，企业能够通过分析客户和市场信息，将客户列表进行细分，并针对多个细分市场策划营销活动和行动步骤，进而更加有效地拓展市场，实现客户分类管理、快速市场营销管理、销售宣传资料管理以及市场营销活动的开展与管理等功能。

2. 销售模块

（1）组成。客户关系管理系统的销售模块包括账户管理、销售意向管理、订单管理、销售规划、现场销售、销售分析等。

（2）功能。销售是销售模块的基础，用来帮助决策者管理销售业务，它的主要功能是额度管理、销售力量管理和地域管理。常见销售模块类型及实现功能如下。

① 现场销售管理。主要功能包括联系人和客户管理、机会管理、日程安排、佣金预测、报价、报告和分析。

② 现场销售/掌上工具。这是销售模块的新成员。该组件包含许多与现场销售组件相同的特性，不同的是，该组件使用的是掌上型计算设备。

③ 电话销售。通过电话可以实现报价、创建订单、管理客户等工作，还能实现一些针对电话商务的功能，如电话路由、呼入电话屏幕提示、潜在客户管理以及回应管理。

④ 销售佣金。它允许销售经理创建与管理销售队伍的奖励和佣金计划，并帮助销售代表形象地了解各自的销售业绩。

客户关系管理系统的销售模块支持跨地域、多组织的业务模式，缩短了与客户的距离，能够有效提高销售过程的自动化和销售效果。

3. 客户服务模块

（1）组成。客户服务模块主要包括服务支持、客户满意管理、退货管理、服务规划、呼叫中心与服务台以及服务分析等。

（2）功能。其目标是提高那些与客户支持、现场服务和仓库修理相关的业务流程的自动化程度并加以优化。该模块实现的主要功能如下所示。

① 服务。该模块可以完成现场服务分配、现有客户管理、客户产品全生命周期管理、服务技术人员档案、地域管理等。通过与企业资源计划（ERP）的集成，还可以进行集中式员工管理、订单管理、后勤、部件管理、采购、质量管理、成本跟踪、发票、会计等。

② 合同。此部件主要用来创建和管理客户服务合同，从而保证客户获得的服务的水平和质量与其所花的钱相当。它可以使企业跟踪保修单和合同的续订日期，利用事件功能表安排预防性的维护活动。

③ 客户关怀。这个模块是客户与供应商联系的通路。此模块允许客户记录并自己解决问题，如联系人管理、客户动态档案、任务管理、基于规则解决重要问题等。

④ 移动现场服务。服务工程师借助无线部件能实时获得关于服务、产品和客户的信息，还可使用该组件与总部进行联系。

客户关系管理系统通过客户管理功能将客户的信息进行分类、整理、记录，解决大多数企业遗忘老客户、盲目寻找新客户的难题；同时，通过客户关系管理系统的这一功能，企业可以根据现实数据进行市场分析与预测，并根据结果有针对性地进行有的放矢的工作以开发和留住客户，提高客户满意度，提升企业形象。

4. 呼叫中心模块

（1）组成。呼叫中心模块通常包括呼入呼出电话处理，互联网回呼，呼叫中心运行管理，电话转移，路由选择，报表统计分析，管理分析工具，通过传真、电话、电子邮件、打印机等自动进行资料发送，呼入呼出调度管理等部件。

（2）功能。该功能模块提供联系人分类管理、联系人分析、短信或邮件群发等功能，利用电话来促进销售、营销和服务。它能帮助企业通过各种渠道、方式与客户取得联系，以便更好地与客户沟通；推测出联系人对业务决策的影响程度，促进员工及时跟进个性化的邮件、短信，定期给联系人送去不一样的感受。该模块实现的主要功能有如下方面。

① 电话管理员。主要包括呼入呼出电话处理、互联网回呼、呼叫中心运营管理、图形用户界面软件电话、应用系统弹出屏幕、友好电话转移、路由选择等。

② 开放连接服务。支持绝大多数的自动排队机，如 Lucent、Nortel、Aspect、Rockwell、Alcatel、Erisson 等。

③ 语音集成服务。支持大部分交互式语音应答系统、报表统计分析，提供图形化分析报表，可进行呼叫时长分析、等候时长分析、呼入呼叫汇总分析、座席负载率分析、呼叫接失率分析、呼叫传送率分析、座席绩效对比分析等。

④ 管理分析工具。进行实时的性能指数和趋势分析，将呼叫中心和座席的实际表现与设定的目标相比较，确定需要改进的区域。

⑤ 代理执行服务。支持传真、打印机、电话和电子邮件等，自动将客户所需的信息和资料发给客户。可选用不同配置使发给客户的资料有针对性。

⑥ 自动拨号服务。管理所有的预拨电话，仅接通的电话才转到座席人员那里，以节省拨号时间。

⑦ 市场活动支持服务。管理电话营销、电话销售、电话服务等。

⑧ 呼入呼出调度管理。根据来电的数量和座席的服务水平为座席分配不同的呼入呼出电话，提高客户服务水平和座席人员的生产率。

⑨ 多渠道接入服务。提供与 Internet 和其他渠道的连接服务，充分利用话务员的工作间隙收看 E-mail、回信等。

客户关系管理系统运用该模块缩短客户服务人员的响应时间，有利于提高客户服务水平，帮助企业及时了解客户的需要以及提高客户的忠诚度。

5. 电子商务模块

（1）组成。电子商务模块主要包括个性化界面、服务、网站内容管理、订单和业务处理、销售空间拓展、客户自助服务、网站运行情况的分析和报告等部件。

（2）功能。客户关系管理系统的电子商务模块实现的主要功能体现在如下方面。

① 电子商店。此部件使企业能建立和维护基于互联网的店面，建立网上销售渠道，从而在网络上销售产品和服务。

② 电子营销。与电子商店相联合，电子营销允许企业创建个性化的促销和产品建议，并通过 Web 向客户发出，帮助企业进行实时、有针对性的产品推广。

③ 电子支付。这是电子商务的业务处理模块，它使企业能配置自己的支付处理方式。

④ 电子货币与支付。利用这个模块，客户可在网上浏览下单和支付账单。

⑤ 电子支持。允许顾客提出和浏览服务请求、查询常见问题、检查订单状态。电子支持部件与呼叫中心联系在一起，并具有电话回拨功能。

客户关系管理系统的电子商务模块帮助企业利用商业智能来规划新的商业战略，向客户提供个性化的产品和独特的服务，以最快的速度和最低的成本交付产品，提供最佳质量的服务。

13.2.3　B2B 和 B2C 下客户关系管理系统[一]

在互联网时代，客户资源对每个企业都是非常重要的。然而，对于 B2B 与 B2C 业务来说，无论是客户类型、客户信息需求，还是业务模式和销售决策，客户资源都有着本质的区别。就 CRM 这款专业的客户关系管理软件来说，在 B2B 与 B2C 业务中有什么不同？让我们通过下面的对比表格，来看看其中一些关键区别（见表 13-1）。

表 13-1　B2B 和 B2C 企业的业务模式比较

B2B 企业的业务模式	B2C 企业的业务模式
小客户数据库 客户数据量较少，对客户的管理更多地集中在建立关系的过程中，尤其是对客户信息的收集和销售过程的管理	**大客户数据库** 销售通常依赖于时间安排、特价、战略营销活动等，拥有大量的潜在客户和现有客户，尤其是关注结果驱动的营销活动
高价格、低销售量 销售与客户关系有着很大的关联。若建立关系，随着时间的推移，持续销售的可能性会增加	**低价格、高销售量** 客户服务仍有作用，但不是一个大问题，消费者可以对同一商品进行多次购买，因此重复交易的数量和持续消费非常重要
销售周期长（月、年） 大多数情况下，这是一个很长的销售周期，其中涉及多个业务环节和销售阶段，使用大量文档来确定最合适的业务合作伙伴	**销售周期短（天、周、月）** 通常客户会做一个快速的购买决定。这取决于产品的可用性、特价商品的时间安排和机会，不需要太多的沟通次数和频繁的文档往来
潜在客户少 每个销售线索都很宝贵，在整个过程中与客户保持联系至关重要，销售人员为此花费很多时间是正常的	**潜在客户多** 销售团队通常会有大量的线索，除了快速跟进这些销售线索，重点在于找到合适的时间来影响客户决策并完成销售

[一]　资料来源：https://www.zkcrm.com/article336.html。

(续)

B2B 企业的业务模式	B2C 企业的业务模式
销售价值/成本高 因产品范围、销售过程以及所花费的时间和成本差异很大，销售价值甚至成本高达数百万元也并不罕见	**销售价值/成本低** 产品通常实惠，产品不复杂且周期短，可能是几元钱的小物件或几百元的消费品
销售具有商业性 企业的高层可能会因为某个较大的合同而参与到销售过程中，涉及多个业务环节的跨部门审批和处理	**销售往往具有情绪化和冲动性** 销售过程不会涉及公司的层次结构，可在个人的情绪影响或是"简单决策"的时刻进行
产品个性化 每种产品需要经过深思熟虑和分析才能购买，具有较大影响，有显著的不同和独特性，负面影响也较大	**产品标准化** 企业的产品简单且标准化，个人可以随心所欲地购买，而不会产生严重后果
关系复杂 客户决定是否购买取决于产品的表现和销售过程的体验，销售人员与客户建立关系至关重要	**关系简单** 客户的决定通常是在不与他人协商的情况下做出的。几乎没有关系，因为重点是产品。然而，当关系确实发生时，会更加有效

1. B2B 和 B2C 企业的业务模式

CRM 系统是为解决企业的管理问题而构建的，深入理解是分析业务、构架 CRM 体系的基础。B2B 和 B2C 企业的业务模式明显不同，

虽然都叫 CRM，但并不一定都适合自身的业务，如 B2B 客户关系管理系统对 B2C 企业不起作用是有道理的，反之亦然。

2. B2B CRM 和 B2C CRM 的功能

系统软件最终目的是吸引新客户，保留老客户，提高客户忠诚度，最终提升企业利润。由于业务模式不同，B2B CRM 和 B2C CRM 两个业务需求层面也自然有所不同（见表 13-2）。

表 13-2　B2B CRM 和 B2C CRM 的功能比较

B2B CRM	B2C CRM
为长期管理潜在客户而构建 旨在更好地跟踪客户及其相关的联系人。要注重数据质量，不断提高成交的可能性和销售额，CRM 的目标是自动化销售流程并完成交易	**为实现长期稳定的销售而构建** CRM 的重点是保持数据更新以及引入新的消费者，以帮助企业得到需要的数字和结果。持续性的销售是其业务重点
注重自动化销售流程 销售自动化对于节省时间和帮助销售人员处理所有联系人和销售线索至关重要，他们需要看到完整的客户沟通记录和历史数据等信息	**注重更多的潜在客户和联系人的管理** CRM 旨在管理大量数据，最大限度地提高营销的影响力。CRM 的目标是长期、持续的销售和发展满意客户
根据沟通记录、购买历史、业务行为等预测客户 销售基本是逐一推进并完成的，每个稍有意向的客户都要进行评估，以确定他们成功签约的可能性	**预测客户群** 根据 CRM 系统内大量的数据进行客户画像，并且从大局出发来呈现销售报表。重点是与客户类型有关的购买历史和其他统计数据

(续)

B2B CRM	B2C CRM
销售阶段管理明确但复杂 销售过程中可能有许多不同的阶段，销售人员清楚地知道客户处于哪个阶段，以及在什么时候将他们推进到下一个阶段，这成为沟通中的一个重要因素	**销售阶段管理少而简单** 通常只有两个阶段，比如潜在客户或买家。由于产品简单易描述，且消费者数量庞大，所以跟进的过程并没有那么复杂
B2B CRM 支持个性化定制开发和集成 B2B CRM 相较于其他软件产品（如财务软件或 ERP），更强调整合和对接，因此 B2B 产品必须灵活，支持定制开发以满足独特的业务需求，并需要考虑和其他软件或平台的集成	**B2C CRM 更强调标准化的数据和销售流程** 由于 B2C 有大量的数据流，这意味着 CRM 系统要能够以标准化（或行业标准化）形式来管理和跟踪大量的数据，并细化特定的销售流程

无论是 B2B 业务还是 B2C 业务，其 CRM 在某些业务和功能上仍然有共同点，都是通过信息技术帮助企业识别、发展和维护客户，以提高客户满意度和忠诚度，提升企业收入，代表的是企业对待核心客户资源的管理理念和运营方法。

13.3 客户关系管理系统的实施与应用

13.3.1 客户关系管理系统的实施

客户关系管理系统提供了多种途径架设企业前端与客户的桥梁，通过先进技术手段，借助互联网实现与客户的全方位交互并提供个性化服务，那么如何实现一个客户关系管理系统呢？经归纳分析，客户关系管理系统实施过程一般包括以下几个阶段。

1. 确立业务计划

CRM 系统的建立需要与企业实际结合，并得到多方面资源的支持，因此在实施前，必须准确把握企业应用需求以及 CRM 系统将如何影响企业的商业活动，制定一份结合技术方案和企业资源的高级别的业务计划，力争实现合理的技术解决方案与企业资源的有机结合。

2. 组建专门 CRM 团队

企业在 CRM 项目启动之后，应当及时组建一支有力的团队，保证 CRM 团队取得高层管理者的支持和一定的超脱地位。为了统筹业务开展，从每个拟使用 CRM 系统的部门中抽出得力的代表组建一个团队是保证该系统顺利推进的重要保障。因此在计划确定后，要及时组建团队并进行早期的概念推广和培训。

3. 分析客户需求，初建信息系统

因为建立 CRM 系统的主要目的就是提高客户满意度、增加企业效益，因此分析客户需求，深入了解不同客户群体的不同服务要求，找到企业与客户之间的交互作用才能确保客户档案的经济性和实用性。企业应当根据客户的特性建立不同的客户档案内容，建成初步的客户信息管理系统。

4. 评估销售、服务过程，明确企业应用需求

对客户需求进行清楚了解后，要在此基础上对企业原有业务流程进行分析、评估和重构，重新建立规范合理的新业务流程。这一过程需要广泛征求员工意见，了解他们对销售、服务过程的理解和需求，确保基层员工和管理人员的全面参与。从各部门应用的角度出发，确定其所需各种模块的功能，并让最终使用者找出对其有益的及其所希望使用的功能，以确保该系统能够实现最终使用员工所需要的各种功能。

5. 确定合适的方案，统筹资源，分段推进

企业在考虑软件供应商对自己的需求是否有充分的理解和解决的把握，并全面关注其方案是否可行的前提下，选择应用软件和实施的服务商。然后，企业投入相应的资源推进软件和方案在企业内的安装、调试和系统集成，组织软件实施。CRM方案的推进不是一蹴而就的，应当以渐进的方式逐步实现，根据发现的问题、业务需求等随时调整，同时要按需逐步增加新的功能，这样有序部署软件系统，避免系统实现和集成上的混乱。

6. 组织用户培训

为了保障CRM系统的成功应用，使系统的使用人员尽快掌握使用方法，了解方案实现后如何管理与维护，开展及时的培训非常必要。培训对象主要应包括企业的管理人员、销售人员和服务人员，内容为使用方法、注意事项和维护要点等。

7. 使用、维护、评估和改进

企业要逐步把CRM系统的优势充分发挥。在使用的过程中，企业应当与系统的开发商和供应商一起评估系统应用的效度，从而不断发现问题，对不同模块进行修正、改进，逐步提高其实用性。

13.3.2 客户关系管理系统的应用

"福克斯，过去这三个小时你到哪里去了？如果我是你——还好我不是——我可不会穷坐在那里八卦。电话名单里有很多六位数年薪的客户，快去打电话联系。"

——1987年美国电影《华尔街》中的詹姆斯·凯伦（饰林奇）

若不开发新客户、维系老客户，任何企业都无法经久不衰。而开发新客户应从尽可能多地了解现有客户和客户群开始，努力在发展长期的互惠互利的合作关系中提高客户对企业的忠诚度。随着市场竞争的加剧，客户关系变得越来越复杂，许多原因加速了企业对客户关系管理过程的关注。企业的各种营销策略是围绕客户关系管理的最终目标——提高效率、扩大市场和吸引客户而制定的（见图 13-6）。

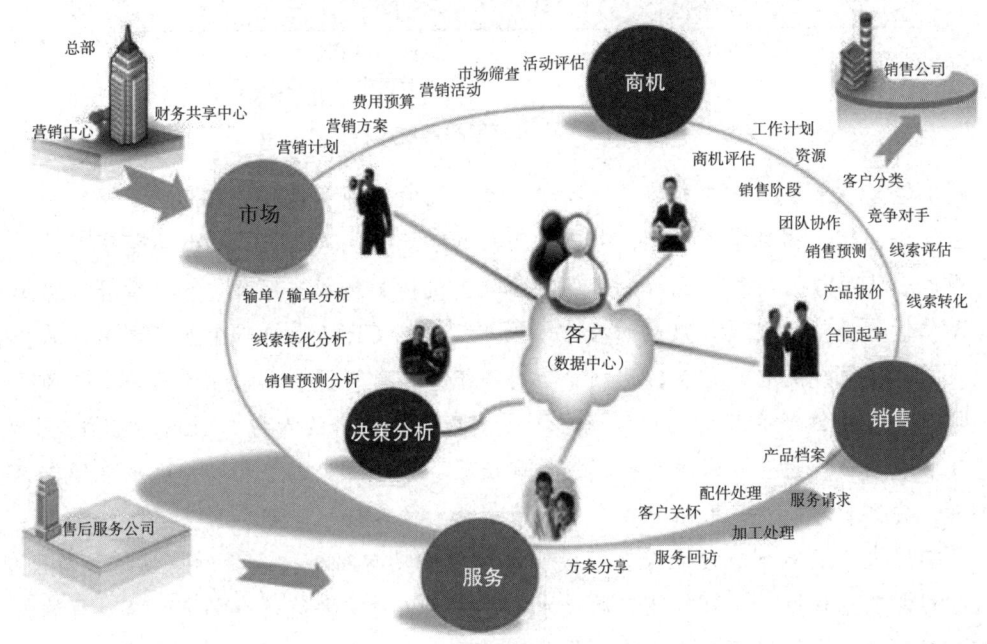

图 13-6　CRM 系统的核心领域

CRM 客户关系管理系统可以通过信息共享和业务流程优化来降低销售成本。对客户信息的管理和挖掘，不仅有助于现有产品的销售，而且提供了历史信息的可追溯性和及时的销售预测，从而实现企业和客户的良好互动。CRM 系统是旨在改善企业与客户之间关系的新型管理机制，它实施于企业的市场营销、销售、服务、管理与数据分析等与客户相关的领域。企业利用 CRM 系统能搜集、跟踪和分析客户的信息，同时还能观察和分析客户行为对企业收益的影响，使企业与客户的关系及企业利润得到最优化，最终提升管理效率，提升营业额。

下面以顺丰速运的客户关系管理为例进行说明。

案例

顺丰速运的客户关系管理

1993 年，顺丰速运诞生于广东顺德，2016 年 12 月 12 日取得证监会批文获准登陆 A 股市场，2017 年 2 月 24 日正式更名为顺丰控股，股票上市代码是 002352。

顺丰是国内当前领先的快递物流综合服务商。经过多年发展（见图 13-7），顺丰已初步建立为客户提供一体化综合物流解决方案的能力，为客户提供仓储管理、销售预测、大数据分析、金融管理等一揽子解决方案。

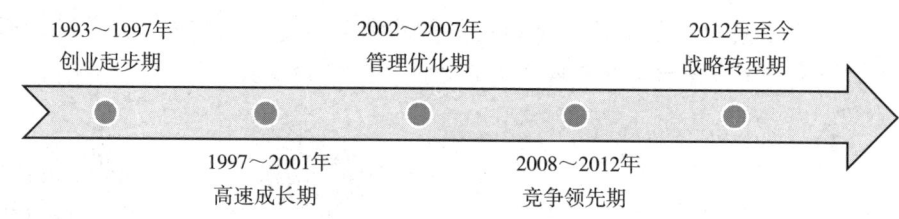

图 13-7 顺丰速运的发展历程

顺丰经过多年潜心经营和前瞻性战略布局，已使天网、地网、信息网三网合一，可覆盖国内外的综合物流服务网络，并成为颇具网络规模优势的智能物流运营商。

顺丰采用直营的经营模式，由总部对各分支机构实施统一经营、统一管理，保障了网络整体运营质量。在其发展的过程中，顺丰实现了 CRM 系统与企业管理信息系统以及供应链管理系统的有机结合，达到了所有系统的信息资源共享。鉴于目前电子商务活动频繁，现实中的产品和货物已经满足不了信息化社会中的人群。因此，在物流企业，信息化管理已经成为企业满足需要、提供优质服务必不可少的手段。快递业必须借鉴先进的客户关系管理模式，重新分析市场环境，壮大顾客群，以整合客户资源和服务。

长期以来，顺丰不断投入资金积极研发和引进具有高科技含量的信息技术与设备，加强公司的基础建设，提升作业自动化水平，实现了对快件流转全环节、全过程的信息监控、跟踪、查询及资源调度工作，优化快递网络，稳步提升服务质量，确立客户服务满意度的领先地位。

在客户关系管理这一方面，顺丰做得最多的是它的公共关系。由于顺丰自身业务的性质，即一个传递方，它在传递货物、服务的过程中，也在传递着作为一个行业巨头的风范——在人心惶惶的"非典"时刻，在混乱的地震时刻，在世界瞩目的世博时刻，顺丰都在第一线以它的高效和专业的服务传递温暖。顺丰同时传递着公司的品牌，让潜在顾客和固有顾客时刻感受着这样一家快递公司的存在。顺丰在自身的企业文化建设上特别注意"企业公民"形象的建设。从 2002 年起，顺丰先后为希望工程、慈善基金、地震灾区和贫困山区捐赠现金和物资，助养地震灾区儿童，为少数民族村落的水电站建设项目提供资金等，并成立了顺丰慈善基金会。于 2020 年 1 月 25 日至 5 月 31 日期间，顺丰公益基金会累计为公益组织、政府部门及社会各界提供防疫物资运输服务 2 989 批次、1 884 吨，减免运费 916 万元。

在当今快递行业大发展的前景下，顺丰结合企业自身发展情况，分析与整合企业客户关系，优化了企业市场增值链，全面提高了企业运营效率，在快递行业领域竖起了一个标杆。同时，在推动行业领域秩序规范方面也起到一定的推动作用。

顺丰以客户需求为核心，建设快速反应的服务团队，提升员工的业务技能和素质，谨守服务承诺，努力为客户提供更优质的服务。顺丰提供灵活组合的服务计划，更为客户设计多种免费增值服务及创新体验，全天候不间断提供亲切和即时的领先服务。顺丰自有专机和 400 余条航线的强大航空资源以及庞大的地面运输网络，保障快递在各环节最快发运。从客户预约下单到顺丰收派员上门收取快件，1 小时内完成；快件到达顺丰营业网点至收派员上门为客户派送，2 小时内完成，实现快件"今天收明天到"（偏远区域将相应增加工作日）；365 天全天候服务，不分节假日，顺丰都将一如既往地提供服务；为满足客户需求，延长收取快件时间，推出夜晚收件服务。顺丰尽量缩短客户的交易周期，降低经营成本，提高客户的市场竞争力。

顺丰不断创新，竭力构建一个专业、快捷、安全的服务模式来赢取客户（见图 13-8）。

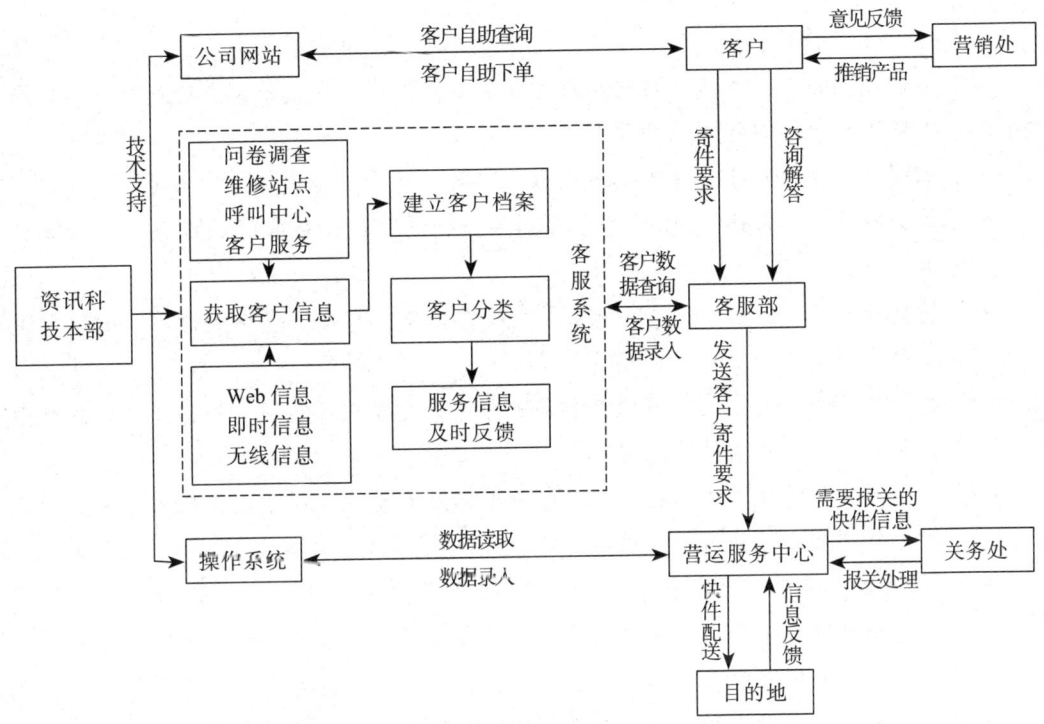

图 13-8　顺丰速运客户关系管理基本运作图

1. 建立 VIP 信息系统

顺丰建立 VIP 信息系统，有针对性、有目标地收集重点客户的信息，加强与客户的联系，开展项目，推动增值服务的开展。

（1）获取客户信息。客户信息的获取有很多方式，顺丰主要是从传统方式和互联网两种方式进行获取。

（2）建立客户档案。完整地记录客户单位信息，如联系方式、地理位置、使用物流项目的数量和频率、物流资源的组合情况，以及联系人的姓名、职务等，同时做好第三方物流的客户关系管理，如客户的订单记录、购买行为特征、服务记录、维修记录、客户关系状况，以及客户评价、建议与意见，并提供充分的客户状况分析。

（3）客户分类。80% 的利润来源于 20% 的核心客户，为了更好地管理，需要对客户进行分类。这些客户从一定意义上来讲支撑着企业的运营。为了对这些客户进行更好的管理，顺丰对客户进行分类，实行分开管理，采取差异化的办法，让客户的忠诚得到相应的回报。顺丰按照客户需求的规模细分市场，将客户分为大、中、小客户，并致力于服务到位。

（4）服务信息及时反馈。通过及时地向客户反馈企业内部已经推出的各种服务，使客户感到一种区别对待的优越感，从而留住客户。

2. 业务管理系统的完善

顺丰资讯科技本部涉及的业务管理系统种类，大体分为以下几种。

（1）营运类业务管理系统。面向对象为营运本部用户，通过此类系统可对顺丰全网的营运业务做出有效的调度配置和管理。

- 资源调度系统（SCH）：主要调度收取、中转、运输、派送环节的资源。
- 自动分拣系统（ASS）：对快递物品所要寄送的目的地区位进行编码，自动完成分类。
- 手持终端系统（HHT）：主要完成下发收件订单信息、管理个人订单、管理收派人员等工作。
- 路由系统（EXP）：主要计算快递物品的路由，记录快递物品在快递周期中的路由与实际路由，实现快件状态追踪。

（2）客服类业务管理系统。面向客户服务部门及其全国呼叫中心，通过与客户的信息交流互动，实现顺丰的快速及时服务。客服系统包括如下方面。

- 呼叫中心。该中心采用先进的 CTI 综合信息服务系统，共拥有 3 000 多个席位，客户可通过呼叫中心系统快速实现人工或自助下单、快件查询等。
- 下单系统。给客户提供信息管理、系统维护、订单取件等服务。
- 在线客服系统。顺丰通过成立专业的在线客服系统及服务团队来帮助线上客户解决任何关于快件的咨询、查询、建议等问题。

（3）管理报表类业务管理系统。

（4）综合类业务管理系统。统一整合和管理涉及营运、客服、管理报表的三项业务，有效补充三类管理系统的多个业务，集中平台化管理是顺丰关注的发展重点。

3. 加强与客户沟通

（1）个性化管理。针对大客户的特殊性，顺丰成立了专门管理部门，细化责任到人，配备客户经理，负责与大客户的日常沟通和交流，以便掌握大客户的动向，有效防止大客户的流失。

（2）制度保障。经常拜访大客户，征求其意见，建立深度沟通制度，及时解决大客户问题，满足大客户的需求。定期组织座谈会，与大客户沟通情感，建立互信的伙伴关系,并将此做法形成制度化文件。

(3)满意度调查。顺丰经常调查大客户满意度,了解大客户对企业各个方面的满意程度,减少大客户流失率。

(4)派驻代表。对于大客户,顺丰采用派驻服务代表的形式进行服务,以便及时发现和解决大客户遇到的问题,熟悉竞争对手的举动。

4. 强化员工队伍管理

(1)以客户需求为本,致力于快速反应服务,不断提升员工的业务技能、自身素质和服务意识,除培养公司内部一批骨干以外,不断从其他行业吸收精英,以满足业务和服务发展的需要,如招聘高学历管理人员,请IBM做咨询。

(2)采用能充分调动业务员积极性的分配体系,给业务员划片、划区,靠自发加盟,顺丰速运人员的工资采取按件计酬,有别于其他快递公司按业绩发工资的方式;建立有效的人员奖罚机制的同时,建立严格的"罚点"考评制度管理基层员工。

资料来源:http://www.guayunfan.com/baike/226053.html。

通过该案例,我们看到顺丰速运建立起基于电子商务的CRM系统,通过Web使客户方便下单、取货、查询、追踪订单等,客户对货物所在地了如指掌,尽可能满足客户的需求,提高客户的忠诚度。顺丰速运不仅开展了外部的客户关系管理,同时努力提高内部员工水平和业务能力。通过客户关系管理系统的实施,顺丰速运与客户真正实现了双赢。从顺丰速运客户关系管理系统的实施中可以看出,虽然CRM系统涵盖了包括客户管理、时间管理、联系人管理、销售管理、潜在客户管理、电话销售、电话营销、营销管理、客户服务、呼叫中心、合作伙伴关系管理、商业智能、知识管理、电子商务等在内的基本功能,但是根本的作用就是为了提高"客户满意度"。CRM系统的实施是通过"提高客户满意度"的目标整合企业内部的经营要素,使原本"各自为战"的销售人员、市场推广人员、电话服务人员、售后维护人员等真正地协调合作,更合理地利用以客户资源为主的企业外部资源。

● 思 考 题

1. 什么是客户关系管理?如何全面地理解其内涵?
2. 客户关系管理系统要解决的问题是什么?主要包括哪些内容?
3. 客户关系管理系统的商业价值是什么?
4. 客户关系管理系统的类型有哪些?有何区别?
5. 客户关系管理系统的功能模块包括几部分?
6. 客户关系管理系统是如何实施的?

● 课后案例

CRM 之三国演义

如果回到三国，借鉴刘备的处世之道——通过管理各种关系、任用人才、交好各路诸侯，成为一方霸主，现代企业可通过客户关系管理，体现企业在市场的生存之道，通过关系管理打通新老客户，扩大市场份额。

细读三国，忠诚与背叛贯穿了始终。若说现代商业的 CRM 是以客户为主体，那么三国的 CRM 是以士民之心为主体。三国英雄的成功攻略，对 CRM 当今的实际运用有很好的借鉴作用。

1. 曹操的 CRM 战略

早在起兵讨伐董卓之时，袁绍和曹操有过一次商谈。

袁绍问曹操："若事不济，则方面何所可据？"曹操反问："足下意以为何如？"袁绍说："吾南据河，北阻燕代，兼沙漠之众，南向以争天下，庶可以济乎？"曹操说："吾任天下之智力，以道御之，无所不可。"

放至今天商场上来说，就是创业初期，联合创业的袁董问曹总：老曹，万一这次创业不成功，咱们该怎么办？

曹总反问：袁董，您认为该怎么办？

袁董说：我想在经济发达的地区再开一家公司，多拉投资，多找人，搞大规模，这样公司就能开得起来吧？

曹总呵呵一笑说：我会多招募有能力的人（开发有价值的客户），采用好的政策制度管理他们（制定规范有效的流程服务于他们），没有什么事情做不到的。

孰优孰劣，答案已在多年后的官渡之战中揭晓。

所以，曹操的 CRM 战略是以客户（智能之士）为本，为他们提供规范的服务流程，创造客户价值，从而把公司开得很大。曹操的客户战略具体体现在以下几个方面。

其一，挖掘核心客户。曹操成功靠的是挟天子以令诸侯，即找到一个大客户（汉献帝），然后借助大客户的影响力，使很多客户纷纷找上门来咨询洽谈，成就曹操独有的大事业。

其二，提供标准化的客户服务流程，努力创造客户价值，让他们觉得选择曹操真的很值（御之以道，赏罚分明）。

其三，提供 VIP 客户个性化服务，比如郭嘉同志，那可是曹操帐下著名谋士。曹操就说过："此乃非常之人，不宜以常理拘之。"而后郭嘉助其灭吕布，战袁绍，遗策杀二袁，征乌桓，给曹操的回报是很高的。

其四，量才而用，极善沟通。曹操为维护和发展势力，能够唯才是举，并以相互信任架起了与人才沟通的最佳桥梁，因此曹操公司员工的能力得到了最大的发挥，吸引了更多的人为自己的事业服务。这相当于能够清晰地定位客户，并与客户建立良好的沟通机制，提升了客户的价值。

通过以上手段，曹操获得了众多价值客户强烈的认同感（士人为之归心），被追赠为魏武帝。

2. 刘备的 CRM 战略

刘备的创业公司一直很小，没有资源，初期也没有多少人才可用，资金不够雄厚，客户占有率也很低。初期做过代理，比如在公孙瓒的辽西集团打过工，帮曹操代理过产品（吕布夺徐州，刘备投曹公，受封豫州牧），给袁绍也打过工（曹操夺徐州，刘备转投袁绍），最后刘备屡败于北方，南投刘表，还差点被刘表公司的高层开掉（蔡瑁想杀他很久了）。所以刘备在听张飞斥责吕布是三姓家奴的时候总是皱眉头。

但刘备最终三分天下，究其原因，是刘备也深谙 CRM 战略，且用得也是极好的。比如早期与关张卧则同床，休戚与共；待人非常谦和诚恳，士人莫不愿为之效死力（客户忠诚度极高）。虽然缺乏完善的流程和制度，前期也没有创造太多客户价值，但刘老板的人文关怀，使客户觉得选择刘备，即便产品和服务略微逊色，却能获得曹氏集团不能提供的客户至上体验。

然而，即便如此，刘备的公司发展缓慢，也只能勉强维持收支平衡，甚至有被廉价收购的可能。直到成功开发服务了一个大客户（诸葛亮）后，他得到了一个很漂亮的 SWOT（隆中对），从而在良好的企业文化（刘备的待人之道）基础上，强化了内部管理，确立了战略方向，突破了企业发展的瓶颈。

总的来说，刘备的 CRM 战略是在小规模企业基础上开拓市场，尊重现有客户，为客户提供极其贴心的服务，赢得客户忠诚，再寻机找到大客户，从而打开市场。

3. 孙权的 CRM 战略

孙权的企业是家族企业，其本人是个了不起的富二代，承父兄之志坐领江东，并使之壮大。曹操曾说过：生子当如孙仲谋。孙权与早期身处竞争漩涡的曹操和白手起家的刘备相比是幸运的（江东已历三世，国险而民附）。但这些仅是硬件环境，真正的软实力是孙权的 CRM 战略。孙权的 CRM 战略是很有体系的，具体有以下几点。

其一，客户开拓能力。孙策临终前对孙权说："与天下争衡，卿不如我；举贤任能，使各尽力以保江东，我不如卿。"这评价足以说明，孙权善于挖掘合适的客户，具有细分客户的能力，能促进企业发展。

其二，客户引导能力。吕蒙原来文化程度并不高，通过孙权的引导，吕蒙认真读书，其变化可以说是"三日不见，当刮目相看"，鲁肃也称赞他"至于今者，学识英博，非复吴下阿蒙"。这叫通过发现客户潜在的能力和需求，通过引导为客户创造更大的价值。

其三，客户关怀能力。周泰多次奋不顾身保护孙权脱离险境，孙权非常感激周泰救护的功劳，专门设宴款待。孙权端酒走到周泰的面前，摸着他的背（这是很亲昵的行为），泪流满面，用手揭开衣服，指着周泰的伤疤，询问每一处疤痕来源，一处伤叫他喝一杯，喝得周泰大醉。这说明，孙权对忠诚客户的回报是很高的。

其四，客户维系能力。孙权手下的重臣谋士，如周瑜、甘宁、张昭、鲁肃等，都是父兄留给他的，孙权能始终服务好这些客户（孙权阵营的三世老臣很多）。孙权既要开拓新市场，吸引新的客户，又要留有足够的资源服务好老客户，这是很难得的。

资料来源：https://zhuanlan.zhihu.com/p/91896805。

案例思考题

1. 在案例中，曹操、刘备和孙权的 CRM 战略各是什么？
2. 案例中，三个 CRM 战略有何区别？
3. 结合实际生活中的例子，阐述曹操、刘备和孙权的 CRM 战略对应着客户管理哪些模块。
4. CRM 战略为企业提供了哪些有价值的借鉴？如何提升客户关系管理？

术 语 表

序号	术语	所在章节
1	经济全球化	第1章
2	数字化企业	第1章
3	扁平化	第1章
4	管理信息系统应用现状	第1章
5	管理信息系统学科的发展	第1章
6	管理信息系统研究方法	第1章
7	信息	第2章
8	系统	第2章
9	信息系统	第2章
10	管理信息系统	第2章
11	事务处理系统	第2章
12	决策支持系统	第2章
13	人—机系统	第2章
14	管理信息系统层次分类	第2章
15	管理信息系统的功能分类	第2章
16	组织	第3章
17	扁平化组织	第3章
18	矩阵式组织	第3章
19	企业战略	第3章
20	信息系统战略	第3章
21	波特五力模型	第3章
22	事业部式组织	第3章
23	价值链模型	第3章
24	价值网模型	第3章
25	信息系统伦理	第3章
26	数据库	第4章
27	数据库管理系统	第4章
28	数据仓库	第4章
29	联机分析处理	第4章
30	数据挖掘	第4章
31	文本挖掘	第4章
32	网络数据挖掘	第4章
33	商务智能	第4章
34	计算机网络	第5章
35	拓扑结构	第5章

(续)

序号	术语	所在章节
36	协议	第 5 章
37	分组交换	第 5 章
38	Wi-Fi	第 5 章
39	5G	第 5 章
40	射频识别	第 5 章
41	IP 地址	第 5 章
42	域名	第 5 章
43	大数据	第 6 章
44	人工智能	第 6 章
45	云计算	第 6 章
46	比特币	第 6 章
47	区块链	第 6 章
48	MIS 战略规划	第 7 章
49	诺兰模型	第 7 章
50	企业系统规划法	第 7 章
51	定义业务流程	第 7 章
52	过程/数据类矩阵	第 7 章
53	关键成功因素法	第 7 章
54	因果图	第 7 章
55	价值链分析法	第 7 章
56	业务流程重组	第 7 章
57	系统开发	第 8 章
58	系统分析	第 8 章
59	业务流程图	第 8 章
60	数据流程图	第 8 章
61	系统设计	第 8 章
62	代码设计	第 8 章
63	数据库	第 8 章
64	系统实施	第 8 章
65	系统测试	第 8 章
66	黑盒测试	第 8 章
67	白盒测试	第 8 章
68	系统切换	第 8 章
69	系统维护	第 8 章
70	系统分析说明书	第 8 章
71	系统设计说明书	第 8 章
72	系统应用说明书	第 8 章
73	结构化系统开发方法	第 9 章
74	原型化系统开发方法	第 9 章
75	面向对象系统开发方法	第 9 章
76	计算机辅助软件工程	第 9 章

（续）

序号	术语	所在章节
77	协同办公系统	第10章
78	办公自动化	第10章
79	移动办公	第10章
80	知识管理	第10章
81	电子政务	第10章
82	工作流	第10章
83	企业资源计划（ERP）	第11章
84	物料需求计划（MRP）	第11章
85	制造资源计划（MRPII）	第11章
86	云端ERP	第11章
87	移动端ERP	第11章
88	生产管理	第11章
89	物流管理	第11章
90	财务管理	第11章
91	人力资源管理	第11章
92	电子商务	第11章
93	商务智能	第11章
94	客户关系管理（CRM）	第11章
95	供应链管理（SCM）	第12章
96	供应链（SC）	第12章
97	供应链管理系统（SCMS）	第12章
98	供应链计划系统（SCPS）	第12章
99	供应链执行系统（SCES）	第12章
100	牛鞭效应	第12章
101	拉动式供应链	第12章
102	推动式供应链	第12章
103	客户	第13章
104	客户关系	第13章
105	客户关系管理	第13章
106	客户关系管理系统	第13章
107	商业价值	第13章
108	运营型CRM	第13章
109	分析型CRM	第13章
110	协作型CRM	第13章

参考文献

[1] 大卫 M 克伦克，兰德尔 J 博伊尔. 管理信息系统：技术与应用（原书第 10 版）[M]. 袁勤俭，张一涵，孟祥莉，等译. 北京：机械工业出版社，2018.

[2] 耿会君. 管理信息系统 [M]. 北京：电子工业出版社，2018.

[3] 黄梯云，李一军. 管理信息系统 [M]. 6 版. 北京：高等教育出版社，2016.

[4] 肯尼斯 C 劳顿，简 P 劳顿. 管理信息系统——管理数字化公司（原书第 11 版）[M]. 张政，闫大刚，译. 北京：清华大学出版社，2014.

[5] 肯尼斯 C 劳顿，简 P 劳顿. 管理信息系统（原书第 15 版）[M]. 黄丽华，俞东慧，译. 北京：机械工业出版社，2018.

[6] 刘仲英. 管理信息系统 [M]. 3 版. 北京：高等教育出版社，2017.

[7] 倪庆红. 管理信息系统原理 [M]. 北京：清华大学出版社，北京交通大学出版社，2016.

[8] 倪庆萍. 管理信息系统原理 [M]. 3 版. 北京：北京交通大学出版社，2016.

[9] 斯蒂芬·哈格，梅芙·卡明斯，埃米·菲利普斯. 信息时代的管理信息系统（原书第 6 版）[M]. 严建援，等译. 北京：机械工业出版社，2007.

[10] 宋远方，成栋. 管理信息系统 [M]. 北京：中国人民大学出版社，1999.

[11] 滕佳东. 管理信息系统 [M]. 5 版. 大连：东北财经大学出版社，2016.

[12] 薛华成. 管理信息系统 [M]. 4 版. 北京：清华大学出版社，2005.

[13] 庄玉良，贺超. 管理信息系统 [M]. 2 版. 北京：机械工业出版社，2019.

[14] 郭晓军. 管理信息系统习题集 [M]. 北京：高等教育出版社，2016.

[15] 柴欣，史巧硕. 大学计算机基础 [M]. 北京：人民邮电出版社，2016.

[16] 陈海滢，郭佳肃. 大数据应用启示录 [M]. 北京：机械工业出版社，2017.

[17] 陈明亮. 客户关系管理理论与软件 [M]. 杭州：浙江大学出版社，2004.

[18] 陈晓红，寇纲，刘咏梅. 商务智能与数据挖掘 [M]. 北京：高等教育出版社，2018.

[19] 邓淑玲. 信息化管理与自动化办公新视野 [M]. 长春：吉林科学技术出版社，2008.

[20] 哈默，钱皮. 企业再造 [M]. 王珊珊，等译. 上海：上海译文出版社，2007.

[21] 李开复，王咏刚. 人工智能 [M]. 北京：文化发展出版社，2017.

[22] 李明富. 办公自动化技术及应用 [M]. 北京：北京航空航天大学出版社，2007.

[23] 刘在云. 客户关系管理理论与实践：基于 Microsoft Dynamics CRM [M]. 北京：清华大学出版社，北京交通大学出版社，2010.

[24] 罗熙昶. 战略规划——公司实现持续成功的方法、工具和实践 [M]. 上海：上海财经大

学出版社，2018.

[25] 毛基业，郭讯华，朱岩. 管理信息系统——基础、应用和方法 [M]. 北京：清华大学出版社，2011.

[26] 钱学森，许国志，王寿云. 论系统工程：增订本 [M]. 长沙：湖南科学技术出版社，1988.

[27] 任昱衡，李倩星，来晓飞. 数据挖掘：你必须知道的 32 个经典案例 [M]. 2 版. 北京：电子工业出版社，2018.

[28] 史忠植. 人工智能 [M]. 北京：机械工业出版社，2017.

[29] 汤兵勇. 云计算概论：基础、技术、商务、应用 [M]. 2 版. 北京：化学工业出版社，2016.

[30] 王广宇. 客户关系管理 [M]. 北京：清华大学出版社，2013.

[31] 王洪海，张健. 办公自动化及应用 [M]. 合肥：中国科学技术大学出版社，2011.

[32] 王良明. 云计算通俗讲义 [M]. 3 版. 北京：电子工业出版社，2018.

[33] 王世文. 物流管理信息系统 [M]. 北京：电子工业出版社，2013.

[34] 王晓锋，王扶东. 协同办公 Lotus Domino/Notes 实验教程 [M]. 上海：东华大学出版社，2010.

[35] 王晓敏，邝孔武. 信息系统分析与设计 [M]. 4 版. 北京：清华大学出版社，2013.

[36] 王晓琪. 现代办公自动化研究 [M]. 天津：天津科学技术出版社，2018.

[37] 王志中，张钰，刘然. 计算机基础知识与办公自动化应用 [M]. 北京：中国原子能出版社，2017.

[38] 王众托. 系统工程引论 [M]. 3 版. 北京：电子工业出版社，2006.

[39] 温伯格. 系统化思维导论 [M]. 北京：清华大学出版社，2003.

[40] 熊学武. 协同管理平台 OA 原理设计应用——构建组织的电子生态体系 [M]. 上海：上海交通大学出版社，2011.

[41] 张元林，陈序，赵熙. 区块链 + 开启智能新时代 [M]. 北京：人民邮电出版社，2019.

[42] W Huang，K K Wei，R Watson. 管理信息系统（MIS）：背景、核心课程、学术流派及主要国际学术会议与刊物评介 [J]. 管理科学学报，2003（6）：85-91.

[43] 陈国青，曾大军，卫强，等. 大数据环境下的决策范式转变与使能创新 [J]. 管理世界，2020，36（2）：95-105，220.

[44] 陈国青，吴刚，顾远东，等. 管理决策情境下大数据驱动的研究和应用挑战——范式转变与研究方向 [J]. 管理科学学报，2018，21（7）：1-10.

[45] 陈文波，黄丽华，陈琪彰，等. 企业信息系统实施中的意义建构：以 S 公司为例 [J]. 管理世界，2011（6）：142-151.

[46] 冯芷艳，郭迅华，曾大军，等. 大数据背景下商务管理研究若干前沿课题 [J]. 管理科学学报，2013，16（1）：1-9.

[47] 傅翠晓，黄丽华，曾庆丰. 企业的 B2B 电子商务转型分析——基于能力理论视角 [J]. 科学学与科学技术管理，2010，31（7）：123-129.

[48] 胡岗岚，卢向华，黄丽华. 电子商务生态系统及其协调机制研究——以阿里巴巴集团为例 [J]. 软科学，2009，23（9）：5-10.

[49] 毛基业，王伟. 管理信息系统与企业的不接轨以及调适过程研究 [J]. 管理世界，2012（8）：147-160.

[50] 潘煜，万岩，陈国青，等. 神经信息系统研究：现状与展望 [J]. 管理科学学报，2018，21（5）：1-21.

[51] 吴金南，刘作仪. 基于国家自然科学基金项目的管理信息系统研究进展与分析 [J]. 管理学报，2013，10（8）：1201-1207.

[52] 徐宏斌，薛恒新，吴士亮. 企业管理信息系统研究综述 [J]. 科学学与科学技术管理，2005（4）：155-160.

[53] 徐宗本，冯芷艳，郭迅华，等. 大数据驱动的管理与决策前沿课题 [J]. 管理世界，2014（11）：158-163.

[54] 叶笛，刘震宇，林东清. 管理信息系统开发中用户和开发者间知识共创性问题研究 [J]. 管理学报，2014，11（1）：101-106.

[55] 章以金，宗乾进，袁勤俭. 国际管理信息系统研究热点及趋势 [J]. 情报杂志，2013，32（4）：80-84，90.

[56] 朱怀意，陈伟翔，李怡娜. 管理信息系统生命周期的风险因素分析及防范对策研究 [J]. 科学学与科学技术管理，2003（8）：21-24.

[57] 李慧琳. 民营快递企业客户关系管理应用研究 [D]. 重庆：重庆交通大学，2012.